贺化　主编

以知识产权为核心的资源配置导向目录

理论、方法与应用

商务印书馆
创于1897 The Commercial Press
2019年·北京

图书在版编目（CIP）数据

以知识产权为核心的资源配置导向目录：理论、方法与应用/贺化主编. —北京：商务印书馆，2019
ISBN 978-7-100-17168-7

Ⅰ. ①以… Ⅱ. ①贺… Ⅲ. ①知识产权保护—关系—资源配置—研究—中国 Ⅳ. ①D923.404②F124.5

中国版本图书馆 CIP 数据核字（2019）第 042452 号

以知识产权为核心的资源配置导向目录：理论、方法与应用

贺 化 主编

商 务 印 书 馆 出 版
（北京王府井大街 36 号邮政编码 100710）
商 务 印 书 馆 发 行
北 京 新 华 印 刷 有 限 公 司 印 刷
ISBN 978 - 7 - 100 - 17168 - 7

2019 年 12 月第 1 版　　开本 787×1092 1/16
2019 年 12 月北京第 1 次印刷　　印张 26 1/4

定价：128.00 元

本书编写组

主　编　贺　化

副主编　张志成　崔海瑛　刘凤朝　杨　甦　王姣娥
孙玉涛

成　员　马荣康　焦敬娟　姬　翔　李　伟　吴华荣
张国成　王元明　张　勇　宋邦富　张　晨
王延晖　韩艳芳　金　鹤　朱姗姗　王艺棠
张一帆　杜德林　黄　洁　杜方叶　宗　磊
董　莎　张　娜　孙晶晶

序

2017 年 10 月，党的十九大报告提出“新时代我国社会主要矛盾是人民日益增长的美好生活需要和不平衡不充分的发展之间的矛盾”。我国社会主要矛盾的变化为经济社会发展提供了新的需求，其中创新发展是关键。2015 年是我国实施创新驱动发展战略的关键之年，中国知识产权区域布局工作正是在这样一个重要的历史节点上启动实施，并在江苏、广西、重庆、广州、深圳、宁波和潍坊开始试点。

国家知识产权区域布局工作是以创新驱动发展战略为引领，贯彻实施国家知识产权战略，通过全局性、引领性地谋划好全国知识产权资源的基本格局，探索引导形成知识产权功能定位清晰，教育、科技、产业和经济协同发展，创造活跃、运用高效、保护适当、管理科学的区域知识产权发展格局。

以知识产权为核心的资源配置导向目录是国家知识产权区域布局工作的重要组成部分，也是布局工作的核心成果，是面向区域经济平衡充分发展的战略需求，以区域产业的转型升级发展为目标，以区域大类和细分产业为主要编制对象，以知识产权与科教创新和产业发展的深度融合为着眼点，以前瞻性和可操作性为基本原则，提出的以知识产权为核心的资源配置解决方案。

导向目录是由国家知识产权局牵头并联合宁波市政府，委托大连理工大学和中国科学院地理科学与资源研究所进行的共同研究，相关成果在宁波进行了率先应用，并在区域布局第一批试点地区推广实施。

希望通过以知识产权为核心的资源配置导向目录的研制和应用，加强知识产权与区域经济发展的对接和融合，探索知识产权服务政府科学决策的路径，为创新驱动发展和区域协调发展提供知识产权解决方案与助力。

在此，也诚挚地感谢所有参与导向目录制定实施的同志们做出的坚苦努力和卓有成效的工作！

贺　化

2018 年 8 月于北京

目　　录

序

上　　篇
以知识产权为核心的资源配置导向目录
基本理论与方法

第一章　以知识产权为核心的资源配置导向目录基本理论　3

第一节　以知识产权为核心的资源配置导向目录概念框架　3
第二节　导向目录的功能模块与表达方式　6
第三节　导向目录与其他相关工作的关系　8
第四节　导向目录编制的工作程序　12

第二章　区域大类产业发展与资源配置导向目录理论及方法　18

第一节　基础理论、方法和数据　18
第二节　产业与知识产权发展分析　25
第三节　以知识产权为核心的静态匹配模型　26
第四节　以知识产权为核心的动态协调模型　29
第五节　静态匹配与动态协调综合模型　32
第六节　重点规划产业发展与资源配置引导目录　34
第七节　重点发展产业优化资源配置导示　35

第三章 区域细分产业发展与资源配置导向目录理论及方法 37

第一节 基础理论、方法和数据 37
第二节 区域细分产业发展与资源配置关系引导目录编制 45
第三节 区域细分产业知识产权行动引导目录编制 49
第四节 区域细分产业发展资源配置战略组织路线编制 53

中 篇
大类产业发展与资源配置导向目录理论及方法之宁波应用

第四章 大类产业发展与资源配置导向目录宁波应用思路与方法 59

第一节 研究思路 59
第二节 指标体系 60
第三节 研究方法 61

第五章 宁波大类产业发展现状分析 64

第一节 宁波社会经济总体特征 64
第二节 宁波产业发展现状 71
第三节 宁波产业竞争力及未来发展 78
第四节 小结 84

第六章 宁波科教资源与产业发展关联分析 86

第一节 宁波科教资源发展现状 86
第二节 宁波科教资源发展地位 89
第三节 科教资源产业匹配方法 96
第四节 宁波科教资源产业分布特征 105
第五节 宁波科教资源与产业发展关系 115

第六节　小结　150

第七章　宁波知识产权与产业发展关联分析　154

第一节　宁波知识产权发展演化及特征分析　154
第二节　宁波专利资源的行业集聚特征　162
第三节　宁波知识产权与科教资源关系分析　170
第四节　宁波知识产权与产业发展关系分析　178
第五节　小结　183

第八章　宁波产业发展引导目录及资源配置导示　186

第一节　宁波产业资源配置与产业发展关系引导目录　186
第二节　科教资源—知识产权资源—产业资源引导目录清单　191
第三节　宁波重点规划产业引导目录　200
第四节　宁波重点发展产业优化资源配置导示　209

下　篇
细分产业发展与资源配置导向目录理论及方法之宁波应用

第九章　细分产业发展与资源配置导向目录应用背景与思路　215

第一节　宁波汽车零部件产业导向目录编制背景　215
第二节　宁波汽车零部件产业导向目录主要内容　216
第三节　宁波汽车零部件产业导向目录基本思路　217

第十章　宁波汽车零部件产业企业实地调研　220

第一节　宁波汽车零部件企业实地调研准备　220
第二节　宁波汽车零部件调研企业发展现状　221
第三节　宁波汽车零部件调研企业面临的主要挑战　228

第十一章　宁波汽车零部件产业整体发展现状　230

第一节　汽车零部件产业链及价值链模块　231
第二节　宁波汽车零部件产业知识产权现状　240
第三节　宁波汽车零部件企业知识产权匹配　263
第四节　宁波汽车零部件产业整体发展的优势与挑战　290

第十二章　宁波汽车零部件产业发展引导目录及路线图　296

第一节　全球汽车零部件行业技术发展引导目录　296
第二节　中国汽车零部件产业发展与资源配置引导目录　311
第三节　宁波汽车零部件产业发展与资源配置引导目录　316
第四节　宁波汽车零部件产业知识产权行动引导目录　319
第五节　宁波汽车零部件产业发展优化资源配置战略组织路线　328

第十三章　国内外汽车动力电池产业发展及知识产权布局　348

第一节　汽车动力电池产业总体发展态势　348
第二节　汽车动力电池产业发展重点企业分析　357
第三节　汽车动力电池产业知识产权现状　372
第四节　汽车动力电池产业发展主要扶持政策　385

第十四章　宁波汽车动力电池产业发展技术行动路线图　391

第一节　汽车动力电池产业市场需求分析　392
第二节　汽车动力电池产业发展目标分析　395
第三节　汽车动力电池产业发展产品定位　398
第四节　汽车动力电池产业发展技术研发重点　401

参考文献　405

上　　篇

以知识产权为核心的资源配置导向目录基本理论与方法

第一章　以知识产权为核心的资源配置导向目录基本理论

以知识产权为核心的资源配置导向目录（以下简称“导向目录”）由三个模块构成：导向目录基础理论、区域大类产业发展与资源配置导向目录方法及应用、区域细分产业发展与资源配置导向目录方法及应用。本章着重阐明以知识产权为核心的资源配置导向目录的理论内涵。

第一节　以知识产权为核心的资源配置导向目录概念框架

一、导向目录的概念

以知识产权为核心的资源配置导向目录是特定区域依据全球价值链分布格局及其演化，承接区域科技和产业分工的国家战略需求，以支撑本区域产业健康协调发展、引导区域产业结构升级、促进我国知识产权活动的区域间协同为目标，以优化知识产权资源的空间布局和产业布局为手段而编制的面向区域产业创新发展的资源配置方案。

从适用单元角度看，导向目录由区域大类产业发展与资源配置导向目录和区域细分产业发展与资源配置导向目录两部分构成。区域大类产业发展与资源配置导向目录以国民经济行业分类中的大类产业为对象，在全面分析全球产业发展趋势和国内区域产业分工以及知识产权分工的基础上，结合特定区域的资源条件、产业基础、技术创新能力以及知识产权资源配置现状等，提供面向大类产业创新发展的资源配置解决方案。区域细分产业发展与资源配置导向目录以国民经济行业分类中的四位数产业为分析和规划单元，在细分产业技术层面、重点区域、重点企业层面，围绕细分产业技术模块、产业附加值、知识产权支撑建立分析模型，提供面向区域细分产业的以知识产权为核心的资源配置解决方案。

从功能模块角度看，导向目录由两个功能模块构成。一是区域知识产权与产业发展关系的功能模块。导向目录通过对区域知识产权与产业发展关系的全景扫描和全方位会诊，提出基于数据分析的综合判断，是开展区域知识产权规划和产业发展规划编制的重要依据。二是优化知识产权资源配置促进产业发展的行动方案功能模块。依据综合判断，运用路线图方法，提出从大类产业到企业的知识产权资源配置引导方案，是区域相关政府部门制定知识产权政策和产业发展政策以及企业制定发展战略的参考方案。

二、导向目录的基本特征

1. 可操作性

以知识产权为核心的资源配置导向目录以促进区域知识产权与产业协同发展为主线，不仅要通过技术发展趋势、市场竞争格局以及区域知识产权资源优势和短板的综合分析，提出区域促进产业创新发展的资源配置方案，提示区域产业发展和资源配置方向，还要从创新组织、区域发展战略和政策等角度，提出优化区域知识产权资源配置的具体实施方案，具有很强的可操作性。

2. 时效性

以知识产权为核心的资源配置导向目录具有鲜明的时效特征。它在技术发展趋势分析、市场需求分析、区域分工分析以及价值链分工和治理机制分析的基础上，从时间维和行动维的二维视角，提出面向大类产业和细分产业创新发展的知识产权及相关资源的优化配置方案，其时空界线清晰、产业对象具体、发展目标明确，因此，导向目录能更好地与区域产业发展和知识产权管理的相关规划接轨。

3. 前瞻性

以知识产权为核心的资源配置导向目录基于运行关系分析、市场预测、技术预测等编制而成，因此，它不是现状的简单描述，而是综合运用市场预测和技术预测等方法，并结合知识产权管理和产业经济的专家意见、政府部门意见、企业管理人员意见等形成的综合解决方案，是面向未来市场竞争和产业创新发展的具体操作路径。该方案对于地方政府面向未来产业发展和知识产权管理的政策制定具有重要参考价值。

4. 综合性

以知识产权为核心的资源配置导向目录由面向大类产业发展的资源配置引导目录、面向细分产业的资源配置引导目录和基础数据库构成。各个组成部分相互支撑，形成一个有机整体。面向大类产业和细分产业发展的资源配置引导目录提出优先发展产业的总体框架及资源配置方案，可适当优化调整。基础数据库是支撑决策的重要工具，可定期更新，信息可视化动态图谱集能直观展示知识产权资源的配置状况。因此，能更好地满足地方政府的决策需求。

三、导向目录的定位

1. 导向目录是知识产权区域布局工作的中心环节

根据知识产权区域布局试点工作的总体方案，布局试点工作由三大任务构成：一是布局现状分析；二是导向目录编制；三是相关政策完善。其中，导向目录要承接知识产权区域布局现状分析的成果，结合区域产业发展实际，从大类产业、细分产业、主要技术模块以及重点企业层面，分析资源配置与产业发展的关系，提炼资源配置与产业发展匹配关系模式。因此，导向目录既从纵向深化了现状分析的内容，也从横向提升了研究结论的普适性。在此基础上，提出优化资源配置，促进产业发展的资源配置解决方案。面向区域产业升级发展的资源配置解决方案，是制定区域知识产权发展政策和产业发展政策的基础。因此，导向目录在知识产权区域布局工作中处于承前启后的重要地位。

2. 导向目录为区域知识产权和产业发展提供解决方案

导向目录以知识产权与产业发展的关系为主线，探索促进产业升级发展的资源配置方案。因此，从产业发展的角度看，它是基于资源配置视角的产业创新发展解决方案。从知识产权的角度看，它不是仅限于知识产权资源的配置，而是探索如何以知识产权为核心优化区域资源配置。因此，导向目录的本质是资源配置解决方案，价值目标是产业升级发展，着力点是知识产权。对于区域知识产权工作而言，导向目录打造了知识产权与产业融合的全新工作载体。对于区域产业发展而言，导向目录为区域产业升级发展提供了全方位的资源配置解决方案。

3. 导向目录是地方政府宏观决策的决策支持系统

区域宏观经济决策是一个复杂的系统，既涉及科技、教育、产业、社会等诸多因素，也需要考虑区域间的分工合作乃至有序竞争。这样，就需要找到合适的规划和工作载体，既能统筹科技、教育、产业以及社会资源的合理配置，也能通过该工作载体，理顺区际分工，形成特色和独占优势。就目前的区域知识产权或产业发展规划的编制机制和实施模式看，尚未形成对知识产权和产业发展运行关系的动态监测和政策反馈效应。导向目录不仅提出区域以知识产权为核心的资源配置解决方案，而且建立了跟踪监测区域知识产权与产业发展关系的数据收集和集成分析系统，形成知识产权区域布局数据库、知识库、模型库以及方法库等，可对区域知识产权与产业发展的动态关系以及资源配置的效应进行分析评估，进而提出咨询建议。从该意义上说，导向目录是区域宏观经济和知识产权的智能决策支持系统。

第二节　导向目录的功能模块与表达方式

导向目录由区域大类产业发展与资源配置导向目录、区域细分产业发展与资源配置导向目录两个功能模块构成。以知识产权为核心的区域大类产业发展与资源配置导向目录、区域细分产业发展与资源配置导向目录编制成果，以综合研究报告和导向目录两种形式呈现。这里，结合导向目录范本编制实践和相关理论研究，提出各种成果形式的技术要求。

一、区域大类产业发展与资源配置导向目录

1. 定位

（1）编制单元定位

以知识产权为核心的区域大类产业发展与资源配置导向目录的编制单元是区域大类产业，即国民经济行业分类中的二位数产业。一般而言，省级行政区或副省级城市的产业门类都较为齐全，因此，以知识产权为核心的产业发展与资源配置导向目录编制应开展区域大类产业的全口径分析与规划。

（2）分析视角定位

以知识产权为核心的区域大类产业发展与资源配置导向目录以大类产业发展与资源配置的关系为分析的主线，全部分析着眼于关系模式即关系类型的归纳提炼，尤其是知识产权资源配置与产业发展的关系模式的特征及成因提炼和解读，力求通过关系模式和关系类型的分析，阐明面向产业发展的资源配置存在的问题，以便作为优化资源配置对策的现实依据。

（3）解决方案定位

一般而言，以资源配置导示的形式提出面向大类产业的资源配置解决方案。在模式提炼的基础上，资源配置导示引入并考虑产业发展规划因素，根据产业发展与资源配置现状和未来发展需求，有针对性地提出知识产权资源如何在大类产业间实现优化配置，如何通过知识产权资源优化配置引导其他资源的合理配置，以及采取何种措施推进知识产权和相关资源的优化配置等。

2. 内容

以知识产权为核心的区域大类产业发展与资源配置导向目录由三部分内容构成：一是产业发展与资源配置关系分析，归纳提炼出区域产业发展与资源配置关系的基本模式；二是引入区域产业发展规划因素，研究区域产业发展规划与资源配置模式的协调机制；三是面向大类产业的区域产业发展资源配置导示。资源配置导示依据静态匹配、动态协调及规划关系分析，提出以知识产权为核心优化区域资源配置的具体实施方案。

3. 形式

以知识产权为核心的区域大类产业发展与资源配置导向目录编制成果以两种形式呈现：一是《以知识产权为核心的区域大类产业发展与资源配置导向目录综合报告》，综合报告全部工作以文字和图表表述，包括现实背景、理论依据、分析模型、数据来源、分析过程、结论建议等；二是以知识产权为核心的产业发展与资源配置导向目录，导向目录是全部工作的精炼，主要包括核心概念、主要图表以及基本结论建议等。

二、区域细分产业发展与资源配置导向目录

1. 定位

（1）编制单元定位

区域细分产业发展与资源配置导向目录以国民经济行业分类中的四位数行业（产业）为分析和规划单元，面向区域细分产业的布局规划和资源配置，分别在国民经济行业分类的小类（细分产业）层面、细分产业的技术模块层面以及重点企业层面开展产业发展与资源配置关系分析，提出面向细分产业创新发展的资源配置行动方案。

（2）分析视角定位

区域细分产业发展与资源配置导向目录以产业价值创造与知识产权资源的关

系为主线开展现状分析，据此制订资源配置行动方案。为了提高该导向目录的针对性和可操作性，需要在细分产业、技术模块和重点企业三个层面开展分析研判，归纳提炼各技术模块和重点企业知识产权与价值创造的主要关系模式，识别细分产业中应重点发展的技术模块以及重点发展技术模块中应大力培育的重点企业，阐明重点企业的知识产权优势和劣势等。

（3）解决方案定位

区域细分产业发展与资源配置导向目录的解决方案由两个模块构成：一是细分产业资源配置知识产权行动方案；二是细分产业资源配置战略组织行动方案。前者侧重技术行动策略、优先发展等级确定以及技术领域布局等，后者侧重知识产权资源及相关资源的来源、获取方式、整合路径、价值实现等组织运行策略。

2. 内容

区域细分产业发展与资源配置导向目录由三部分内容构成：一是细分产业资源配置与产业发展引导目录，重点分析并提炼资源配置与产业发展的关系模式，尤其是知识产权资源与产业发展的关系模式；二是细分产业知识产权行动引导目录，从技术模块和重点区域两方面提出知识产权行动方案；三是细分产业发展优化资源配置战略组织路线，以优先发展技术领域为对象，提出战略组织行动方案。

3. 形式

区域细分产业发展与资源配置导向目录编制成果以两种形式呈现：一是《区域细分产业发展与资源配置导向目录综合报告》，综合报告全部工作以文字和图表表述，包括国内外背景、理论依据、分析模型、数据来源、分析过程、技术路线图以及结论建议等；二是区域细分产业发展与资源配置导向目录，导向目录是全部工作的精炼，主要包括核心概念、主要图表以及基本结论建议等。

第三节 导向目录与其他相关工作的关系

一、导向目录与产业结构调整指导目录的关系

导向目录与国家发展和改革委员会的产业结构调整指导目录不同。产业结构调整指导目录将产业分为鼓励类、限制类和淘汰类，是对产业发展方向的把握，

回答的是“干什么”的问题。导向目录是在明确产业发展方向的基础上，面向大类和细分产业的具体领域，提出资源配置解决方案，回答的是具体产业创新发展“怎么干”的问题。

从效力实现路径看，国家发展和改革委员会的产业结构调整指导目录是约束性的目录，是主要用于指导项目审批工作的规范性文件，对于项目申报、审批具有直接约束力。导向目录是指导性的和建议性的目录，是面向政府和企业决策的咨询性、指导性报告，政府和企业可以根据具体情况决定是否采纳、何时以何种形式采纳并在多大程度上采纳等。

导向目录与产业结构调整指导目录具有互补性。首先，后者规定了特定区域产业发展的基本方向，成为区域产业发展规划制定的基本依据，这样前者就可以依据后者的提示，选择指导目录中列为优先发展的产业开展资源配置行动方案设计，从而为优先发展产业的知识产权支撑策略提供依据。其次，通过导向目录的编制能够逐步明确各个区域的优势和特色产业，促进区域产业和知识产权分工，也为后者的修改完善提供了依据。

二、导向目录与专利导航的关系

专利导航和导向目录是近年来国家知识产权局重点实施的两大具有互补功能的战略工程。从战略目标上看，这两大工程的目标都是在区域层面上促进创新驱动发展战略的实施。然而，必须看到，区域创新发展需要从企业创新组织、区域发展政策以及国家战略等多个层面协同推进。所以，专利导航和导向目录的编制在功能定位、服务对象、空间载体以及政策机制等方面就必然要形成合理分工，以整体联动的格局实现系统集成，产生应有的互补效应。为了避免专利导航和导向目录在编制及实施过程中重复劳动与交叉管理，提升两者指导实践的功能，这里对两者的区别及互补关系做如下阐述（表 1-1）。

表 1-1　导向目录与专利导航的关系

	专利导航	导向目录
编制思路	产业发展的技术决定	资源配置对产业发展的促进作用
工作出发点	专利信息挖掘	产业发展知识产权需求分析
试点实验载体	企业、产业园区	省级行政区、副省级城市等
主要服务对象	企业、产业园区	地方政府、中央政府

1. 编制思路差异

专利导航是从技术层面切入，强调区域产业发展的技术决定，注重专利信息的挖掘和利用，即“通过专利信息挖掘和分析，揭示产业技术发展趋势、产品创新和市场竞争态势等，从而为产业有针对性地转型和升级提供思路与方法，引导和支撑产业科学规划与合理运行”。

导向目录从产业层面切入，以产业创新发展与知识产权资源的匹配为立足点，以优化资源配置的实施方案为着眼点，通过市场竞争、区域分工、资源流动分析，从空间布局、创新组织、战略协同等维度，提出面向特定区域产业创新发展的资源配置解决方案。

2. 服务对象差异

专利导航从产业发展的技术决定出发，对专利蕴含的技术、法律和市场等信息进行深度挖掘，明确产业发展方向、格局定位和升级路径，引导企业或产业园区进行专利布局、储备和运营，实现企业创新发展。从该意义上说，专利导航的主要用户是企业或产业园区。

导向目录从产业创新发展的资源需求出发，通过产业发展与知识产权资源的协同关系分析，制订面向产业创新发展的资源优化配置方案，向地方政府提出优化区域知识产权资源配置的具体政策建议和实施方案。从该意义上说，导向目录的主要用户是中央政府和地方政府。

3. 成果形式差异

专利导航以文字叙述和图谱展示两种形式表达，文字表述主要阐明专利技术与产业发展的关系，通过区域间乃至国际比较，说明区域的专利技术优势，专利技术资源的空间分布等。可视化图谱则直观地展示了技术领域之间、技术与产业之间的内在关联。

导向目录以综合研究报告、技术路线图、战略组织路线图、数据库以及信息可视化图谱集等多种形式予以表达，每种形式既各成体系，又相互补充和相互支撑，形成一个完整的成果体系，更便于政府用户研究、参考和利用。

4. 探索试点工作依托的空间载体差异

专利导航以产业集聚区为专利导航产业发展的探索实验区，以大学、研究机构和企业作为试点依托单元，以平台建设作为技术支撑，开展专利导航产业发展的实验，探索专利导航产业发展的有效模式，因此，其工作主要立足于微观组织层面。

导向目录编制依托的空间载体是省级或市级行政区，以技术路线图和战略组织路线图为主要落地形式，开展知识产权区域布局试点，编制省级行政区或城市的以知识产权为核心的资源配置导向目录，探索在整个区域内，优化知识产权资源以及相关资源的配置，进而引领和促进区域产业结构升级与创新驱动发展的具体行动方案。

5. 互补性

导向目录与专利导航在编制思路、规划单元、服务对象等方面的差异也决定了两者在知识产权和产业发展决策中的互补性。导向目录和专利导航的编制与落地将在区域决策中建立从微观企业组织到宏观经济的多层次分析、监测、反馈及调控机制，形成科技、教育、知识产权资源统筹配置的综合解决方案。

三、导向目录与区域产业发展规划的关系

产业发展规划的前提假设是知识产权创造能够促进产业发展，然而，对于知识产权资源如何配置才能促进产业发展、知识产权资源配置与其他资源配置的关系如何优化等，并未给予明确的解析和回答。导向目录通过建立资源配置与产业发展关系的模型以及基于数据的分析，从多层面解析了资源配置与产业发展的关系，不仅是资源配置的解决方案，也为区域产业发展规划编制提供了重要依据（表 1-2）。

表 1-2　导向目录与区域产业发展规划的关系

	产业发展规划	导向目录
编制思路	知识产权促进产业发展	资源配置决定产业发展
编制基础	产业发展目标与定位	产业发展与知识产权的关系
规划单元	以大类产业为主	多产业层面、多技术模块
编制视野	规划单元自身发展	考虑区际分析与协同

导向目录不是在传统知识产权规划和产业规划之外重建规划编制规范，而旨在通过提出产业发展与知识产权资源关系分析的一套方法及成果应用范式，在产业规划和知识产权规划之间建立逻辑通道，使产业规划和知识产权规划更好衔接。

四、导向目录与知识产权区域布局工作的关系

导向目录是国家知识产权区域布局工作的重要组成部分。国家知识产权区域布局工作具体包括知识产权区域布局现状分析评价、以知识产权为核心的资源配置导向目录编制和区域知识产权相关政策完善。其中，知识产权区域布局现状分析评价包括静态分布分析、动态关联分析和质量评价分析等内容。导向目录是承接现状分析评价和相关政策完善的中心环节。

导向目录与知识产权区域布局现状分析评价在定位上存在一定差异。知识产权区域布局现状分析评价是以区域整体作为分析单元，目标是区域整体的创新驱动发展，指标体系以区域整体宏观指标为主；导向目录以区域大类和细分产业为分析单元，目标是建立以知识产权为核心的产业资源配置导向目录，其中大类产业是以国民经济行业大类（两位数）作为研究对象，具有产业经济比较规范的统计指标和数据；细分行业则是聚焦具体的某个行业，主要以企业层面的数据为基础进行分析。从区域到大类产业再到细分产业，数据获取难度越来越大，所以指标体系也越来越简明扼要。

第四节　导向目录编制的工作程序

一、理论准备与能力建设

1. 基础理论的学习与把握

导向目录编制需要运用多学科的理论知识和分析方法，开展跨学科的研究与规划。导向目录编制团队应系统学习区域经济学、产业经济学、技术创新经济学、企业管理理论、价值链理论等，形成综合运用上述学科的理论与方法分析产业发展和资源配置的关系，探明问题及其成因，提出系统解决方案的能力。

2. 分析模型与技术工具的运用

导向目录编制需要熟练运用关联分析、耦合分析、协调分析、价值链分析等定量分析方法以及地理信息可视化技术、专利信息的检索分析技术等。在产业发展与资源配置基础数据库建设过程中则需要有关人员掌握数据库原理、数据库设计以及数据库管理等方面的知识。因此，最新分析模型、可视化技术以及数据库原理方面的学习至关重要。

3. 相关规划政策的学习与解读

基于统计和调查数据并运用定量模型分析得到的结果需要进行系统的政策解读，以便阐明数据和图表背后的政策内涵。政策解读的成效取决于导向目录编制团队对宏观经济政策、知识产权政策、产业发展政策以及区域发展政策的理解和把握，尤其是对十九大以来国家相关政策的学习和把握。这样，就需要导向目录编制团队认真学习国家和区域发展的相关政策，研究国家和区域相关发展规划，以便使导向目录编制与国家的大政方针更好契合。

二、目标与单元确定

1. 目标确定

编制目标统领整个导向目录编制过程，因此，编制工作方案要有明确的工作目标。一般而言，导向目录主要服务于政府决策，即为地方政府的知识产权决策或产业发展决策提供咨询服务。因此，导向目录编制要根据地方政府的知识产权和产业发展的决策需求确定具体工作目标。需要注意的是，导向目录虽然紧紧围绕产业发展分析知识产权资源配置，对区域产业发展方向选择有启示和参考价值，但导向目录的核心是引导区域资源配置，尤其是知识产权资源的优化配置，进而支撑产业转型发展。从该意义上说，导向目录的编制目标是通过引导资源配置，支撑产业升级发展。

2. 单元选择

导向目录编制以产业为载体，以省级行政区、副省级城市或地级市为编制单元。在现状分析和行动方案设计过程中，涉及可比省区市的比较或编制单元内部的区域比较。总体上看，省级行政区、副省级城市或地级市是导向目录编制的基本空间单元。同时也应该看到，有些省级行政区地域空间较大，内部逐步形成知识产权分工和产业分工，这样就应充分考虑内部区域的比较分析和功能优化。

导向目录产业单元具有多层次特征。首先，导向目录编制要在大类产业和细分产业两个层面展开。面向大类产业发展的资源配置导向目录定位于从总体上把握区域所有产业的知识产权配置情况，其对具体产业资源配置的引导还是相对宏观的。区域细分产业发展与资源配置导向目录基于知识产权和价值创造的关系分析产业运行，并在技术模块、区域以及企业层面进行详细分析，对资源配置的引导作用更为具体。为了提高导向目录的针对性，对于部分细分产业可进一步从技术模块层面开展匹配关系分析，并编制资源配置行动路线图。因此，各试点地方可以根据区域知识产权和产业发展决策的实际需求，确定分析层面的选择。

其次，由于细分产业名类繁多，加之编制团队资源有限，不可能编制出所有细分产业的导向目录。实际上，没有必要编制所有细分产业的导向目录，因为有些产业的发展并非知识产权密集或知识产权引导型。所以，各试点地方可以根据本地实际确定编制对象。

三、目录编制组织机制

1. 组织协调

导向目录是知识产权布局具有“产品”意义的成果，是整个知识产权区域布局工作“落地”的关键。导向目录编制工作的关键环节是组织协调。各试点地方，应在前期现状分析的基础上，进一步加强对导向目录编制工作的领导与组织，完善导向目录编制组织机制，由试点地方知识产权局主要领导负责，成立领导小组和工作协调小组，强化对知识产权区域布局试点工作的领导和组织协调。

2. 团队组建

导向目录编制工作具有明显的跨学科、跨部门、跨区域的特征，团队组建是导向目录编制能否取得成功的关键，对于试点地方导向目录编制团队组建提出如下建议。

（1）组建具有跨学科背景的研究团队。导向目录编制需要综合运用经济学、管理学、社会学、地理学等多学科知识，以及数据库建设理论与方法、信息可视化技术与方法等，这样就需要具有各种专业背景的专门人才广泛参与导向目录编制，通过多学科知识的交叉、融合提升导向目录编制的整体质量。

（2）组建具有多部门工作经验的管理团队。导向目录编制不仅需要有坚实的基础理论知识，还需要有丰富的管理实践经验，尤其是政府知识产权管理、经济管理以及企业管理的实践经验。这样就需要不同政府部门的管理人员、企业管理人员、高校和研究机构的研究人员共同参与导向目录的编制工作，以便理论与实践相结合地编制导向目录。

（3）组建具有长效合作机制的工作团队。由于导向目录的落地与转化是一个复杂过程，加之导向目录本身又需要不断更新完善，从而决定了导向目录编制不是委托部门与项目单位之间单纯的项目委托研究，而是一种需要长期保持并不断完善的合作机制。所以，在编制团队组建过程中，应着眼于长效机制的建立，组织研究团队，制订工作方案。

3. 运行协调

导向目录编制是一个多方参与、协同推进的系统工程，其组织运行需要注意以下几方面的协调。

编制地方相关政府部门之间的协调。导向目录编制需要地方知识产权、发改、工信、科技、财政、教育、统计等部门共同参与，通力合作。其中包括编制对象的沟通协调、基础数据获取使用的沟通协调、成果落地的沟通协调等。因此，在导向目录编制过程中，应建立地方政府部门间的协调机制。

政府主管部门与编制团队的协调。政府主管部门不仅要明确导向目录编制的目标和任务，监控整个编制过程，还要统筹协调各层次、不同细分产业导向目录的编制，同时应参与编制方案的制订、研究结论的完善以及宣传推广等工作。

各试点地方编制工作的沟通协调。各试点地方知识产权工作和经济发展各不相同，从而决定了导向目录编制既各有特色，又需要相互借鉴。因此，各试点地方应建立定期或不定期的沟通协调机制，广泛交流编制经验，取长补短，推进整个工作有效开展。

四、目录编制程序控制

1. 试点先行，有序推进

导向目录编制是一项前所未有的探索性工作，无论是国家知识产权局还是地方知识产权局，无论是国家局的专家团队还是试点地方的编制团队，都没有现成的经验可资借鉴。各试点地方的导向目录编制应采取以典型产业为编制单元，组织优势编制团队先行试点探索，积累编制经验，再有序推开的模式，以提高编制工作的整体效率。

2. 并行工作，协同推进

首先，各试点地方的编制团队在前期的运行关系分析过程中已经开展了系统的数据收集和整理，这些数据是数据库建设的基础。因此，前期的数据收集要与数据库建设统筹安排，以提高工作效率。其次，在关系分析和数据库建设过程中会积累大量导向目录编制经验知识，如模型使用方面的知识、数据库建设方面的知识、政策解读方面的知识等，各编制团队应尽可能对这些知识进行编码，形成导向目录编制专门的知识库，以便更好地发挥导向目录的决策支持功能。

3. 相互交流，资源共享

导向目录编制是一个团队学习的过程。各试点地方应以导向目录编制为纽带建立知识产权区域布局学习型组织，定期开展学术交流和编制工作研讨，以便提高编制团队的整体实力。编制团队同时应加强相互交流，共享导向目录编制经验，开展数据共享、编制团队深度合作等方面的尝试。再次，应建立专家团队与试点地方编制团队的工作交流机制，实现资源共享。

4. 编制牵引，推广同步

导向目录的落地不仅是制定一部政策措施或出台一个政府文件就能够完全实现的，它需要得到广泛的社会认同。这样，有关导向目录的社会宣传推广至关重要。试点地方应以知识产权行政部门牵头，建立导向目录推广转化部门协同机制，以便有效推动导向目录的社会推广应用。

五、导向目录编制注意事项

1. 全面理解和把握导向目录的形式与内容

从发展趋势和本质功能看，导向目录是知识产权区域布局的智能决策支持系统。虽然导向目录编制和使用还处于起步与探索阶段，尚不具备智能决策支持系统的功能，然而，随着知识产权区域布局工作的深入开展，尤其是导向目录编制应用的推进，其对知识产权区域布局乃至整个区域产业发展决策的支持功能会逐步完善，智能化程度也会逐步提升。目前，各试点地方导向目录的形式和内容还处于修改完善中，仍需深化理论研究，完善技术方法，以便使导向目录不断得到充实和提升。

2. 客观看待导向目录的科学性和逻辑严谨性

在导向目录的编制过程中，各试点地方的编制团队对导向目录本身的科学性和逻辑严谨性进行了深度思考，向专家团队提供了许多有重要参考价值的建议，促进了导向目录编制规范的研究和制定。但是必须承认，由于以下因素的影响，导向目录在科学性和逻辑严谨性方面还存在缺欠。首先，导向目录研究编制的对象是社会过程，社会过程的随机性和非均匀性影响导向目录的普适性，也影响科学理论在导向目录编制中的运用。因此，尚不能严格用自然科学或工程技术的标准去审视导向目录编制的科学性和逻辑严谨性。其次，各编制团队是在现有的学科理论、数据支持和技术工具条件下开展导向目录编制，任何理论方法和技术工具都有其适用范围和使用环境。数据的可获得性也是导向目录编制过程的约束性条件。当然，专家团队的理论水准、操作技能、政策解读能力以及管理经验都有可能使编制方案设计、程序控制、成果解读、推广应用等存在不足。

3. 妥善处理导向目录编制与导向目录应用的关系

实际上，知识产权区域布局试点工作团队是在导向目录的编制过程中逐步深化了对导向目录“是什么”的认识，同理，也只有在导向目录的推广应用过程中，我们才能真正理解导向目录“有什么用”。当社会应用主体逐步认识了导向目录的应用价值并产生强大的社会需求时，导向目录的编制工作才有了更加明确的编制导向和功能定位，导向目录“是什么”的问题也逐步明晰。导向目录的决策支持功能正是在上述循环往复中得到完善。

第二章　区域大类产业发展与资源配置导向目录理论及方法

第一节　基础理论、方法和数据

以知识产权为核心的资源配置导向目录编制从国民经济行业分类的产业大类和小类（细分产业）两个层面分别展开。在国民经济行业大类层面，形成区域大类产业发展与资源配置导向目录，本部分提出区域大类产业发展与资源配置导向目录理论和方法。

一、基础理论和分析框架

1. 基础理论

（1）比较优势理论与区域分工

大卫·李嘉图（David Ricardo）在其代表作《政治经济学及赋税原理》中提出了比较成本贸易理论（后人称为“比较优势贸易理论”）。比较优势贸易理论认为，国际贸易的基础是生产技术的相对差别（而非绝对差别）以及由此产生的相对成本的差别。每个国家都应根据“两利相权取其重，两弊相权取其轻”的原则，集中生产并出口其具有“比较优势”的产品，进口其具有“比较劣势”的产品。比较优势贸易理论在更普遍的基础上解释了贸易产生的基础和贸易利得，发展了绝对优势贸易理论。

受比较优势贸易理论的影响，区域分工理论应运而生。区域分工是区域之间经济联系的一种形式。由于各个区域之间存在经济发展条件和基础方面的差异，在资源和要素不能完全、自由流动的情况下，为满足各自生产、生活方面的多种需求，提高经济效益，各个区域在经济交往中就必然要按照比较利益的原则，选择和发展具有优势的产业。从区域分工的视角对城市产业发展定位进行研究，可以避免“就城市论城市”的产业确定方式。区域分工的意义在于，能够使各区域充分发挥资源、要素、区位等方面的优势，进行专业化生产；合理利用资源，推动生产技术的提高和创新，提高产品质量和管理水平；提高各区域的经济效益和国民经济发展的总体效益。

（2）产业发展阶段理论

一个产业的发展要经历从诞生、成长、扩张、衰退到淘汰的各个阶段，决策部门和企业要根据产业发展阶段相应的发展规律、条件和环境，采取相应的政策措施和发展战略。

H. 钱纳里（H. Channery）的“标准结构”理论。美国经济学家 H. 钱纳里运用投入产出分析方法、一般均衡分析方法和计量经济模型，通过多种形式的比较研究考察了以工业化为主线的第二次世界大战以后发展中国家的发展经历，构造出具有一般意义的“标准结构”，即根据国内人均生产总值水平，将不发达经济到成熟工业经济整个变化过程分为 3 个阶段 6 个时期：第一阶段是初级产品生产阶段（或称农业经济阶段），第二阶段是工业化阶段，第三阶段为发达经济阶段。

霍夫曼定理。德国经济学家 W. 霍夫曼（W. Hofmann）通过对当时近 20 个国家的时间序列数据的统计分析，提出著名的“霍夫曼定理”：随着一国工业化的进展，霍夫曼比例（=消费资料工业的净产值 / 资本资料工业的净产值）不断下降。霍夫曼定理的核心思想是：在工业化的第一阶段，消费资料工业的生产在制造业中占主导地位，资本资料工业不发达，此时，霍夫曼比例为 5（±1）；第二阶段，资本资料工业的发展速度比消费资料工业快，但在规模上仍比消费资料工业小得多，这时霍夫曼比例为 2.5（+1）；第三阶段，消费资料工业和资本资料工业的规模大体相当，霍夫曼比例是 1（±0.5）；第四阶段，资本资料工业的规模超过了消费资料工业的规模。

根据 H. 钱纳里的“标准结构”理论和霍夫曼定理，在工业化中期向后期转变阶段，产业发展的驱动力由资本向创新驱动转变。因此，明确产业的发展阶段及其创新资本配置机制对产业发展战略的调整具有重要意义。

（3）产业结构演变理论

配第-克拉克（Petty-Clark）定理。随着经济的发展和人均收入水平的提高，劳动力首先由第一产业向第二产业转移；人均收入水平进一步提高时，劳动力便向第三产业转移；劳动力在第一产业的分布将减少，而在第二、第三产业中的分布将增加。人均收入水平越高的国家和地区，农业劳动力所占比重相对越小，而第二、第三产业劳动力所占比重相对越大；反之，人均收入水平越低的国家和地区，农业劳动力所占比重相对越大，而第二、第三产业劳动力所占比重则相对越小。

库兹涅茨法则。库兹涅茨（Kuznets）在配第-克拉克研究的基础上，通过对各国国民收入和劳动力在产业间分布结构的变化进行统计分析，得到新的理解与认识。基本内容：随着时间的推移，农业部门的国民收入在整个国民收入中的比重和农业劳动力在全部劳动力中的比重均处于不断下降趋势；工业部门的国民收入在整个国民收入中的比重总体上升，但是工业部门劳动力在全部劳动力中的比重则大体不变或略有上升；服务部门的劳动力在全部劳动力中的比重基本上升，然而，其国民收入在整个国民收入中的比重却不一定与劳动力比重一样同步上升。

配第-克拉克定律和库兹涅茨法则指出产业结构会随着经济发展水平而变动，即产业结构的变动受人均国民收入变动的影响。随着全社会人均国民收入水平的提高，产业结构演进沿着以第一产业为主导到第二产业为主导，再到第三产业为主导的方向发展，劳动力也会逐渐从第一产业转移至第二产业和第三产业。因此，明确产业的发展阶段有利于对产业发展战略做出合理规划。

2. 分析框架

区域以知识产权为核心的产业发展与资源配置导向目录面向区域产业的整体布局规划，以产业发展与资源配置现状分析判断为切入点，以产业发展与资源配置关系优化调整为着力点，以国民经济行业分类的产业大类为分析和规划单元，在国民经济行业分类的大类层面，建立区域产业发展与科教资源、知识产权资源的静态匹配和动态协调分析模型。

以规模（市场份额）和盈利（利润）作为产业发展指标，以人员、教育学位点、机构和经费作为科技与教育资源指标，以产业的发明专利规模和密度作为知识产权指标，运用统计和调查数据，通过产业发展与资源（科技教育资源、知识产权资源）的静态匹配和动态协调分析，阐明区域产业发展的资源支撑情况。

通过区域内不同产业间的匹配关系和协调程度的比较以及区域间相同产业匹配关系与协调程度的比较，阐明特定产业发展的优势、劣势以及产业发展与资源配置存在的问题；通过区域发展规划关注重点和产业实际发展状况分析，阐明区域产业发展目标的实现方式及知识产权需求。在此基础上，提出区域产业发展的资源配置引导方案（产业发展资源配置导示）。总体分析框架如图 2-1 所示。

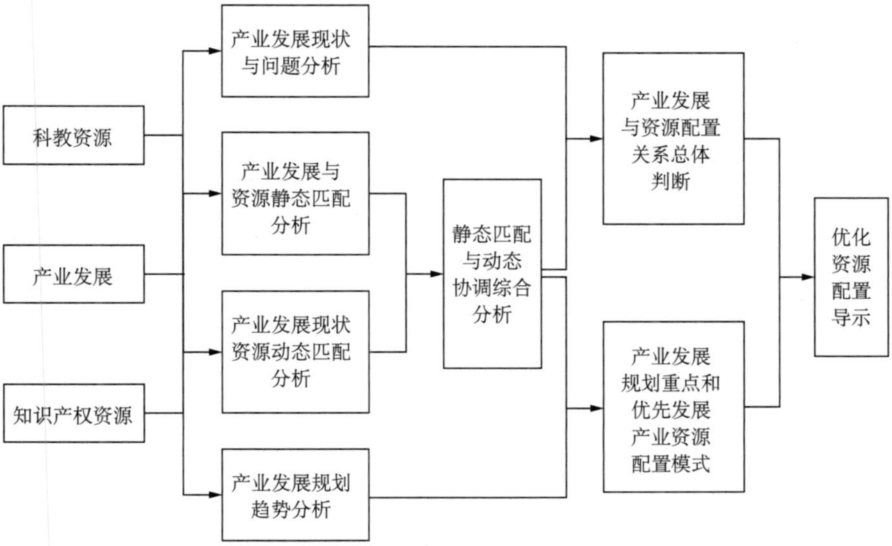

图 2-1　总体分析框架

二、导向目录分析方法

1. 指标体系

本编制方案重点设计了科教资源密集度、知识产权支撑力和产业竞争力三个指标来进行研究。

科教资源密集度：指某区域各类产业对应的教育资源与科技资源布局数量及质量的综合集成评价，重点为高等院校、科研院所以及企业，用于判断产业发展支撑力。可用于衡量不同产业之间教育资源与科技资源的数量及质量布局差异，主要体现为规模和等级结构方面的差异。

知识产权支撑力：指某国或某一区域的某个特定产业，相对于他国或地区同一产业，在知识产权资源方面所体现的对产业发展的支撑能力，主要体现在规模、产出效率和比较优势等方面。

产业竞争力：指某国或某一地区的某个特定产业，相对于他国或地区同一产业，在生产规模、生产效率、满足市场需求、持续获利等方面所体现的竞争能力，具体涉及比较范围和比较内容。

综合考虑指标体系本身的科学性、数据的可获得性以及测度的可操作性等因素，本编制方案在科教资源、知识产权资源和产业资源三个方面识别并选取了一系列指标（表 2-1），各指标权重采用熵值法进行确定。

表 2-1 评价指标体系

<table>
<tr><th>目标层</th><th>要素层</th><th colspan="2">指标层</th></tr>
<tr><td rowspan="20">科教资源密集度</td><td rowspan="11">教育资源</td><td rowspan="3">重点学科</td><td>国家级</td></tr>
<tr><td>省级</td></tr>
<tr><td>市级</td></tr>
<tr><td rowspan="3">重点专业</td><td>国家级</td></tr>
<tr><td>省级</td></tr>
<tr><td>市级</td></tr>
<tr><td rowspan="2">硕士博士点</td><td>一级学科</td></tr>
<tr><td>二级学科等</td></tr>
<tr><td rowspan="3">高校创新平台</td><td>国家级</td></tr>
<tr><td>省级</td></tr>
<tr><td>市级</td></tr>
<tr><td rowspan="9">科技资源</td><td rowspan="3">重点实验室</td><td>国家级</td></tr>
<tr><td>省级</td></tr>
<tr><td>市级</td></tr>
<tr><td rowspan="2">企业机构</td><td>国家认定</td></tr>
<tr><td>省级重点</td></tr>
<tr><td rowspan="4">企业科研投入</td><td>科技活动人员</td></tr>
<tr><td>科技活动全时人员</td></tr>
<tr><td>企业内科技支出</td></tr>
<tr><td>委托外单位科技支出</td></tr>
<tr><td rowspan="3">知识产权支撑力</td><td>知识产权规模</td><td colspan="2">发明专利申请/授权量</td></tr>
<tr><td>知识产权产出效率</td><td colspan="2">专利密集度/专利生产率</td></tr>
<tr><td>知识产权比较优势</td><td colspan="2">显现技术优势（区位熵）</td></tr>
<tr><td rowspan="3">产业竞争力</td><td>产业规模</td><td colspan="2">主营业务收入</td></tr>
<tr><td>产业优势</td><td colspan="2">产业区位熵</td></tr>
<tr><td>产业效率</td><td colspan="2">利润总额</td></tr>
</table>

2. 分析方法

以知识产权为核心的产业发展与资源配置导向目录主要运用区位熵、熵值法（熵权法）、静态匹配分析法中的四象限法和动态协调分析的耦合协调分析方法进行数据的整理及分析。

（1）区位熵

区位熵是用于衡量要素的空间分布或地区专门化程度的指标，也可以反映某一区域在高层次区域的地位和作用等信息。区位熵越大，其专业化程度越高。

（2）熵值法

指标赋权法是对指标体系中的不同指标赋予不同的权重，进而对整个工作体系做出评价的方法，权重的大小则体现了各指标的重要性。熵值法是一种最常用的客观赋权法，在具体使用中，熵值法根据各指标的变异程度（离散趋势），利用信息熵计算出各指标的熵权，再通过熵权对各指标的权重进行修正，从而得出客观的指标权重。以宁波市产业竞争力为例运用熵值法对其进行分析和评价。

（3）静态匹配分析法

静态匹配分析法主要采用四象限法进行分析。时间四象限法是美国的管理学家科维提出的一个时间管理理论，把工作按照重要和紧急两个不同的程度进行划分，基本上可以分为四个象限。在统计学中，四象限法是划分分析对象的常用方法，可以直观地了解被划分对象在对应指标的相对分布状况。

将两个需要比较的指标按照象限法来进行设置，其中原点为各自的平均值，这样则容易获得两个比较对象相对于平均值的大小，从而将数值划分为四类。一般划分的四类为：高—高值、高—低值、低—低值、低—高值。为此，根据研究需要，采用四象限法分析和评价科教资源与产业发展、科教资源与知识产权资源、知识产权资源与产业发展之间的匹配关系。当比较对象扩展为三个时，则可将数值划分为八类，分别为高—高—高、高—高—低、高—低—高、高—低—低、低—高—高、低—高—低、低—低—高、低—低—低。

（4）动态协调分析法

如果将区域产业发展看成一个复合系统，各子系统发展的协调程度会影响系统的整体走向。通过定量分析的方法来对系统协调发展程度进行测度，就能够了解系统发展现状、发展态势，把握系统整体宏观走势，促进系统发展从无序转变为有序，达到协同发展的目标。

动态协调分析法主要采用耦合协调模型进行分析。耦合度是指两个系统之间相互作用和相互影响程度；协调度模型可以更好地评价产业运行和创新资源分布的关系。根据目前学者对耦合度的分段方法，可以划分为以下四个区间：$D \leqslant 0.3$ 时，表明产业和创新资源子系统处于低水平协调阶段；$0.3 < D \leqslant 0.5$ 时，表明两者处于中低水平协调阶段；$0.5 < D \leqslant 0.8$ 时，表明两者处于中等水平协调阶段；

$0.8 < D \leqslant 1$时，表明两者处于高水平协调阶段。

三、相关数据收集整理

各试点省区市在具体编制实践中，可根据编制需要和现有的数据条件，确定数据收集范围。本编制方案以宁波市为例，说明数据来源。科教资源主要通过调研、网上搜集及宁波市知识产权局提供，知识产权资源数据从国家专利数据库汇总获取，产业数据从宁波市、浙江省、江苏省、上海市等相关的统计年鉴及工业统计年鉴中获取。由于宁波市的产业类别按国民经济行业分类标准主要分布在35个行业，而煤炭开采和洗选业、石油和天然气开采业、黑色金属矿采选业、有色金属矿采选业、其他采矿业和开采辅助活动等行业包含的产业产值中为零，且对应的科教资源和知识产权资源也缺失，因此范本中的研究对象也为35个行业。

四、相关分析技术路线

在合理构建指标体系的基础上，对各产业的科教资源、知识产权资源和产业发展细分指标及综合能力进行静态匹配分析、动态协调分析及综合分析，从而全面揭示区域产业发展与资源配置的静态和动态关系特征，明确区域产业在整体产业环境中的相对位置及知识产权引导需求。根据分析结论，编制产业发展资源配置引导目录并进一步提出产业发展资源配置导示（图2-2）。

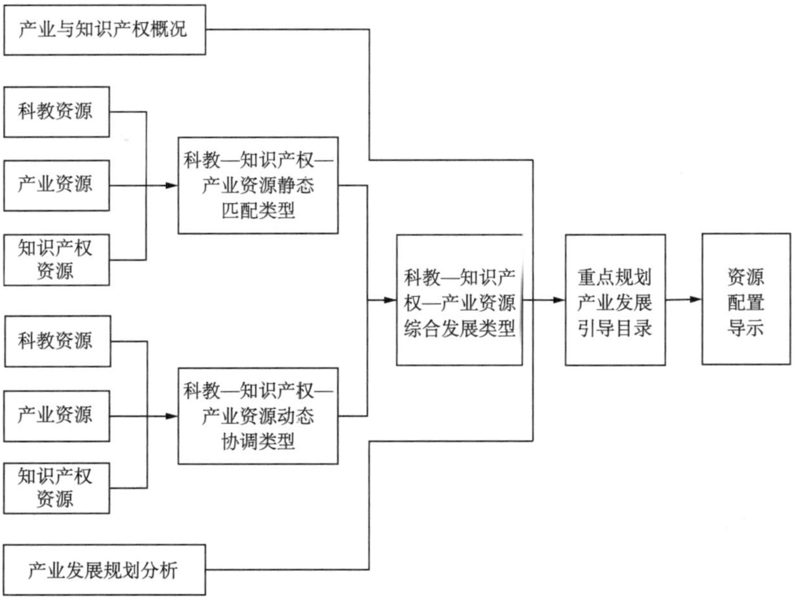

图2-2 以知识产权为核心的大类产业发展资源配置导向目录编制技术路线

第二节　产业与知识产权发展分析

一、研究思路

以表 2-1 中构建的指标体系为基础，在收集整理数据的基础上，运用熵权法得出宁波市各产业的科教资源密集度、知识产权支撑力和产业竞争力指标值并进行排序，以明确各产业在科教资源、知识产权资源和产业资源方面的发展现状与相对水平。

二、方法与流程

1. 科教资源

在科教资源方面，主要综合各行业的科技资源和教育资源。其中，教育资源包括高等院校的重点学科、重点专业、高校创新平台以及硕士博士点，科技资源包括重点实验室、国家及省级认定的企业研究机构和企业投入人员与经费，企业科技活动人员、企业科技活动人员中全时人员、企业内部用于科技活动的经费支出、企业委托外单位开展科技活动的经费支出等。运用熵权法得出宁波市各产业的科教资源密集度指标并进行排序。

2. 知识产权资源

知识产权方面，以发明授权专利为代表性指标，从专利规模、产业专利特性和专利优势三方面进行评价，具体指标分别为：授权发明专利量、专利密集度和显性技术优势（区位熵）。运用熵权法得出宁波市各产业的知识产权支撑力指标并进行排序。

3. 产业资源

运用熵权法，结合产业发展规模、产业效率和产业优势三方面综合计算产业竞争力指标并进行排序。其中，在产业规模方面，衡量指标有工业总产值和主营业务收入。由于基于工业总产值和基于主营业务收入的分析结果类似，且后者的数据获取相对容易，在引导目录清单制定中统一采用主营业务收入这一指标。在产业效率方面，选用产业利润总额作为评价指标。在产业优势方面，选用主营业务收入的区位熵（宁波市基于长三角地区的区位熵）进行评价。

第三节 以知识产权为核心的静态匹配模型

静态匹配分析是从资源与产业发展关系视角，选择具体测度指标，研究产业发展与资源配置的关系。这种分析能从侧面反映区域产业发展的科教资源支撑力和知识产权资源支撑力，并可据此进一步分析产业发展对科教资源和知识产权资源的未来需求。也就是说，静态匹配关系分析要提供一幅区域产业发展—科教资源—知识产权资源静态分布关系的全景图。

一、静态匹配分析

1. 科教资源与知识产权资源的匹配关系

科教资源是知识产权资源创造、传播和运用的物质基础和组织载体，它为区域知识产权创造、运用和产业的创新发展提供人力储备、知识供给和研发载体。科教资源与知识产权资源的匹配关系分析能够反映区域知识产权创造的资源潜能，也能透视出科教资源与知识产权资源的结构关系。

2. 产业资源与科教资源的匹配关系

无论是静态匹配分析还是动态协调分析都是以产业发展为主线。因此，需要选择产业资源（发展）的多个侧面进行分析，其中包括产业发展单项指标分析，也包括产业发展综合性指标分析。产业资源与科教资源匹配关系分析的落脚点是阐明产业发展的资源优势和资源短板，以便为促进区域产业发展的资源聚集和使用政策设计提供依据。

3. 产业资源与知识产权的匹配关系

从创新支撑和发展引领的角度看，知识产权创造、运用是区域产业发展的直接动力，知识产权资源是产业发展的技术基础。因此，产业发展与知识产权资源的匹配关系分析是静态分析的基础，需要选择多指标开展全方位、多层次的分析，进而做出综合性判断。

4. 科教资源、知识产权资源与产业资源的综合匹配关系

区域经济系统是一个整体，任何对区域经济系统的研究都要在一定程度上分析系统内各要素的综合作用关系。科教资源与知识产权资源、产业资源与科教资源、产业与知识产权资源的两两关系分析，只反映系统关系的某一个侧面，所以需将科教资源、知识产权资源与产业资源纳入统一的框架中进行综合分析判断。

二、静态匹配分析结果与表述方式

静态匹配分析要对科教资源与知识产权资源、产业资源与科教资源、产业资源与知识产权资源的两两关系以及三者的整体关系做出初步判断，为了简便和直观呈现分析结论，采取高匹配关系或低匹配关系的表达方式表述分析结果。

1. 静态匹配两两关系分析结果与表述

表 2-2 是针对科教资源、知识产权资源、产业资源两两之间静态匹配分析得出的类型划分及划分标准。

表 2-2　科教资源、知识产权资源、产业资源两两之间的静态匹配分析

对象		类型	划分标准
科教资源—知识产权资源	科教资源密集度—知识产权支撑力	高—高	科教资源>均值，知识产权资源>均值
		高—低	科教资源>均值，知识产权资源<均值
		低—高	科教资源<均值，知识产权资源>均值
		低—低	科教资源<均值，知识产权资源<均值
科教资源—产业资源	科教资源密集度—产业竞争力	高—高	科教资源>均值，产业资源>均值
		高—低	科教资源>均值，产业资源<均值
		低—高	科教资源<均值，产业资源>均值
		低—低	科教资源<均值，产业资源<均值
知识产权资源—产业资源	知识产权支撑力—产业竞争力	高—高	知识产权资源>均值，产业资源>均值
		高—低	知识产权资源>均值，产业资源<均值
		低—高	知识产权资源<均值，产业资源>均值
		低—低	知识产权资源<均值，产业资源<均值

图 2-3 是以科教资源—知识产权竞争力为例进行静态匹配分析的结果图，分布在第一象限的产业为高—高型，第二象限的产业为低—高型，第三象限的产业为低—低型，第四象限的产业为低—低型。

2. 静态匹配整体关系综合分析结果与表述

区域产业资源与科教资源以及知识产权资源的关系表现为系统整体关系，因此，需要在两两分析的基础上，进行三者关系的综合分析。基于科教资源、知识产权资源、产业资源三者之间的静态匹配，可将产业分为 8 类（表 2-3）。

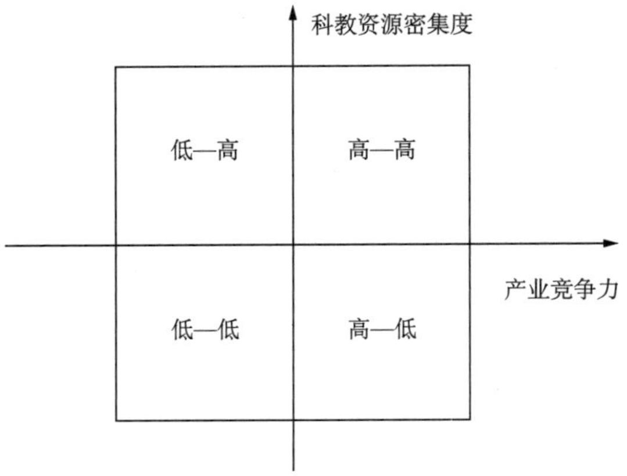

图 2-3　科教资源密集度和产业竞争力的四象限分析

表 2-3　基于科教资源—知识产权资源—产业资源的静态匹配分析

对象	类型	划分标准
科教资源—知识产权资源—产业资源	高—高—高	科教资源>均值，知识产权资源>均值，产业资源>均值
	高—高—低	科教资源>均值，知识产权资源>均值，产业资源<均值
	高—低—高	科教资源>均值，知识产权资源<均值，产业资源>均值
	高—低—低	科教资源>均值，知识产权资源<均值，产业资源<均值
	低—高—高	科教资源<均值，知识产权资源>均值，产业资源>均值
	低—高—低	科教资源<均值，知识产权资源>均值，产业资源<均值
	低—低—高	科教资源<均值，知识产权资源<均值，产业资源>均值
	低—低—低	科教资源<均值，知识产权资源<均值，产业资源<均值

三、静态匹配分析应注意的问题

（1）目前还没有开发出能准确判断资源配置与产业发展匹配度优劣的公认标准，基于本编制方案得到的分析结果只具有相对意义。所以，多视角的比较有助于分析结果的深刻解读。例如，可以采取研究对象自身历史比较的方法，透析匹配关系的演化路径；也可以采取区域不同产业的匹配度比较，识别不同产业的产业发展与资源配置的关系；还可以通过不同区域同一产业的比较，阐明产业发展与资源配置关系的区域差异。

（2）区域比较的注意事项。一是区域自身不同产业间的比较要考虑产业的技术属性。由于产业的技术基础和技术含量不同，因此，相同的知识产权数量会对不同产业的发展形成不同的支持力度。二是区域间的产业发展与资源配置的匹配程度比较要考虑区域经济发展阶段的差异，处于不同经济发展阶段的区域，即使具有相同的匹配度指标，其政策内涵也可能完全不同。三是产业发展由多方面因素决定，因此，不能根据知识产权与产业发展匹配度高直接导出产业的价值创造能力就强的结论。

（3）在真正能够反映区域知识产权和产业发展质量的指标选择方面，社会各方还存在诸多分歧，本编制方案研究只选择了竞争力、区位熵等部分具有质量内涵的代表性指标。随着我国市场经济体系的建立和完善，数量增长本身就越来越具有质量内涵。因为，在市场经济条件下，不具有质量内涵的增长不可持续。也就是说，市场经济体制越完善，知识产权与产业发展的联系越紧密。

（4）从一般意义上说，产业发展的区域根植性要强于知识产权活动的区域根植性，有些区域产业发展的知识产权支撑（供给）来自区域外部。在网络时代，知识产权的创造、流动和价值实现越来越具有全球特征。这样，基于区域本地的产业发展与知识产权资源的区域关系分析，只能反映产业发展与知识产权资源关系的一个侧面。因此，在具体的学术研究和政策设计中还要考虑外部知识产权资源的引进、共享以及合作等因素。

（5）需要特别强调的是，在通常的研究中，科教资源中的科技资源与知识产权资源存在交叉。为了将二者加以区分，科技资源指标主要涵盖创新活动的前端，如创新载体、创新投入等。知识产权资源主要涵盖创新活动的后端，如专利申请或授权、新产品产出等。

第四节　以知识产权为核心的动态协调模型

区域产业发展与科教资源、知识产权资源的关系不仅表现为静态数量上的匹配及结构上的对应，还表现为运行过程的协调。从投入产出的角度看，科教活动培养的人力资源是知识产权创造运用的基础，而知识产权活动形成的专利、商标等是产业发展的技术支撑，产业发展又对科教活动和知识产权创造提供需求拉动，其相互之间存在紧密的关联机制和投入产出关系。因此，可以通过耦合分析，揭示区域产业发展与科教资源以及知识产权资源的动态机制。耦合分析能够揭示对象之间的投入产出关联，但还不能全面反映对象之间的运行是否具有同步特征。

因此，本编制规范建立了区域产业发展与科教资源以及知识产权资源的耦合协调分析模型，能够更全面深刻地反映其相互之间的动态关系。

一、动态协调分析

1. 科教资源与知识产权资源动态协调关系

从一般意义上说，区域科教资源是区域经济社会发展的深层基础。科教活动所形成的人力资源和知识产权资源的数量、结构和质量，决定区域经济社会发展的方向、速度和高度。因此，任何对资源与经济社会发展关系的分析都要考虑科教资源的这种基础性作用。而科教活动作为基础资源的培养创造来源，其与知识产权活动的关联关系表现得更为突出。知识产权是科教活动的直接产出，我国转型时期的区域产业发展对知识产权创造具有紧迫需求。因此，科教资源与知识产权资源动态协调关系的分析是研究区域经济系统运行的基础性分析。

2. 科教资源与产业资源动态协调关系

产业资源与科教资源动态协调关系分析是宏观的、粗线条的分析。从传递效应的角度看，区域科教资源的聚集、整合到产业发展还存在中间环节，也需要一定的环境条件作为支撑，其作用机制较为复杂。因此，在分析结果的解读和应用过程中，要充分考虑二者关系的上述特征。

3. 知识产权资源与产业资源动态协调关系

产业发展与知识产权资源之间存在明显的互动关系。产业发展与知识产权资源动态协调分析，一方面能够反映区域知识产权创造与产业发展知识产权需求之间是否形成功能上的联动；另一方面也能在一定程度上阐释区域知识产权创造与产业发展知识产权需求在时间上的同步。区域产业发展与知识产权资源的动态协调水平，能在一定程度上反映区域经济系统运行的质量。

二、动态协调结果表述方式

表 2-4 是针对科教资源、知识产权资源、产业资源两两之间协调关系的类型划分及划分标准。据此对各产业的产业资源及创新资源进行细致匹配分析。

表 2-4　科教资源、知识产权资源、产业资源两两之间的动态协调分析

对象		类型	划分标准
科教资源—知识产权资源	科教资源密集度—知识产权支撑力	高水平协调	协调度＞0.8
		中等水平协调	协调度 0.5～0.8
		中低水平协调	协调度 0.3～0.5
		低水平协调	协调度＜0.3
科教资源—产业资源	科教资源密集度—产业竞争力	高水平协调	协调度＞0.8
		中等水平协调	协调度 0.5～0.8
		中低水平协调	协调度 0.3～0.5
		低水平协调	协调度＜0.3
知识产权资源—产业资源	知识产权支撑力—产业竞争力	高水平协调	协调度＞0.8
		中等水平协调	协调度 0.5～0.8
		中低水平协调	协调度 0.3～0.5
		低水平协调	协调度＜0.3

三、动态协调分析应注意的问题

第一，动态协调分析试图通过发展结果的测算，反观产业发展与资源配置的作用过程，进而打开二者作用关系这一黑箱。基于统计数据的动态协调分析结论，还需要得到典型案例研究的支持。

第二，产业发展与科教资源的动态协调，重点考察产业发展的知识需求和人才需求与本地供给的关系。通过耦合协调分析，对两者之间功能上的耦合与时间上的同步进行判断。应该看到，由于我国科技教育资源，尤其是高端教育资源主要集中在少数中心城市，区域产业发展的知识和人才供给或多或少地具有非本地化特征。因此，在动态协调分析中，要注意结合区域科教资源的富集程度进行综合分析。

第三，动态协调分析结果只能从一个侧面反映系统内部要素之间、子系统之间的关联和同步程度或类型，不能揭示系统运行的整体水平。因此，需要将动态协调分析与静态匹配分析有机结合，从而更全面地把握区域知识产权系统与产业系统的运行状况。

第五节 静态匹配与动态协调综合模型

静态匹配侧重的是数量关系的比较，耦合协调度分析则重点分析不同资源聚集水平与产业发展的协同性。单纯从某一个侧面进行分析都存在局限性，将二者有机结合则能更好地评价产业发展与资源聚集的关系，进而识别产业发展资源需求的规模、结构乃至布局模式等。

一、静态匹配和动态协调综合分析与成果表述

1. 基于单因素的资源配置与产业发展综合分析

基于科教资源或知识产权资源单因素的综合分析是分别从科教资源和知识产权资源的单一维度出发，将静态匹配分析结果与动态协调分析结果进行综合，对产业发展与资源关系的类型做出的一级划分，是基于单资源因素的资源配置与产业发展综合结论。

表 2-5 是基于产业资源和科教资源以及产业资源和知识产权资源之间综合静态匹配类型和动态协调类型对产业进行划分的对照表，依据此表可明确某一产业的科教资源导向类型和知识产权导向类型。

表 2-5 基于科教资源或知识产权资源单因素的产业资源配置综合分析结果

<table>
<tr><th>对象</th><th colspan="2">类型</th><th>静态匹配类型</th><th>动态协调类型</th></tr>
<tr><td rowspan="6">科教资源—产业资源</td><td rowspan="6">科教资源导向类型</td><td>高水平协调型</td><td>第一象限</td><td>高水平协调</td></tr>
<tr><td>中等水平协调型</td><td>第一象限</td><td>中等水平协调</td></tr>
<tr><td>科教资源需求型</td><td>第四象限</td><td>中等或中低水平协调</td></tr>
<tr><td>科教资源引导型</td><td>第二象限</td><td>中等或中低水平协调</td></tr>
<tr><td rowspan="2">低水平发展型</td><td>第三象限</td><td>中低或低水平协调</td></tr>
<tr><td>第二、四象限</td><td>低水平协调</td></tr>
<tr><td rowspan="6">知识产权资源—产业资源</td><td rowspan="6">知识产权导向类型</td><td>高水平协调型</td><td>第一象限</td><td>高水平协调</td></tr>
<tr><td>中等水平协调型</td><td>第一象限</td><td>中等水平协调</td></tr>
<tr><td>知识产权需求型</td><td>第四象限</td><td>中等或中低水平协调</td></tr>
<tr><td>知识产权引导型</td><td>第二象限</td><td>中等或中低水平协调</td></tr>
<tr><td rowspan="2">低水平发展型</td><td>第三象限</td><td>中低或低水平协调</td></tr>
<tr><td>第二、四象限</td><td>低水平协调</td></tr>
</table>

2. 基于科教资源和知识产权资源双因素的综合分析

基于科教资源和知识产权资源双因素的综合分析是从科教资源和知识产权资源两个维度出发，将静态匹配分析结果与动态协调分析结果进行综合，对产业发展与资源关系的类型做出的二级划分。产业的综合导向类型是综合科教—知识产权—产业静态匹配水平和科教—知识产权—产业动态协调水平得出，结合表 2-5，对产业科教资源导向类型和知识产权导向类型进行划分，且当二者属于同一档次时，综合导向类型属于这一档次，当二者属于不同档次时，综合导向类型属于发展水平较低的档次。

二、静态匹配和动态协调综合分析应注意的问题

第一，静态匹配与动态协调综合分析分步进行。首先分别从科教资源和知识产权资源的单一维度出发，将静态匹配分析结果与动态协调分析结果进行综合，得出单资源维度的产业发展与资源配置关系类型划分；然后将科教资源与知识产权资源综合，得出双资源维度的产业发展与资源配置关系类型划分。

第二，科教资源、知识产权资源与产业发展如何进行评判有诸多指标及集成方法，其中，知识产权资源更是含括了专利、商标、版权等。专利是对产业创新发展最具代表性的知识产权资源，因此仅以其为代表进行研究。各试点地区可根据地方知识产权特色进行适当拓展。因此，在对具体区域进行以知识产权为核心的资源配置导向目录编制中，应尽可能地考虑到区域发展特色，适当地将商标、版权等知识产权资源引入其中，并对集成指标进行拓展和修正。

第三，产业发展与科教资源以及知识产权资源的关系是一个由简单向复杂、从低级有序向高级有序演化的过程。因此，本编制规范设计是按照客观事物特有的发展逻辑，提出编制流程并通过具体编制实践完善编制规范。所以，对于产业发展与科教资源以及知识产权资源关系分析结果的解读也是一个由浅入深的过程，而不能只关注综合分析结论。

第四，综合分析得出的产业类型划分只是一种初步判断，未必对所有的分析对象都准确无误地适用。因此，在具体区域以知识产权为核心的资源配置导向目录编制过程以及编制结果的推广应用过程中，不要把分析结果作为一成不变的结论。

第五，本编制方案在综合分析中并未讨论静态匹配与动态协调的各种组合中哪种组合是最优组合。目前，还没有开发出能够判断组合优劣的具体标准。导向

目录编制组之所以提出将两种分析进行综合的框架，目的是通过两者的综合能在一定程度上形成总体情境或发展景观。这种总体情境也许有助于高端战略的判断和思考。

第六节 重点规划产业发展与资源配置引导目录

面向区域产业转型发展的资源配置方案设计不仅要考虑产业发展的资源基础，还要结合产业自身的状况以及区域经济和产业发展规划对具体产业发展的定位。由此，就需要将基于现状的分析结果与产业发展现状以及区域发展规划整合，对产业发展的资源配置方案进行细化，以便丰富其操作内涵。

一、研究思路

明确区域重点规划产业，从产业主导属性、优势属性对产业进行分类，并进一步从产业规模、产业利润、产业比较优势、科教资源密集度、知识产权支撑力和产业竞争力等方面分析产业发展现状，结合产业静态匹配、动态协调及综合导向分析结果，形成重点规划产业发展与资源配置引导目录。

二、方法与流程

1. 确定重点规划产业发展类型

对区域各个重点规划产业的发展类型可以从产业的主导属性、优势属性两个维度进行划分。以宁波为例，对产业资源的发展现状及地位进行统计分析，将宁波市的产业划分为主导行业、比较优势行业两种类型（表 2-6）。

表 2-6 重点规划产业发展类型划分标准

类型	标准
主导产业	企业产业规模/工业总产值≥5%
非主导产业	企业产业规模/工业总产值<5%
比较优势产业	行业区位熵>1.5
非比较优势产业	行业区位熵≤1.5

基于上述划分标准，对区域产业进行划分（表 2-7）。然后，将产业发展类型与产业的资源属性进行匹配，进而形成基于规划类型与资源配置模式的产业导向目录。

表 2-7　主导行业、比较优势行业划分结果（以宁波市为例）

产业类型	典型产业
主导—比较优势产业	汽车制造业、石油加工/炼焦和核燃料加工业、纺织服装/服饰业
主导—非比较优势产业	电气机械和器材制造业、化学原料和化学制品制造业、计算机/通信和其他电子设备制造业、通用设备装备制造业
非主导—比较优势产业	文体用品制造业
非主导—非比较优势产业	医药制造业

2. 明确重点规划产业发展现状

产业发展现状主要是看产业的产业规模、产业利润、产业比较优势、科教资源密集度、知识产权支撑力和产业竞争力等方面的发展状况，通过区域产业排名得出相对发展水平。

3. 编制区域产业发展类型与资源配置综合引导目录

以各个产业的产业规模、产业利润、产业比较优势、科教资源密集度、知识产权支撑力和产业竞争力六个方面的区域排名为基础，结合产业发展现状、发展类型、科教资源布局和知识产权布局四个层面，总结区域产业发展引导目录清单。

第七节　重点发展产业优化资源配置导示

产业优化资源配置导示是指导优化相关科教及知识产权资源配置的具体措施意见，旨在指导区域产业明确自身优劣势的基础上，顺应时代发展，增强优势，补充劣势，避免产业资源的重复开发或闲置浪费。

一、研究思路

以产业发展与资源配置综合引导目录为基础，基于产业发展现状与规划以及对科教资源、知识产权的需求特征，结合全国产业发展需求和知识产权布局特点，确定产业发展目标，明确市场定位，扬长补短，有针对性地提出区域行业优化资源配置的相关建议和导示。

二、方法与流程

1. 明确产业发展目标和需求

以静态匹配、动态协调和综合引导目录的分析结果为基础，确定整体发展方向和目标。透析国内外产业发展动态及技术发展水平，结合区域产业发展相对水平，明确产业发展的优势和不足，寻找切实可行的战略定位。

以宁波市汽车制造业为例，汽车制造业属于知识产权需求型产业，产业规模利润等优势明显，科教资源丰富，但知识产权支撑力薄弱。结合全国汽车制造业创新发展的新趋势和自身发展基础，建议宁波市汽车制造业以新能源汽车为发展方向，寻找突破口，找准市场定位，形成核心竞争力并着力提高知识产权水平。

2. 提出应对措施

以实现发展目标为整体方向，以满足资源需求为主要措施，为宁波市汽车产业优化资源配置提出具体建议。

3. 编制产业知识产权相关资源聚集目录

知识产权相关资源聚集目录是以目标产业的知识产权资源（专利等）为分析对象，整理出目标产业知识产权资源集聚的城市、企业、大学及科研机构等，便于区域产业按需寻求交易和合作伙伴，完善自身知识产权资源配置。

第三章　区域细分产业发展与资源配置导向目录理论及方法

第一节　基础理论、方法和数据

区域细分产业发展与资源配置导向目录面向区域细分产业的布局规划和资源配置，在国民经济行业分类的小类层面，建立区域“产业技术模块—产业附加值—知识产权支撑”分析模型；通过区域产业“附加值形成—知识产权支撑”的匹配分析，阐明知识产权资源配置对区域产业附加值形成的影响；按照“价值导向—知识产权引领”的原则，在细分产业层面对产业发展与资源配置关系进行分类。在此基础上，编制面向区域小类产业的以知识产权为核心的资源配置行动方案。

一、基础理论和分析框架

1. 基本概念

以知识产权为核心的细分产业发展与资源配置导向目录是特定区域在细分产业层面依据全球价值链分布格局演化规律，对特定产业知识产权与产业发展协同提供支撑，以优化知识产权资源的空间布局和产业布局为手段而编制的面向特定产业的知识产权路线图及相关资源配置行动路线图。

2. 基础理论

（1）模块化理论

1997 年，哈佛大学商学院鲍德温（Baldwin）和克拉克（Clark）在《哈佛商业评论》上发表“模块化时代的管理”，文章指出模块化现象在信息产业、汽车等几个产业领域里从生产过程扩展到了设计过程，同时指出模块化对产业组织结构所具有的革命性意义（Baldwin and Clark, 1997）。

日本产业经济学者青木昌彦（Aoki Masahiko）认为，最早有关模块化的论述可以上溯到亚当·斯密，模块化最原始的形式就是分工，将这种企业层面的分工构想扩展到产业组织的领域，就是产业组织模块化最简单的理解。2003 年青木彦昌将“模块”定义为：可组成系统的、具有某种确定独立功能的半自律性的子系统，可以通过标准化的界面结构与其他功能的半自律性子系统，按照一定的规则相互联系而构成更加复杂的系统（青木昌彦等，2003）。

模块化是现代产业产品生产和新技术研发的重要组织形式，是知识经济时代产业分工的新形态。以汽车和信息产业为代表，跨国公司正是通过其特有的技术集成和模块整合能力，在全球布局生产和研发。近年来的发展实践证明，培育技术模块的专项优势，是后发国家企业嵌入跨国公司主导的全球创新网络和生产体系，进而参与全球竞争的重要手段（陈劲、高建，2018）。因此，从技术模块层面分析资源配置与产业发展的关系，所得出的结论对政策实践更具参考价值。

（2）价值链理论

价值链理论由哈佛大学商学院迈克尔·波特（Michael Porter）于 1985 年提出。波特（Porter，1985）认为，“每一个企业都是在设计、生产、销售、发送和辅助其产品的过程中进行种种活动的集合体。所有这些活动可以用一个价值链来表明。”企业的价值创造是通过一系列活动构成的，这些互不相同但又相互关联的生产经营活动，构成了一个创造价值的动态过程，即价值链。企业间竞争，不只是某个环节的竞争，还是整个价值链的竞争，整个价值链的综合竞争力决定企业的竞争力。

管理学中的价值链理论以及该理论中蕴含的“工序”“附加值”等概念，为之后的全球价值链分工理论建立奠定了基础。格里菲（Gereffi）在 1999 年提出全球价值链，提供了一种研究生产活动在全球空间范围内布局的方法，同时也深刻揭示了当前世界经济运行中的动态特征。价值链包含设计、生产、组装、营销、售后服务等一系列环节。

价值链上各个环节的利润程度各不相同，每条全球价值链上总是存在一些能够创造更高利润的战略环节。这种以产品为中心的跨国性生产组织活动，非常重视产品链上的增值环节，同时也很看重价值链中各企业之间的互动与利益分配。总之，模块化使得产业（如汽车产业）不同技术模块在全世界不同区域得以分布，不同国家产业的竞争力主要体现在不同模块的价值增值能力，因此，能否占据超高价值链环节进而掌控全球价值链，是不同国家（区域）产业发展与资源配置的重点，更是区域知识产权布局工作与导向目录编制的核心。

（3）创新理论

创新理论是美籍奥地利经济学家熊彼特（Schumpeter，2000）首先提出的用以解释资本主义经济发展和周期的理论。熊彼特把创新定义为建立一种新的生产函数，即企业家对生产要素的新结合。具体包括：引入一种新产品；采用一种新的生产方法；开辟新市场；获得原料或半成品的新供给来源；建立新的企业组织形式。当然，随着科技进步、社会发展，对创新的认识也在不断演进。特别是知识社会的到来，创新模式变化需求进一步被研究、被认识。

创新理论在产业层面的应用形成了产业创新体系。产业创新体系指的是以产业链条上各企业为创新主体，构建企业之间以及企业和高校、科研机构、用户和供应商、金融机构、政府之间的网络，实现自主技术创新和产业升级（胡登峰、王丽萍，2010）。产业创新体系的实质是联系，即把企业和其他各次要参与者的创新活动联系起来，以技术创新为核心，形成集成创新能力，使创新活动个体的创新成本降低和效益最大化，由此推动产业内新技术或新知识的产生、流动、更新和转化，促进企业创新能力的形成和产业竞争力的提高。

产业创新体系与产业全球价值链具有非常紧密的联系，只有具有创新能力和实力的地区，其产业创新体系才能支撑本地企业在全球价值链中获取更高的附加值，而知识产权是本地企业获得更高附加值的关键资源（何郁冰，2012）。

3. 分析框架

基于模块化理论和价值链理论，以产业不同技术模块的价值增值为核心，根据区域细分产业知识产权与价值增值的匹配情况，以及产业科技投入与知识产权的匹配情况，编制区域细分产业发展资源配置引导目录。在此基础上，结合细分产业的发展趋势与区域发展规划，编制区域细分产业发展的知识产权行动引导目录以及资源配置战略组织路线。

首先，依据现有产业划分和知识产权分类标准，从细分产业的结构属性和技术特征出发，研究细分产业的技术领域划分及其与知识产权（专利）分类的对应关系，建立细分产业层面的产业发展（价值创造）与知识产权资源配置的分析框架，为细分产业的以知识产权为核心的资源配置导向目录编制提供基础。

其次，以典型区域的特定细分产业为样本，依据全球价值连分布格局的演化规律，承接区域科技和产业分工的战略需求，面向区域特定细分产业的健康充分发展，编制样本区域细分产业的知识产权行动方案，为样本区域细分产业升级发展提供知识产权资源配置解决方案，为开展知识产权区域布局试点工作的省区市提供编制范例。

最后，基于区域细分产业技术模块—产业附加值—知识产权支撑分析结果，运用技术路线图方法，以技术、平台、资金、人才为行动维，编制面向区域细分产业创新发展的战略组织行动路线图，形成区域细分产业发展资源配置总体方案，为开展知识产权区域布局试点工作的省区市提供编制范例。

二、导向目录技术方法

1. 技术模块识别

将产业链进行模块化分解是导向目录分析和编制的基础。因此，首先要划分和识别细分产业包含的技术模块。通过对目标产业涉及的产品及技术进行分析，

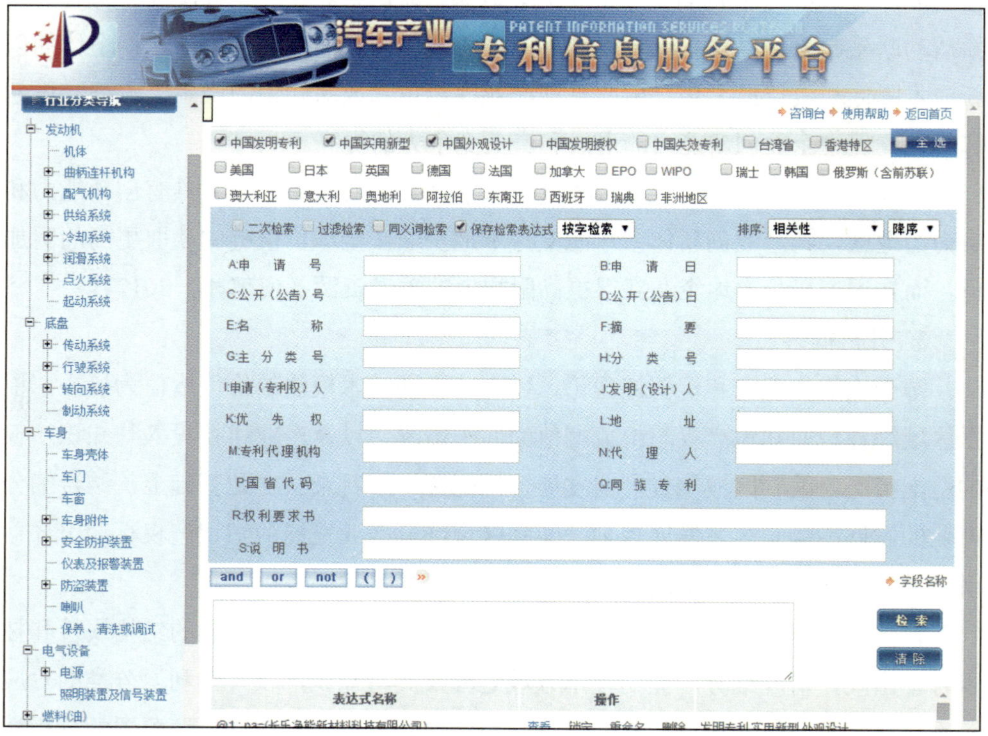

图 3-1　国家知识产权局汽车产业专利信息服务平台

对其主要包含的技术模块进行识别，包括一级技术模块和二级技术模块等。在对产业技术模块识别过程中，建议优先采用权威机构发布的、行业专家广泛认可的技术分类体系。

比如，在对汽车零部件产业技术模块识别中，采用由国家知识产权局牵头，在国资委行业协会办公室协调下和各行业协会的积极参与下建设的重点产业专利信息服务平台（http://www.chinaip.com.cn/）提供的方案，其中包含钢铁、汽车、船舶、石化、纺织、轻工、有色金属、装备制造、电子信息以及物流业。汽车零部件产业包含的技术模块如图 3-1 所示，其中，一级技术模块包括发动机、底盘、电气设备、燃料/油、车身等。

2. 指标体系

细分产业资源配置导向目录编制尚未有完整系统的统计数据予以支撑，需要收集大量的企业数据。数据可得性是指标体系构建要考虑的重要因素。在不影响总体分析质量的前提下，本编制方案从科技投入、知识产权和价值创造三个价值链环节构建指标体系（表 3-1）。

表 3-1　汽车零部件产业资源配置分析指标体系

指标层	测度层	技术模块层面	区域层面	企业层面
科技投入	企业内部科技活动经费（研发经费）		√	√
知识产权	专利申请数	√	√	√
	商标注册数		√	√
价值创造	毛利率	√	√	√

3. 分析方法

导向目录分析中主要采用二维象限分析法，对知识产权创造环节的“科技投入—知识产权”匹配关系，以及知识产权运用环节的“知识产权—毛利率”匹配关系进行分析，将分析的技术模块、区域以及企业分别划分为：高—高、高—低、低—高、低—低四种类型（图 3-2、图 3-3）。

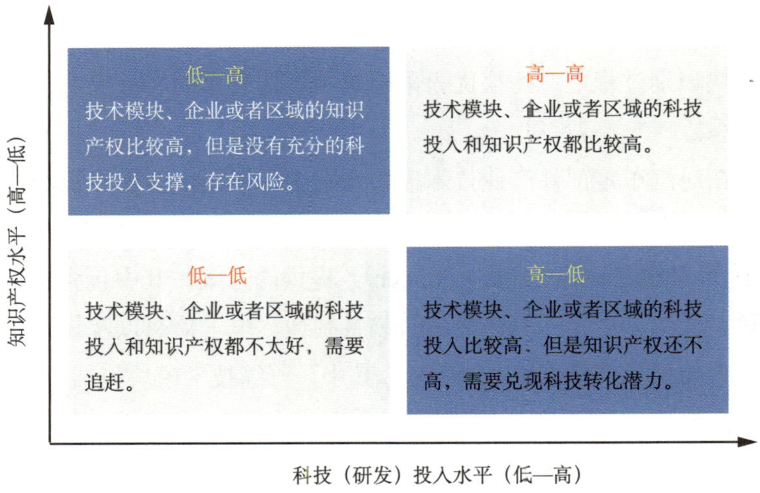

图 3-2 科技（研发）投入—知识产权匹配分析

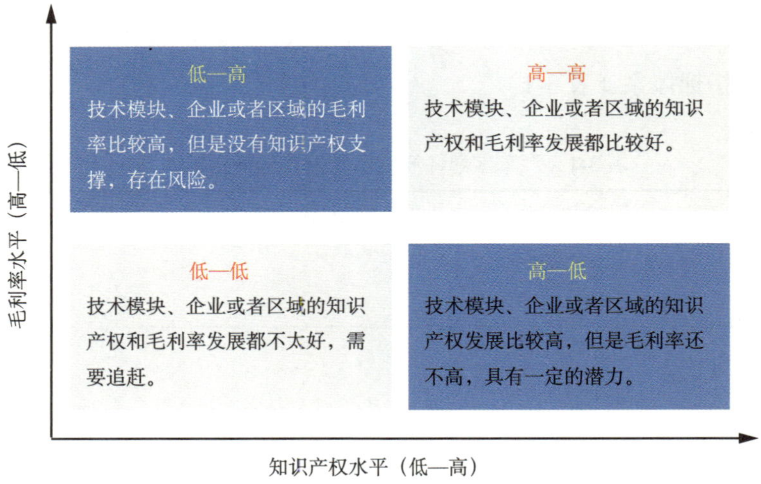

图 3-3 知识产权—毛利率匹配分析

三、数据收集整理

1. 价值创造数据收集

价值创造用毛利率来计算，为了得到样本产业每个技术模块的利润率信息，首先通过企业调研和行业专家访谈，明确产业中每个技术模块对应的产品；然后收集该产业所有经营企业在对应产品中的毛利率数据，从而得到对应产业技术模块及区域整体的利润情况。在实际操作中，想要确切知道行业中每家企业不同产品的经营信息非常困难。为了使数据尽可能客观可信，建议采用样本行业所有上市公司信息，通过计算所有上市公司不同产品类别的平均毛利率，得到产业各个技术模块的利润率数据。

2. 知识产权数据收集

基于以上识别出的产业技术模块，确定各个技术模块知识产权数据的检索方法，收集对应的知识产权数据。这里主要以专利作为知识产权的衡量指标，通过每个技术模块包含的主题词以及国际专利分类号，可以得到每个一级和二级技术模块的专利检索式，然后通过专利信息检索平台获取每个技术模块的专利数据。

以汽车零部件产业为例，可以直接基于国家重点产业专利信息服务平台（http://www.chinaip.com.cn/）检索获得各个技术模块的专利数据。课题组基于该平台检索获取了国外及国内主要汽车城市以及宁波汽车零部件产业的总体专利数据。对于其他无法利用国家重点产业专利信息服务平台的产业，需要获取权威公认度较高的技术领域专利检索词或检索式，然后再通过国家知识产权局或者第三方咨询公司的专利信息检索平台自行检索获得数据。

3. 科技经费投入

科技经费投入使用企业内部用于科技活动的经费衡量，包括劳务费、科研业务费、科研管理费、非基建投资构建的固定资产、科研基建支出以及其他用于科技活动的支出。上市公司研发经费投入数据通过上市公司 WIND 数据库检索获得。

四、分析流程与技术路线

在合理构建指标体系、明确分析方法、确定数据来源的基础上，分析细分产业全球技术发展趋势以及识别产业技术模块，在中国产业发展层面，对中国细分产业技术模块、重点企业以及主要城市的科技（研发）投入、知识产权、毛利率及其匹配关系进行分析。

在典型城市产业发展层面，对典型城市细分产业技术模块、重点区域以及重点企业的科技投入、知识产权、毛利率及其两两匹配关系进行分析，从而编制典型区域产业资源配置与产业发展引导目录。然后，从技术领域和重点区域层面，结合现状和趋势，研究典型区域细分产业的知识产权行动方向与路径，从行动方案层面深化产业资源配置分析，分别形成典型区域细分产业发展知识产权行动引导目录。

最后，明确细分产业不同类型技术领域（高—高、高—低、低—高、低—低）发展目标与功能定位的差异，然后从人才、资金、平台和技术四个方面制定具体的战略组织安排，提出不同类型技术领域发展的资源配置方案，从而得到引导产业发展的知识产权战略组织路线（图 3-4）。

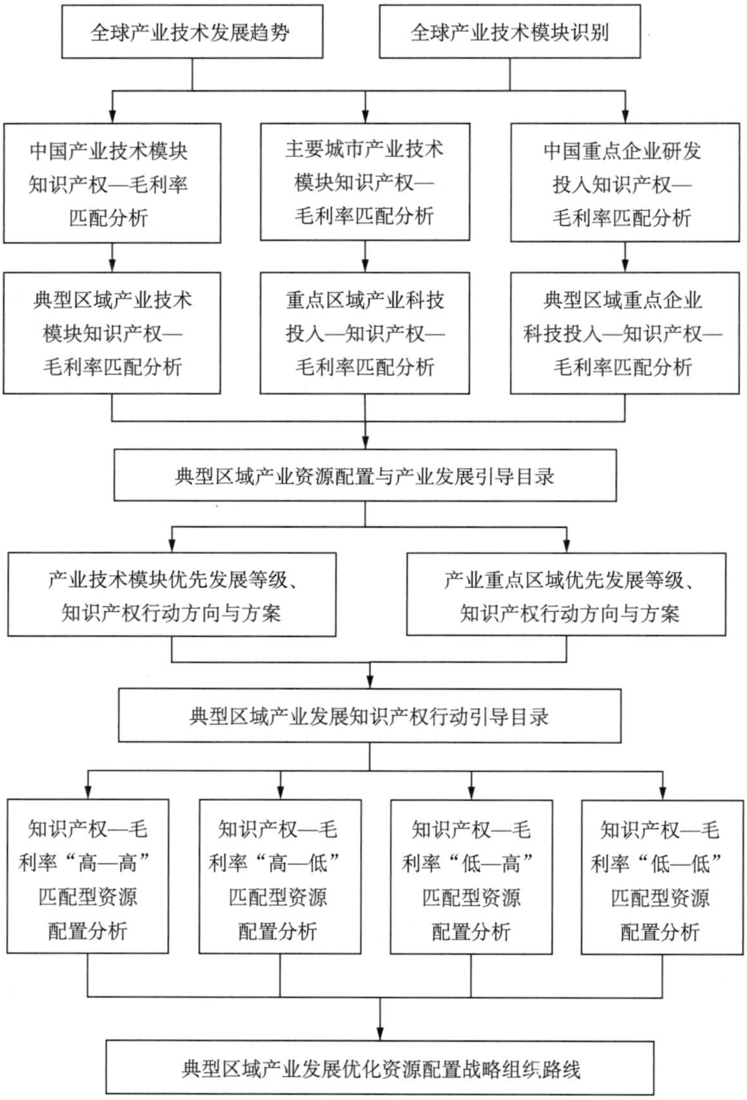

图 3-4　区域细分产业发展与资源配置导向目录编制技术路线

第二节　区域细分产业发展与资源配置关系引导目录编制

本部分以汽车零部件产业为例，在分析全球产业技术发展趋势的基础上，从中国和典型区域层面，分别阐述细分产业技术模块、重点区域和重点企业资源配置引导目录编制的具体流程与方法以及应注意的事项。

一、全球细分产业技术发展趋势

1. 各国细分产业发展战略方向

全球产业发展格局以及技术发展趋势是区域细分产业发展引导目录编制面临的重要外部环境。以汽车产业为代表的制造业正面临着互联网、人工智能、新能源等新兴技术的冲击，因此，对全球主要国家细分产业发展战略方向的分析与识别至关重要。

（1）基本思路

各国细分产业发展战略方向主要通过搜集和整理细分产业主要国家面向未来产业发展发布的各类战略规划，通过梳理其中的产业发展方向关键词和政府重点支持领域得到。

（2）分析方法

一般通过检索各国政府产业主管部门的官方网站获得。以汽车零部件产业为例，通过搜集和整理美国、欧洲、日本和中国等主要汽车强国出台的汽车产业发展战略与规划文件，归纳得到各国汽车零部件产业主要战略举措和发展方向。

2. 全球细分产业领先企业发展战略布局

除了政府发布的产业发展规划，细分产业中的全球领先企业面向未来的战略布局更能直接反映全球产业和技术发展趋势。因此，识别并监控目标产业中全球领先企业的战略发展方向对于导向目录编制至关重要。

（1）基本思路

基于全球企业排行榜中的权威榜单，识别细分产业中排名靠前的领先企业，通过官方网站、媒体报道、咨询报告等途径，收集整理全球领先企业近年的战略规划和战略举措，进而识别其战略发展方向。

（2）分析方法

以汽车产业为例，可以将全球领先企业区分为全球整车领先企业与全球零部件领先企业。

二、细分产业发展与资源配置关系引导目录

1. 细分产业技术模块知识产权—毛利率引导目录

（1）基本思路

在识别细分产业技术模块的基础上，搜集并整理细分产业不同技术模块的知识产权以及价值创造（毛利率）数据，以产业利润率提升为价值导向，以产业知识产权与产业利润率的匹配程度为依据，运用四象限法，根据知识产权、毛利率的相对高低将细分产业不同技术模块分为四种类型，从而揭示二者的匹配关系，编制细分产业技术模块知识产权—毛利率引导目录。

（2）分析方法

① 中国细分产业技术模块知识产权—毛利率引导目录

a. 中国细分产业技术模块毛利率引导目录。考虑到数据的可得性，以产品毛利率反映产业不同技术模块的盈利能力和附加值情况。上市公司技术模块及其毛利率数据通过阅读上市公司年报获得。

b. 中国细分产业技术模块知识产权（专利）引导目录。根据识别出的产业技术模块，以专利表征知识产权，可以直接利用专利信息服务平台检索得到不同技术模块的知识产权目录。当然，也可以从知识产权局或其他途径获得不同技术模块检索式后，利用第三方专利信息检索平台（incoPat、innography、innojoy 等）进行查询。为了反映知识产权最新动态，我们仅以 2016 年专利申请数对不同技术模块进行检索分析并排序。当然，也可以拓展为专利授权数、有效专利数等指标。

c. 中国细分产业技术模块知识产权—毛利率匹配引导目录。基于中国细分产业技术模块知识产权和毛利率引导目录结果，通过四象限匹配分析法可以将细分产业技术模块知识产权—毛利率匹配情况分为高—高、高—低、低—高、低—低四种匹配类型。

② 区域细分产业技术模块知识产权—毛利率引导目录

a. 以专利申请量衡量知识产权产出，根据产业每个技术模块的专利申请量总数，对每个技术模块专利数进行排序，从而得到产业各技术模块总体专利数排名和规上高新企业专利数排名。

b. 以产业总体专利申请数的中位数为标准，以产业规上高新企业专利申请数的中位数为标准，将区域产业每个技术模块分为高知识产权和低知识产权；以产业毛利率的中位数为标准，将产业每个技术模块分为高毛利率和低毛利率。

c. 基于以上数据，通过四象限匹配分析法将区域细分产业技术模块知识产权—毛利率匹配情况分为高—高、高—低、低—高、低—低四种匹配类型。

2. 细分产业重点企业研发/科技投入—知识产权—毛利率引导目录

企业既是知识产权创造、运用的主体，也是研发/科技投入和价值实现的主体，在区域的知识产权创造、运用和价值实现过程中，少数重点企业发挥带头和领军功能。因此，以重点企业为对象，研究重点企业研发/科技投入—知识产权—毛利率的关系，对于面向细分产业的知识产权政策制定具有重要参考价值。

（1）基本思路

以企业盈利能力提升为价值导向，以企业知识产权为核心，以企业研发/科技投入为基础，根据企业研发/科技投入—知识产权、知识产权—毛利率匹配结果，分别从知识创造和运用两个环节将企业分为高—高、高—低、低—高以及低—低四种类型，形成整体和区域层面上细分产业基于重点企业的资源配置引导目录。

（2）分析方法

① 中国细分产业重点企业研发投入—知识产权—毛利率引导目录

a. 以上市公司作为重点企业进行分析。收集细分产业深沪两市上市公司的研发投入、专利申请数以及平均毛利率数据，研发投入数据通过 Wind、锐思金融数据库获得。对研发投入、知识产权（专利申请）以及毛利率数值进行排序，得到产业上市公司研发投入、知识产权及毛利率引导目录。

b. 基于产业上市公司的研发投入、知识产权（专利申请）以及毛利率数据，分别以中位数为标准，通过四象限匹配分析法将企业的研发投入—知识产权、知识产权—毛利率匹配结果分别分为高—高、高—低、低—高、低—低四种匹配类型，从而得到产业重点企业研发投入—知识产权—毛利率引导目录。

② 区域细分产业重点企业科技投入—知识产权—毛利率引导目录

a. 根据区域行业规模以上高新企业科技经费内部支出、专利申请、商标注册以及企业毛利率数据，对区域产业规上高新企业的科技投入、知识产权（专利申请、商标注册）以及毛利率数值进行排序，得到区域产业规上高新企业科技投入、知识产权及毛利率引导目录。

b. 同上，基于以上数据，运用四象限分析法进行两两匹配分析，得到区域细分产业重点企业科技投入—知识产权—毛利率引导目录。

3. 重点城市细分产业技术模块科技投入—知识产权—毛利率匹配目录

（1）基本思路

区域的知识产权活动和产业活动在参与国家分工以及全球分工的同时，也逐步形成和优化区域内部的分工，培育出优势互补的空间功能模块，成为区域整体竞争力提升的重要载体。因此，研发投入—知识产权—毛利率关系的分析还需要从城市或区域层面展开。以城市或区域产业价值创造能力提升为价值取向，以城市或区域产业知识产权为核心，根据产业的科技投入—知识产权、知识产权—毛利率匹配结果，分别从知识创造和运用两个环节将区域产业分为高—高、高—低、低—高以及低—低四种类型，从而形成引导细分产业发展的资源配置空间解决方案。

（2）分析方法

① 主要城市细分产业技术模块知识产权—毛利率匹配目录

a. 选择主要城市细分产业作为分析对象，以专利申请量衡量知识产权产出，分别检索主要城市的专利数据，得到主要城市细分产业知识产权引导目录。

b. 以主要城市产业每个技术模块专利申请数的中位数为标准，将主要城市按每个技术模块区分为高知识产权和低知识产权；以全国产业毛利率的中位数为标准，将产业每个技术模块分为高毛利率和低毛利率。

c. 将主要城市产业技术模块分为高—高、高—低、低—高、低—低四种知识产权—毛利率匹配类型，从城市比较视角得到主要城市产业总体技术模块知识产权—毛利率匹配引导目录。

② 重点城市科技投入—知识产权—毛利率引导目录

a. 这里选择目标城市的行政区划（县市区）作为分析对象，收集目标城市细分产业规模以上（或规上高新）企业的基本信息和数据，包括企业科技经费内部支出、专利申请、商标注册以及企业毛利率数据。

b. 利用企业地址信息将企业数据在行政区划层面汇总，得到目标区域各行政区域细分产业的科技投入、知识产权以及毛利率数据。

c. 通过四象限分析法进行两两匹配，得到细分产业重点区域科技投入—知识产权—毛利率匹配目录。

三、细分产业发展与资源配置关系分析注意事项

1. 数据获取有难度

目前，通过公开渠道收集到细分产业层面的产业发展数据，尤其是企业的产值和盈利数据，有一定难度。上市公司公开披露数据是数据获取的可行来源。就

整个工作推进而言，基础数据是细分产业资源配置与产业发展关系分析的“瓶颈”。因此，建立知识产权区域布局工作基础数据库，尤其是区域企业运行的全口径数据库，对于以知识产权为核心的资源配置导向目录编制乃至整个知识产权区域布局工作顺利开展至关重要。

2. 产业细分与专利分类对照

模块分析是在四位数产业以下层面进行匹配分析的可行路径之一，但并非所有的产业都具有模块化发展特征，同时还存在四位数以下的产业细分可能找不到国民经济行业分类与专利分类的对照标准。因此，对于模块化发展特征不明显的产业以及没有对照标准的产业，可以根据具体情况确定匹配分析的层面并选择合适的分析方法。

3. 行业匹配关系具有特殊性

科技投入—知识产权—毛利率之间的关系在不同的行业以及企业可能有不同的表现形式。因此，在具体编制过程中要注意具体问题具体分析。一是在分析过程中要注意国民经济行业的差异，不同行业科技投入—知识产权—毛利率之间关系的表现形式不同。二是不同类型企业的差异。大型企业和小型企业、领军企业和跟随企业的科技投入—知识产权—毛利率之间关系的表现形式不同。在企业样本足够的情况下，可进一步对企业进行分类，在分类的基础上开展科技投入—知识产权—毛利率的匹配关系分析。

4. 专利质量议题

科技投入—知识产权—毛利率之间匹配关系的分析是基于专利数量的分析，目前的分析范式还没有将专利的质量因素纳入分析框架。实际上，随着区域经济发展水平的提高，尤其是企业国际竞争力的提升，核心专利对于企业价值创造的决定作用越来越重要。因此，在后续研究中应探索将专利的质量信息纳入分析模型的有效途径。

第三节 区域细分产业知识产权行动引导目录编制

区域细分产业的知识产权行动引导目录是在细分产业技术模块划分以及知识产权与价值创造关系分析的基础上，从分技术领域和分区域的双重视角，提出促进细分产业发展的知识产权行动方案。

一、细分产业分技术领域（模块）知识产权行动引导目录

由于细分产业各模块的技术含量不同以及各个区域知识产权优势领域不同，所以，需要深入具体技术领域，研究区域细分产业的知识产权行动方案。

1. 研究思路

在明确产业知识产权行动基本原则的基础上，根据产业各技术模块的知识产权—毛利率匹配类型以及产业各技术模块的技术发展趋势，确定产业各技术模块的优先发展等级、知识产权行动方向以及具体的行动方案，从而形成宁波汽车零部件产业各技术领域知识产权行动的引导目录（以宁波汽车零部件产业为例）。

2. 方法与流程

第一，明确产业知识产权行动基本原则。通过对目标产业全球市场和技术发展趋势分析，结合目标区域该产业发展现状与潜力，明确区域产业知识产权行动的基本原则，并以这些原则指导产业各技术模块的知识产权行动。

以宁波市汽车零部件产业为例，提出产业技术发展的五条基本原则：整车发展牵动与零部件率先发展带动结合原则；低价值汽车模块向高价值汽车模块转型升级原则；知识产权发展不协调向知识产权高度协调转型原则；传统汽车零部件向新能源汽车零部件转型原则；新能源领域向以动力电池为主的零部件升级原则。

第二，确定产业各技术模块的总体行动策略。在以上基本原则的指导下，根据产业技术模块的性质及发展趋势，制定产业各技术模块未来的总体行动策略。主要包括三种：如果产业技术模块属于未来产业发展必需，总体行动策略是提前布局；如果产业技术模块属于目前产业发展和未来产业发展共同需要，总体行动策略是转型升级；如果产业技术模块属于目前产业发展所需，但未来产业发展不需要，则总体行动策略是梯次淘汰。

第三，识别产业技术模块优先发展等级，明确知识产权行动方向。根据产业各技术模块知识产权—利润率匹配四种类型，结合技术模块总体行动策略，综合两个分析维度确定产业各技术模块优先发展等级（A-D 级）以及对应的知识产权行动方向（知识产权创造和运用），具体如表 3-2 所示。

表 3-2　细分产业技术模块优先发展等级识别及知识产权行动方向确定

知识产权—利润率匹配类型	技术行动总体策略	优先发展等级	知识产权行动方向
高—高	提前布局	A+	提升知识产权价值，发挥优势
	转型升级	A+	
	梯次淘汰	A⁻	
高—低	提前布局	A+	加强知识产权运用，兑现潜力
	转型升级	B+	
	梯次淘汰	B⁻	
低—高	提前布局	A+	促进知识产权创造，规避风险
	转型升级	C+	
	梯次淘汰	C⁻	
低—低	提前布局	A+	补足知识产权劣势，实施追赶
	转型升级	D+	
	梯次淘汰	D⁻	

第四，确定细分产业不同类型技术模块的知识产权行动路径。在识别产业技术领域优先发展等级和知识产权行动方向的基础上，结合各技术模块的总体发展趋势和区域发展基础，以及对区域产业每个技术模块未来发展所需的核心产品和技术需求的调研情况，确定区域产业不同类型不同发展等级技术领域的知识产权行动总体方向与行动方案。

二、细分产业重点区域知识产权行动引导目录

由于区域内部分工的形成，区域内的各空间板块就成为知识产权活动的基本组织单元，也是知识产权政策实施的重要载体。所以，需要制定细分产业重点区域知识产权行动方案。

1. 基本思路

基于产业知识产权行动基本原则，根据目标产业各区域的科技投入—知识产权、知识产权—利润率匹配类型以及产业各区域的技术发展定位，确定产业各区域的优先发展等级、知识产权行动方向以及具体的知识产权行动方案，从而形成区域产业重点区域知识产权行动的引导目录。

2. 方法与流程

第一，识别细分产业各区域优先发展等级以及知识产权行动方向。根据产业各区域科技投入—知识产权、知识产权—利润率的四种匹配类型，从知识产权创造和运用两个维度确定细分产业各区域技术优先发展等级（A-E 级），具体如表 3-3 所示。然后，给出对应的知识产权行动方向，主要包括：高端引领发展（发挥产业集聚优势，打造知识产权引领高地）；创造效率主导（提升知识产权创造效率，增强知识产权运用意识）；运用转化主导（维持知识产权创造效率，提升知识产权运用转化）；创造运用培育（增强知识产权意识，鼓励企业知识产权创造和运用）。

表 3-3　目标产业各区域优先发展等级

科技投入—知识产权匹配类型	知识产权—利润率匹配类型	区域优先发展等级
高—高	高—高	A
	高—低	B
	低—高	B
	低—低	C
高—低	高—高	B
	高—低	C
	低—高	C
	低—低	D
低—高	高—高	B
	高—低	C
	低—高	C
	低—低	D
低—低	高—高	C
	高—低	D
	低—高	D
	低—低	E

第二，确定细分产业不同类型区域的知识产权行动路径。在识别产业各区域优先发展等级和知识产权行动方向的基础上，结合产业各区域的技术发展定位，对样本产业在每个区域未来发展的核心产品以及技术战略进行调研，确定不同类

型区域的知识产权行动方案。

三、细分产业知识产权行动引导目录编制注意事项

1. 技术领域划分

为了提高区域细分产业知识产权行动方案的针对性和可操作性，本方案在主要技术领域和重点区域两个层面分别编制细分产业的知识产权行动方案。在有些细分产业部门，进一步划分技术领域可能存在操作上的技术障碍，如划分标准、数据收集等。如果遇到上述困难，可根据区域实际酌情取舍。

2. 前期调研

企业和政府部门调研是编制区域细分产业知识产权行动方案的基础性工作。课题组应设计完备的企业和政府部门调研方案，开展深入细致的调研工作，收集翔实的企业发展数据和行业发展数据，广泛征集政府部门的政策信息，进而提出具有操作内涵的行动方案。

3. 两个方案

从内容上看，细分产业的知识产权行动方案应包括知识产权行动方向和知识产权行动方案两个方面。行动方向着重阐明知识产权主攻技术、重点产品以及目标市场等；行动方案着重如何获取关键技术、如何运用核心专利、如何实现知识产权的市场价值等。

第四节　区域细分产业发展资源配置战略组织路线编制

面向细分产业发展的资源配置战略组织路线是在知识产权行动路线的基础上，将产业发展与资源配置置于战略安排、组织机制、政策保障等更广阔的社会框架下，制定促进产业发展的资源配置方案。

一、研究思路

基于产业发展知识产权行动引导目录，针对高—高、高—低、低—高、低—低不同类型技术领域，从人才、资金、平台、技术等方面给出促进不同产业类型领域创新发展的资源配置方案，形成引导产业创新发展的战略组织路线。

二、方法与流程

1. 确定产业发展战略组织实施思路

在明确区域产业发展知识产权行动方向和路径的基础上，本部分明确区域产业不同类型技术领域（高—高、高—低、低—高、低—低）发展目标与功能定位的差异，然后从人才、资金、平台和技术四个方面制定具体的战略组织安排，提出不同类型技术领域发展的资源配置方案，从而得到引导产业发展的知识产权战略组织路线。具体如图 3-5 所示。

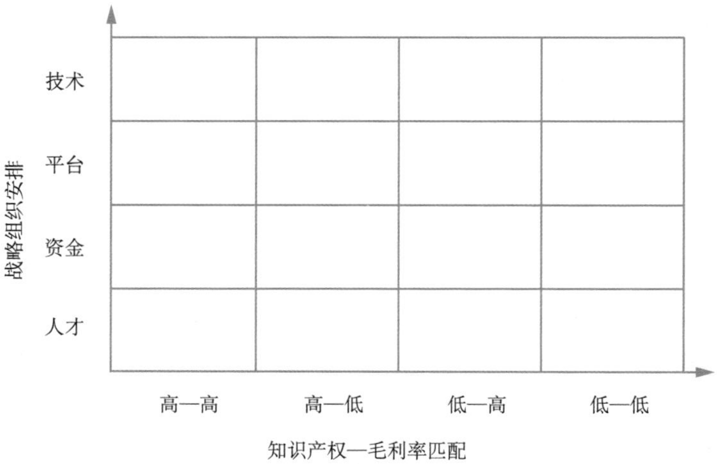

图 3-5 产业发展战略组织实施思路

2. 明确不同类型技术领域发展战略组织重点

根据不同类型技术领域优先发展等级和知识产权行动方向，分别确定高—高、高—低、低—高、低—低技术领域发展目标及功能定位，具体如表 3-4 所示。

表 3-4 不同类型技术领域发展战略组织重点

技术领域类型	高—高	高—低	低—高	低—低
发展目标	抢占核心技术知识产权制高点	加速知识产权产业化	规避产业发展的知识产权风险	提高知识产权创造和运用动力
功能定位	基于核心知识产权引领产业向价值链高端发展	基于核心知识产权挖掘产业发展潜力，向高—高匹配型转型	提高产品知识产权含量，由低—高匹配型向高—高匹配型转型	依托知识产权提升实施产业追赶

3. 四种匹配类型技术领域发展战略组织方案

根据不同类型技术领域（高—高、高—低、低—高、低—低）发展战略组织实施重点，搜集目标区域内的科教人才和研发人才、政府资金配置和民间资金投资、平台建设以及技术资源分布情况，分别确定下一步各技术领域发展战略组织方案。

三、注意事项

1. 行动方案关联

面向细分产业发展的资源配置战略组织路线是知识产权行动的战略组织措施，在具体的编制和推广应用过程中，要特别强调两个行动方案的内在关联。即战略组织路线以促进知识产权核心竞争力提升为主线，以产业转型发展为基本价值取向，统筹区域内外的资源，实现优化配置。

2. 本地情景因素

分技术领域制定战略组织路线是为了提高战略组织路线实施的精准性和可操作性。各个试点地方在编制本区域面向细分产业发展的资源配置战略组织路线和知识产权行动方案时，具体选择哪些细分产业或技术领域，要从本地的实际和技术领域的特性出发。

3. 综合属性特征

面向细分产业发展的资源配置战略组织路线具有研究、咨询和建议等综合属性。从研究角度看，它提供了细分产业技术领域资源配置与价值创造匹配关系的全景图；从咨询建议角度看，它所提出的行动方案可供决策参考，其在规划或政策层面的落地，还需要进行充分的分析论证。

中　　篇

大类产业发展与资源配置导向目录理论及方法之宁波应用

第四章　大类产业发展与资源配置导向目录宁波应用思路与方法

第一节　研究思路

产业发展引导目录的重点是开展区域教育科技资源—知识产权资源—产业资源的前后向互动关联研究，编制区域以知识产权资源为核心的各类导向目录，根据产业发展方向，推动各类资源向相关产业集聚，实现产业转型升级。由于宁波市产业发展引导目录是对该市所有行业进行研究，因此，其研究更多的侧重于全面性并为单一产业的进一步编制提供指导和支撑作用。

研究目标是以国民经济行业为分类标准，分析宁波市所有行业的科教资源、知识产权资源和产业发展需求之间的联动关系。首先研究科教资源是否产出了对应水平的知识产权资源，及两者是否共同对当前发展的主导产业或未来的产业发展方向形成良好的支撑，最终对科教资源—知识产权资源—产业资源之间的联动关系进行识别，从而有助于对科教、知识产权和产业发展政策进行相应的调整。

大类产业发展与资源配置导向目录宁波应用重点对科教资源—知识产权资源—产业资源的前后向互动进行静态的匹配分析和动态的关联耦合。一是对各种不同的资源如何进行指标选取及综合评价其发展状态。二是科教资源、知识产权资源如何与产业资源进行匹配。三是采用什么样的研究方法来反映其科教资源—知识产权资源—产业资源的关联程度。

本研究先后对科教资源、知识产权资源、产业资源的各个指标集进行了静态匹配分析和动态协调分析，前后进行了 19 次不同指标集之间的关联分析，最终发现，采用科教资源总量、知识产权支撑力、产业竞争力三个指标集的研究结果更加合理，因此研究结论主要依托于三者之间的关联分析。

第二节 指标体系

在三类资源的指标选取中，重点根据数据的科学性、有针对性和可操作性进行识别与选取。

一、科教资源

科教资源主要划分为教育资源与科技资源。其中，教育资源包括普通高等院校、国家重点专业、国家级创新平台、国家/省/市重点学科、重点专业、创新平台、博士点、硕士点、专任教师、在校生人数。科技资源包括各类国家级重点实验室，省级重点实验室（工程中心）、市级重点实验室、企业工程（技术）中心（国家认定）、省级高新技术企业研发中心、高新技术企业科技活动人员、高新技术企业科技活动人员中全时人员、高新技术企业内部用于科技活动的经费支出、高新技术企业委托外单位开展科技活动的经费支出。

二、知识产权资源

研究中构建了知识产权支撑力来反映知识产权的综合发展水平，具体指某国或某一区域在某个特定产业相对于他国或地区同一产业在知识产权（专利）资源方面所体现的竞争能力，并主要体现在规模、质量和比较优势等方面。宁波市选取的比较对象为长三角地区，并以专利为代表进行研究。研究中选取专利规模、专利特性、专利的显性技术优势分别反映宁波市某行业的专利总量、单位人口/经济的专利产出水平、在长三角地区的专利比较优势。根据已有研究，发明专利与地方经济发展程度表现出最为密切的关系。知识产权资源主要采用发明专利申请量和发明专利授权量两个指标。在实际研究中发现，无论采用申请量还是授权量，研究结果区别不大。根据宁波市产业发展与科教资源、知识产权资源的灰色关联度结果分析发现（表 4-1），发明专利授权量与产业发展的关联度最高，因此，在导向目录编制过程中，重点采用该指标。

表 4-1　知识产权资源与产业发展灰色关联度

灰色关联度	知识产权支撑力	专利授权量	专利申请量	教育资源	科技资源
主营业务收入	0.702	0.857	0.844	0.710	0.722
产业区位熵	0.718	0.754	0.736	0.718	0.563
利润总额	0.751	0.824	0.816	0.755	0.760
产业竞争力	0.736	0.810	0.801	0.711	0.721

三、产业资源

研究中构建了产业竞争力来反映产业资源的综合发展水平，具体指某国或某一地区的某个特定产业相对于他国或地区同一产业在生产效率、满足市场需求、持续获利等方面所体现的竞争能力。竞争力实质上是一个相对概念，涉及比较内容和比较范围。由于产业规模、产业优势和产业利润是地方政府对产业发展最为关注的方面，因此分别纳入评价指标（表 4-2）。其中，产业规模可以采用工业总产值和主营业务收入体现，为了保证各个空间尺度的数据统一，本文主要采用主营业务收入来计算。产业优势则主要以长三角地区为参照系，评价宁波各产业发展的比较优势，主要采取区位熵模型进行计算。

表 4-2　科教—知识产权—产业静态匹配与动态协调指标集

科教资源	知识产权	产业
教育资源	发明专利申请量	产业规模
科技资源	发明专利授权量	产业优势
科教资源	知识产权支撑力	产业效率
		产业竞争力

第三节　研究方法

一、科技资源与产业匹配方法

科教资源与产业的匹配方法是本研究的难点。由于教育与科技资源的统计口径或调研材料难以与国民经济行业直接相匹配，所以本研究根据科学性、针对性和可操作性原则，初步构建了教育资源和科技资源与技术领域的匹配方法。在教育资源中，重点学科、重点专业和硕士博士点可根据其人才培养目标、毕业生去向、学科研究方向及内容等方面来综合考虑其所属技术领域，进而对其产业类型进行划分，高校创新平台则可通过建设目的、研究方向以及科研项目等方面来确定其技术领域并判断产业类型。在科技资源中，重点实验室以其主要研究方向及研究任务、研究成果等为依据，国家认定企业技术中心和省级重点企业研究院以其所依托企业单位、主要研究方向以及主要产品产出等为依据，在此基础上，综合考虑资源所属技术领域并进行产业类型划分。

由于宁波市高新技术企业工业增加值占规上企业增加值的45%，因此高新技术企业的研发投入人员和经费具有代表性。研究中主要通过问卷调查来获取高新技术企业的研发投入情况，并通过调研直接将企业匹配到国民经济行业中。本研究通过调研共获取了1 216个高新技术企业（占总量70%）的研发投入人员、经费信息，收集整理了734条其他科教资源信息。其中，1 216个高新技术企业分布在34个国民经济行业。其他科教资源主要包括：重点实验室85家、重点学科91个、重点专业189个、高校创新平台143个、硕士博士点183个、国家认定企业技术中心17个、省级重点企业研究院26个。

根据匹配结果，宁波市科教资源排名前10位的行业为：计算机、通信和其他电子设备制造业，汽车制造业，电气机械和器材制造业，通用设备制造业，专用设备制造业，仪器仪表制造业，医药制造业，橡胶和塑料制品业，文教、工美、体育和娱乐用品制造业以及其他制造业。

二、专利资源与产业匹配

由于知识产权数据不能直接归属于特定的产业，因此必须建立特定的分类体系，将知识产权和产业数据相匹配。2015年12月14日，国家知识产权局发布《国际专利分类与国民经济行业分类参照关系表（试用版）》，本研究的专利资源通过该方法进行匹配。根据匹配结果，从发明授权专利分析，宁波市知识产权资源排名前10位的行业为：金属制造业，通用设备制造业，化学原料及化学制品业，橡胶和塑料制品业，汽车制造业，有色金属冶炼及压延加工业，橡胶和塑料制品业，通信设备、计算机及其他电子设备制造、电气机械和器材制造业，文教、工美、体育和娱乐用品制造业以及化学纤维制造业。

三、前后向关联研究方法

考虑到宁波市产业导向目录为试点和示范性研究，方法必须在科学的基础上，尽量直观、易懂。因此，本研究主要采用四象限法和耦合协调模型。四象限法主要反映不同资源之间的静态匹配关系，并将结果呈现为高—高、低—高、低—低和高—低四种类型，表达方法简单、直观；耦合协调模型则可以反映不同资源直接的动态协调关系，并将结果呈现为：高水平协调阶段、中等水平协调阶段、中低水平协调和低水平协调阶段。结合静态匹配分析和动态协调分析，最终确定三者之间的前后向关联水平。

第五章　宁波大类产业发展现状分析

第一节　宁波社会经济总体特征

一、区位优势明显，港口资源丰富

宁波市区位优势明显，宁波—舟山港港口吞吐量位居全球第一。宁波市是我国对外经贸交流的重要港口城市之一，地处“长江经济带”与我国沿海“T”字形的交汇处，是我国四大国际深水枢纽港和远洋国际干线港之一，长三角地区的重要节点城市。宁波陆、海、空、水立体交通发展迅速，港口资源尤为丰富。2017年，宁波—舟山港货物吞吐量突破10亿吨，连续9年位居世界第一。随着杭州湾大桥的建成以及高铁、城际铁路的陆续通车，宁波与上海等城市的时空距离进一步缩短，进一步强化了宁波市在长三角地区的区位优势。

二、人口规模大，城镇化水平稳步提升

2016年，宁波市总人口达到591.0万，人口规模位居浙江省第四位，仅次于温州、杭州和台州。其中，非农业人口比重呈稳步上升态势，2016年城镇人口311.6万，城镇化率达到52.7%，高于全省平均水平5个百分点（图5-1）。

三、经济规模稳步增加，在长三角地区地位略有下降

宁波市作为我国首批对外开放的城市，也是我国重要的现代港口城市。GDP总量从2000年的1 144.57亿元稳步增加到2015年的8 541.1亿元，增加6.5倍（图5-2）。2016年，宁波市GDP增速为7.1%，与浙江省基本持平，高出长三角

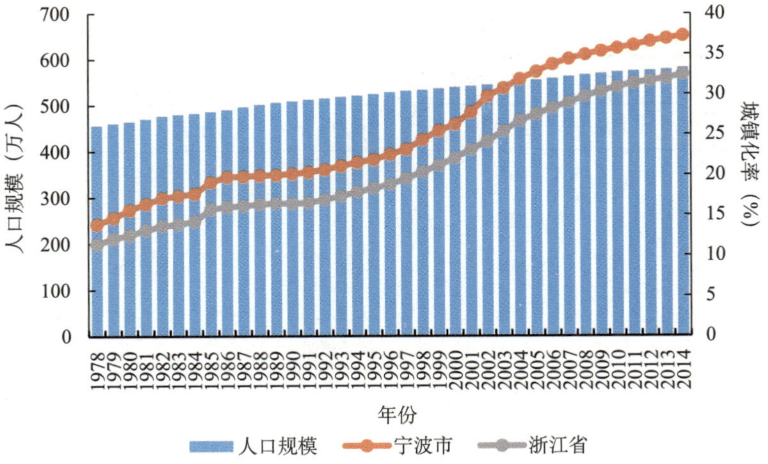

图 5-1　1978 年以来宁波市人口规模及城镇化水平

注：城镇化水平为非农人口除以总人口。

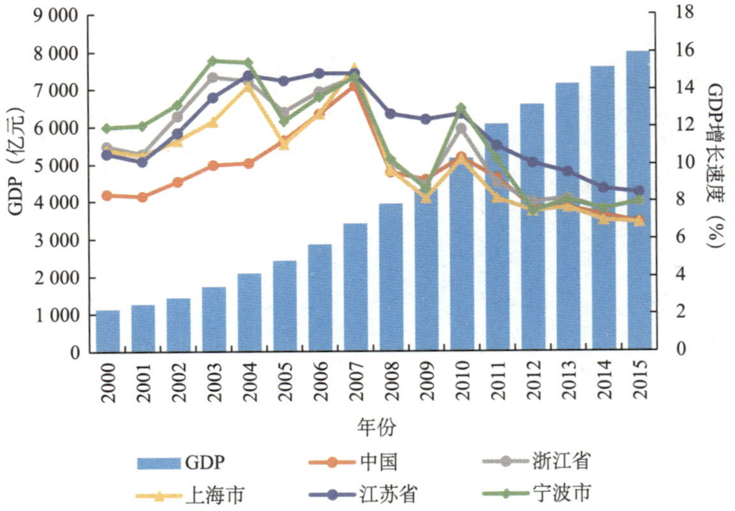

图 5-2　2000 年以来宁波市经济规模总量及增长速度

地区 0.2 个百分点和全国 1.1 个百分点。受全国经济下行压力的影响，宁波市 GDP 增速近些年有所下降，但仍高于长三角和全国平均水平，低于江苏省平均水平，与浙江省相当。从长三角地区分析，宁波市经济规模从 2010 年的第 5 位下降到 2015 年的第 6 位（表 5-1）。

表 5-1 长三角地区主要城市 GDP 排序

城市	2010 年		2015 年	
	总量（亿元）	位序	总量（亿元）	位序
上海市	17 166	1	24 965	1
苏州市	9 229	2	14 504	2
杭州市	5 949	3	10 050	3
无锡市	5 793	4	8 519	5
宁波市	5 163	5	8 004	6
南京市	5 131	6	9 721	4
南通市	3 466	7	6 148	7
常州市	3 045	8	5 273	9
徐州市	2 942	9	5 320	8
温州市	2 925	10	4 619	10
绍兴市	2 795	11	4 466	11
台州市	2 426	12	3 553	15
盐城市	2 333	13	4 213	12
嘉兴市	2 300	14	3 518	16
扬州市	2 229	15	4 017	13
金华市	2 110	16	3 402	18
泰州市	2 049	17	3 688	14
镇江市	1 988	18	3 502	17
淮安市	1 388	19	2 745	19
湖州市	1 302	20	2 084	22
连云港市	1 193	21	2 160	20
宿迁市	1 064	22	2 126	21
衢州市	755	23	1 146	23
丽水市	663	24	1 103	24
舟山市	644	25	1 093	25

宁波市人均 GDP 稳步提升，位居全省第 2 位。2000 年宁波市人均 GDP 为 21 208 元，仅为上海的 71.5%，分别为江苏省和浙江省平均水平的 1.8 倍和 1.58 倍，为全国的 2.67 倍（图 5-3）。2015 年宁波市人均 GDP 增加至 136 773 元，较 2000 年增加了 5.45 倍，增速分别为上海、江苏、浙江和全国的 1.32 倍、1.55 倍、

1.76 倍和 2.72 倍。从浙江省分析，2015 年宁波市人均 GDP 位居全省第 2 位，较 2014 年地位略有下降。

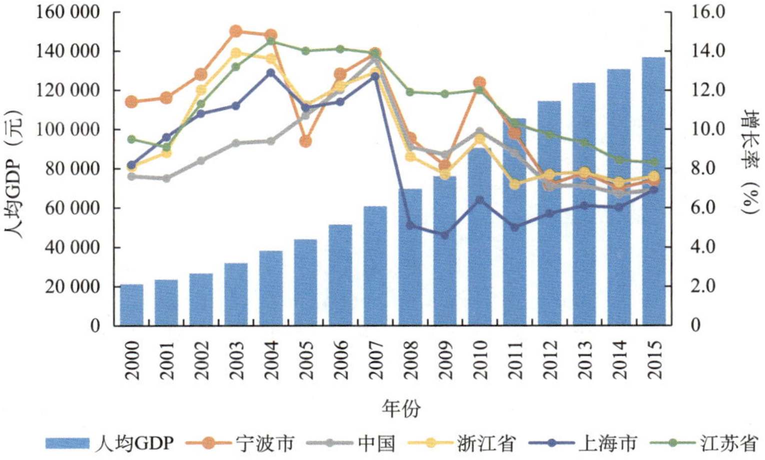

图 5-3 2000 年以来宁波市人均 GDP 及其变化率

从人均 GDP 增速分析，2000～2015 年宁波市人均 GDP 增速先波动递增，后波动递减。2000 年宁波市人均 GDP 增速为 11.4%，2003 年增速为 15%，2015 年递减为 7.4%。2000 年宁波市 GDP 增速高于中国、浙江省、上海市和江苏省的平均水平，2015 年仍略高于全国平均水平（6.9%），但低于浙江省平均水平（7.6%）。从浙江省分析，宁波市人均 GDP 增速位居第 7 位，远低于杭州、舟山、温州、湖州和金华等城市，略低于台州市。

四、在浙江省工业地位突出

从工业增加值分析，宁波市在浙江省一直占有重要地位。2000～2015 年宁波 GDP 总量对浙江省的贡献率基本不变，保持在 18.6%左右（图 5-4）。第一产业的贡献率呈现出波动上升的态势，由 2000 年的 14.95%增加为 2015 年的 15.53%，增加了 0.6 个百分点；第二产业的贡献率增加较为明显，由 2000 年的 19.42%增加为 2015 年的 20.79%，增加了 1.37 个百分点；而第三产业的贡献率略有降低，由 2000 年的 18.54%降低为 16.97%，降低了 1.57 个百分点。总体而言，宁波市的产业在浙江省占有重要地位，GDP 贡献率保持在 18%～19%的比重，第二产业贡献率最高，且地位明显提升；第三产业次之，但其地位略有降低；第一产业贡献率相对较低，但其贡献率略有提升。工业发展呈现出重工业化的特征。

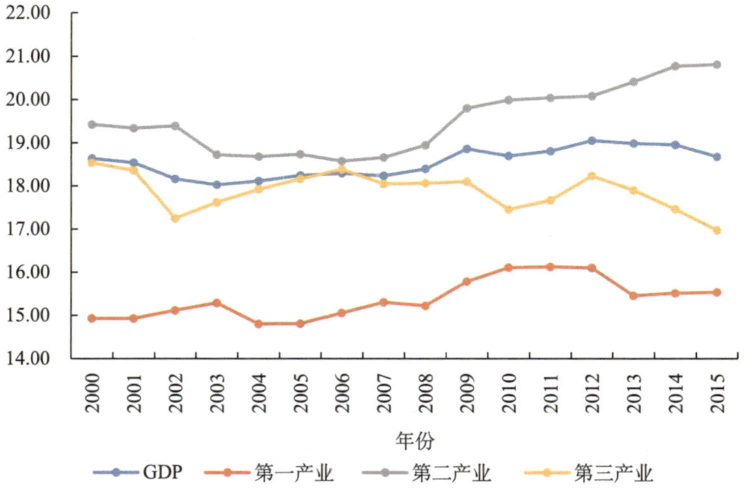

图 5-4　宁波市三次产业占浙江省的比重（%）

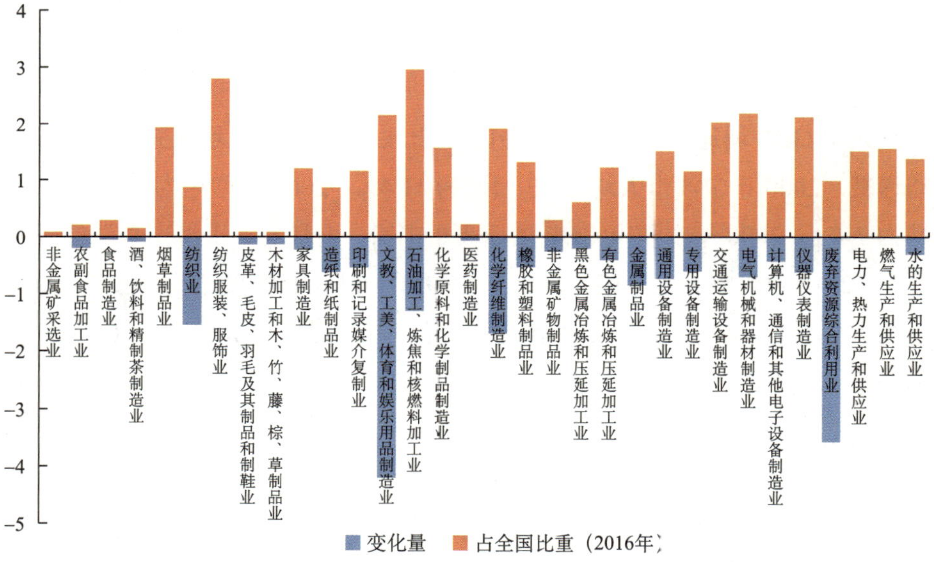

图 5-5　2010 年和 2016 年宁波市工业主营业务收入占全国比重变化（%）

五、处于工业化中后期阶段，重工业化趋势明显

从三次产业结构分析，宁波市处于工业化中后期。使用产业结构水平的变动来衡量工业化的演进阶段时，当第一产业的比重降低到 20%以下，第二产业的比重上升到高于第三产业且在 GDP 结构中占最大比重时，工业化进入中期阶段；当第二产业比重开始降低，低于第三产业比重时，工业化进入后期阶段。宁波市

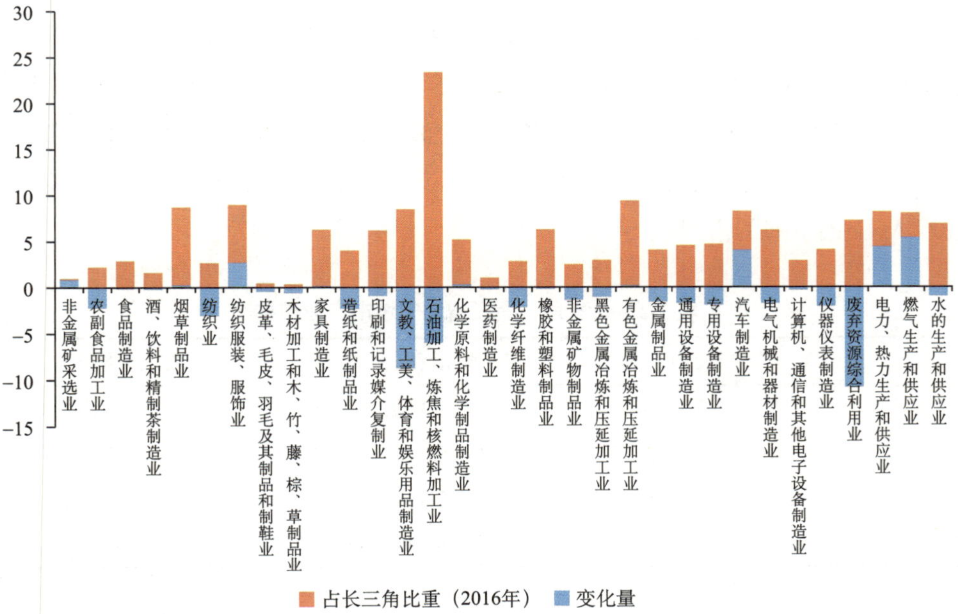

图 5-6　2010 年和 2016 年宁波市工业主营业务收入占长三角地区比重变化（%）

基本上遵循“二三一”的产业结构（图 5-7、表 5-2），2016 年产业结构的比率为 3.48∶51.29∶45.23。宁波市第一产业比重呈现波动降低的态势，由 2000 年的 8.23%降低为 2015 年的 3.48%，降低了 4.75 个百分点；第二产业的比重也呈波动

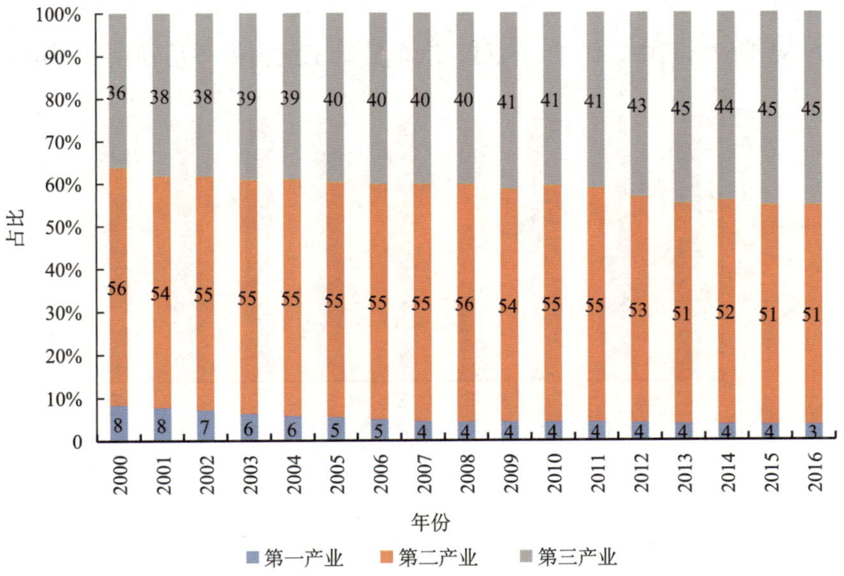

图 5-7　宁波市三产结构变化

降低的态势，由2000年的55.55%降低为2015年的51.29%，降低了4.26个百分点；第三产业的比重呈稳步增加的态势，由2000年的36.21%增加为2015年的45.23%，增加了9.02个百分点。总体上，宁波市第一产业产值低于20%，第二产业比重逐渐降低，但仍高于第三产业比重，第三产业稳步提升，这表明宁波市已经步入工业化中后期阶段。

表5-2　长三角、浙江省和宁波市产业结构

	宁波市	浙江省	长三角地区
2000年	8.23∶55.55∶36.21	10.27∶53.31∶36.41	9.02∶50.95∶40.03
2005年	5.40∶54.83∶39.77	6.65∶53.40∶39.95	5.92∶53.49∶40.59
2010年	4.23∶55.14∶40.63	4.91∶51.58∶43.52	4.65∶50.13∶45.22
2015年	3.56∶51.20∶45.24	4.27∶45.96∶49.76	4.29∶43.26∶52.45

从工业内部结构分析，宁波市处于工业化中期。在以原材料工业为重心的重工业化时期，工业化处于初级阶段；当工业结构转向以加工装配工业为重心、高加工度化阶段迅速推进时，工业化进入中期阶段；而当工业结构转向技术集约化阶段，技术密集型产业增长起主要支撑作用时，工业化到了后期阶段。从宁波市轻重工业的比重可以看出，重工业仍然占据非常重要的地位（图5-8）。2016年轻重工业比例达28∶72，而在2010年是31∶69的水平，2016年轻重工业比重有所改善，为33∶67，其中，化工、机械、汽车等重工业占据举足轻重的地位。同时，

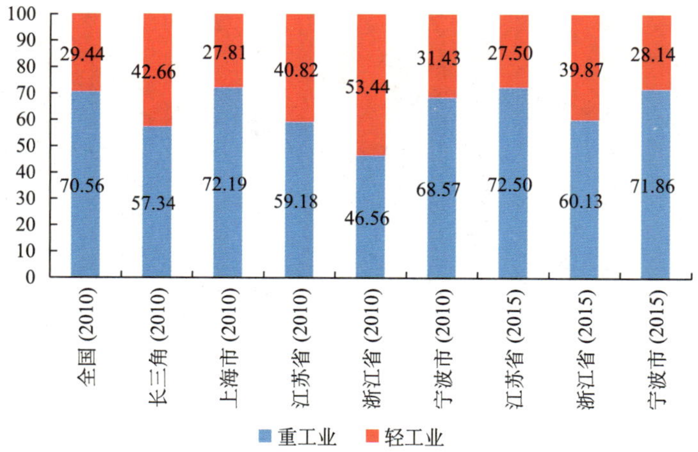

图5-8　主要地区轻重工业比重（%）

宁波市高新技术产业保持强劲发展势头。2016 年实现高新技术产业产值、增加值分别达 6 317.39 亿元、1 153.66 亿元，同比分别增长 11.6%、9.1%，增速高于规上工业总产值、增加值 7.2、1.8 个百分点，占规上工业总产值、增加值的比例达 43.8%、41.2%，较 2015 年提高 4.7、4.2 个百分点。这种工业结构反映宁波市处于工业化的中期阶段。

综上所述，宁波市经济发展处于工业化中后期阶段，开始向后期阶段转变。根据波特提出的经济增长方式与经济发展阶段之间的对应关系，要素推动的发展阶段、投资推动的发展阶段、创新推动的发展阶段和财富推动的发展阶段，分别对应于工业化的前期、中期、后期和后工业化社会。因此，将进入工业化后期的宁波，产业发展的核心动力开始向创新驱动转变。

第二节 宁波产业发展现状

按照国民经济行业分类二位和三位代码，收集宁波市产业规模、产业盈利能力、产业运营效率、产业增加值等数据，分析和评价宁波市产业竞争力现状与发展趋势，并通过比较分析，揭示宁波市不同产业在长三角地区及全国的比较优势，从而识别宁波市的优势产业和主导产业。

一、产业规模结构特征

宁波市规模较大的产业为化工、电气机械和器材制造业、汽车制造业等。2016 年宁波市工业贡献率较高的行业主要包括汽车制造业（13.98%），电气机械和器材制造业（11.78%），化学原料和化学制品制造业（10.0%），石油加工、炼焦和核燃料加工业（7.5%），电力、热力生产和供应业（6.06%），计算机、通信和其他电子设备制造业（5.9%），通用设备制造业（5.32%）（图 5-9）。与 2010 年相比，石油加工、炼焦和核燃料加工业（12.0%），通用设备制造业（7.4%），纺织业（6.53%）的贡献率有所降低，而化学原料和化学制品制造业（1.74%），交通运输设备制造业（6.23%）的贡献率明显提升，尤其是汽车制造业的比重明显提升（表 5-3）。

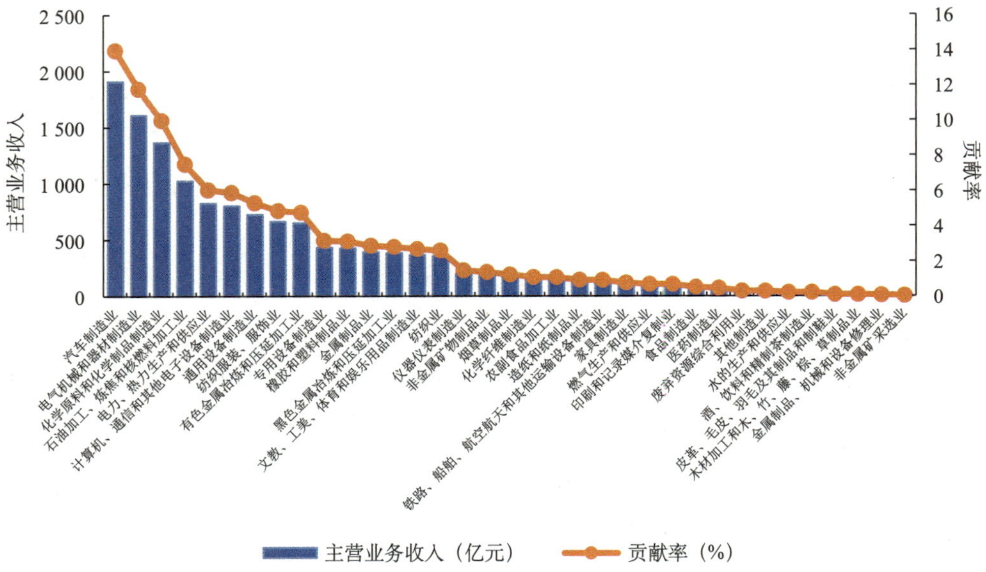

图 5-9　2016 年宁波市各行业产值规模特征

表 5-3　2010 年和 2016 年宁波市支柱产业特征

	支柱产业（2010）	支柱产业（2016）
贡献率>5%	石油加工、炼焦和核燃料加工业（12%），电气机械和器材制造业（11.68%），通用设备制造业（7.4%），化学原料和化学制品制造业（7.11%），计算机、通信和其他电子设备制造业（6.55%），纺织业（6.53%），交通运输设备制造业（6.23%）	汽车制造业（13.98%），电气机械和器材制造业（11.78%），化学原料和化学制品制造业（10.0%），石油加工、炼焦和核燃料加工业（7.5%），电力、热力生产和供应业（6.06%），计算机、通信和其他电子设备制造业（5.9%），通用设备制造业（5.32%）

从主营业务收入变化率分析，非金属矿采选业、燃气生产和供应业，交通运输设备制造业的增长较快，高于全国和长三角平均水平，而其他行业的增速均低于全国平均水平（图 5-10）。其中，黑色金属冶炼和压延加工业、废弃资源综合利用工业、纺织业等主营业务收入呈负增长。

二、优势产业分布特征

运用区位熵的方法进一步分析宁波市的产业发展水平。区位熵是可用于衡量地域分工深度或地区专门化程度的指标，区位熵越大，其专业化程度越高。一般而言，区位熵>2，表明该产业具有较强的竞争力；区位熵>1，表示具有一定的竞

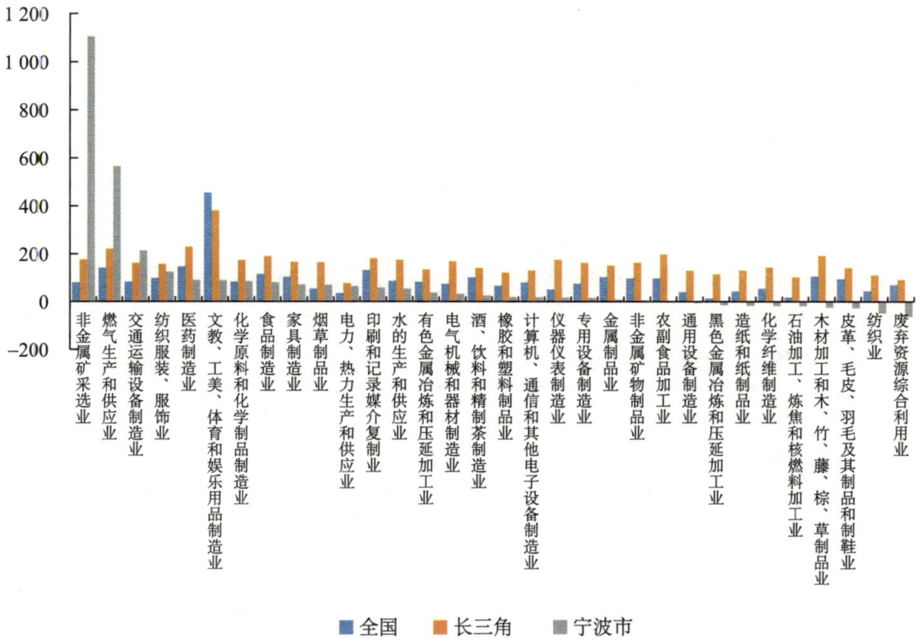

图 5-10　2010～2016 年全国、长三角和宁波市主营业务收入增长率（%）

注：按当年价格计算。

争力；区位熵<1，表示不具有竞争力。本研究对宁波市产业分析采取的比较对象为全国和长三角地区（图 5-11）。

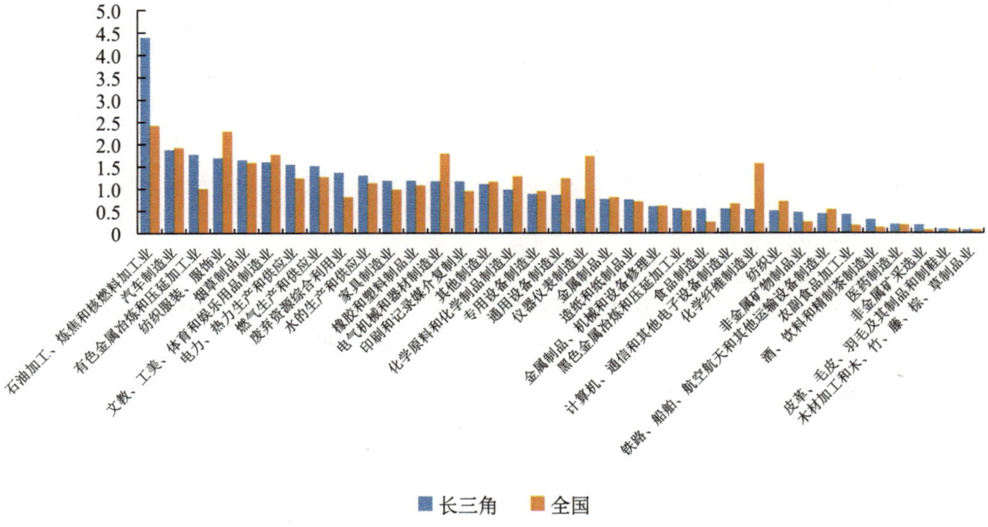

图 5-11　2016 年宁波市产业发展区位熵

从全国层面分析，宁波市最具有竞争力的工业行业（区位熵>2）是石油加工、炼焦和核燃料加工业，纺织服装、服饰业；具有一定竞争力的工业行业（区位熵>1）包括汽车制造业，电气机械和器材制造业，文教、工美、体育和娱乐用品制造业，仪器仪表制造业，烟草制品业，化学纤维制造业，化学原料和化学制品制造业，燃气生产和供应业，通用设备制造业，电力、热力生产和供应业，其他制造业，水的生产和供应业，橡胶和塑料制品业（表 5-4）。与 2010 年相比，汽车制造业，

表 5-4　2010 年和 2016 年宁波市在全国层面的产业竞争力评价比较

	年份	产业
绝对竞争力行业	2010	石油加工、炼焦和核燃料加工业
	2016	石油加工、炼焦和核燃料加工业，纺织服装、服饰业
一定竞争力行业	2010	废弃资源综合利用业，纺织服装、服饰业，有色金属冶炼和压延加工业，交通运输设备制造业，文教、工美、体育和娱乐用品制造业，烟草制品业，燃气生产和供应业，水的生产和供应业，家具制造业，电气机械和器材制造业，橡胶和塑料制品业，印刷和记录媒介复制业，化学原料和化学制品制造业
	2016	汽车制造业，电气机械和器材制造业，文教、工美、体育和娱乐用品制造业，仪器仪表制造业，烟草制品业，化学纤维制造业，化学原料和化学制品制造业，燃气生产和供应业，通用设备制造业，电力、热力生产和供应业，其他制造业，水的生产和供应业，橡胶和塑料制品业
缺乏竞争力行业	2010	电力、热力生产和供应业，专用设备制造业，通用设备制造业，造纸和纸制品业，金属制品业，仪器仪表制造业，黑色金属冶炼和压延加工业，食品制造业，化学纤维制造业，计算机、通信和其他电子设备制造业，金属制品、机械和设备修理业，非金属矿物制品业，纺织业，铁路、船舶、航空航天和其他运输设备制造业，农副食品加工业，酒、饮料和精制茶制造业，医药制造业，非金属矿采选业，皮革、毛皮、羽毛及其制品和制鞋业，木材加工和木、竹、藤、棕、草制品业
	2016	有色金属冶炼和压延加工业，家具制造业，印刷和记录媒介复制业，专用设备制造业，废弃资源综合利用业，金属制品业，纺织业，造纸和纸制品业，计算机、通信和其他电子设备制造业，金属制品、机械和设备修理业，铁路、船舶、航空航天和其他运输设备制造业，黑色金属冶炼和压延加工业，非金属矿物制品业，食品制造业，医药制造业，农副食品加工业，酒、饮料和精制茶制造业，非金属矿采选业，皮革、毛皮、羽毛及其制品和制鞋业，木材加工和木、竹、藤、棕、草制品业

纺织服装、服饰业，电气机械和器材制造业，电力、热力生产和供应业，燃气生产和供应业，家具制造业等的竞争力明显提升，而文教、工美、体育和娱乐用品制造业，化学纤维制造业，金属制品业，专用设备制造业，纺织业等竞争力有所降低。

从长三角层面分析，宁波市最具有竞争力的工业行业（区位熵>2）是石油加工、炼焦和核燃料加工业；具有一定竞争力的工业行业（区位熵>1）包括汽车制造业，有色金属冶炼和压延加工业，纺织服装、服饰业，烟草制品业，文教、工美、体育和娱乐用品制造业，电力、热力生产和供应业，燃气生产和供应业，废弃资源综合利用业，水的生产和供应业，家具制造业，橡胶和塑料制品业，电气机械和器材制造业，印刷和记录媒介复制业，其他制造业。与2010年相比，废弃资源综合利用业，文教、工美、体育和娱乐用品制造业的竞争力有所降低，其中，后者从最具有竞争力的行业降为具有一定竞争力的行业；而交通运输设备制造业、燃气生产和供应业、化学原料和化学制品制造业等竞争力明显提升。

综上所述，宁波市具有产业优势的行业主要集中在装备制造业、化学原料和化学制品制造业等，而电子信息、生物医药等高新技术产业发展较弱，由此带来的产业可持续性发展及产业升级矛盾突出。

三、产业盈利能力

工业盈利能力用该行业的利润总额反映（图 5-12）。从宁波市各行业利润总额分析发现，宁波市工业盈利能力较高的行业主要包括汽车制造业（20.12%），石油加工、炼焦和核燃料加工业（16.25%），电气机械和器材制造业（10.03%）。这些行业利润总额的贡献率均高于10%；其次是电力、热力生产和供应业(6.89%)，通用设备制造业（5.58%），计算机、通信和其他电子设备制造业（4.81%），专用设备制造业（4.6%）等；而废弃资源综合利用业的利润为负。

与2010年相比，化学纤维制造业，专用设备制造业，通用设备制造业，纺织业，化学原料和化学制品制造业等行业的利润总额贡献率降低较为明显，分别降低了1.13%、1.99%、3.13%、4.46%和5.89%；而交通运输设备制造业，电力、热力生产和供应业，石油加工、炼焦和核燃料加工业，计算机、通信和其他电子设备制造业，纺织服装、服饰业，电气机械和器材制造业等行业利润总额的贡献率呈增加态势，分别增长了8.82%、4.64%、2.83%、1.53%、1.49%和1.1%。

总体而言，汽车制造业、通讯设备等技术密集型行业的盈利能力增加较为明显，而传统化工行业、装备制造业对利润总额的贡献率呈降低态势。

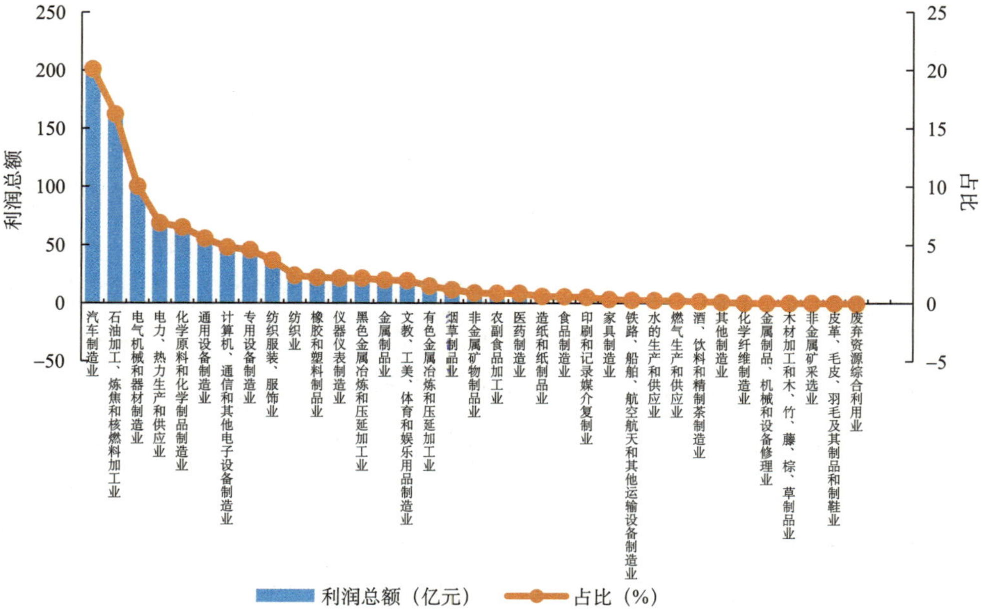

图 5-12 2016 年宁波市工业行业利润总额及贡献率

为进一步了解宁波各行业的盈利能力，本研究将分别计算宁波在全国和长三角地区的区位熵（图 5-13）。从全国层面分析，2016 年宁波工业利润总额区位熵>2 的行业主要包括石油加工、炼焦和核燃料加工业（6.08），汽车制造业（2.07），表明这些行业在宁波工业盈利能力的贡献率明显高于全国平均水平；其次为纺织服装、服饰业，金属制品、机械和设备修理业，专用设备制造业，电气机械和器材制造业，文教、工美、体育和娱乐用品制造业，电力、热力生产和供应业等，这些行业的区位熵均高于 1。从长三角层面分析，2015 年宁波工业利润总额区位熵>2 的行业为石油加工、炼焦和核燃料加工业；区位熵>1 的行业包括汽车制造业，金属制品、机械和设备修理业，纺织服装、服饰业，电力、热力生产和供应业，水的生产和供应业，文教、工美、体育和娱乐用品制造业，专用设备制造业等行业。总体而言，宁波产业盈利能力较好的行业主要集中在化工和装备制造业等行业。

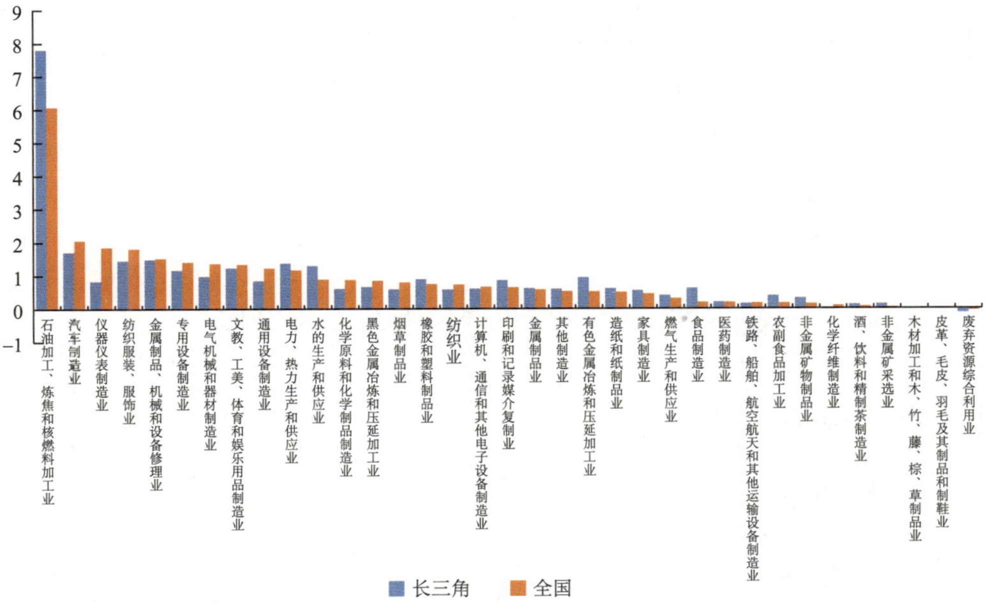

图 5-13　2016 年宁波市工业行业利税总额区位熵

从利润总额增长率分析（图 5-14），非金属矿采选业、燃气生产和供应业、水的生产和供应业、交通运输设备制造业、医药制造业的增长速率相对较高，高

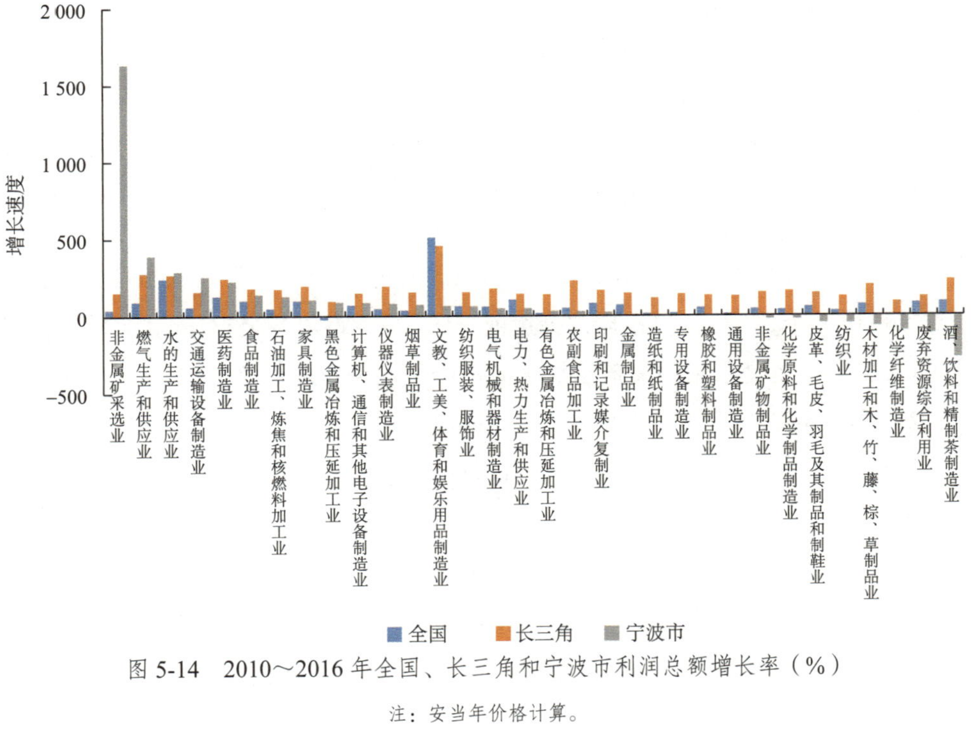

图 5-14　2010～2016 年全国、长三角和宁波市利润总额增长率（%）

注：安当年价格计算。

于全国和长三角平均水平，其次是食品制造业、石油化工、家具制造等，而皮革、毛皮、羽毛及其制品和制鞋业、酒、饮料和精制茶制造业、非金属矿物制品业、化学纤维制造业等呈负增长的态势。总而言之，利润总额增长率与主营业务收入的变化存在较大的相似性，即主要集中在装备制造业和非金属矿采选业。

第三节　宁波产业竞争力及未来发展

一、产业竞争力

1. 评价方法

产业竞争力评价指标集包括产业规模、产业优势和产业效率（表 5-5）。其中，产业规模一般采用工业总产值或主营业务收入，为了计算和比较方便，本研究统一采用主营业务收入。产业区位熵则指该行业的主营业务收入在更大尺度范围内的比较优势，本研究以长三角地区为比较对象。产业效率采用利润总额来代替。

表 5-5　产业竞争力评价指标体系

目标层	要素层	指标层	权重
A.产业竞争力评价指标体系	A1：产业规模	主营业务收入	0.334 3
	A2：产业优势	产业区位熵	0.330 8
	A3：产业效率	产业利润总额	0.334 9

综合评价方法是根据所给的条件，采用一定的方法，给评价对象全体中的每个对象赋予一个评价值，再根据此择优或排序，最后得出各个指标的综合影响（杜栋等，2014）。本文将采用熵值法对宁波市产业竞争力进行评价。

2. 评价结果

根据熵值法计算出各行业的竞争力，具体见图 5-15。石油加工、炼焦和核燃料加工业，电气机械和器材制造业，电力、热力生产和供应业，汽车制造业，化学原料和化学制品制造业等行业的产业竞争力相对较好，其产业竞争力均高于 0.5，远高于各行业的均值。其次为纺织服装、服饰业，计算机、通信和其他电子设备制造业，通用设备制造业，燃气生产和供应业，文教、工美、体育和娱乐用品制造业，水的生产和供应业，专用设备制造业，橡胶制品业，有色金属冶炼及压延加工业，废弃资源综合利用业，纺织业，仪器仪表制造业等行业，这些行业的产业竞争力略高于宁波市各行业的平均水平。

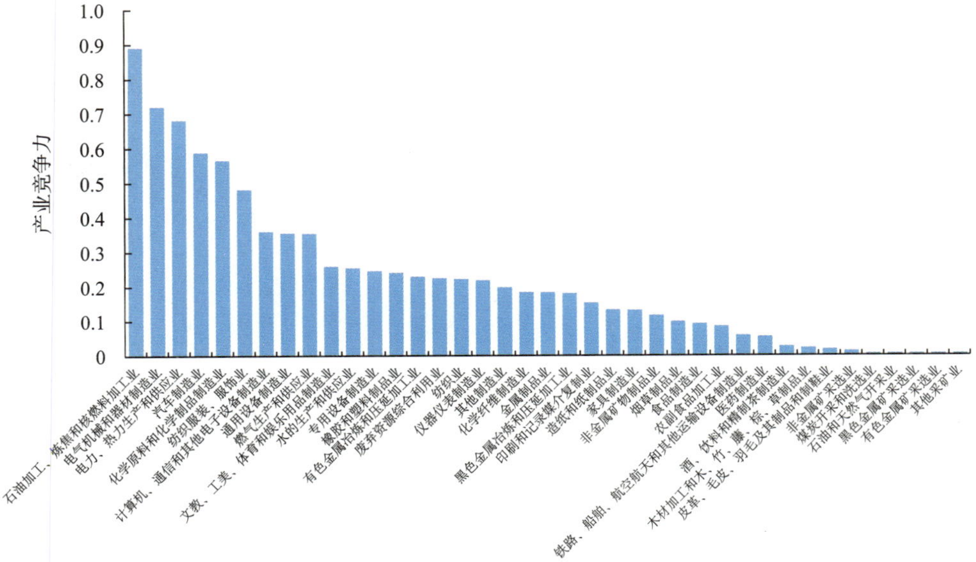

图 5-15　2015 年产业竞争力行业分布

与浙江省相比，宁波市具有竞争优势的行业包括：石油加工、炼焦和核燃料加工业，燃气生产和供应业，水的生产和供应业，废弃资源综合利用业，纺织服装、服饰业，汽车制造业，印刷和记录媒介复制业，电力、热力生产和供应业，专用设备制造业，文教、工美、体育和娱乐用品制造业，仪器仪表制造业，石油和天然气开采业，煤炭开采和洗选业，黑色金属矿采选业，有色金属矿采选业等。

竞争优势低于浙江省平均水平的行业包括：有色金属冶炼和压延加工业，食品制造业，烟草制品业，黑色金属冶炼和压延加工业，农副食品加工业，电气机械和器材制造业，非金属矿采选业，化学原料和化学制品制造业，铁路、船舶、航空航天和其他运输设备制造业，酒、饮料和精制茶制造业，木材加工和木、竹、藤、棕、草制品业，造纸和纸制品业，家具制造业，计算机、通信和其他电子设备制造业，金属制品业，非金属矿物制品业，橡胶和塑料制品业，医药制造业，通用设备制造业，皮革、毛皮、羽毛及其制品和制鞋业，化学纤维制造业，纺织业等（图 5-16）。

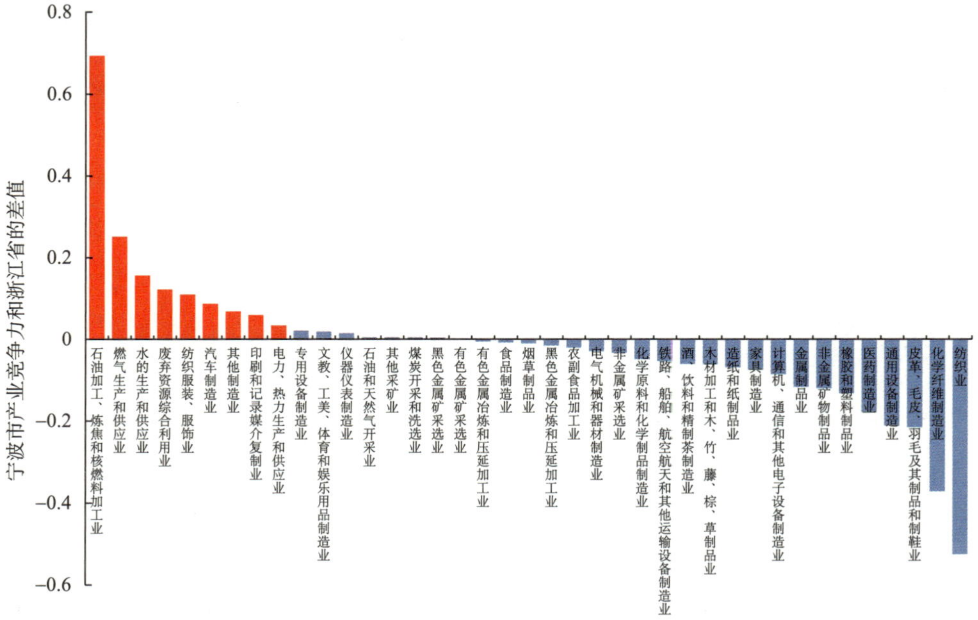

图 5-16　2015 年宁波市和浙江省产业竞争力比较分析

二、重点产业发展

1. 石油化工产业

石油化工产业的发展对自然环境或区位的依赖性很强，宁波市港口资源丰富，利用进口资源，建设石化产业的优势明显。宁波港是国家重点开发建设的四大国际深水中转港之一，建有国内最大的原油泊位和液体化工专用码头。经国家发展和改革委员会批准，中石化集团投资建设以宁波为枢纽的进口原油输油管网，在宁波和舟山分别建设两个 30 万吨级的原油码头，形成连接浙江镇海、上海金山和江苏扬子石化的输油管网。国家和中石化集团均在宁波建立原油储备基地。大榭岛岛西石化工业区及其沿岛的深水区，具有建设码头良好的自然条件。宁波目前拥有的港口条件和大榭岛良好的港口开发前景为将来宁波石化快速发展奠定了坚实的物质基础。

2. 战略性新兴产业

宁波市战略性新兴产业产值由 2010 年的 1 818.8 亿元增长到 2015 年的 3 557.0 亿元，年均增长 14.4%；2015 年完成战略性新兴产业增加值 583.3 亿元，同比增长 2.2%，分别占全市规模以上工业增加值和地区生产总值的 22.7%、7.3%；宁波被列入国家新材料高技术产业化基地、国家智慧城市试点名单、全国首批新能源汽车推广应用城市等。截至 2015 年，新材料、新一代信息技术、新能源、新装备、海洋高技术、节能环保、生命健康和创意设计八大战略性新兴产业平稳发展。新材料产业优势突出，2015 年实现规模以上工业总产值 924.8 亿元，钕铁硼稀土永磁材料、高性能有色金属材料、先进高分子及合成材料等细分领域在全国具有明显优势；新装备产业依托原有的产业基础，不断做精做专，2015 年实现规模以上工业总产值 445.0 亿元，注塑机领域近年产量占据国内 2/3 市场、全球 1/3 市场；新能源产业发展逐步回暖，2015 年太阳能光伏总装机容量累计达到 10.5 万千瓦，全市已推广新能源汽车五千多辆。

3. 汽车产业

宁波市本地规模以上汽车工业总产值由 2010 年的 489.67 亿元提高到 2015 年的 1 453.65 亿元，年均增长 24%。随着产业规模的不断扩大，经济效益也显著提升，全行业利润总额从 2010 年的 40.66 亿元增长到 2015 年的 131.34 亿元，年均增长 26%。截至 2015 年年底，全市规模以上整车及零部件企业共有 482 家，全部从业人员 119 414 人。整车方面，宁波市现有 11 家企业从事各类整车的生产和销售，2015 年累计销量 49.76 万辆，完成工业产值 471.05 亿元，出口交货值 4.71 亿元。其中，乘用车企业有浙江吉利汽车有限公司、上汽大众汽车有限公司宁波分公司，产品以基本型轿车为主；商用车企业有浙江宝成机械科技有限公司、宁波凯福莱特种汽车有限公司、宁波波导汽车科技有限公司等，产品以改装车、特种车为主。新能源车方面，浙江吉利拥有知豆牌、吉利美日牌等多个纯电动轿车、混合动力轿车产品公告。零部件方面，宁波市现有规模以上零部件企业 478 家，2015 年实现工业产值 964.88 亿元，出口交货值 118.24 亿元。宁波市汽车零部件行业在国内外市场、售前售后市场的带动下，开发、生产的产品品种较多，涉及汽车动力总成、底盘、车身及附件、电器、仪表及相关零部件全部四大类，涵盖汽车各大总成。其中，发动机零部件、内外饰、底盘件、橡胶件、金属件五类零部件产值居前，凸轮轴、进排气管、发动机油泵、减震器、塑料件等产品国内市场占有率第一，其他如方向盘控制器、门把手、接头、开关、装饰条等产品国内市场份额处于领先地位。

2016 年，宁波市全市实现工业增加值 3 766.6 亿元，比上年增长 7.0%。其中汽车制造业实现增加值 403.6 亿元，增长 29.9%。汽车制造业增加值占全市工业总产值的 10.7%，成为全市的主导产业之一。

三、产业发展规划

1979 年宁波港对外开放，1984 年宁波成为全国 14 个沿海开放城市之一，2008 年国务院批准设立梅山保税港区和杭州湾大桥建成通车，2011 年浙江海洋经济发展示范区上升为国家战略，宁波作为海洋经济示范区核心的重要组成部分。目前，宁波更是同时处于“一带一路”和长江经济带的交汇处，在国家战略中的地位不断提升。“一带一路”愿景与行动，提出加强宁波—舟山沿海港口城市建设，《长江经济带规划纲要》提出“一轴、两翼、三极、多点”的建设格局，其中宁波市便位于三极中的长江三角洲城市群。

产业发展方向。《长江经济带创新驱动产业转型升级方案》提出将长江下游地区打造为具有全球影响力的先进制造业和现代服务业中心，提升制造业的层次和水平，加快发展服务外包、金融、物流、信息、研发等面向实体经济和信息消费的服务业，提高服务业的核心竞争能力，发展成为创新型经济、在更高层次上参与国际分工合作的先导区，发挥区域创新辐射带动作用。在该《方案》提出的培育十大新兴产业集群中，涉及宁波的有现代物流产业集群，提出以上海、重庆、武汉、宁波、成都为核心，促进海铁联运、铁水联运、公水联运、江海联运等多种运输方式的无缝衔接和高效中转，推进物流基础设施建设，优化物流园区网络体系布局，加快发展现代物流产业集群。

2016 年，国家发展改革委、住建部联合印发了《长江三角洲城市群发展规划》，宁波都市圈是长三角地区“一核五圈多带”中五圈及沪宁杭甬发展带的重要组成部分，并提出要积极发展服务经济和创新经济，成为长三角城市群吸聚最高端要素、汇集最优秀人才、实现最高产业发展质量的中枢发展带，辐射带动长江经济带和中西部地区发展。宁波在该规划中被列为长三角地区重要的创新节点。长三角城市群主导产业关键领域创新方向包括：电子信息、装备制造、钢铁制造、石油化工、汽车、纺织服装、现代金融、现代物流、商贸和文化创意。基于创新链培育新兴产业发展方向包括：新一代信息技术、生物产业、高端装备制造、新材料、北斗产业、光伏产业等。

最新的《宁波市国民经济和社会发展第十三个五年规划纲要》提出，宁波市未来将坚持高端化、智能化、服务化和绿色化，聚焦发展十大千亿产业集群，包括：绿色石化、新材料产业、高端装备制造业、节能环保产业、信息经济、时尚产业、贸易物流业、金融业、健康产业、旅游业，推动绿色石化、汽车产业、纺织服装、家电家居、文体用品等产业的发展。同时，重点发展新材料、高端装备和新一代信息技术等战略性新兴产业。积极推动生物医药、海洋高技术、节能环保、新能源等新兴领域创新和产业化，加快培育未来产业竞争优势。

《宁波市战略性新兴产业“十三五”规划》提出大力发展新材料、高端装备、新一代信息技术三大战略引领产业。其中，新材料重点发展先进碳材料、高性能磁性材料、高端金属材料、先进高分子材料、电子信息材料和纳米材料六大领域；高端装备制造业重点发展高档数控机床与工业机器人、高端专用装备、轨道交通及新能源汽车、通用航空装备四大领域；新一代信息技术则重点发展集成电路，新型元器件，嵌入式软件，物联网、云计算与大数据四大领域。《宁波市“十三五”科技创新规划》则提出重点在智能经济、绿色石化、新材料、高端装备、节能环保、时尚产业、健康产业等千亿级产业及现代农业领域加强创新。

宁波市“3511”新型产业体系，提出重点发展以新材料、高端装备和新一代信息技术为代表的三大战略性产业，提升发展以汽车制造、绿色石化、时尚纺织服装、家用电器、清洁能源为代表的五大优势产业，加快发展以生物医药、海洋高技术、节能环保为代表的一批新兴产业和以工业创新设计、软件信息服务、科技服务、检验检测为代表的一批生产性服务业（以下简称“3511”产业），发展壮大稀土磁性材料、高端金属合金材料、石墨烯、专用装备、关键基础件、光学电子、集成电路、工业物联网八大千亿级产业。此外，通过实施“泛3315计划”，重点引进电子商务、港航物流、金融保险、文教卫体、专业服务、规划设计、时尚创意、科技服务和现代农业等领域的高层次人才。重点引进“3511”先进制造业和智能经济领域创业团队项目，主要包括：新材料、高端装备、新一代信息技术三大战略产业，绿色石化、清洁能源、汽车、纺织服装、家用电器五大优势产业，生物医药、海洋高技术、节能环保等一批新兴产业，稀土磁性材料、高端金属合金材料、石墨烯、专用装备、关键基础件、光学电子、集成电路和工业物联网等一批重点培育的细分行业相关领域的团队。

《“十三五”科技创新规划》指出，将围绕全市智能经济及产业转型发展需求，重点在智能经济、绿色石化、新材料、高端装备、节能环保、健康产业及现代农业领域，加快技术布局，引领宁波实现创新跨越发展。重点实施的重大科技专项涉及现在最热门的前沿科技，包括高端精细化工、新型磁性材料与器件、高性能金属材料、先进碳材料、高档数控机床及工业机器人、智能芯片及基础软件、智能信息设施及产品、高性能诊疗设备、新能源汽车等，涵盖智能制造、新材料、生命健康等多个领域。

综上所述，宁波市在十三五期间重点发展高端装备、新材料、新一代信息技术、节能环保和绿色石化等产业，提升发展纺织服装、健康产业、汽车制造、家用电器和新能源等行业，发展壮大海洋高技术、金融业、旅游业、贸易物流业、生物医药、时尚产业、文体用品、现代农业、信息产业和智能经济等（图 5-17）。

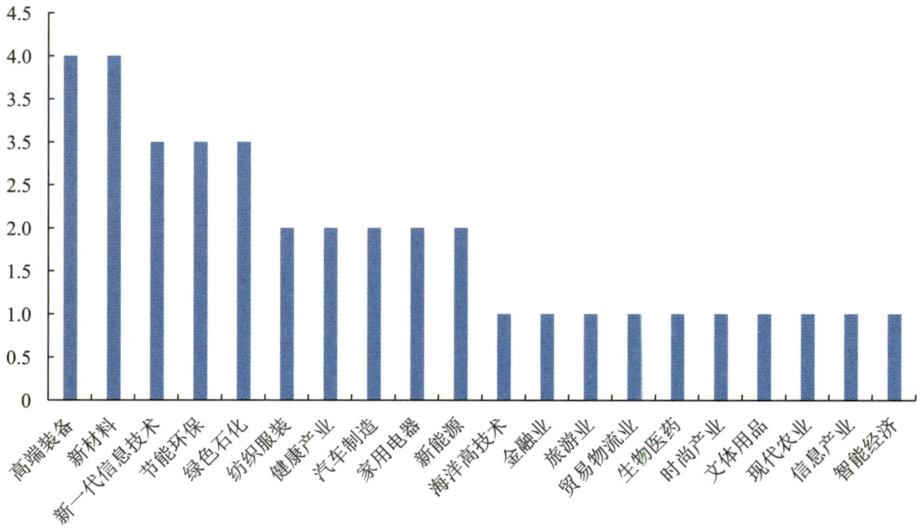

图 5-17 宁波市相关规划中重点发展行业出现频率（次）

第四节 小 结

根据宁波市产业发展现状及未来发展方向，梳理宁波市的主导产业、优势产业和产业发展方向（表 5-6）。从中可以看出，宁波市的主导产业、优势产业与产业发展方向存在一定的偏差。其中，只有石油加工、炼焦和核燃料加工业，汽车制造业，纺织服装、服饰业是宁波市现有主导行业，也是优势行业，更是未来产业发展的方向。宁波市的主导行业电气机械和器材制造业，化学原料和化学制品业，计算机、通信和其他电子设备制造业，在长三角地区不具有竞争力，也是宁波市未来重点发展方向。文教、工美、体育和娱乐用品制造业虽然是宁波市较具有竞争力的产业，但规模体量相对较小，也是未来产业发展方向。生物医药行业并非主导行业和优势行业，但是也被作为未来产业重点发展方向之一。

表 5-6 宁波市产业发展分类

主导产业	优势产业	产业发展方向
电气机械和器材制造业	石油加工、炼焦和核燃料加工业	高端装备
汽车制造业	纺织服装、服饰业	新材料
化学原料和化学制品业	有色金属冶炼和压延加工业	新一代信息技术
石油加工、炼焦和核燃料加工业	汽车制造业	节能环保与绿色石化
计算机、通信和其他电子设备制造业	文教、工美、体育和娱乐用品制造业	纺织服装
通用设备制造业	烟草制品业	健康产业
纺织服装、服饰业		汽车制造
		家用电器与新能源
		海洋高技术
		金融业
		旅游业
		贸易物流业
		生物医药
		时尚产业
		文体用品

注：表中主导产业为产值占比>5%，优势产业为产值区位熵>1.5。

第六章　宁波科教资源与产业发展关联分析

第一节　宁波科教资源发展现状

一、教育资源

1. 高等院校师资丰富

宁波市14所普通高等院校中，本科院校8所、专科院校6所，其中宁波大学属于浙江省首批重点建设高校，2016年入选国家“111计划”；宁波诺丁汉大学则属于中英合办大学。全市高等院校中，专任教师0.84万人，在校生15.58万人，平均每一专任教师负担学生 18.51 人。在专任教师中，高级以上职称的人数为 0.35 万人，中级以上职称人数为0.75万人。

2. 拥有一批重点学科、重点专业、创新平台以及硕博点

目前，宁波市高校共有市级及以上的重点学科91个、重点专业189个、高校科技创新平台142个。其中省级和市级重点学科分别有50个和41个，国家级、省（部）级和市级的重点专业分别有18个、109个和62个，国家级、省（部）级和市级科技创新平台则分别有11个、32个和99个（图6-1）。此外，全市高校共有博士点26个、硕士点157个，其中一级学科的博士点和硕士点分别有2个和20个，中英合作办学博士点和硕士点分别有10个和19个。

二、科技资源

1. R&D经费支出逐年增加，高新技术产业地位突出

2015年宁波市R&D经费支出193.18亿元，R&D折合全时人员当量7.93万人年，其中规模以上工业企业R&D经费支出177.85亿元，R&D折合全时人员当

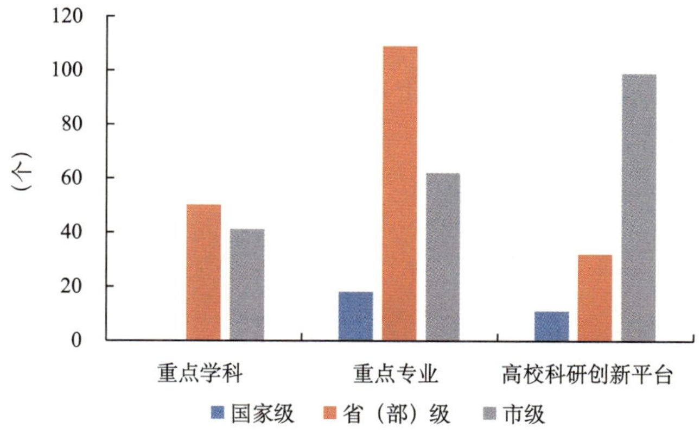

图 6-1　宁波市高校重点学科、专业和科技创新平台

量 7.22 万人年。“十二五”期间，宁波市 R&D 经费支出年均增长 17.9%，占 GDP 的比重由 2010 年的 1.6%上升至 2015 年的 2.4%，比“十二五”规划的 2.5%少 0.1 个百分点（图 6-2）。在此期间，全市 R&D 折合全时人员当量也是逐年增长，年均增长率为 11.2%。

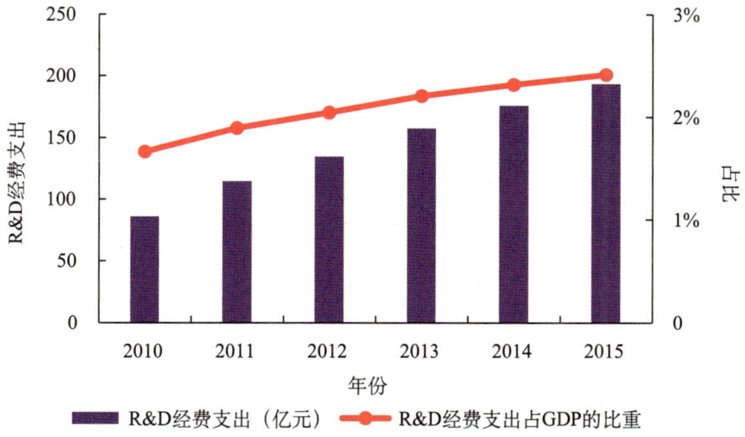

图 6-2　“十二五”期间宁波市 R&D 经费投入规模和占 GDP 比重变化

在高新技术产业方面，2015 年全市实现产值 5 383.4 亿元，同比增长 2.4%，比全市规模以上工业企业总产值的增幅高出 4.5 个百分点，占规模以上工业企业总产值的比值达到 39.1%。在“十二五”期间（图 6-3），全市高新技术产业总产值及其占规模以上工业企业的比重均在逐年增加，说明宁波市高新技术产业在经济发展中具有重要地位。此外，2015 年宁波市高新技术产业工业增加值、工业销

售产值、出口交货值、新产品产值分别达到 952.7 亿元、5 173.1 亿元、1 310.0 亿元、2 376.1 亿元，分别占规模以上工业企业的 37.0%、39.0%、46.0%、58.8%。

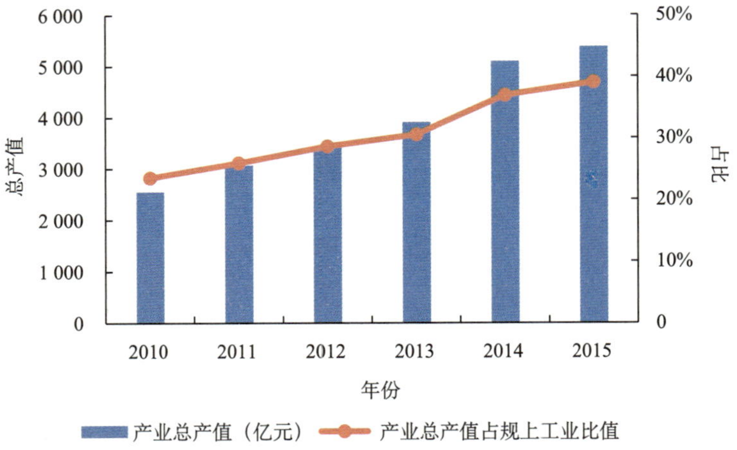

图 6-3 “十二五”期间宁波市高新技术产业总产值变化

2. 买入和卖出技术逐渐增多，买入技术市外居多，卖出技术市内为主

2015 年宁波市买入技术合同 2 432 项，实现技术交易额 36.95 亿元。其中买入市外技术 1 394 项，技术合同成交总金额 25.94 亿元，分别占买入技术合同总数及成交总额的 57.3%和 70.2%。同年全市卖出技术合同 1 464 项，实现技术交易额达 21.46 亿元（图 6-4）。“十二五”期间，宁波市买入和卖出技术合同基本呈逐渐增加的趋势，年均增速分别为 3.8%和 11.2%。与此同时，全市买入和卖出技术交

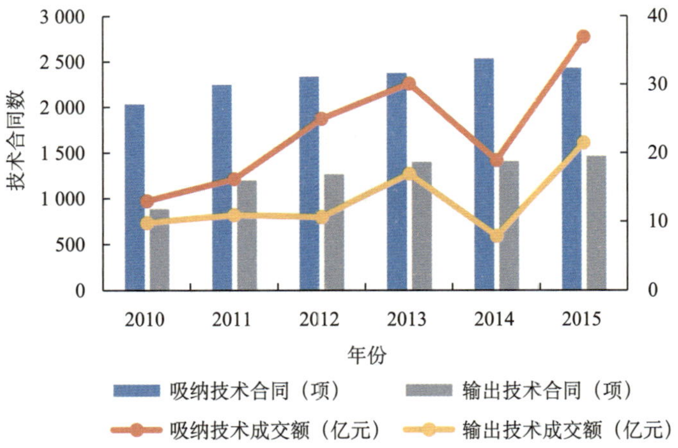

图 6-4 “十二五”期间宁波市技术交易情况

易额也基本呈逐渐增加的趋势，但 2014 年是交易额低谷。另外，宁波市买入技术合同数和技术交易额一直高于卖出技术，但卖出技术合同数和技术交易额增速相对较高。

在技术流向方面，2015 年宁波市 50%以上的买入技术来自市外，其中 4 项来自国外，来自国内的技术则主要集中于浙江省（不包括宁波市内）、北京市和上海市，分别占买入市外技术合同总数的 54.1%、13.7%、11.4%；卖出技术交易则主要是在浙江省内进行，其中宁波市内交易的有 1 039 项，占总数的 71.2%；与省内其他城市交易的有 189 项，占总数的 12.9%。在技术交易领域方面，买入和卖出技术均以电子信息技术、先进制造技术、城市建设与社会发展、新材料及其应用四个领域为最，2015 年四个领域买入技术合同分别占总数的 45.8%、15.0%、13.5%、6.0%，卖出技术合同则分别占总数的 57.9%、12.5%、10.8%、8.2%。在技术交易的买方和卖方方面，无论买入还是卖出技术，企业都是宁波市最大的技术卖出方和主要买家，其涉及技术合同数和合同成交金额均在 60%以上，显示了企业在技术转移和转化中的重要作用。

3. 依托高等院校及重点企业，创新载体建设成效显著

在创新载体的建设上，宁波市共建有 5 家国家级重点实验室、18 家省级重点实验室（工程中心）以及 62 家市级重点实验室。同时，宁波市企业工程（技术）中心建设成效显著，拥有市级企业工程（技术）中心 1 188 家，其中国家认定企业技术中心 17 家，并且全市拥有省级高新技术企业研发中心 344 家。依托行业骨干企业，宁波市培育了一批企业技术研发机构，目前全市共有市级企业研究院 106 家、省级企业研究院 47 家、省级重点企业研究院 26 家。此外，全市共培育了 6 家国家级知识产权示范企业、43 家国家级知识产权优势企业、142 家省级专利示范企业、179 家市级专利示范企业。

第二节　宁波科教资源发展地位

一、在浙江省的地位

1. 高校数量及其专任教师和在校生人数居全省第二，但相比于经济发展占比较低，与人口占比相近

2015 年宁波市共有高等院校 14 所，占浙江省的 13.3%，在全省 11 个地市中排第二位，但是与第一位的杭州市（39 所）相差较多。在专任教师和在校生人数上，宁波市占比分别为 14.2%和 15.7%，同样仅次于杭州市并且差距较大。2015 年杭州市专任教师和在校生分别占全省的 48.5%和 48.0%，宁波市均不足其 1/3。

高校专任教师中，中级以上职称和高级以上职称的教师占全省比重分别为 14.3%和 13.1%。相较于全市经济发展水平，2015 年全市地区生产总值（GDP）为 8 003.61 亿元，占浙江省的 18.6%，高校数量、专任教师和在校生人数等方面的比重都相对较低（图 6-5）。与人口比重相比，2015 年宁波市年末常住人口 782.5 万人，占浙江省 14.1%，高校数量在浙江省的占比较低，但专任教师和在校生的占比相对较高，专任教师中，中级以上职称的教师占比略高于人口占比，但高级以上职称的教师占比则较低。

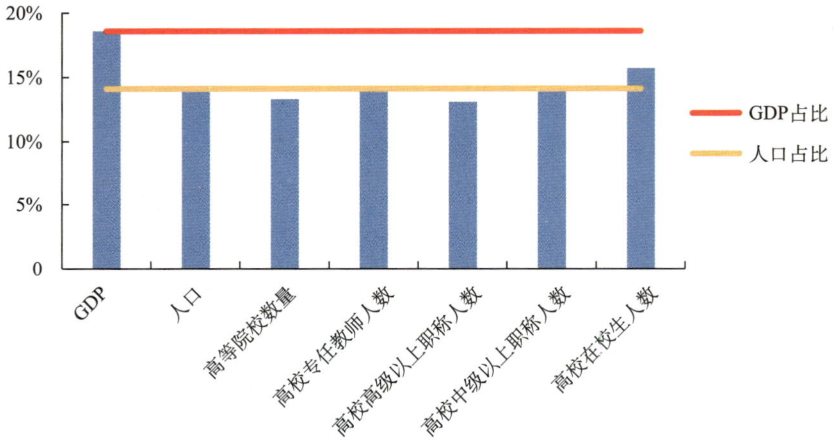

图 6-5 宁波市教育资源在浙江省比重

2. 相对于经济发展，R&D 经费支出和人员投入较高，买入和卖出技术合同较少，但卖出技术交易额较高

2015 年宁波市 R&D 经费支出和 R&D 折合全时人员当量分别占浙江省的 19.1%和 21.7%，在全省均排第二位，仅低于杭州市（占比分别为 29.9%和 25.9%），均高于 GDP 在全省的比重（18.6%）。全市规模以上工业企业 R&D 经费支出和 R&D 折合全时人员当量分别占全省的 20.8%和 22.9%，均略高于全市整体的 R&D 经费支出和 R&D 折合全时人员当量在全省的比重（图 6-6）。

在技术交易市场，2015 年宁波市买入技术合同在全省的占比为 16.2%，高于卖出技术合同的占比（13.0%），但两者都低于宁波市 GDP 在全省的比重。在技术成交额方面，全市卖出技术成交额在全省的比重（21.9%）相对于买入技术成交额（18.3%）较高，并且卖出技术成交额的比重高于 GDP 的比重。同时，宁波市买入和卖出技术成交额在浙江省均排第二位，不及杭州市（买入和卖出技术成交额分别占全省的 41.6%和 51.7%）的一半。此外，2015 年宁波市高新技术产业产值 6 317.39 亿元，占浙江省的 22.3%，高于其 GDP 在全省的比重，并且在全省排第一位，表明宁波市高新技术产业发展较好，在全省具有重要地位。

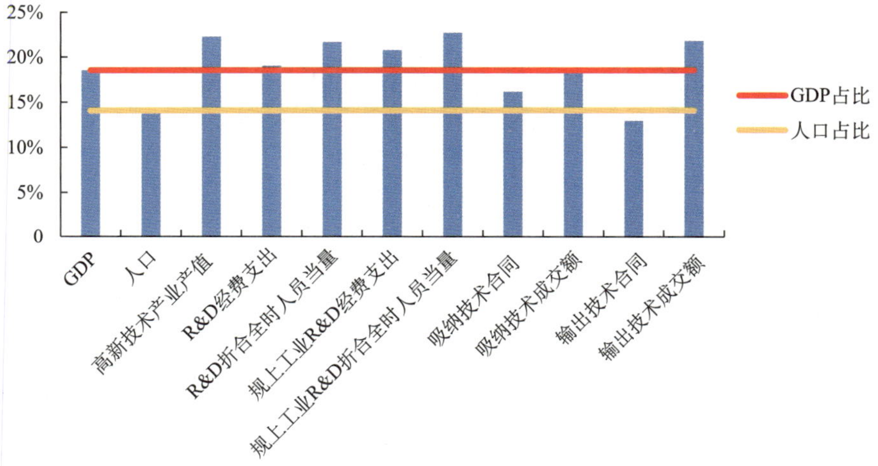

图 6-6　宁波市 R&D 投入及技术市场交易占浙江省的比重

3. 研究机构在全省的比重与经济占比相比较低

宁波市在重点实验室、企业技术中心以及企业研究院等创新载体的建设上，基本处于浙江省第二位的水平，但与第一位的杭州市差距较大，并且占浙江省的比重与 GDP 的比重相比较小，与人口比重相比，全市国家级重点实验室和国家级企业技术中心较高（图 6-7）。目前，宁波市国家级重点实验室和国家级企业技术中心在浙江省的占比分别为 16.7%和 15.9%，仅次于杭州市。全市省级重点实验室（工程中心）共 18 家，仅占浙江省的 5.6%，低于杭州市（208 家）和温州市（19 家），特别是不到杭州市 1/10。宁波市省级高新技术企业研发中心（344 家）占全省的 11.7%，排第二位，同样与第一位的杭州市（673 家）相差较多。在省级企业研究院方面，宁波市仅占 7.5%，在浙江省排第七位，但其中省级重点企业研究院 26 家，占全省 10.0%，排第二位，是杭州市（104 家）的 1/4。

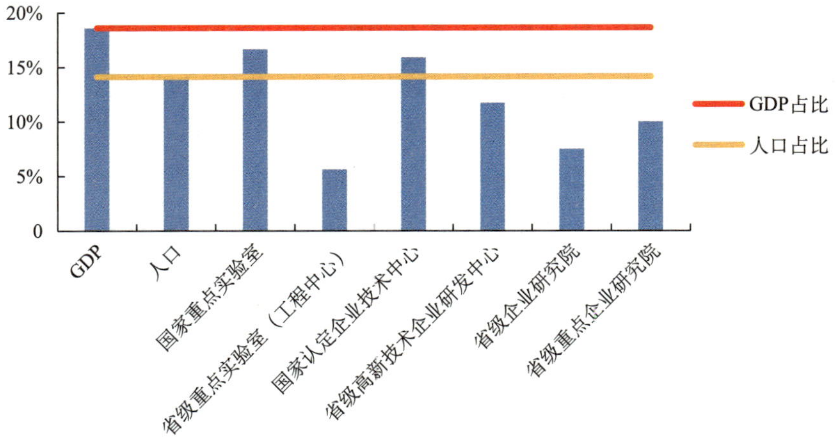

图 6-7　宁波市研究机构占浙江省的比重

二、在长三角地区的地位

1. 高校数量及其专任教师和在校生人数占比均低于全市经济和人口在全区的占比

2015 年宁波市高等院校数量、专任教师和在校生人数在长三角地区的 25 个城市中均排第五位，低于上海市、南京市、苏州市和杭州市四个城市，在长三角地区的占比分别为 4.2%、4.0%和 4.8%。同年，宁波市 GDP 和人口在长三角地区的占比分别为 5.7%和 4.9%，分别排第六位和第七位。可以发现，相对于 GDP 和人口，宁波市高等教育资源在长三角地区的比重普遍较低（图 6-8）。此外，宁波市

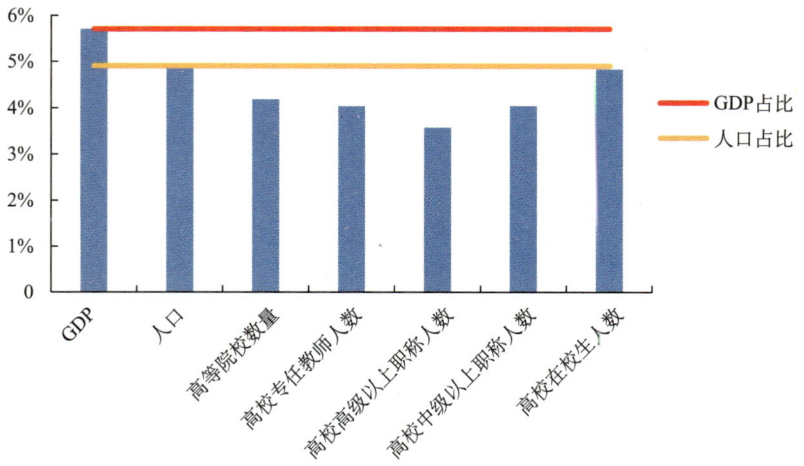

图 6-8　宁波市教育资源占长三角地区的比重

高等院校中，中级以上和高级以上职称的教师在长三角地区占比分别为 3.6%和 4.0%，低于全市经济和人口在长三角地区的占比。

2. 研究机构建设及 R&D 经费支出与全市经济在长三角地区的比重相近，R&D 人员比重较高，买入和卖出技术比重较低

目前，宁波市国家级重点实验室在长三角地区占 5.6%，略低于其 GDP 占比（5.7%），排第四位，但是与前三位的上海市（25.8%）、杭州市（24.7%）和南京市（31.5%）差距较大。全市国家认定企业技术中心在长三角地区的占比为 6.12%，与 GDP 占比相比较高，同样排第四位，低于上海市（24.1%）、杭州市（13.3%）和苏州市（8.6%）。2015 年宁波市高新技术产业产值在长三角地区占比为 5.8%，略高于 GDP 占比，并且排第六位。同年，宁波市 R&D 经费支出和 R&D 折合全时人员当量分别占长三角地区的 5.15%和 7.45%，规模以上工业企业的 R&D 经费支出和 R&D 折合全时人员当量分别占长三角地区的 6.27%和 8.46%，其中 R&D 经费支出与全市 GDP 在长三角地区的占比相近，R&D 折合全时人员当量的比重则相对较高。在技术交易市场上，宁波市在长三角地区的比重与 GDP 占比相差较大，2015 年宁波市买入和卖出技术合同在长三角地区的占比分别为 3.3%和 2.2%，技术成交额的占比分别为 2.1%和 1.6%，均远低于 GDP 的占比（图 6-9）。

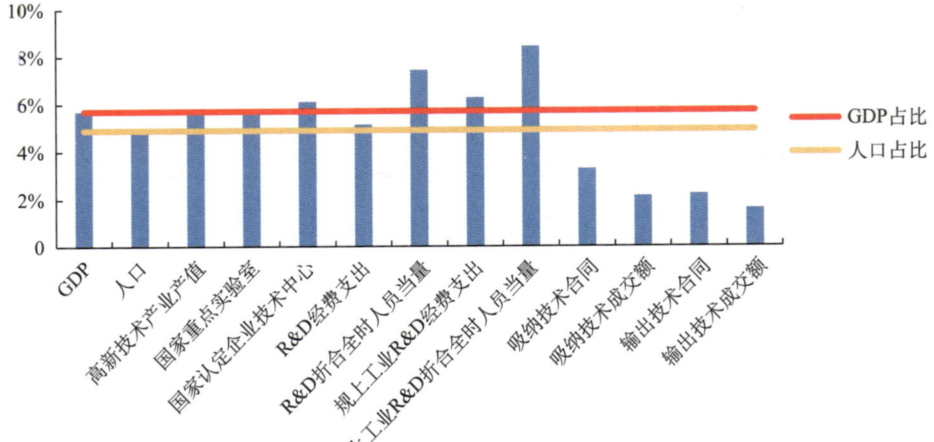

图 6-9　宁波市科技资源占长三角地区的比重

3. 科教资源整体上处于长三角地区中上游水平

整体上，宁波市科教基础良好，科技力量和技术开发能力在长三角地区都具有重要地位，是一个富有科技创新潜力的地区。通过主成分分析的方法对宁波市教育资源（普通高等学校数量、专任教师数量、在校生数量）和科技资源（国家级重点实验室、国家认定企业技术中心、R&D 经费支出、R&D 经费支出占 GDP 的比重）进行定量计算。

依据计算结果各市平均值的 2 倍、1 倍和 0.5 倍，可以将长三角地区各市划分为四种类型（图 6-10）。第Ⅰ类：上海市、南京市和杭州市，这类城市科教资源整体水平远高于其他城市；第Ⅱ类：苏州市、宁波市和无锡市，这类城市科教资源水平较高，略高于长三角地区的平均水平；第Ⅲ类：常州市、南通市、绍兴市、徐州市、镇江市、嘉兴市、扬州市、泰州市、温州市和湖州市，这类城市科教资源相近，与平均水平相比较低；第Ⅳ类：泰州市、盐城市、金华市、淮安市、连云港市、宿迁市、舟山市、衢州市和丽水市，与其他城市相比，这类城市的科教资源明显较低。宁波市科教资源水平为 0.25，在长三角地区排名第五位，属于第Ⅱ类型，与属于第Ⅰ类的上海市（1.00）、南京市（0.74）、杭州市（0.63）和苏州市（0.34）的差距较大。

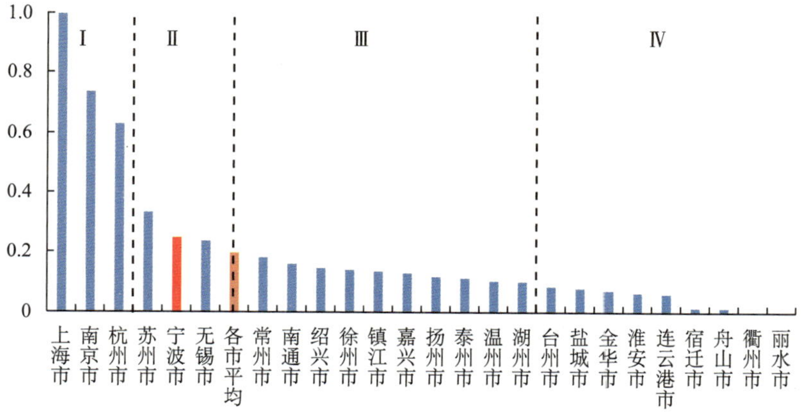

图 6-10　长三角地区各市科教资源评价

采用区位熵的方法进一步分析各城市的科教资源整体发展水平。区位熵本是用于衡量地域分工深度或地区专门化程度的指标，区位熵越大，其专业化程度越高。

计算结果显示：南京市、杭州市和上海市仍然处于长三角地区的前列，宁波市的区位熵仅为 0.88，仅略高于长三角地区的平均水平（0.83），并且在排名上相较于其教育资源发展水平有所下降，下降至第九位。按各城市人口比较，宁波市科教资源水平相对于人口规模的区位熵为 1.03，较高于长三角地区的平均水平

（0.89），但在排名上与经济相似，排第九位。与此同时，南京市、杭州市和上海市单位人口的科教资源仍然位于长三角地区前列。总体上，无论哪个指标，宁波市科教资源高于长三角地区的平均水平，并且处于中上游水平（图 6-11、图 6-12）。

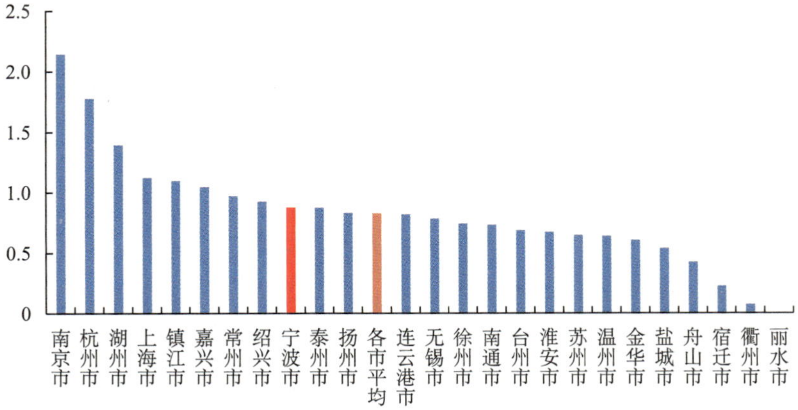

图 6-11　按 GDP 评价的长三角地区各市科教资源水平区位熵

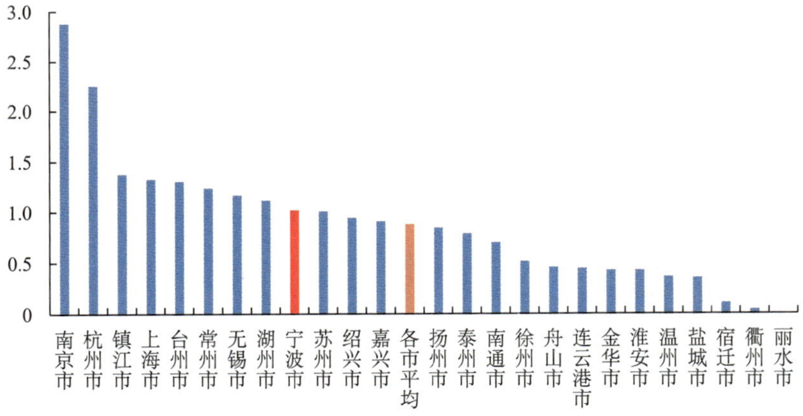

图 6-12　按人口规模评价的长三角地区各市科教资源水平区位熵

进一步将宁波市与教育科技资源整体水平较高的上海市、南京市、杭州市以及水平相近的苏州市和无锡市进行对比，可以发现，与 GDP 和人口在长三角地区的比重相比，宁波市在高等教育资源、创新载体建设以及 R&D 经费支出等方面与这些城市的差异相对较大。在高等院校、专任教师和在校生人数方面，宁波市在长三角地区的比重比无锡市较高，略低于苏州市，远低于上海市、杭州市和南京市；在国家重点实验室上，宁波市的比重高于苏州市和无锡市，与上海市、杭州市和南京市的差距较大；在国家认定企业技术中心方面，宁波市高于南京市和无锡市，与其他三个城市相比较低；宁波市高新技术产业产值与苏州市差距较大，与其他城市的差别则较小；宁波市的 R&D 经费支出在长三角地区的比重低于五个城市，尤其是远小于上海市，但在规模以上工业企业的 R&D 经费支出上，宁波市与其余城市的差距较小，其中略高于南京市（图 6-13）。

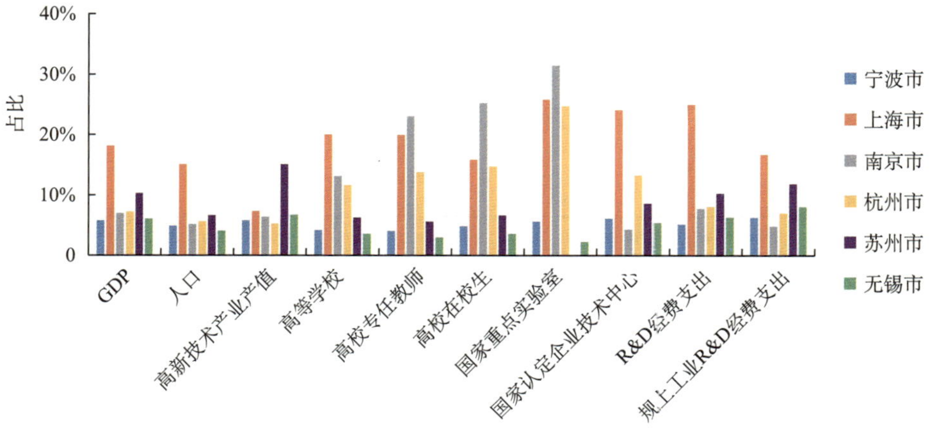

图 6-13　宁波市与长三角地区部分核心城市科教资源对比

第三节　科教资源产业匹配方法

一、匹配原则

1. 科学性

教育科技资源与产业的匹配要遵循科学性原则，所选取的教育科技资源要有代表性，要能反映出对一个地区产业发展的重要作用，同时还要涵盖大部分重要资源。要以事实为基础，认真考察教育科技资源的实际情况，针对其所属的具体领域进行产业划分。

2. 针对性

教育科技资源的产业划分要具有针对性，不同地区的产业发展情况不同，因此产业划分的类型要能反映当地的发展特点，要涵盖当地主导产业以及其他一些新兴或具备发展潜力的产业。

3. 可操作性

可操作性是实施教育科技资源产业划分的保证，教育科技资源是一个相对宽泛的概念，因此要结合科学性和针对性原则，并根据数据的可获取性，选取能够进行具体统计分析的指标。划分的产业类型需要便于教育科技资源的对应匹配，尽可能避免出现资源无法归类的情况。

根据宁波市自身发展情况，并综合科学性、针对性和可操作性的原则，选取高等院校的重点学科、重点专业、高校创新平台以及硕士博士点来代表教育资源，选取重点实验室、国家认定企业技术研究中心、省级重点企业研究院、高新技术企业科研投入来代表科技资源。

二、匹配方法

教育科技资源的产业划分需要逐一核对。在教育资源中，重点学科、重点专业和硕士博士点可根据其人才培养目标、毕业生去向、学科技究方向及内容等方面来综合考虑其所属技术领域，进而对其产业类型进行划分，高校创新平台则可通过建设目的、研究方向以及科技项目等方面来确定其技术领域并判断产业类型。

科技资源中，重点实验室以其主要研究方向及研究任务、研究成果等为依据，国家认定企业技术中心和省级重点企业研究院以其所依托企业单位、主要研究方向以及主要产品产出等为依据，在此基础上，综合考虑资源所属技术领域并进行产业类型匹配。此外，科技资源中高新技术企业科研投入可根据企业所属的国民经济行业分类进行产业匹配。产业类型匹配的流程框架具体如图 6-14 所示。

宁波市教育科技资源（除高新技术企业科研投入）可具体匹配为农林牧渔业，纺织服装业，食品安全及加工制造，工程建筑，设备制造与维护，化工产业，电子信息技术，生命健康，新材料，新能源、节能环保，生物产业等技术领域。此外，由于部分教育资源属于基础性、综合型学科，涉及面广泛，无法具体判断其所属技术领域，因而将其统一匹配为自然科学、社会人文科学类型，详见表 6-1。

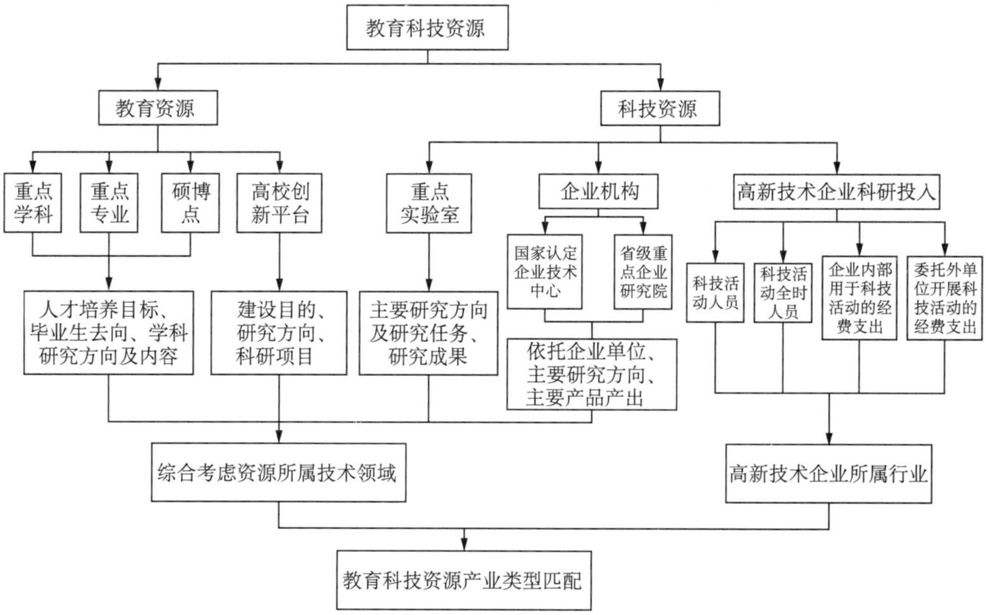

图 6-14 教育科技资源产业匹配流程

例如，宁波大学的省级重点学科“电子科学与技术”主要培养具备电子技术和信息系统的基础知识，能从事各类电子设备和信息系统的研究、设计、制造、应用及开发的高级技术人才，毕业生适于企事业单位、高科技产业从事电子信息产品的设计制造、管理和技术开发等工作，新一代信息技术、智能经济等都是其未来重要的研究方向及内容，因此，综合考虑后将“电子科学与技术”匹配为“电子信息技术”产业。

浙江万里学院的“国家海洋局海洋生物种质资源发掘利用协同创新公共服务平台”以浙江省水产种质资源高效利用技术研究重点实验室为基础，属于国家海洋经济创新发展区域示范专项项目，旨在为区域海洋生物产业提供技术支持，因此将“国家海洋局海洋生物种质资源发掘利用协同创新公共服务平台”匹配为“生物”产业。

“冲击与安全工程教育部重点实验室”主要研究方向为材料动态本构关系与断裂、冲击工程与结构安全防护、弹性波与传感技术、工程结构的安全性与耐久性等，因此将其匹配为“工程建筑”产业。

表 6-1　宁波市科教资源与产业类型的匹配关系

产业	重点学科/重点专业/硕博点	高校创新平台	重点实验室	国家认定企业技术中心	省级重点企业研究院
农林牧渔业	水产、水产养殖、水产资源、渔业、捕捞学、园艺技术、城市园林、农业推广等	—	—	—	—
纺织服装业	纺织品设计、服装设计、染整技术、纺织品检验与贸易等	宁波市先进纺织技术与服装 CAD 重点实验室	宁波市先进纺织技术与服装 CAD 重点实验室	—	—
食品安全及加工制造	食品工程、食品科学、食品质量与安全、食品加工技术、水产品加工及贮藏工程等	浙江省动物蛋白食品精深加工技术重点实验室、浙江省水产品加工技术研究联合重点实验室、浙江省果蔬保鲜与加工技术研究重点实验室（第三联合）、宁波市农产品加工技术重点实验室	浙江省动物蛋白食品精深加工技术重点实验室、宁波市农产品加工技术重点实验室	—	—
工程建筑	土木工程、结构工程、市政工程、建筑工程、防灾减灾工程及防护工程、岩土工程、桥梁与隧道工程、交通运输工程	国家道路交通管理工程技术研究中心分中心、国家土建结构预制装配化工程技术研究中心宁波分中心、混凝土结构耐久性研究国际科技合作基地、冲击与安全工程教育部重点实验室、浙江省冲击与安全工程重点实验室、宁波市结构工程重点实验室、桥梁伸缩缝抗冲击性能评估方法研究与实验平台建设、宁波市混凝土结构耐久性重点实验室、宁波市城市交通重点实验室	冲击与安全工程教育部重点实验、浙江省冲击与安全工程重点实验室（省级）、宁波市结构工程重点实验室、宁波市混凝土结构耐久性重点实验室、宁波市城市交通重点实验室、宁波市工程结构性能提升重点实验室	—	—

续表

产业	重点学科/重点专业/硕博点	高校创新平台	重点实验室	国家认定企业技术中心	省级重点企业研究院
设备制造与维护	机械工程、船舶与海洋工程、轮机工程、车辆工程、工业工程、机械制造及其自动化、模具设计与制造、设备维修与管理、工业设计、器械维护与管理等	国家海洋局新型海洋养殖装备研发与服务中心、浙江省零件轧制成形技术研究重点实验室、宁波市医用光电仪器工程技术中心、宁波市压电器件技术重点实验室、智能装备与柔性制造系统、宁波市刀模具工程技术研究中心、宁波市汽车检测与诊断技术中心、宁波市装备制造业产学研联盟、宁波市模具汽配公共检测服务平台	浙江省零件扎制成形技术研究重点实验室、宁波市刀模具工程技术研究中心、宁波市数字化制造技术重点实验室、宁波市大型船艇综合仿真重点实验室、宁波市压电器件技术重点实验室、宁波市激光精密制造重点实验室	宁波海天集团股份有限公司技术中心、宁波方太厨具有限公司企业技术中心、宁波新海电气股份有限公司技术中心、宁波圣龙（集团）有限公司技术中心、宁波天安（集团）股分有限公司技术中心、宁波音王电声股份有限公司技术中心、得力集团有限公司技术中心、宁波韵升股份有限公司技术中心、浙江大丰实业股份有限公司技术中心、贝发集团股份有限公司技术中心	浙江省天安智能电气研究院、宁波东方海缆研究院、浙江大丰演艺装备设计研究院、浙江省奥克斯集团省级研究院、浙江省海天绿色智能注塑装备研究院、宁波明欣化工机械有限责任公司轻型高压化新型石化装备研究院、浙江省戴维婴儿保育设备省级重点企业研究院、宁波中策船用动力研究院、浙船海工研究院、伟立机械手省级重点企业研究院
化工产业	化学工程与技术、应用化工技术	宁波市聚合工程与技术重点实验室	宁波市聚合工程与技术重点实验室	中石化宁波工程有限公司技术中心、	—

续表

产业	重点学科/重点专业/硕博点	高校创新平台	重点实验室	国家认定企业技术中心	省级重点企业研究院
电子信息技术	信息与通信工程、电子科学与技术、计算机应用技术、海警信息与通信工程、舰艇机电技术指挥、微纳电子系统、信号与信息系统、软件工程、军事通信学、电路与系统、计算机科学与技术、电子信息工程、网络与新媒体、电子商务、自动化、移动计算与人机交互等	新型通信与信息技术国际科技合作基地、多媒体通信教育部工程研究中心、新型通信技术与系统学科创新引智基地、宁波空间信息技术公共服务中心、浙江省嵌入式系统联合重点实验室、浙江省移动网络应用技术联合重点实验室、宁波市新型数字电路与系统重点实验室、宁波市数字化制造技术重点实验室、宁波空间信息技术公共服务中心、宁波市无线通信及数字音视频技术重点实验室、宁波市智慧交通协同创新中心、宁波市网络工程技术重点实验室、宁波市优化和控制方法及应用重点实验室、宁波市电子商务研究院、宁波市电子设计自动化（EDA）技术重点实验室、宁波市数字信号处理（DSP）重点实验室、宁波开发区数字科技园、宁波智慧系统发展研究所	宁波市多媒体通信工程研究中心、浙江省嵌入式联合重点实验室、浙江省移动网应用技术联合重点实验室、浙江省智慧健康厨房系统集成重点实验室、浙江省机器人与智能制造装备技术重点实验室、宁波市新型数字电路与系统重点实验室、宁波市网络工程技术重点实验室、宁波市电子设计自动化（EDA）技术重点实验室、宁波市数字信号处理（DSP）重点实验室、宁波市无线通信及数字音视频技术重点实验室、宁波市优化和控制方法及应用重点实验室、宁波市科技信息挖掘与应用重点实验室、宁波市智能家电重点实验室	雅戈尔集团股份有限公司技术中心、奥克斯集团有限公司技术中心	舜宇智能光电技术研究院、中小企业信息化云服务省级重点企业研究院、宁波（东软熙康）智慧健康研究院、东蓝智慧城市研究院、宁波中兴智慧城市研究院、慈星纺机自动化研究院

续表

产业	重点学科/重点专业/硕博点	高校创新平台	重点实验室	国家认定企业技术中心	省级重点企业研究院
生命健康	临床医学、临床病理学、公共卫生与预防医学、流行病与卫生统计学、微生物与生化药学、口腔医学技术、药品质量检测技术、中药学、护理、医疗营养、卫生检验与检疫技术、内科学、儿科学、外科学、眼科学、耳鼻咽喉科学、肿瘤学、妇产科学营养与食品卫生学、影像医学与核医学等	宁波医用光电仪器省级高新技术研究开发中心、浙江省病理生理学技术研究重点实验室、浙江省生物技术制药工程重点实验室宁波基地、宁波市健康食品与海洋药物重点实验室、宁波市医学分子诊断中心、宁波市实验动物公共服务平台——SPF 级动物实验室、宁波市行为神经科学重点实验室、宁波市基于动物实验的检验检测技术公共服务平台、宁波市分子设计与营养工程重点实验室、宁波市微生物和生化药物重点实验室、宁波健康养老协同创新中心、宁波市现代健康服务研究基地	浙江省/宁波市戒毒研究重点实验室、浙江省常见重大疾病的病理生理技术研究重点实验室、浙江省微量有毒化学物健康风险评估技术研究重点实验室、宁波市健康食品与海洋药物重点实验室、宁波市分子设计与营养工程重点实验室、宁波市肿瘤分子生物学重点实验室、宁波市干细胞移植重点实验室、宁波市病毒研究重点实验室、宁波市器官移植重点实验室、宁波市毒物研究与控制重点实验室、宁波市听觉和平衡医学重点实验室、宁波市母胎医学研究重点实验室、宁波市生殖医学重点实验室、宁波市睡眠医学重点实验室、宁波市肿瘤风险与干预重点实验室、宁波市行为神经科学重点实验室、宁波市微生物和生化药物重点实验室、宁波市生物药物及制剂技术重点实验室、宁波市心肺脑复苏重点实验室、宁波市泌尿系疾病转化医学研究重点实验室	宁波美康生物科技股份有限公司技术中心	宁波美康生物体外诊断系统研究院、鑫高益磁共振成像技术省级重点企业研究院

续表

产业	重点学科/重点专业/硕博点	高校创新平台	重点实验室	国家认定企业技术中心	省级重点企业研究院
新材料	材料学、材料科学与工程、材料物理与化学、信息功能材料与器件等	宁波市新型功能材料及其制备科学国家重点实验室培育基地、浙江省光电探测材料及器件重点实验室、浙江宁波新型金属材料技术创新服务平台（第二联合）、宁波市光电子功能材料重点实验室、宁波市固体化学材料重点实验室、宁波市纳米材料重点实验室、宁波市特种高分子材料制备与应用技术重点实验室、有机高分子材料与工程、诺丁汉大学宁波新材料研究院	宁波市新型功能材料及其制备科学国家重点实验室培育基地、宁波市先进材料制造与应用重点实验室、宁波市表面工程技术研究中心（省级）、浙江省磁性材料及应用技术重点实验室、中科院磁性材料与器件重点实验室、浙江省海洋材料与防护技术重点实验室、浙江省增材制造材料技术重点实验室、浙江省光电探测材料及器件重点实验室、宁波市光电子功能材料重点实验室、宁波市固体化学材料重点实验室、宁波市纳米材料重点实验室、宁波市高分子材料重点实验室、宁波市无机微纳功能材料及应用重点实验室、宁波市海洋防护材料与工程技术重点实验室、宁波市特种高分子材料制备与应用技术重点实验室、宁波市硅基有机薄膜光电技术重点实验室、宁波市金属材料精密塑性成型重点实验室	宁波博威集团有限公司技术中心、宁波金田铜业（集团）股份有限公司技术中心、宁波东睦新材料股份有限公司技术中心	博威新型合金材料研究院、东睦新材料粉末冶金省级重点企业研究院、韵升磁性材料省级重点企业研究院、宁波国际材料基因工程省级重点企业研究院、宁波激智科技光学膜省级重点企业研究院
新能源、节能环保	环境监测与控制技术、可持续能源	宁波市城乡水污染控制技术重点实验室、宁波市建筑综合热能蓄存重点实验室、“产品绿色制造评价及可重构制造技术”重点实验室、宁波市清洁能源转化技术重点实验室、宁波市微生物与环境工程重点实验室	宁波市持久性有机污染物检测与控制重点实验室、宁波市印染污水减排与资源化研究实验室、宁波市应急监测重点实验室、建筑综合热能蓄存重点实验室、宁波城乡水污染控制技术重点实验室、产品绿色制造评价及可重构制造技术重点实、宁波市清洁能源转化技术重点实验室、城市环境过程与污染控制重点实验室、宁波市微生物与环境工程重点实验室	—	浙江省中银电池研究院、均胜新能源汽车研究院、石墨烯应用研究院

续表

产业	重点学科/重点专业/硕博点	高校创新平台	重点实验室	国家认定企业技术中心	省级重点企业研究院
生物产业	生物学、生物工程、生物技术、海洋生物学、海洋生物资源	浙江省水产种质资源高效利用技术研究重点实验室、宁波市水产养殖种质资源库、宁波区域特色水产种业协同创新中心、宁波市园林植物开发重点实验室、宁波市香榧研究所、宁波园林绿化产业提升协同创新中心、宁波鄞州国家科技特派员创业培训基地、全国科技兴海技术转移宁波中心、海洋生物技术与工程国家地方联合工程实验室、生物芯片（北京）国家工程研究中心宁波分中心、国家海洋局海洋生物种质资源发掘利用协同创新公共服务平台、应用海洋生物技术教育部重点实验室、浙江海洋高效健康养殖协同创新公共服务平台、海洋药源生物种质资源库建设、浙江省海洋生物工程重点实验室、浙江省海洋科技创新服务平台、生物芯片北京国家工程研究中心—海洋生物中心、浙江海洋高效健康养殖协同创新中心、宁波市新型海洋养殖装备协同创新中心	浙江省水产种质资源高效利用技术研究重点实验室、宁波市生物工程重点实验室、宁波市稻麦育种工程技术研究中心、宁波市水产养殖育苗工程技术研究中心、宁波市瓜菜育种重点实验室、宁波市园林植物开发重点实验室、宁波市水生动物疫病防控与水产种质资源重点实验室、宁波市农产品保鲜工程重点实验室、宁波市应用海洋生物技术教育部重点实验室、浙江省/宁波市海洋生物工程重点实验室	—	—
自然科学、社会人文科学	经济学、教育学、法学、管理学、艺术学、数学、物理学、地理学、心理学、新闻学、体育学、历史文化学、思想政治理论等	文化类、经济类、思想教育类、社会管理类、综合类等高校创新平台，例如：宁波大学体育经济研究中心、发展中国家职业教育研究院、外国语言文化与宁波国际化发展战略研究中心、中国统一战线理论研究会非公有制经济人士统战工作理论研究基地等	—	—	—

“浙江省零件扎制成形技术研究重点实验室”主要研究方向有：零件高效近净轧制成形关键技术、实现零件轧制成形的系列化装备技术；轧制成形零件的在线测试技术、轧制成形件结构/材料性能测试分析研究；基于负荷率均衡的零件轧制成形生产线优化、基于信息技术的轧制企业知识资源配置与系统开发等。因此，将其匹配为“设备制造与维护”产业。

“石墨烯应用研究院”着力研究石墨烯在动力锂电池中的应用技术，研究开发高性能石墨烯动力锂电池，使其成为具有核心竞争力的高品质电动汽车用电池产品，进而促进新能源汽车产业的技术革新。因此，将该研究院匹配为“新能源、节能环保”产业。

第四节 宁波科教资源产业分布特征

一、教育资源技术领域分布

目前，宁波市高等院校的重点学科、重点专业、高校创新平台以及硕士博士点中，除与自然科学、社会人文科学研究相关的科技资源外，均以电子信息技术产业最多，工程建筑、设备制造与维护、生命健康、生物产业等产业的教育资源也较为丰富（图 6-15）。

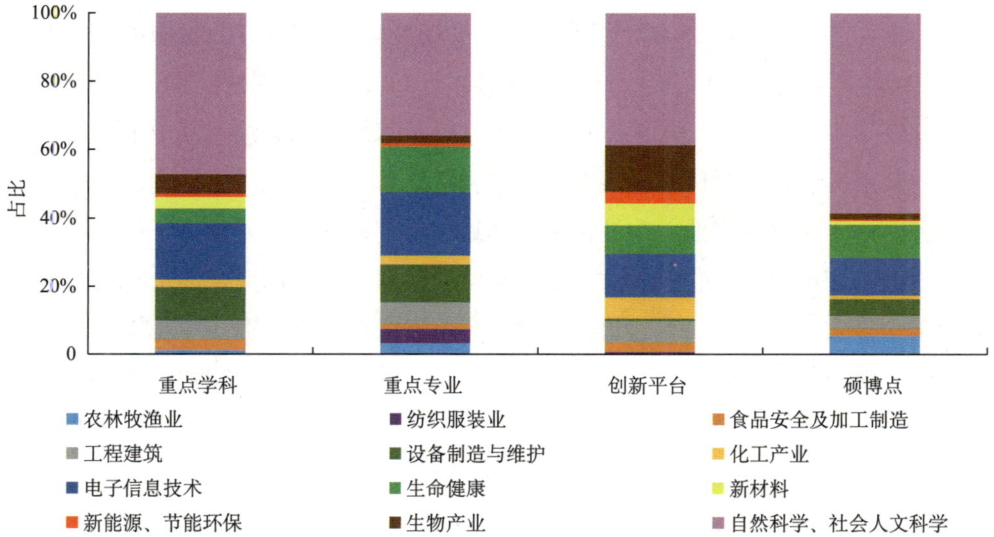

图 6-15 宁波市教育资源技术领域分布

全市市级及以上重点学科共91个，其中15个服务于电子信息技术，9个服务于设备制造与维护，5个服务于工程建筑，5个服务于生物产业，四类产业占比达37.4%。重点学科中有省级50个，以电子信息技术（8个）和设备制造与维护（6个）两类产业居多。在宁波市189个市级及以上的重点专业中，42.9%以服务于电子信息技术（35个）、生命健康（25个）以及设备制造与维护（21个）三类产业，国家级和省级重点专业中分别有39个和88个，同样有40%以上服务于这三类产业。

高校创新平台上，宁波市共有142个，其中34.5%服务于生物产业（19个）、电子信息技术（18个）以及生命健康（12个），其中国家级高校创新平台11个，以生物产业（5个）和工程建筑（3个）两类产业为主，省级32个，主要服务于生物产业（8个）、电子信息技术（5个）、生命健康（3个）等产业。硕博点中，全市服务于电子信息技术（20个）、生命健康（18个）以及农林牧渔业（10个）等产业较多，一级学科博士点和硕士点中有33.3%服务于这些产业。

二、科技资源技术领域分布

1. 重点实验室及企业机构的技术领域分布

与高等教育资源相似，宁波市重点实验室、企业技术研究中心以及企业研究院也以服务于电子信息技术、新材料、生命健康、生物产业、设备制造与维护等行业的居多，纺织服装业、食品安全及加工制造业、化工产业等行业的科技资源相对较少。

目前，宁波市共有85家市级及以上的重点实验室，其中70.6%服务于生命健康（20家）、新材料（17家）、电子信息技术（13家）以及生物产业（10个）等行业（图6-16）。在全市的重点实验室中，有5家属于国家级，其中宁波市新型功能材料及其制备科学国家重点实验室培育基地和宁波市先进材料制造与应用重点实验室属于新材料产业，宁波市多媒体通信工程研究中心属于电子信息技术产业，宁波市应用海洋生物技术教育部重点实验室属于生物产业，冲击与安全工程教育部重点实验室属于工程建筑。同时，全市省级重点实验室（18家）中72.2%服务于新材料（6家）、电子信息技术（4家）以及生命健康（3家）等产业。

此外，新能源、节能环保产业有9个重点实验室，工程建筑和设备制造与维护产业分别有6个重点实验室，纺织服装、化工产业、食品安全及加工制造业等产业的重点实验室整体较少，市级及以上的实验室中这些产业占比不到5%，并且基本属于市级水平。

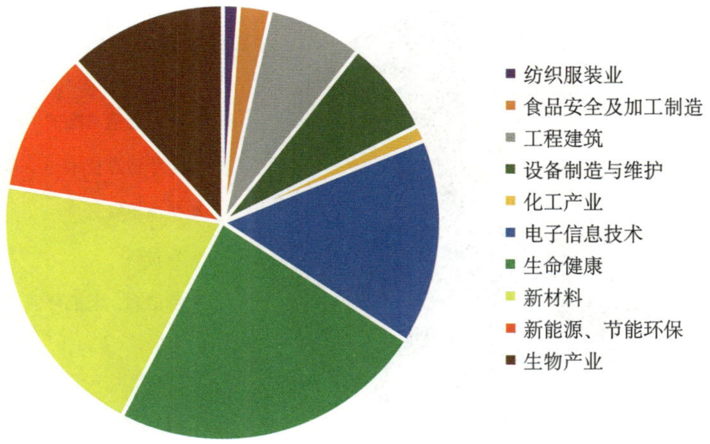

图 6-16　宁波市市级及以上重点实验室技术领域分布

宁波市国家认定的企业技术中心共 17 家，其中，服务于设备制造与维护产业的有 10 家，新材料产业有 3 家，电子信息技术产业有 2 家，生命健康和化工产业分别有 1 家（图 6-17）。

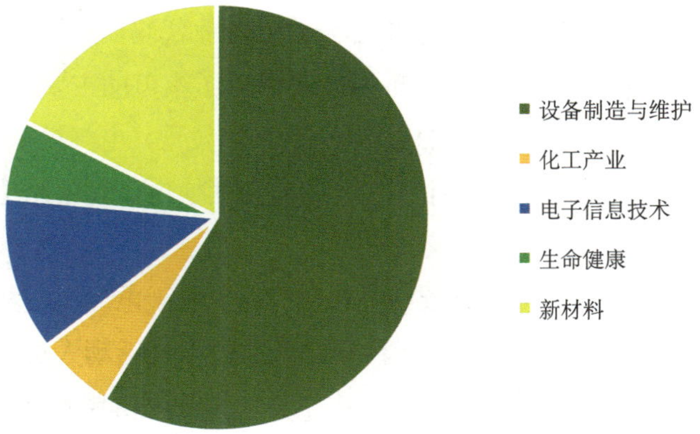

图 6-17　宁波市国家认定企业技术中心技术领域分布

宁波市省级重点企业研究院共 26 家，其中 10 家与设备制造与维护产业相关，6 家与电子信息技术产业相关，5 家与新材料相关，占比达 80.8%。另外，新能源、节能环保产业有 3 家，生命健康产业有 2 家（图 6-18）。

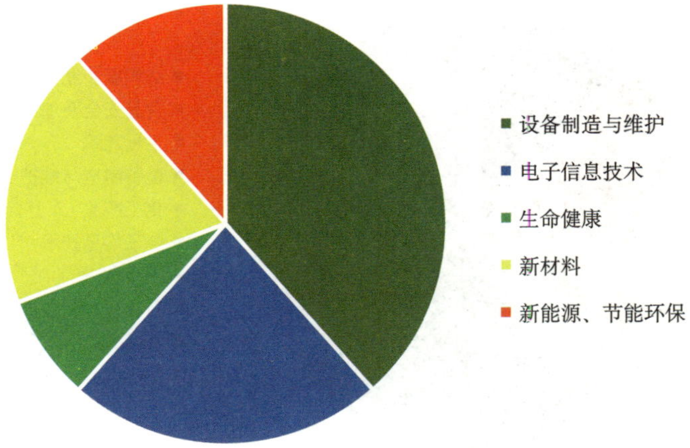

图 6-18　宁波市省级重点企业研究院技术领域分布

2. 高新技术企业科研投入的行业分布

目前，宁波市共有 1 739 家高新技术企业，通过问卷调查的方式，获取并整理了 1 216 家企业的有效信息，占比达 70%左右，具体包括企业的行业代码、科技活动人员、科技活动全时人员、企业内部用于科技活动的经费支出、委托外单位开展科技活动的经费支出等信息。根据企业的行业代码以及国民经济行业分类，可以将这些企业分别对应到 34 个行业，基本涵盖了本市的主要行业。

整体上，对比高新技术企业的科研投入，可以发现，电气机械和器材制造业，汽车制造业，通用设备制造业，计算机、通信和其他电子设备制造业等行业在科研的人员投入和经费投入方面都较高。

调研企业中共有 6.56 万人开展科技活动，其中属于电气机械和器材制造业的最多，约 1.36 万人，占比达 20.7%；汽车制造业的科技活动人员数排第二位，约 1.18 万人（17.9%）；通用设备制造业以及计算机、通信和其他电子设备制造业两类行业开展科技活动人员数介于 0.5 万～1 万人，占比分别为 13.1%和 9.7%，其他行业开展科技活动的人数均不到 0.5 万人（图 6-19）。

在所调研企业的科技活动人员中，共有 3.89 万人属于全时人员。与整体的科技活动人员相似，电气机械和器材制造业，汽车制造业，通用设备制造业，计算机、通信和其他电子设备制造业等行业开展科技活动的全时人员数量较多，分别达到 0.80 万人、0.65 万人、0.53 万人、0.40 万人，占比均在 10%以上，分别为 20.5%、16.8%、13.5%和 10.4%。其他行业的科技活动全时人员占比均在 10%以内（图 6-20）。

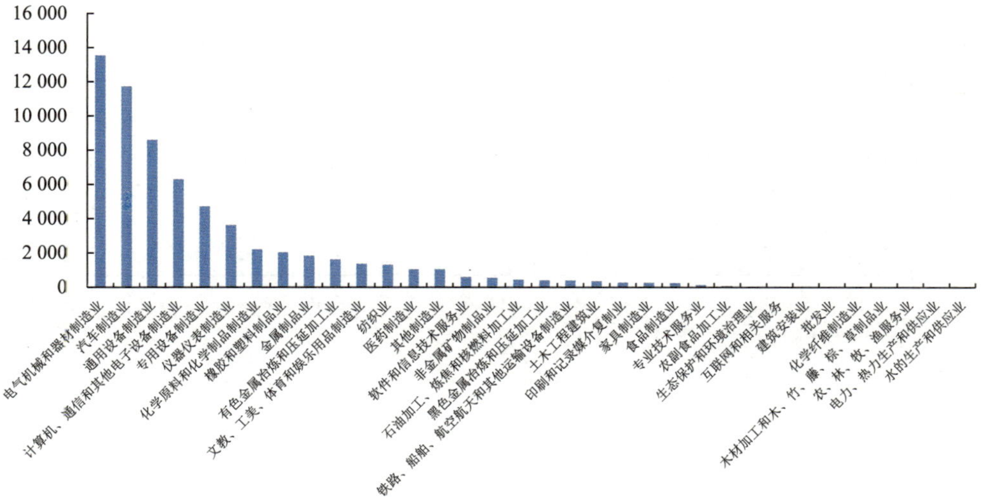

图 6-19 宁波市高新技术企业科技活动人员行业分布（人）

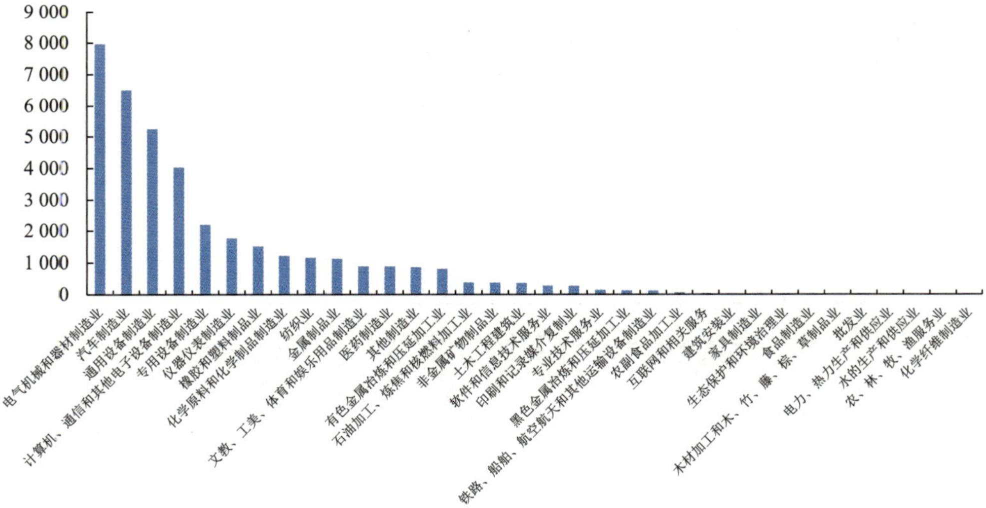

图 6-20 宁波市高新技术企业科技活动全时人员行业分布（人）

在企业内部用于科技活动的经费投入方面，调研企业共投入 150.68 亿元。其中汽车制造业最高，达 29.8 亿元，其次为电气机械和器材制造业，企业投入达 28.4 亿元，两类行业的企业投入分别占到全部的 19.8%和 18.8%。通用设备制造业的企业内部投入约 15.2 亿元，其他行业的企业内部投入则均在 15 亿元以下（图 6-21）。在委托外单位开展科技活动的经费支出方面，调研企业共投入 7.96 亿元。其中汽车制造业的企业共投入 4.5 亿元，占 56.6%，远高于其他各个行业，仪器仪表制造业、纺织业以及铁路、船舶、航空航天和其他运输设备制造业介于 0.5 亿～1.0 亿元，其他行业均在 0.5 亿元以下（图 6-22）。

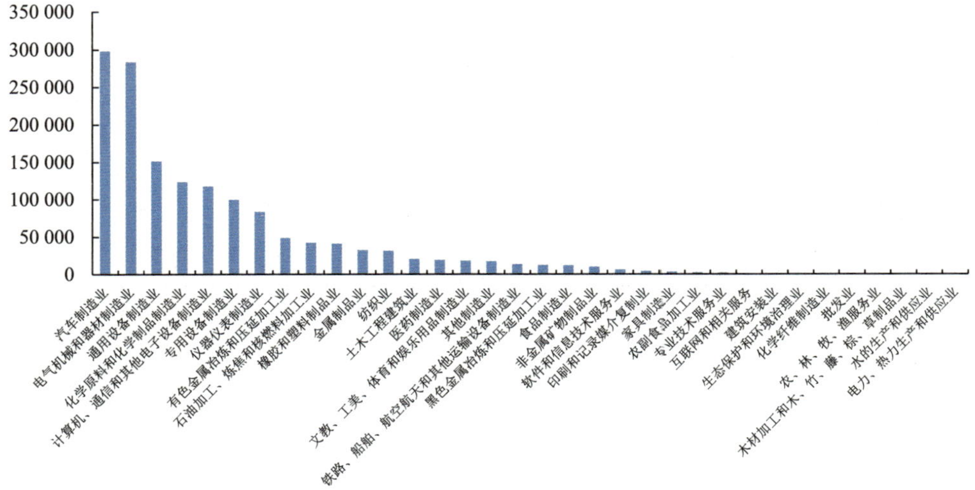

图 6-21　宁波市高新技术企业内部用于科技活动的经费支出行业分布（万元）

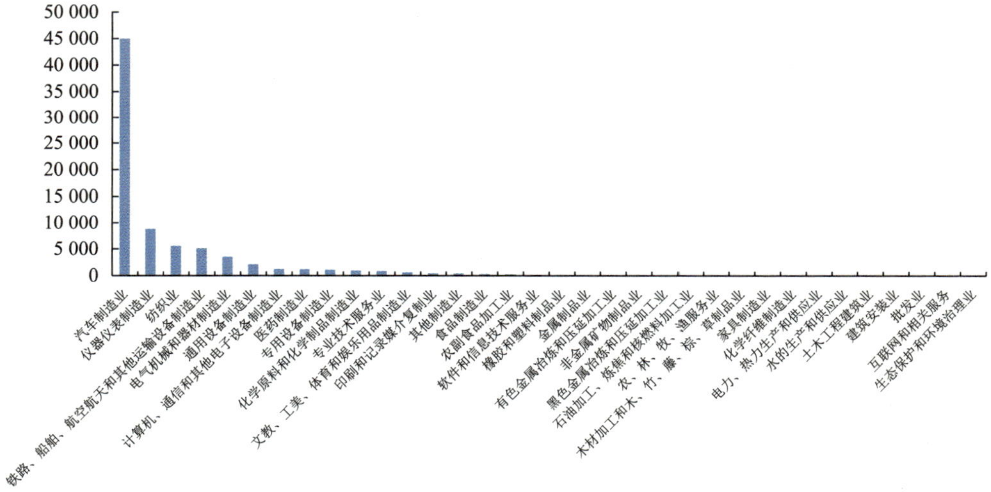

图 6-22　宁波市高新技术企业委托外单位开展科技活动的经费支出行业分布（万元）

三、科教资源综合水平评价方法

为便于综合衡量不同产业之间教育科技资源的质量及数量差异，以所选教育资源和科技资源的代表指标为基础，设计各个行业的科教资源综合水平评价体系，并根据各指标的等级和级别等确定权重，得到各行业的科技资源综合评价体系（表 6-2）。

表 6-2　宁波市教育科技资源指标体系

目标层	一级指标层	二级指标层		权重
教育科技资源	教育资源 0.5	重点学科 0.125	国家级	0.055
			省级	0.043
			市级	0.027
		重点专业 0.125	国家级	0.055
			省级	0.043
			市级	0.027
		硕士博士点 0.125	一级学科	0.069
			二级学科等其他类型	0.056
		高校创新平台 0.125	国家级	0.055
			省级	0.043
			市级	0.027
	科技资源 0.5	重点实验室 0.15	国家级	0.065
			省级	0.052
			市级	0.033
		企业机构 0.15	国家认定企业技术中心	0.083
			省级重点企业研究院	0.067
		高新技术企业科研投入 0.2	科技活动人员	0.050
			科技活动全时人员	0.050
			企业内部用于科技活动的经费支出	0.050
			委托外单位开展科技活动的经费支出	0.050

四、科教资源综合水平评价结果

经过计算，除自然科学、社会人文科学外，其余产业的科教资源综合得分（除高新技术企业科研投入）如表 6-3 所示。在不考虑高新技术企业科研投入的情况下，电子信息技术产业的科教资源综合水平最高，达 0.493，并且其教育资源在各技术领域中得分最高。生命健康产业和设备制造与维护产业分别排第二和第三位。新材料、生物产业以及工程建筑产业的科教资源得分为 0.20～0.25，其中新材料产业的科技资源在各技术领域中最高，并且与其他技术领域相比，新材料和新能源、节能环保产业的科技资源得分高于教育资源。此外，农林牧渔业、纺织服装业、食品安全及加工制造、化工产业的教育科技资源整体较低，尤其是科技资源远低于其他领域。

表 6-3 宁波市科教资源（除高新技术企业科研投入）得分

产业	农林牧渔业	纺织服装业	食品安全及加工制造	工程建筑	设备制造与维护	化工产业	电子信息技术	生命健康	新材料	新能源、节能环保	生物产业
教育资源	0.101	0.022	0.074	0.157	0.162	0.065	0.372	0.237	0.057	0.023	0.158
科技资源	0.000	0.002	0.011	0.049	0.118	0.007	0.121	0.073	0.174	0.031	0.063
综合	0.101	0.024	0.084	0.206	0.280	0.072	0.493	0.310	0.230	0.054	0.221

注：表中科技资源得分和综合得分均不包含“高新技术企业科研投入”。

在科技资源中的高新技术企业科研投入方面，汽车制造业的得分最高，达 0.230，其次为电气机械和器材制造业、通用设备制造业，得分分别为 0.189 和 0.116。计算机、通信和其他电子设备制造业，专用设备制造业，仪器仪表制造业的得分为 0.05～0.10，其他行业高新技术企业科研投入的得分均在 0.05 以下（图 6-23）。

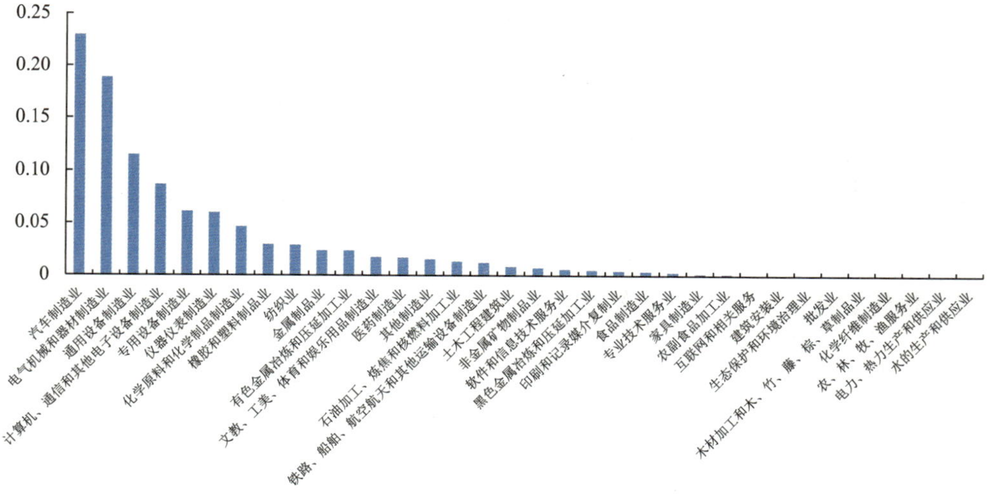

图 6-23 宁波市高新技术企业科研投入得分

结合国民经济行业分类，综合科教资源（除高新技术企业科研投入）和高新技术企业科研投入，得到各个行业的科教资源综合得分。可以发现，整体上，计算机、通信和其他电子设备制造业的科教资源综合得分最高，达 0.580，其次为汽车制造业（0.510），两个行业的科教资源综合得分均在 0.5 以上。电气机械和器材制造业的科教资源综合得分为 0.470，排第三位。通用设备制造业、专用设备制造业、仪器仪表制造业、医药制造业、橡胶和塑料制品业的综合得分为 0.3～0.4，其他行业的科教资源综合得分均在 0.3 以下（图 6-24）。

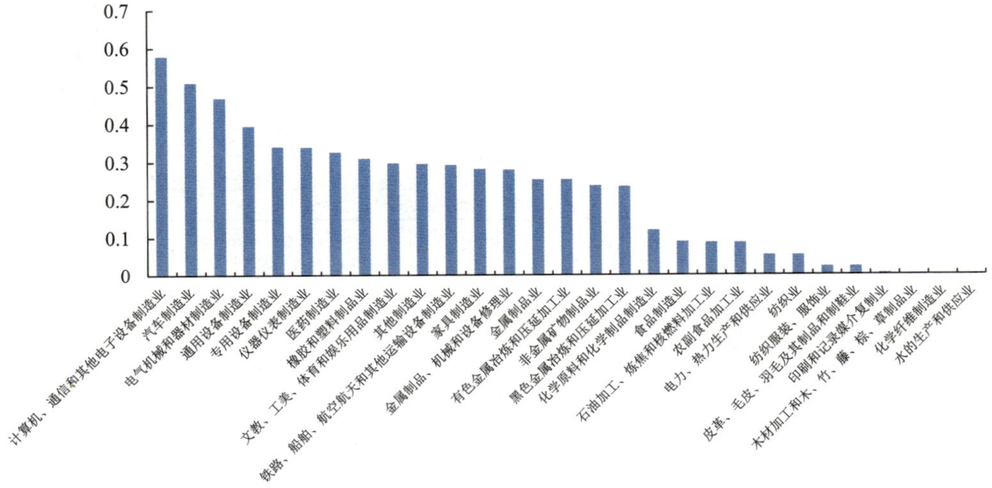

图 6-24 宁波市各行业科教资源综合得分

根据各产业教育资源和科技资源的得分，分别以两者的平均分为分界点，将各产业划分为四种类型（图 6-25、表 6-4），即高科教资源（第一象限），低教育资源、高科技资源（第二象限），低科教资源（第三象限），高教育资源、低科技资源（第四象限）。高科教资源，主要包含计算机、通信和其他电子设备制造业，汽车制造业，电气机械和器材制造业，通用设备制造业，专用设备制造业等行业，该类行业的教育资源和科技资源在宁波市各产业中均处于较高的地位。

低教育资源、高科技资源类型主要有非金属矿物制品业，黑色金属冶炼和压延加工业，有色金属冶炼和压延加工业，金属制品业，该类行业的科技资源相对较为丰富，但是教育资源较为欠缺。低科教资源包括农副食品加工业，食品制造业，石油加工、炼焦和核燃料加工业，纺织业等 12 个行业，该类行业的教育资源和科技资源在宁波市都处于较低的水平。高教育资源、低科技资源的行业数量最少，仅包含医药制造业。

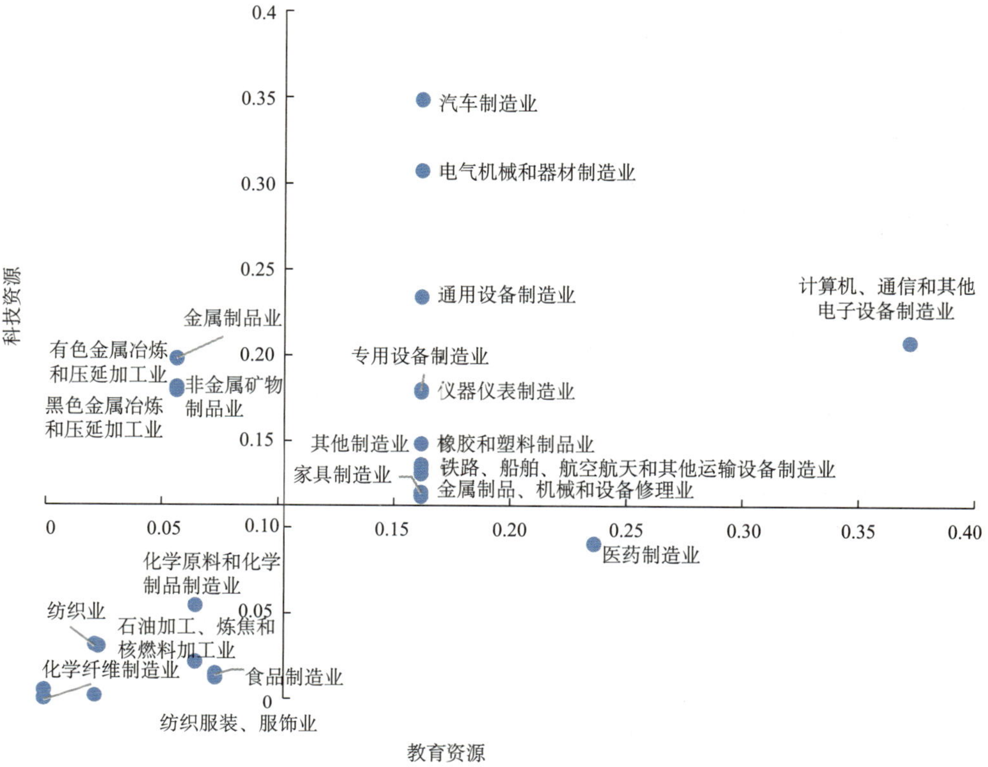

图 6-25 宁波市各行业教育资源与科技资源得分对比

表 6-4 宁波市教育资源与科技资源的行业匹配

类型	指标	行业
高科教资源	教育资源>均值 科技资源>均值	计算机、通信和其他电子设备制造业，家具制造业，文教、工美、体育和娱乐用品制造业，橡胶和塑料制品业，通用设备制造业，专用设备制造业，汽车制造业，铁路、船舶、航空航天和其他运输设备制造业，电气机械和器材制造业，仪器仪表制造业，其他制造业，金属制品、机械和设备修理业
低教育资源、高科技资源	教育资源<均值 科技资源>均值	非金属矿物制品业，黑色金属冶炼和压延加工业，有色金属冶炼和压延加工业，金属制品业
低科教资源	教育资源<均值 科技资源<均值	农副食品加工业，食品制造业，石油加工、炼焦和核燃料加工业，化学原料和化学制品制造业，电力、热力生产和供应业，纺织业，纺织服装、服饰业，皮革、毛皮、羽毛及其制品和制鞋业，木材加工和木、竹、藤、棕、草制品业，印刷和记录媒介复制业，化学纤维制造业，水的生产和供应业
高教育资源、低科技资源	教育资源>均值 科技资源<均值	医药制造业

注：本表中不包含调研企业未涉及的行业。

第五节　宁波科教资源与产业发展关系

一、教育资源与产业发展的关联

1. 与产业规模的关联分析

产业规模可以采用工业总产值和主营业务收入衡量，但在研究中发现，两者相关性非常大，所得结论也非常类似。由于在进行产业优势和产业竞争力分析时涉及整个长三角地区的数据获取，因此，下文分析中统一采用主营业务收入。

（1）静态匹配分析

根据宁波市各行业主营业务收入与教育资源的关系，可以划分为四种类型（图 6-26、表 6-5）

① 高主营业务收入，高教育资源富集程度。该类行业主营业务收入和教育资源均高于各行业平均水平。具体包括橡胶和塑料制品业，通用设备制造业，专用设备制造业，汽车制造业，电气机械和器材制造业，计算机、通信和其他电子设备制造业等行业。

② 高主营业务收入，低教育资源富集程度。该类行业主营业务收入高于各行业平均水平，而教育资源低于各行业平均水平。具体包括纺织服装、服饰业，石油加工、炼焦和核燃料加工业，化学原料和化学制品制造业，黑色金属冶炼和压延加工业，有色金属冶炼和压延加工业，金属制品业，电力、热力生产和供应业等行业。此类行业整体发展水平较好，但教育资源配套相对较为匮乏，仍需进一步完善教育资源。

③ 低主营业务收入，高教育资源富集程度。该类行业主营业务收入低于各行业平均水平，而教育资源高于各行业平均水平。具体包括家具制造业，文教、工美、体育和娱乐用品制造业，医药制造业，铁路、船舶、航空航天和其他运输设备制造业，仪器仪表制造业，金属制品、机械和设备修理业等行业。此类行业教育资源相对较为丰富，根据城市发展需要可重点培育医药制造业，铁路、船舶、航空航天和其他运输设备制造业等行业，适当培育金属制品、机械和设备修理业。

④ 低主营业务收入，低教育资源富集程度。该行业主营业务收入和教育资源均低于各行业平均水平。具体包括非金属矿采选业，农副食品加工业，食品制造业，酒、饮料和精制茶制造业，烟草制品业，纺织业，皮革、毛皮、羽毛及其制品和制鞋业，木材加工和木、竹、藤、棕、草制品业，造纸和纸制品业，印刷和记录媒介复制业，化学纤维制造业，非金属矿物制品业，废弃资源综合利用业，燃气生产和供应业，水的生产和供应业等行业。这些行业主营业务收入和教育资

源均相对较低，可不作为未来发展的重点。

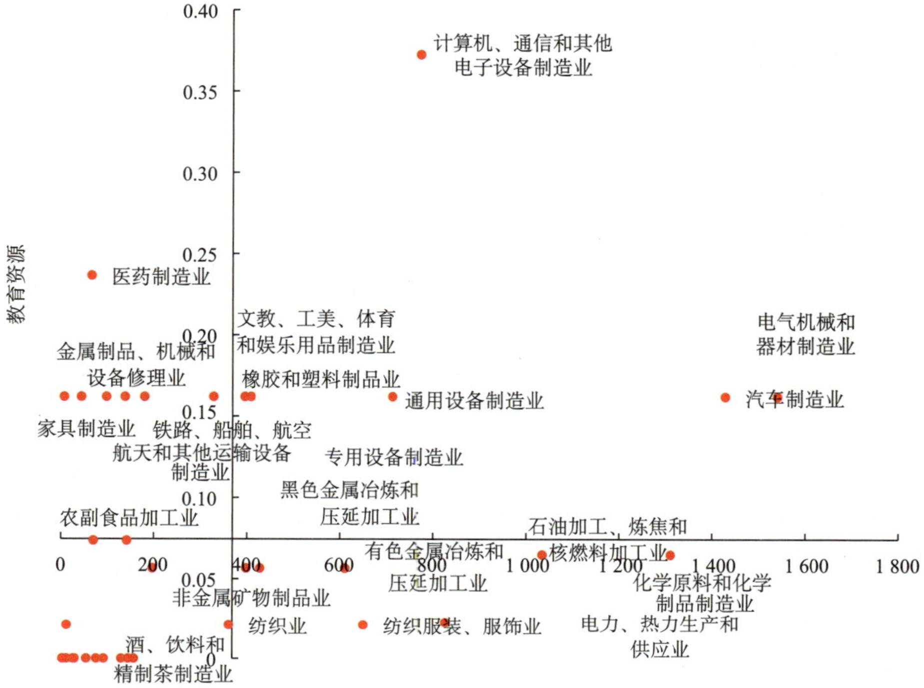

图 6-26　宁波市各行业主营业务收入与教育资源的匹配关系

表 6-5　宁波市主营业务收入与教育资源的行业匹配

类型	行业
主营业务收入>均值 教育资源>均值	橡胶和塑料制品业，通用设备制造业，专用设备制造业，汽车制造业，电气机械和器材制造业和计算机、通信和其他电子设备制造业
主营业务收入>均值 教育资源<均值	纺织服装、服饰业，石油加工、炼焦和核燃料加工业，化学原料和化学制品制造业，黑色金属冶炼和压延加工业，有色金属冶炼和压延加工业，金属制品业，电力、热力生产和供应业
主营业务收入<均值 教育资源>均值	家具制造业，文教、工美、体育和娱乐用品制造业，医药制造业，铁路、船舶、航空航天和其他运输设备制造业，仪器仪表制造业，金属制品、机械和设备修理业
主营业务收入<均值 教育资源<均值	非金属矿采选业，农副食品加工业，食品制造业，酒、饮料和精制茶制造业，烟草制品业，纺织业，皮革、毛皮、羽毛及其制品和制鞋业，木材加工和木、竹、藤、棕、草制品业，造纸和纸制品业，印刷和记录媒介复制业，化学纤维制造业，非金属矿物制品业，废弃资源综合利用业，燃气生产和供应业，水的生产和供应业

（2）动态协调分析

从分行业主营业务收入与教育资源的耦合协调性分析，各行业的协调性差异相对较大，协调程度最高的为计算机、通信和其他电子设备制造业，最低的为皮革、毛皮、羽毛及其制品和制鞋业。根据协调度的值，可以将所有行业划分为四种类型（图 6-27）。

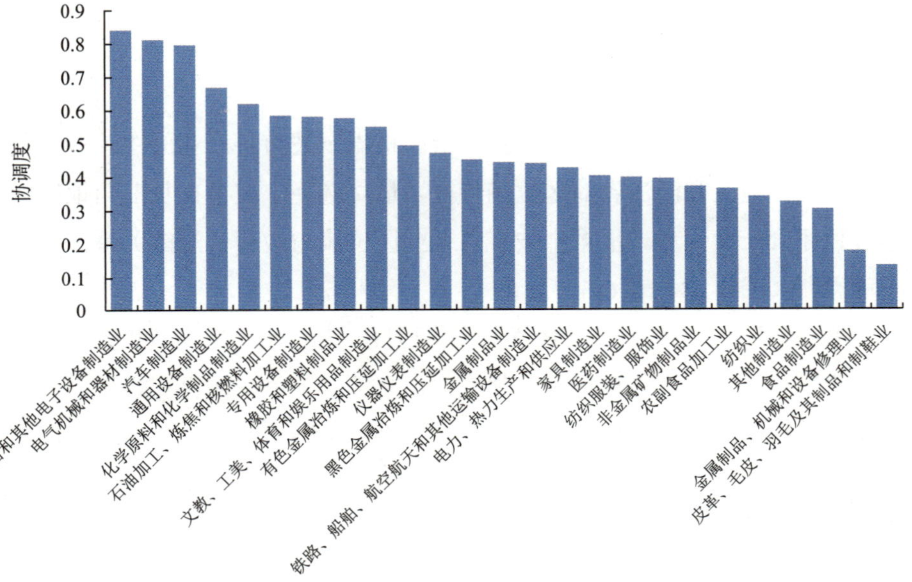

图 6-27　宁波市各行业主营业务收入与教育资源的耦合协调度

① 高水平协调类型（协调度＞0.8）。该类行业教育资源和主营业务收入高度协调，主要包括计算机、通信和其他电子设备制造业，电气机械和器材制造业两个行业。

② 中等水平协调类型（协调度为 0.5～0.8）。该类行业教育资源和主营业务收入呈协调状态。具体包括汽车制造业，通用设备制造业，化学原料和化学制品制造业，石油加工、炼焦和核燃料加工业，专用设备制造业，橡胶和塑料制品业，文教、工美、体育和娱乐用品制造业等行业。

③ 中低水平协调类型（协调度为 0.3～0.5）。该类行业主要包括有色金属冶炼和压延加工业，仪器仪表制造业，黑色金属冶炼和压延加工业，金属制品业，铁路、船舶、航空航天和其他运输设备制造业，电力、热力生产和供应业，家具制造业，医药制造业，纺织服装、服饰业，非金属矿物制品业，农副食品加工业，纺织业，食品制造业等行业。

④ 低水平协调类型（协调度<0.3）。该类行业主要包括金属制品、机械和设备修理业，皮革、毛皮、羽毛及其制品和制鞋业等行业。由于部分行业教育资源或主营业务收入为0，导致其协调度为0，这类行业主要包括酒、饮料和精制茶制造业，烟草制品业，木材加工和木、竹、藤、棕、草制品业，造纸和纸制品业，印刷和记录媒介复制业，化学纤维制造业，废弃资源综合利用业，燃气生产和供应业，水的生产和供应业，非金属矿采选业等行业。

2. 与产业优势的关联分析

（1）静态匹配分析

产业优势常用产业区位熵进行评价。根据宁波市各产业的主营业务收入在全国、长三角地区和浙江省的区位熵特征，最终选择宁波市在长三角地区的区位熵分析和评价产业优势。根据宁波市各行业区位熵与教育资源的关系，可以划分为四种类型（图6-28、表6-6）。

① 高产业区位熵，高教育资源富集程度。该类行业区位熵和教育资源均高于各行业平均水平。具体包括家具制造业，文教、工美、体育和娱乐用品制造业，橡胶和塑料制品业，通用设备制造业，专用设备制造业，汽车制造业，电气机械和器材制造业等行业，这些行业在长三角地区具有一定的竞争优势，同时也具有较为丰富的教育资源。

② 高产业区位熵，低教育资源富集程度。该类行业区位熵高于各行业平均水平，而教育资源低于各行业平均水平。具体包括烟草制品业，纺织服装、服饰业，印刷和记录媒介复制业，石油加工、炼焦和核燃料加工业，化学原料和化学制品制造业，有色金属冶炼和压延加工业，电力、热力生产和供应业，燃气生产和供应业，水的生产和供应业等行业。这些行业整体具有竞争优势，但教育资源配套相对较为匮乏，仍需进一步完善教育资源。

③ 低产业区位熵，高教育资源富集程度。该类行业区位熵低于各行业平均水平，而教育资源高于各行业平均水平。具体包括医药制造业，铁路、船舶、航空航天和其他运输设备制造业，计算机、通信和其他电子设备制造业，仪器仪表制造业，金属制品、机械和设备修理业等行业。这些行业在长三角地区不具有竞争优势，但其教育资源相对较多。

④ 低产业区位熵，低教育资源富集程度。该类行业区位熵和教育资源均低于各行业平均水平。具体包括非金属矿采选业，农副食品加工业，食品制造业，酒、饮料和精制茶制造业，纺织业，皮革、毛皮、羽毛及其制品和制鞋业，木材加工

和木、竹、藤、棕、草制品业，造纸和纸制品业，化学纤维制造业，非金属矿物制品业，黑色金属冶炼和压延加工业，金属制品业，废弃资源综合利用业等行业。这些行业区位熵和教育资源均相对较低，可不作为未来发展的重点。

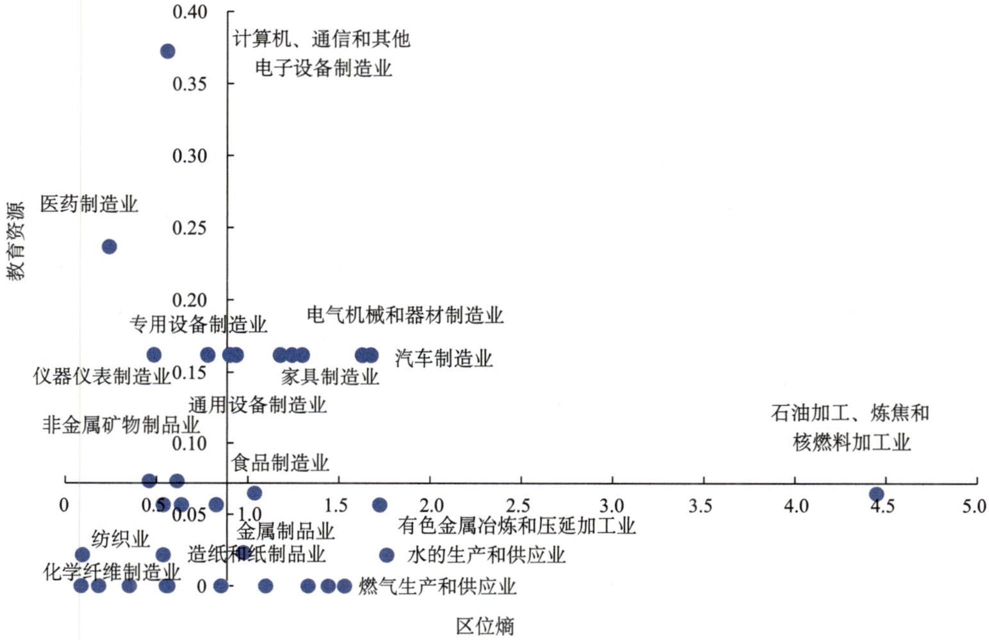

图 6-28　宁波市各行业产业区位熵与教育资源的匹配分析

表 6-6　宁波市产业区位熵与教育资源的行业匹配

类型	行业
产业区位熵>均值 教育资源>均值	家具制造业，文教、工美、体育和娱乐用品制造业，橡胶和塑料制品业，通用设备制造业，专用设备制造业，汽车制造业，电气机械和器材制造业
产业区位熵>均值 教育资源<均值	烟草制品业，纺织服装、服饰业，印刷和记录媒介复制业，石油加工、炼焦和核燃料加工业，化学原料和化学制品制造业，有色金属冶炼和压延加工业，电力、热力生产和供应业，燃气生产和供应业，水的生产和供应业
产业区位熵<均值 教育资源>均值	医药制造业，铁路、船舶、航空航天和其他运输设备制造业，计算机、通信和其他电子设备制造业，仪器仪表制造业，金属制品、机械和设备修理业
产业区位熵<均值 教育资源<均值	非金属矿采选业，农副食品加工业，食品制造业，酒、饮料和精制茶制造业，纺织业，皮革、毛皮、羽毛及其制品和制鞋业，木材加工和木、竹、藤、棕、草制品业，造纸和纸制品业，化学纤维制造业，非金属矿物制品业，黑色金属冶炼和压延加工业，金属制品业，废弃资源综合利用业

（2）动态协调分析

从分行业区位熵与教育资源的耦合协调性分析，各行业的协调性差异相对较大，协调程度最高的为石油加工、炼焦和核燃料加工业，最低的为皮革、毛皮、羽毛及其制品和制鞋业。根据协调度的值，可以将所有行业划分为四种类型（图 6-29）。

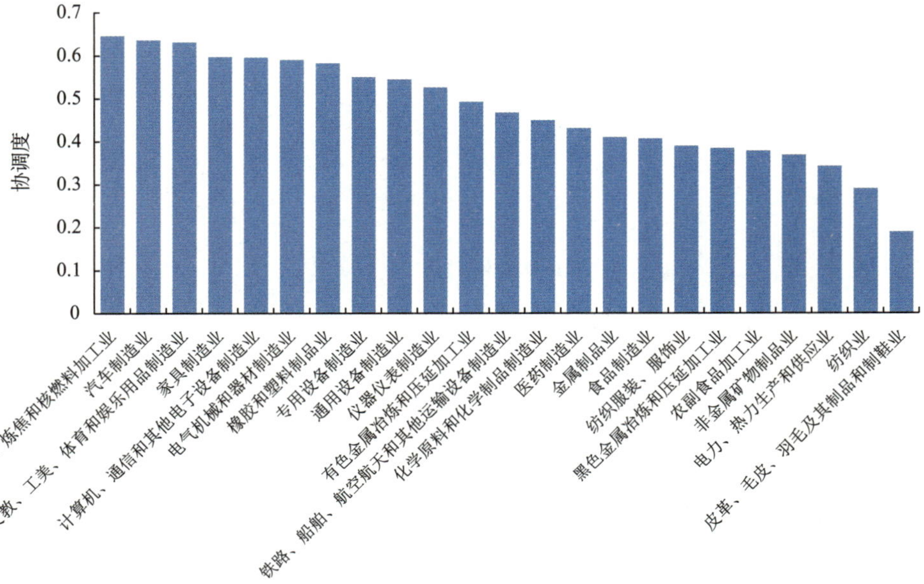

图 6-29　宁波市各行业产业区位熵与教育资源的耦合协调度

① 高水平协调类型（协调度>0.8）。该类行业产业区位熵和教育资源呈高度协调状态并趋于和谐。目前宁波市缺乏该类行业。

② 中等水平协调类型（协调度为 0.5～0.8）。该类行业科技资源和工业总产值呈协调状态。具体包括石油加工、炼焦和核燃料加工业，汽车制造业，文教、工美、体育和娱乐用品制造业，家具制造业，计算机、通信和其他电子设备制造业，电气机械和器材制造业，橡胶和塑料制品业，专用设备制造业，通用设备制造业，仪器仪表制造业等行业。

③ 中低水平协调类型（协调度为 0.3～0.5）。该类行业主要包括有色金属冶炼和压延加工业，铁路、船舶、航空航天和其他运输设备制造业，化学原料和化学制品制造业，医药制造业，金属制品业，食品制造业，纺织服装、服饰业，黑色金属冶炼和压延加工业，农副食品加工业，非金属矿物制品业，电力、热力生产和供应业等行业。

④ 低水平协调类型（协调度<0.3）。该类行业主要包括纺织业和皮革、毛皮、羽毛及其制品和制鞋业等行业。

3. 与产业效率的关联分析

（1）静态匹配分析

根据宁波市各行业利润总额与教育资源的关系，可划分为四种类型（图 6-30、表 6-7）。

① 高利润总额，高教育资源富集程度。该类行业利润总额和教育资源均高于各行业平均水平。具体包括通用设备制造业，专用设备制造业，汽车制造业，电气机械和器材制造业，计算机、通信和其他电子设备制造业等行业。这些行业具有较强的市场竞争力，同时本地也具有良好的教育配套。

② 高利润总额，低教育资源富集程度。该类行业利润总额高于各行业平均水平，而教育资源低于各行业平均水平。具体包括纺织业，纺织服装、服饰业，石油加工、炼焦和核燃料加工业，化学原料和化学制品制造业，电力、热力生产和供应业等行业。这些行业竞争力相对较强，但教育资源配套相对较为匮乏，仍需进一步完善教育资源。

③ 低利润总额，高教育资源富集程度。该类行业利润总额低于各行业平均水平，而教育资源高于各行业平均水平。具体包括家具制造业，文教、工美、体育和娱乐用品制造业，医药制造业，橡胶和塑料制品业，铁路、船舶、航空航天和其他运输设备制造业，仪器仪表制造业，金属制品、机械和设备修理业等行业。这些行业教育资源相对较为丰富，根据城市发展需要可重点培育医药制造业，铁路、船舶、航空航天和其他运输设备制造业等行业，适当培育金属制品、机械和设备修理业。

④ 低利润总额，低教育资源富集程度。该类行业利润总额和教育资源均低于各行业平均水平。具体包括非金属矿采选业，农副食品加工业，食品制造业，酒、饮料和精制茶制造业，烟草制品业，皮革、毛皮、羽毛及其制品和制鞋业，木材加工和木、竹、藤、棕、草制品业，造纸和纸制品业，印刷和记录媒介复制业，化学纤维制造业，非金属矿物制品业，黑色金属冶炼和压延加工业，有色金属冶炼和压延加工业，金属制品业，废弃资源综合利用业，燃气生产和供应业，水的生产和供应业等行业。这些行业市场竞争力相对较弱，且本地缺乏相应的教育资源配套，未来发展的难度较大，建议不作为未来发展的重点。

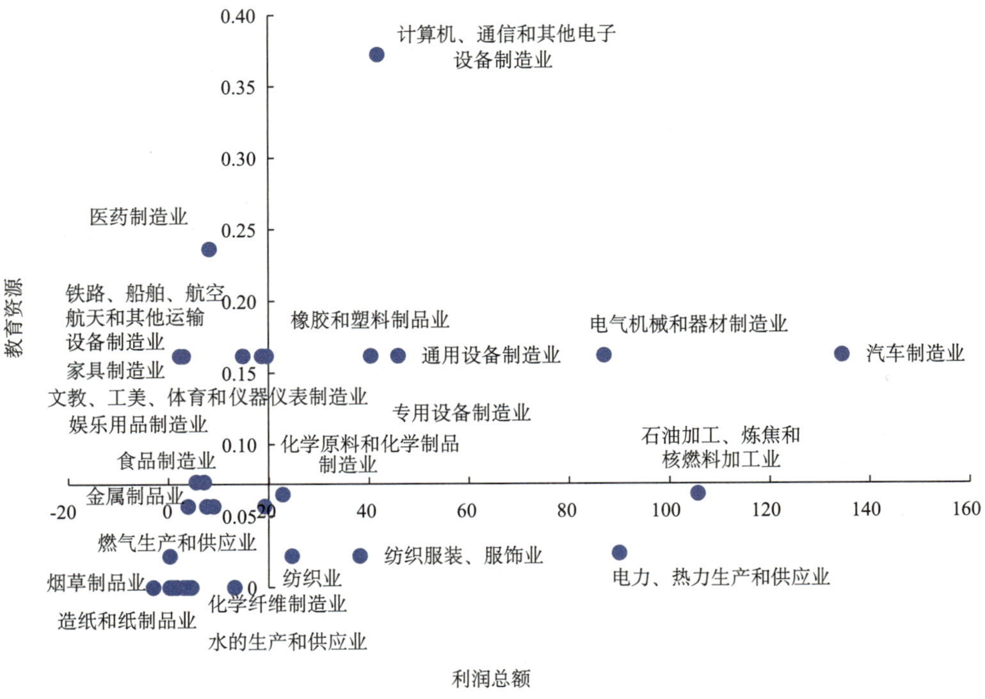

图 6-30　宁波市各行业利润总额与教育资源的匹配关系

表 6-7　宁波市利润总额与教育资源的行业匹配

类型	行业
利润总额>均值 教育资源>均值	通用设备制造业，专用设备制造业，汽车制造业，电气机械和器材制造业，计算机、通信和其他电子设备制造业
利润总额>均值 教育资源<均值	纺织业，纺织服装、服饰业，石油加工、炼焦和核燃料加工业，化学原料和化学制品制造业，电力、热力生产和供应业
利润总额<均值 教育资源>均值	家具制造业，文教、工美、体育和娱乐用品制造业，医药制造业，橡胶和塑料制品业，铁路、船舶、航空航天和其他运输设备制造业，仪器仪表制造业，金属制品、机械和设备修理业
利润总额<均值 教育资源<均值	非金属矿采选业，农副食品加工业，食品制造业，酒、饮料和精制茶制造业，烟草制品业，皮革、毛皮、羽毛及其制品和制鞋业，木材加工和木、竹、藤、棕、草制品业，造纸和纸制品业，印刷和记录媒介复制业，化学纤维制造业，非金属矿物制品业，黑色金属冶炼和压延加工业，有色金属冶炼和压延加工业，金属制品业，废弃资源综合利用业，燃气生产和供应业，水的生产和供应业

（2）动态协调分析

从分行业利润总额与教育资源的耦合协调性分析，各行业的协调性差异相对较大，协调程度最高的为汽车制造业，最低的为皮革、毛皮、羽毛及其制品和制鞋业。根据协调度的值，可以将所有行业划分为四种类型（图 6-31）。

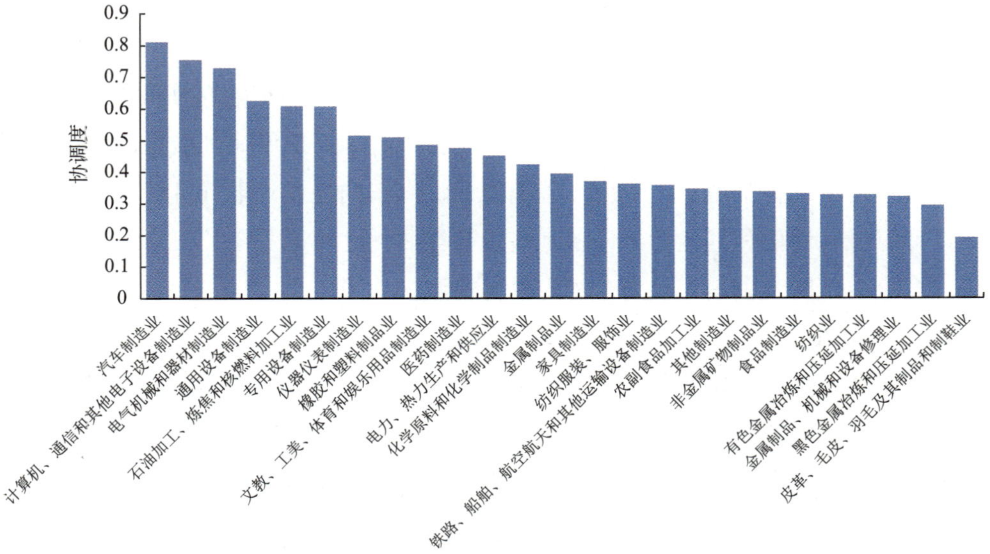

图 6-31　宁波市各行业利润总额与教育资源的耦合协调度

① 高水平协调类型（协调度＞0.8）。该类型仅包含汽车制造业。

② 中等水平协调类型（协调度为 0.5＞0.8）。该类型的行业教育资源和工业总产值呈协调状态，主要包括计算机、通信和其他电子设备制造业，电气机械和器材制造业，通用设备制造业，石油加工、炼焦和核燃料加工业，专用设备制造业，仪器仪表制造业，橡胶和塑料制品业等行业。

③ 中低水平协调类型（协调度为 0.3～0.5）。该类型的行业主要包括文教、工美、体育和娱乐用品制造业，医药制造业，电力、热力生产和供应业，化学原料和化学制品制造业，金属制品业，家具制造业，纺织服装、服饰业，铁路、船舶、航空航天和其他运输设备制造业，农副食品加工业，非金属矿物制品业，食品制造业，纺织业，有色金属冶炼和压延加工业，金属制品、机械和设备修理业等行业。

④ 低水平协调类型（协调度＜0.3）。该类型的行业主要包括黑色金属冶炼和压延加工业，皮革、毛皮、羽毛及其制品和制鞋业等行业。

4. 与产业竞争力的关联分析

产业竞争力综合了产业规模、产业优势与产业效率，是反映产业发展能力的综合指标。

（1）静态匹配分析

根据前文对产业竞争力的定义，分析宁波市各行业竞争力与教育资源的关系，可以划分为四种类型（图 6-32、表 6-8）。

① 高产业竞争力，高教育资源富集程度。该类行业产业竞争力和教育资源均高于各行业平均水平。具体包括文教、工美、体育和娱乐用品制造业，橡胶和塑料制品，通用设备制造业，专用设备制造业，汽车制造业，电气机械和器材制造业，计算机、通信和其他电子设备制造业等行业。这些行业在长三角地区具有较强的竞争力，同时也具有较为丰富的教育资源。

② 高产业竞争力，低教育资源富集程度。该类行业产业竞争力高于各行业平均水平，而教育资源低于各行业平均水平。具体包括纺织业，纺织服装、服饰业，石油加工、炼焦和核燃料加工业，化学原料和化学制品制造业，有色金属冶炼和压延加工业，废弃资源综合利用业，电力、热力生产和供应业，燃气生产和供应业，水的生产和供应业等行业。这些行业整体具有较强的竞争力，但教育资源配套相对较为匮乏，仍需进一步完善教育资源。

③ 低产业竞争力，高教育资源富集程度。该类行业产业竞争力低于各行业平均水平，而教育资源高于各行业平均水平。具体包括家具制造业，医药制造业，铁路、船舶、航空航天和其他运输设备制造业，仪器仪表制造业，金属制品、机械和设备修理业等行业。这些行业竞争力较弱，但其教育资源相对较多。

④ 低产业竞争力，低教育资源富集程度。该行业产业竞争力和教育资源均低于各行业平均水平。具体包括非金属矿采选业，农副食品加工业，食品制造业，酒、饮料和精制茶制造业，烟草制品业，皮革、毛皮、羽毛及其制品和制鞋业，木材加工和木、竹、藤、棕、草制品业，造纸和纸制品业，印刷和记录媒介复制业，化学纤维制造业，非金属矿物制品业，黑色金属冶炼和压延加工业，金属制品业等行业。这些行业产业竞争力和教育资源均相对较弱，可不作为未来发展的重点。

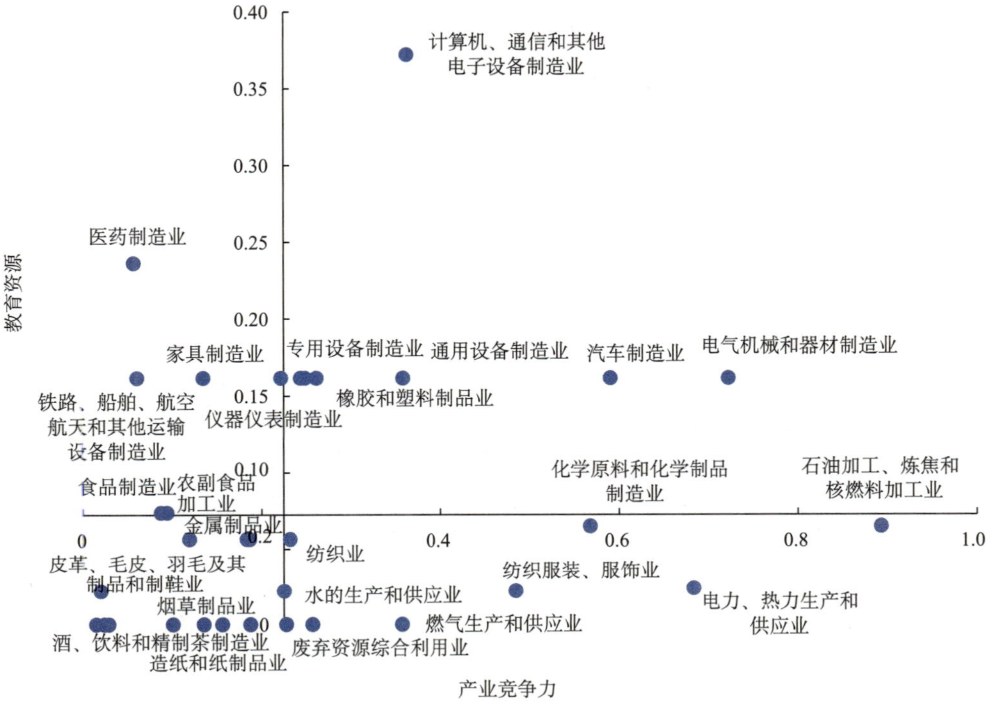

图 6-32　宁波市各行业产业竞争力和教育资源的匹配关系

表 6-8　宁波市产业竞争力和教育资源的行业匹配

类型	行业
产业竞争力>均值 教育资源>均值	文教、工美、体育和娱乐用品制造业，橡胶和塑料制品，通用设备制造业，专用设备制造业，汽车制造业，电气机械和器材制造业，计算机、通信和其他电子设备制造业
产业竞争力>均值 教育资源<均值	纺织业，纺织服装、服饰业，石油加工、炼焦和核燃料加工业，化学原料和化学制品制造业，有色金属冶炼和压延加工业，废弃资源综合利用业，电力、热力生产和供应业，燃气生产和供应业，水的生产和供应业
产业竞争力<均值 教育资源>均值	家具制造业，医药制造业，铁路、船舶、航空航天和其他运输设备制造业，仪器仪表制造业，金属制品、机械和设备修理业
产业竞争力<均值 教育资源<均值	非金属矿采选业，农副食品加工业，食品制造业，酒、饮料和精制茶制造业，烟草制品业，皮革、毛皮、羽毛及其制品和制鞋业，木材加工和木、竹、藤、棕、草制品业，造纸和纸制品业，印刷和记录媒介复制业，化学纤维制造业，非金属矿物制品业，黑色金属冶炼和压延加工业，金属制品业

（2）动态协调分析

从分行业竞争力与教育资源的耦合协调性分析，各行业的协调性差异相对较大，协调程度最高的为计算机、通信和其他电子设备制造业，最低的为皮革、毛皮、羽毛及其制品和制鞋业。根据协调度的值，可以将所有行业划分为四种类型（图 6-33）。

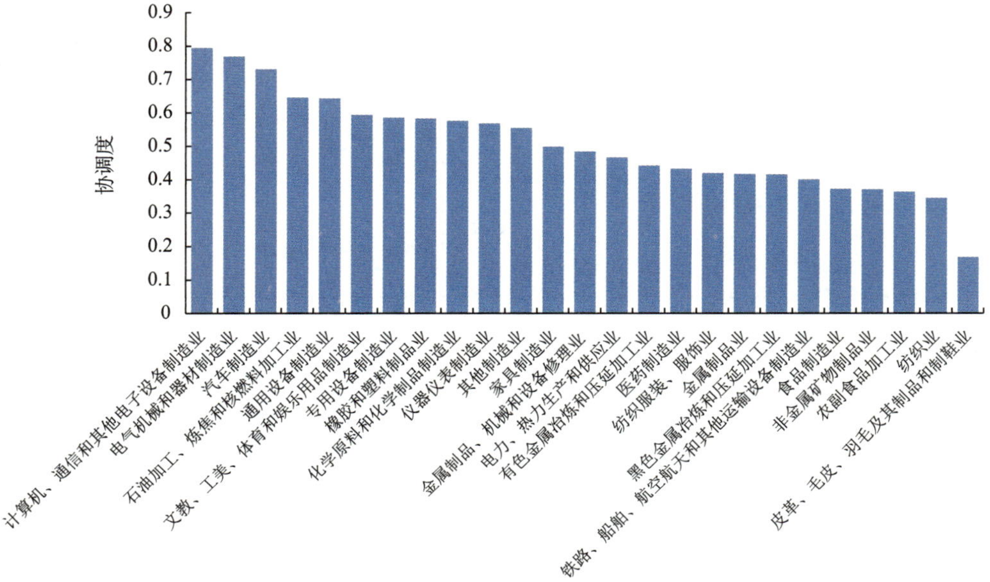

图 6-33 宁波市各行业产业竞争力与教育资源的耦合协调度

① 高水平协调类型（协调度>0.8）。宁波市目前没有行业属于该类型。

② 中等水平协调类型（协调度为 0.5～0.8）。该类型的行业教育资源和工业总产值呈协调状态。主要包括计算机、通信和其他电子设备制造业，电气机械和器材制造业，汽车制造业，石油加工、炼焦和核燃料加工业，通用设备制造业，文教、工美、体育和娱乐用品制造业，专用设备制造业，橡胶和塑料制品业，化学原料和化学制品制造业，仪器仪表制造业等行业。

③ 中低水平协调类型（协调度为 0.3～0.5）。该类型的行业主要包括家具制造业，金属制品、机械和设备修理业，电力、热力生产和供应业，有色金属冶炼和压延加工业，医药制造业，纺织服装、服饰业，金属制品业，黑色金属冶炼和压延加工业，铁路、船舶、航空航天和其他运输设备制造业，食品制造业，非金属矿物制品业，农副食品加工业，纺织业等行业。

④ 低水平协调类型（协调度<0.3）。该类型的行业主要包括皮革、毛皮、羽毛及其制品和制鞋业，非金属矿采选业，酒、饮料和精制茶制造业，烟草制品业，

木材加工和木、竹、藤、棕、草制品业，造纸和纸制品业，印刷和记录媒介复制业，化学纤维制造业，废弃资源综合利用业，燃气生产和供应业，水的生产和供应业等行业。

二、科技资源与产业发展的关联

1. 与产业规模的关联分析

（1）静态匹配分析

根据宁波市各行业主营业务收入与科技资源的关系，可以划分为四种类型（图 6-34、表 6-9）。

① 高主营业务收入，高科技资源富集程度。该类行业主营业务收入和科技资源均高于各行业平均水平。具体包括橡胶和塑料制品业，黑色金属冶炼和压延加工业，有色金属冶炼和压延加工业，金属制品业，通用设备制造业，专用设备制造业，汽车制造业，电气机械和器材制造业，计算机、通信和其他电子设备制造业等行业。这些行业在宁波市整体发展良好，且具有良好的科技资源配套，未来应重点发展。

② 高主营业务收入，低科技资源富集程度。该类行业主营业务收入高于各行业平均水平，而科技资源低于各行业平均水平。具体包括纺织服装、服饰业，石油加工、炼焦和核燃料加工业，化学原料和化学制品制造业，电力、热力生产和供应业等行业。这些行业整体发展水平较好，但科技资源配套相对较为匮乏，仍需进一步完善科技资源。

③ 低主营业务收入，高科技资源富集程度。该类行业主营业务收入低于各行业平均水平，而科技资源高于各行业平均水平。具体包括家具制造业，文教、工美、体育和娱乐用品制造业，医药制造业，非金属矿物制品业，铁路、船舶、航空航天和其他运输设备制造业，仪器仪表制造业，其他制造业，金属制品、机械和设备修理业等行业。这些行业科技资源相对较为丰富，根据城市发展需要，可以有选择地重点培育。

④ 低主营业务收入，低科技资源富集程度。该类行业主营业务收入和科技资源均低于各行业平均水平。具体包括非金属矿采选业，农副食品加工业，食品制造业，酒、饮料和精制茶制造业，烟草制品业，纺织业，皮革、毛皮、羽毛及其制品和制鞋业，木材加工和木、竹、藤、棕、草制品业，造纸和纸制品业，印刷和记录媒介复制业，化学纤维制造业，废弃资源综合利用业，燃气生产和供应业，水的生产和供应业等行业。这些行业主营业务收入和科技资源均相对较低，可不

作为未来发展的重点。

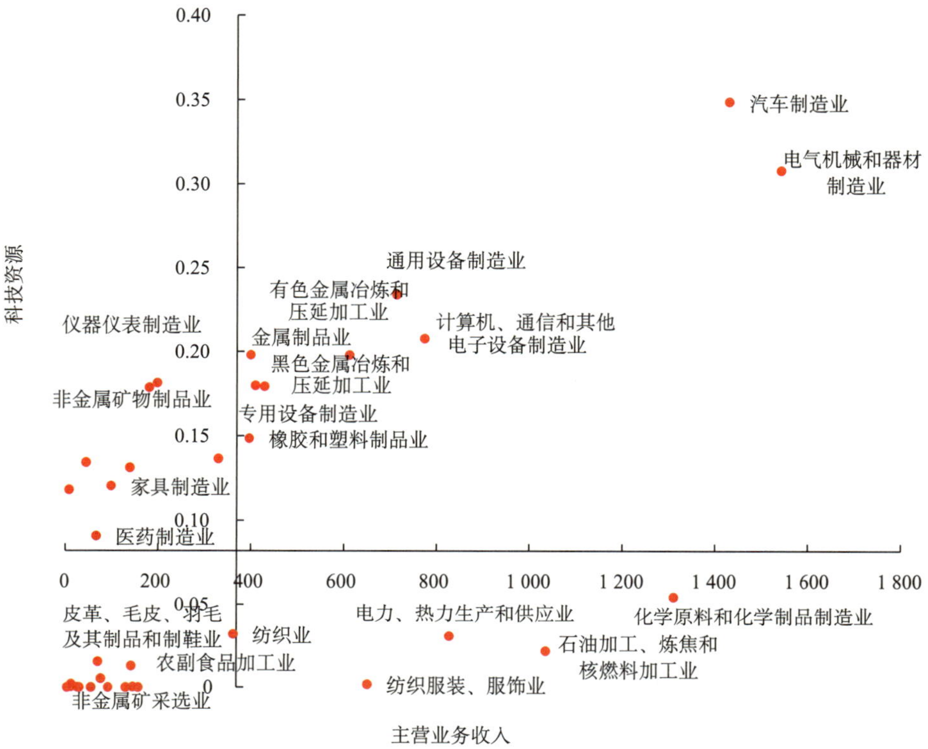

图 6-34　宁波市各行业主营业务收入与科技资源的匹配关系

表 6-9　宁波市主营业务收入与科技资源的行业匹配

类型	行业
主营业务收入>均值 科技资源>均值	橡胶和塑料制品业，黑色金属冶炼和压延加工业，有色金属冶炼和压延加工业，金属制品业，通用设备制造业，专用设备制造业，汽车制造业，电气机械和器材制造业，计算机、通信和其他电子设备制造业
主营业务收入>均值 科技资源<均值	纺织服装、服饰业，石油加工、炼焦和核燃料加工业，化学原料和化学制品制造业，电力、热力生产和供应业
主营业务收入<均值 科技资源>均值	家具制造业，文教、工美、体育和娱乐用品制造业，医药制造业，非金属矿物制品业，铁路、船舶、航空航天和其他运输设备制造业，仪器仪表制造业，其他制造业，金属制品、机械和设备修理业
主营业务收入<均值 科技资源<均值	非金属矿采选业，农副食品加工业，食品制造业，酒、饮料和精制茶制造业，烟草制品业，纺织业，皮革、毛皮、羽毛及其制品和制鞋业，木材加工和木、竹、藤、棕、草制品业，造纸和纸制品业，印刷和记录媒介复制业，化学纤维制造业，废弃资源综合利用业，燃气生产和供应业，水的生产和供应业

（2）动态协调分析

从分行业主营业务收入与科技资源的耦合协调性分析，各行业的协调性差异相对较大，协调程度最高的为汽车制造业。根据协调度的值，可以将所有行业划分为四种类型（图 6-35）。

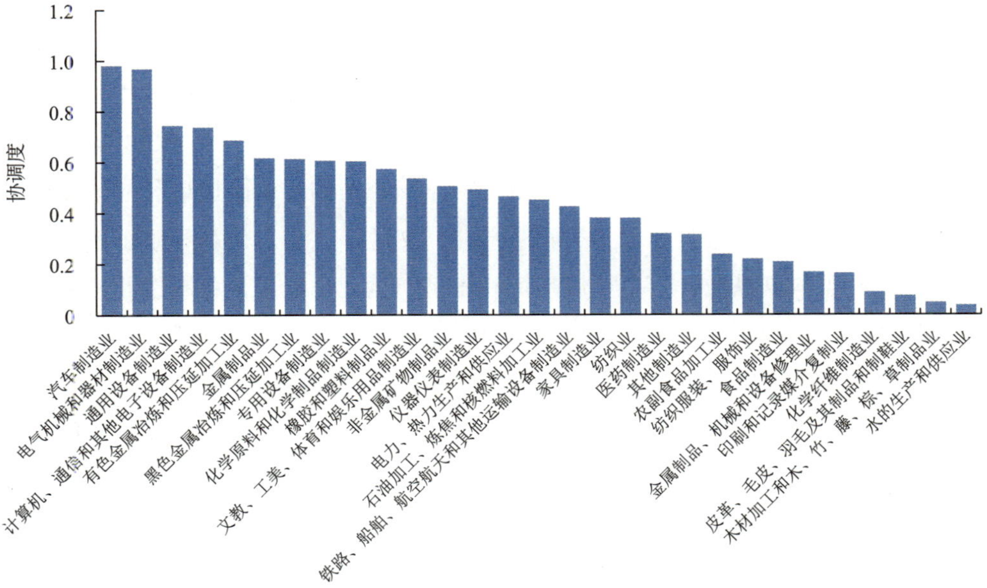

图 6-35 宁波市各行业主营业务收入与科技资源的耦合协调度

① 高水平协调类型（协调度＞0.8）。该类型的行业科技资源和主营业务收入呈高度协调状态，并趋于和谐。具体包括汽车制造业和电气机械和器材制造业等行业，这些行业同时也是宁波市经济发展的重点行业。

② 中等水平协调类型（协调度为 0.5～0.8）。该类型的行业科技资源和主营业务收入呈协调状态。具体包括通用设备制造业，计算机、通信和其他电子设备制造业，有色金属冶炼和压延加工业，金属制品业，黑色金属冶炼和压延加工业，专用设备制造业，化学原料和化学制品制造业，橡胶和塑料制品业，文教、工美、体育和娱乐用品制造业，非金属矿物制品业等行业。

③ 中低水平协调类型（协调度为 0.3～0.5）。该类型的行业主要包括仪器仪表制造业，电力、热力生产和供应业，石油加工、炼焦和核燃料加工业，铁路、船舶、航空航天和其他运输设备制造业，家具制造业，纺织业，医药制造业等行业。

④ 低水平协调类型（协调度＜0.3）。该类型的行业主要包括农副食品加工业，

纺织服装、服饰业，食品制造业，金属制品、机械和设备修理业，印刷和记录媒介复制业，化学纤维制造业，皮革、毛皮、羽毛及其制品和制鞋业，木材加工和木、竹、藤、棕、草制品业，水的生产和供应业等行业。

2. 与产业优势的关联分析

（1）静态匹配分析

产业优势常用产业区位熵进行评价。根据宁波市在全国、长三角地区和浙江省的区位熵特征，选择宁波市在长三角地区区位熵分析和评价其产业优势。根据宁波市各行业区位熵与科技资源的关系，可以划分为四种类型（图 6-36、表 6-10）。

① 高产业区位熵，高科技资源富集程度。该类型的行业区位熵和科技资源均高于各行业平均水平。具体包括家具制造业，文教、工美、体育和娱乐用品制造业，橡胶和塑料制品业，有色金属冶炼和压延加工业，通用设备制造业，专用设备制造业，汽车制造业，电气机械和器材制造业等行业。这些行业在长三角地区具有一定的竞争优势，同时也具有较为丰富的科技资源。

② 高产业区位熵，低科技资源富集程度。该类型的行业区位熵高于各行业平均水平，而科技资源低于各行业平均水平。具体包括烟草制品业，纺织服装、服饰业，印刷和记录媒介复制业，石油加工、炼焦和核燃料加工业，化学原料和化学制品制造业，电力、热力生产和供应业，燃气生产和供应业，水的生产和供应业等行业。这些行业整体具有竞争优势，但科技资源配套相对较为匮乏，仍需进一步完善科技资源。

③ 低产业区位熵，高科技资源富集程度。该类型的行业区位熵低于各行业平均水平，而科技资源高于各行业平均水平。具体包括医药制造业，非金属矿物制品业，黑色金属冶炼和压延加工业，金属制品业，铁路、船舶、航空航天和其他运输设备制造业，计算机、通信和其他电子设备制造业，仪器仪表制造业，金属制品、机械和设备修理业等行业。这些行业在长三角地区不具有竞争优势，但其科技资源相对较多。

④ 低产业区位熵，低科技资源富集程度。该类型的行业区位熵和科技资源均低于各行业平均水平。具体包括非金属矿采选业，农副食品加工业，食品制造业，酒、饮料和精制茶制造业，纺织业，皮革、毛皮、羽毛及其制品和制鞋业，木材加工和木、竹、藤、棕、草制品业，造纸和纸制品业，化学纤维制造业，废弃资源综合利用业等行业。这些行业主营业务收入和科技资源均相对较低，可不作为未来发展的重点。

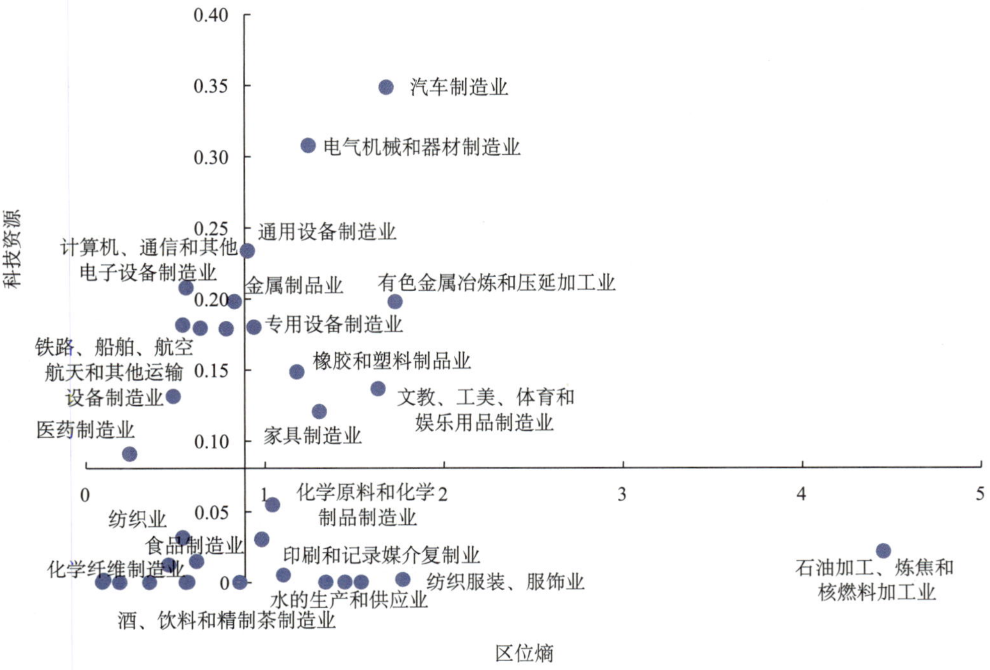

图 6-36　宁波市各行业产业区位熵与科技资源的匹配分析

表 6-10　宁波市产业区位熵与科技资源的行业匹配

类型	行业
产业区位熵>均值 科技资源>均值	家具制造业，文教、工美、体育和娱乐用品制造业，橡胶和塑料制品业，有色金属冶炼和压延加工业，通用设备制造业，专用设备制造业，汽车制造业，电气机械和器材制造业
产业区位熵>均值 科技资源<均值	烟草制品业，纺织服装、服饰业，印刷和记录媒介复制业，石油加工、炼焦和核燃料加工业，化学原料和化学制品制造业，电力、热力生产和供应业，燃气生产和供应业，水的生产和供应业
产业区位熵<均值 科技资源>均值	医药制造业，非金属矿物制品业，黑色金属冶炼和压延加工业，金属制品业，铁路、船舶、航空航天和其他运输设备制造业，计算机、通信和其他电子设备制造业，仪器仪表制造业，金属制品、机械和设备修理业
产业区位熵<均值 科技资源<均值	非金属矿采选业，农副食品加工业，食品制造业，酒、饮料和精制茶制造业，纺织业，皮革、毛皮、羽毛及其制品和制鞋业，木材加工和木、竹、藤、棕、草制品业，造纸和纸制品业，化学纤维制造业，废弃资源综合利用业

（2）动态协调分析

从分行业区位熵与科技资源的耦合协调性分析，各行业的协调性差异相对较大，协调程度最高的为汽车制造业，最低的为非金属矿采选业。根据协调度的值，可以将所有行业划分为三种类型（图 6-37）。

① 中等水平协调类型（协调度为 0.5～0.8）。该类型的行业科技资源和产业区位熵呈协调状态。具体包括汽车制造业，电气机械和器材制造业，有色金属冶炼和压延加工业，文教、工美、体育和娱乐用品制造业，通用设备制造业，橡胶和塑料制品业，专用设备制造业，金属制品业，家具制造业，仪器仪表制造业，计算机、通信和其他电子设备制造业，黑色金属冶炼和压延加工业，非金属矿物制品业等行业。

② 中低水平协调类型（协调度为 0.3～0.5）。该类型的行业具体包括石油加工、炼焦和核燃料加工业，铁路、船舶、航空航天和其他运输设备制造业，化学原料和化学制品制造业，电力、热力生产和供应业，医药制造业，纺织业等行业。

③ 低水平协调类型（协调度<0.3）。该类型的行业主要包括食品制造业，农副食品加工业，印刷和记录媒介复制业，纺织服装、服饰业，皮革、毛皮、羽毛及其制品和制鞋业，化学纤维制造业，水的生产和供应业，木材加工和木、竹、藤、棕、草制品业等行业。

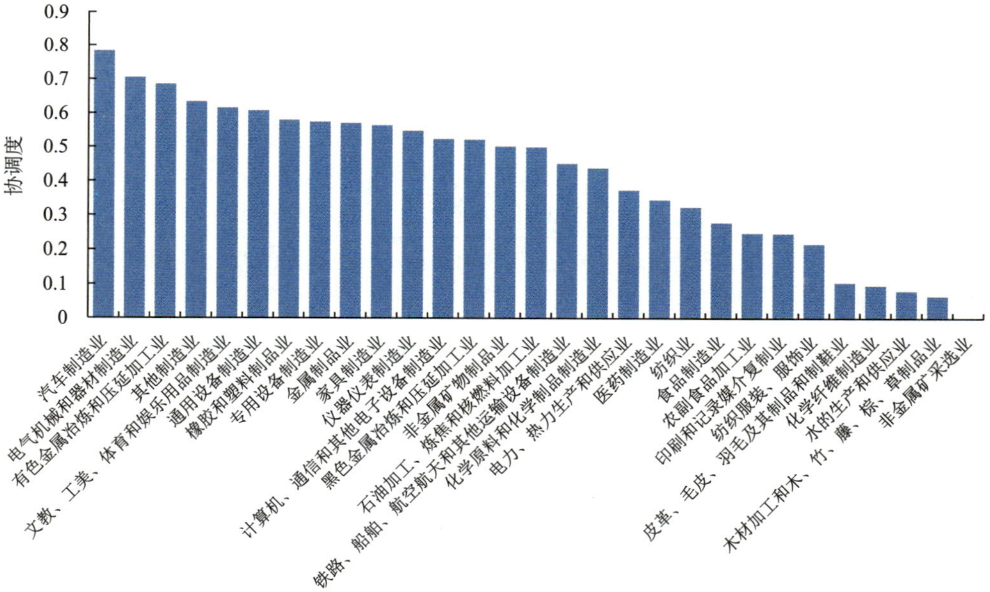

图 6-37 宁波市各行业产业区位熵与科技资源的耦合协调度

3. 与产业效率的关联分析

（1）静态匹配分析

根据宁波市各行业利润总额与科技资源的关系，可以划分为四种类型（图6-38、表6-11）。

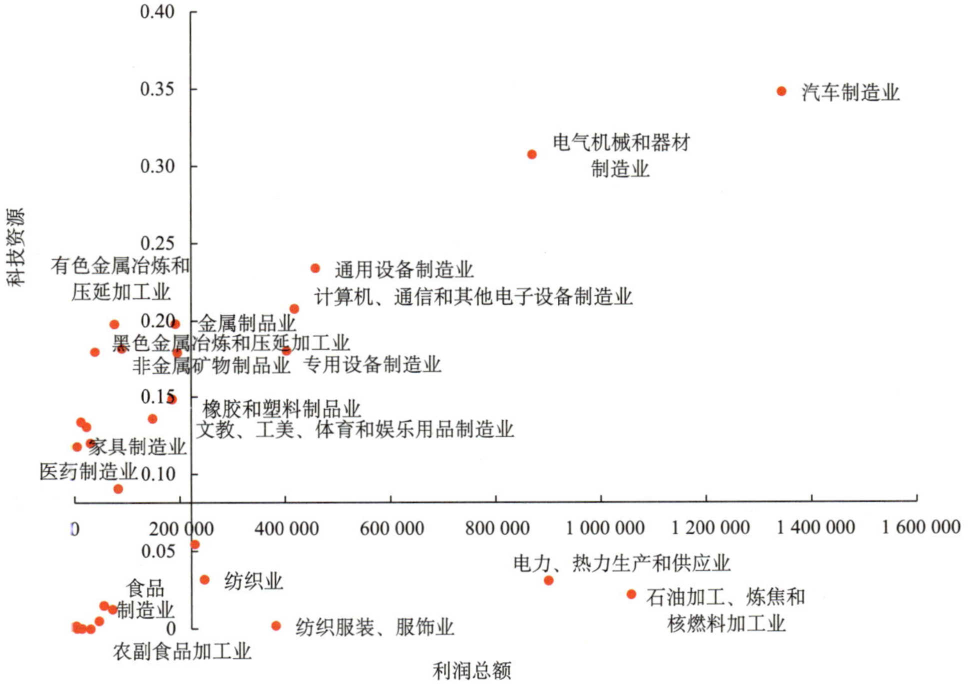

图6-38　宁波市各行业利润总额与科技资源的匹配关系

① 高利润总额，高科技资源富集程度。该类型的行业利润总额和科技资源均高于各行业平均水平。具体包括通用设备制造业，专用设备制造业，汽车制造业，电气机械和器材制造业，计算机、通信和其他电子设备制造业等行业。这些行业具有较强的市场竞争力，同时本地也具有良好的科技配套。

② 高利润总额，低科技资源富集程度。该类型的行业利润总额高于各行业平均水平，而科技资源低于各行业平均水平。具体包括纺织业，纺织服装、服饰业，石油加工、炼焦和核燃料加工业，化学原料和化学制品制造业，电力、热力生产和供应业等行业。这些行业竞争力相对较强，但科技资源配套相对较为匮乏，仍需进一步完善科技资源。

③ 低利润总额，高科技资源富集程度。该类型的行业利润总额低于各行业平

均水平，而科技资源高于各行业平均水平。具体包括家具制造业，文教、工美、体育和娱乐用品制造业，医药制造业，橡胶和塑料制品业，非金属矿物制品业，黑色金属冶炼和压延加工业，有色金属冶炼和压延加工业，金属制品业，铁路、船舶、航空航天和其他运输设备制造业，仪器仪表制造业，金属制品、机械和设备修理业等行业。这些行业科技资源相对较为丰富，可根据城市未来发展重点进行重点培育。

④ 低利润总额，低科技资源富集程度。该类型的行业利润总额和科技资源均低于各行业平均水平。具体包括非金属矿采选业，农副食品加工业，食品制造业，酒、饮料和精制茶制造业，烟草制品业，皮革、毛皮、羽毛及其制品和制鞋业，木材加工和木、竹、藤、棕、草制品业，造纸和纸制品业，印刷和记录媒介复制业，化学纤维制造业，废弃资源综合利用业，燃气生产和供应业，水的生产和供应业等行业。这些行业市场竞争力相对较弱，且本地缺乏相应的科技资源配套，未来发展的难度较大，建议不作为未来发展的重点。

表 6-11 宁波市利润总额与科技资源的行业匹配

类型	行业
利润总额>均值 科技资源>均值	通用设备制造业，专用设备制造业，汽车制造业，电气机械和器材制造业，计算机、通信和其他电子设备制造业
利润总额>均值 科技资源<均值	纺织业，纺织服装、服饰业，石油加工、炼焦和核燃料加工业，化学原料和化学制品制造业，电力、热力生产和供应业
利润总额<均值 科技资源>均值	家具制造业，文教、工美、体育和娱乐用品制造业，医药制造业，橡胶和塑料制品业，非金属矿物制品业，黑色金属冶炼和压延加工业，有色金属冶炼和压延加工业，金属制品业，铁路、船舶、航空航天和其他运输设备制造业，仪器仪表制造业，金属制品、机械和设备修理业
利润总额<均值 科技资源<均值	非金属矿采选业，农副食品加工业，食品制造业，酒、饮料和精制茶制造业，烟草制品业，皮革、毛皮、羽毛及其制品和制鞋业，木材加工和木、竹、藤、棕、草制品业，造纸和纸制品业，印刷和记录媒介复制业，化学纤维制造业，废弃资源综合利用业，燃气生产和供应业，水的生产和供应业

（2）动态协调分析

从分行业利润总额与科技资源的耦合协调性分析，各行业的协调性差异相对较大，协调程度最高的为汽车制造业，最低的为皮革、毛皮、羽毛及其制品和制鞋业。根据协调度的值，可以将所有行业划分为四种类型（图 6-39）。

① 高水平协调类型（协调度>0.8）。该类型的行业科技资源与利润总额呈高度协调状态，具体包括汽车制造业，电气机械和器材制造业等。

② 中等水平协调类型（协调度为 0.5～0.8）。该类型的行业科技资源和利润总额呈中等水平协调状态。具体包括通用设备制造业，计算机、通信和其他电子设备制造业，专用设备制造业，金属制品业，仪器仪表制造业，橡胶和塑料制品业等行业。

③ 中低水平协调类型（协调度为 0.3～0.5）。该类型的行业主要包括电力、热力生产和供应业，文教、工美、体育和娱乐用品制造业，石油加工、炼焦和核燃料加工业，非金属矿物制品业，有色金属冶炼和压延加工业，化学原料和化学制品制造业，黑色金属冶炼和压延加工业，医药制造业，纺织业，家具制造业，铁路、船舶、航空航天和其他运输设备制造业，金属制品、机械和设备修理业等行业。

④ 低水平协调类型（协调度<0.3）。该类型的行业主要包括食品制造业，农副食品加工业，纺织服装、服饰业，印刷和记录媒介复制业，皮革、毛皮、羽毛及其制品和制鞋业，木材加工和木、竹、藤、棕、草制品业，化学纤维制造业，水的生产和供应业，酒、饮料和精制茶制造业，烟草制品业，造纸和纸制品业，废弃资源综合利用业，金属制品、机械和设备修理业，燃气生产和供应业等行业。

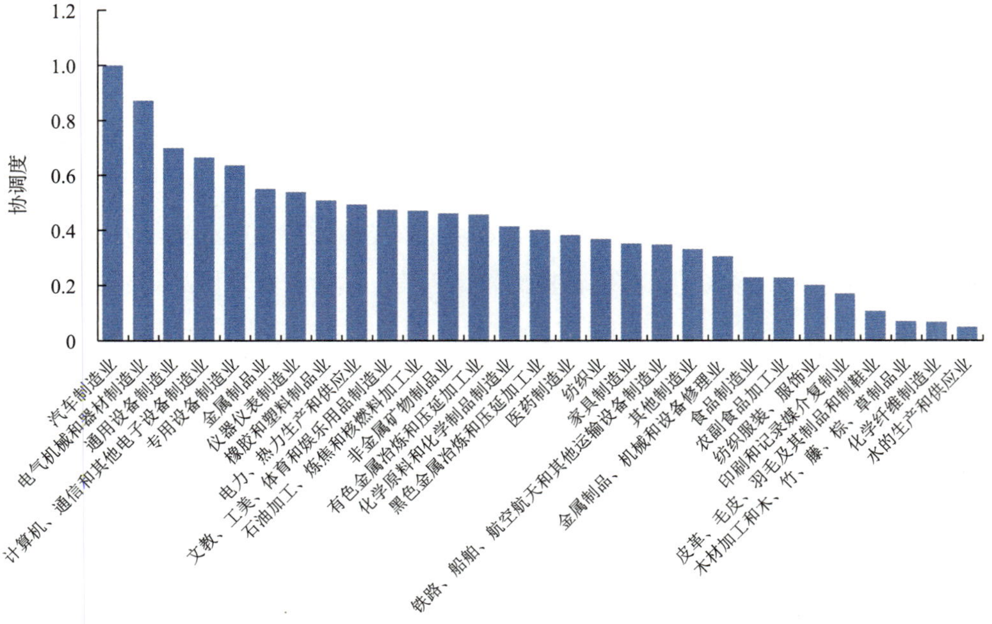

图 6-39　宁波市各行业利润总额与科技资源的耦合协调度

4. 与产业竞争力的关联分析

（1）静态匹配分析

根据宁波市各行业竞争力与科技资源的关系，可以划分为四种类型（图 6-40、表 6-12）。

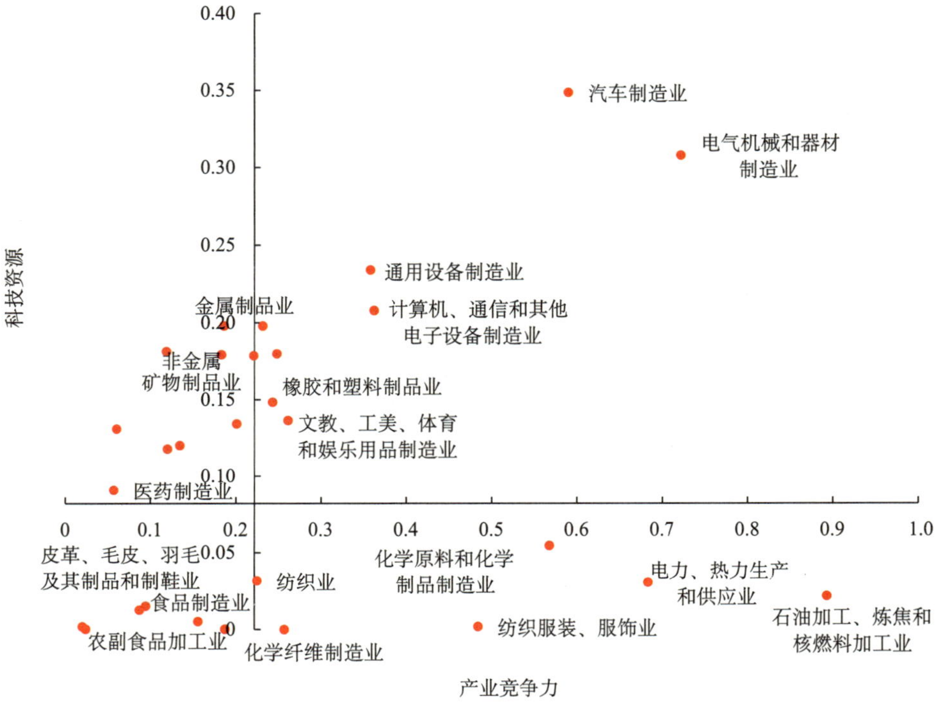

图 6-40 宁波市各行业产业竞争力和科技资源的匹配关系

① 高产业竞争力，高科技资源富集程度。该类型的行业产业竞争力和科技资源均高于各行业平均水平。具体包括文教、工美、体育和娱乐用品制造业，橡胶和塑料制品业，有色金属冶炼和压延加工业，通用设备制造业，专用设备制造业，汽车制造业，电气机械和器材制造业，计算机、通信和其他电子设备制造业等行业。这些行业在长三角地区具有较强的竞争力，同时也具有较为丰富的科技资源。

② 高产业竞争力，低科技资源富集程度。该类型的行业产业竞争力高于各行业平均水平，而科技资源低于各行业平均水平。具体包括纺织业，纺织服装、服饰业，石油加工、炼焦和核燃料加工业，化学原料和化学制品制造业，废弃资源综合利用业，电力、热力生产和供应业，燃气生产和供应业，水的生产和供应业等行业。这些行业整体具有较强的竞争力，但科技资源配套相对较为匮乏，仍需

进一步完善科技资源。

③ 低产业竞争力，高科技资源富集程度。该类型的行业产业竞争力低于各行业平均水平，而科技资源高于各行业平均水平。具体包括家具制造业，医药制造业，非金属矿物制品业，黑色金属冶炼和压延加工业，金属制品业，铁路、船舶、航空航天和其他运输设备制造业，仪器仪表制造业，金属制品、机械和设备修理业等行业。这些行业竞争力较弱，但其科技资源相对较多。

④ 低产业竞争力，低科技资源富集程度。该类型的行业产业竞争力和科技资源均低于各行业平均水平。具体包括非金属矿采选业，农副食品加工业，食品制造业，酒、饮料和精制茶制造业，烟草制品业，皮革、毛皮、羽毛及其制品和制鞋业，木材加工和木、竹、藤、棕、草制品业，造纸和纸制品业，印刷和记录媒介复制业，化学纤维制造业等行业。这些行业产业竞争力和科技资源均相对较低，可不作为未来发展的重点。

表 6-12 宁波市产业竞争力和科技资源的行业匹配

类型	行业特征
产业竞争力>均值 科技资源>均值	文教、工美、体育和娱乐用品制造业，橡胶和塑料制品业，有色金属冶炼和压延加工业，通用设备制造业，专用设备制造业，汽车制造业，电气机械和器材制造业，计算机、通信和其他电子设备制造业
产业竞争力>均值 科技资源<均值	纺织业，纺织服装、服饰业，石油加工、炼焦和核燃料加工业，化学原料和化学制品制造业，废弃资源综合利用业，电力、热力生产和供应业，燃气生产和供应业，水的生产和供应业
产业竞争力<均值 科技资源>均值	家具制造业，医药制造业，非金属矿物制品业，黑色金属冶炼和压延加工业，金属制品业，铁路、船舶、航空航天和其他运输设备制造业，仪器仪表制造业， 金属制品、机械和设备修理业
产业竞争力<均值 科技资源<均值	非金属矿采选业，农副食品加工业，食品制造业，酒、饮料和精制茶制造业，烟草制品业，皮革、毛皮、羽毛及其制品和制鞋业，木材加工和木、竹、藤、棕、草制品业，造纸和纸制品业，印刷和记录媒介复制业，化学纤维制造业

（2）动态协调分析

从分行业产业竞争力与科技资源的耦合协调性分析，各行业的协调性差异相对较大，协调程度最高的为电气机械和器材制造业。根据协调度的值，可以将所有行业划分为四种类型（图 6-41）。

① 高水平协调类型（协调度>0.8）。该类型的行业主要包括电气机械和器材制造业和汽车制造业等行业。

② 中等水平协调类型（协调度为 0.5～0.8）。该类型的行业科技资源和产业竞争力呈协调状态。主要包括通用设备制造业，计算机、通信和其他电子设备制造业，有色金属冶炼和压延加工业，专用设备制造业，仪器仪表制造业，金属制品业，橡胶和塑料制品业，文教、工美、体育和娱乐用品制造业，黑色金属冶炼和压延加工业，化学原料和化学制品制造业，电力、热力生产和供应业，非金属矿物制品业等行业。

③ 中低水平协调类型（协调度为 0.3～0.5）。该类型的行业主要包括石油加工、炼焦和核燃料加工业，家具制造业，金属制品、机械和设备修理业，铁路、船舶、航空航天和其他运输设备制造业，纺织业，医药制造业等行业。

④ 低水平协调类型（协调度<0.3）。该类型的行业主要包括食品制造业，农副食品加工业，纺织服装、服饰业，印刷和记录媒介复制业，化学纤维制造业，皮革、毛皮、羽毛及其制品和制鞋业，水的生产和供应业，木材加工和木、竹、藤、棕、草制品业，非金属矿采选业，酒、饮料和精制茶制造业，烟草制品业，造纸和纸制品业，废弃资源综合利用业，燃气生产和供应业等行业。

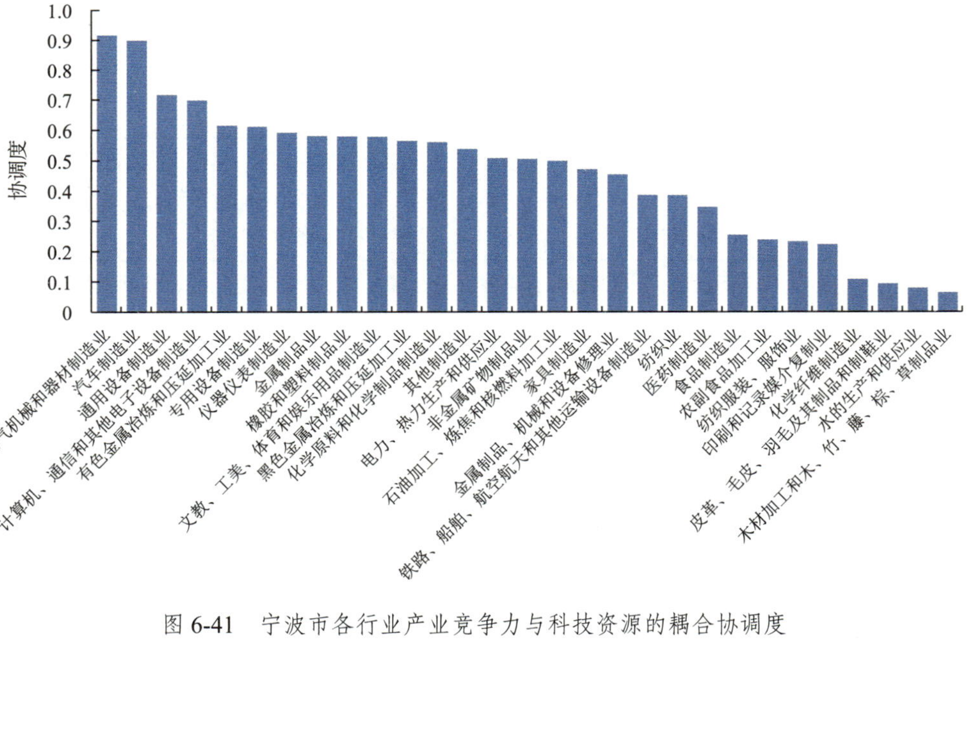

图 6-41 宁波市各行业产业竞争力与科技资源的耦合协调度

三、科教资源与产业竞争力的关联

1. 与产业规模的关联分析

（1）静态匹配分析

根据宁波市各行业主营业务收入与科教资源的关系，可以划分为四种类型（图 6-42、表 6-13）。

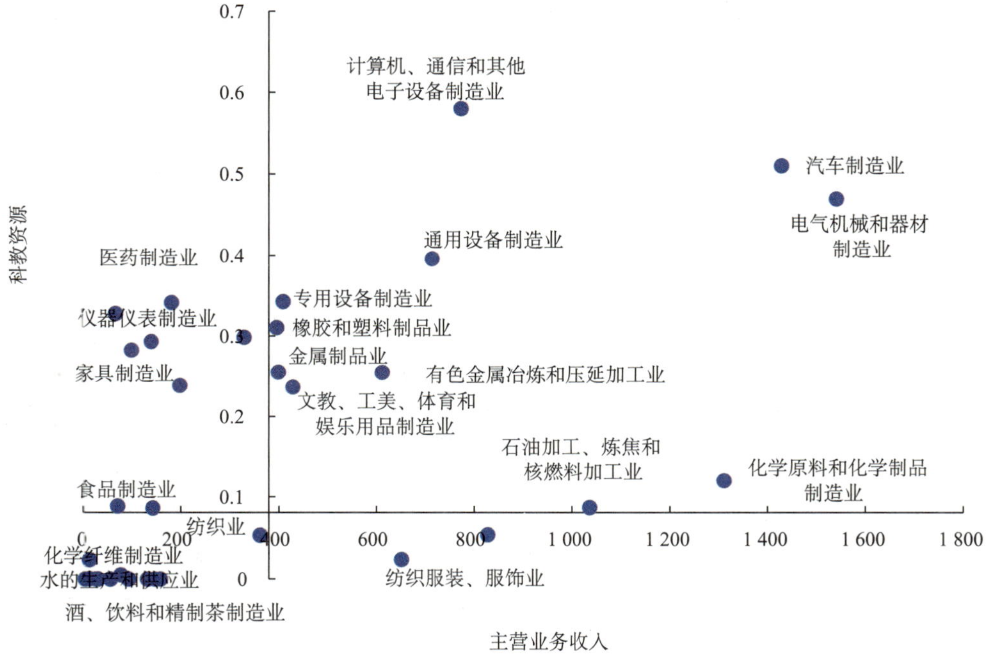

图 6-42 宁波市各行业主营业务收入与科教资源的匹配关系

① 高主营业务收入，高科教资源富集程度。该类行业主营业务收入和科教资源均高于各行业平均水平。具体包括橡胶和塑料制品业，黑色金属冶炼和压延加工业，有色金属冶炼和压延加工业，金属制品业，通用设备制造业，专用设备制造业，汽车制造业，电气机械和器材制造业，计算机、通信和其他电子设备制造业等行业。这些行业在宁波市整体发展良好，且具有良好的科教资源配套，未来应重点发展。

② 高主营业务收入，低科教资源富集程度。该类行业主营业务收入高于各行业平均水平，而科教资源低于各行业平均水平。具体包括纺织服装、服饰业，石油加工、炼焦和核燃料加工工业，化学原料和化学制品制造业，纺织业、电力、热

力生产和供应业等行业。这些行业整体发展水平较好，但科教资源配套相对较为匮乏，仍需进一步完善科教资源。

③ 低主营业务收入，高科教资源富集程度。该类行业主营业务收入低于各行业平均水平，而科教资源高于各行业平均水平。具体包括家具制造业，文教、工美、体育和娱乐用品制造业，医药制造业，非金属矿物制品业，铁路、船舶、航空航天和其他运输设备制造业，仪器仪表制造业，金属制品、机械和设备修理业等行业。这些行业科教资源相对较为丰富，根据城市发展需要，可以有选择的重点培育。

④ 低主营业务收入，低科教资源富集程度。该类行业主营业务收入和科教资源均低于各行业平均水平。具体包括非金属矿采选业，农副食品加工业，酒、饮料和精制茶制造业，烟草制品业，皮革、毛皮、羽毛及其制品和制鞋业，木材加工和木、竹、藤、棕、草制品业，造纸和纸制品业，印刷和记录媒介复制业，化学纤维制造业，废弃资源综合利用业，燃气生产和供应业，水的生产和供应业等行业。这些行业主营业务收入和科教资源均相对较低，可不作为未来发展的重点。

表 6-13 宁波市主营业务收入与科教资源的行业匹配

类型	行业
主营业务收入>均值 科教资源>均值	橡胶和塑料制品业，黑色金属冶炼和压延加工业，有色金属冶炼和压延加工业，金属制品业，通用设备制造业，专用设备制造业，汽车制造业，电气机械和器材制造业，计算机、通信和其他电子设备制造业
主营业务收入>均值 科教资源<均值	纺织服装、服饰业，石油加工、炼焦和核燃料加工业，化学原料和化学制品制造业，电力、热力生产和供应业，纺织业
主营业务收入<均值 科教资源>均值	家具制造业，文教、工美、体育和娱乐用品制造业，医药制造业，非金属矿物制品业，铁路、船舶、航空航天和其他运输设备制造业，仪器仪表制造业，金属制品、机械和设备修理业
主营业务收入<均值 科教资源<均值	非金属矿采选业，农副食品加工业，酒、饮料和精制茶制造业，烟草制品业，皮革、毛皮、羽毛及其制品和制鞋业，木材加工和木、竹、藤、棕、草制品业，造纸和纸制品业，印刷和记录媒介复制业，化学纤维制造业，废弃资源综合利用业，燃气生产和供应业，水的生产和供应业

（2）动态协调分析

从分行业主营业务收入与科教资源的耦合协调性分析，各行业的协调性差异相对较大，协调程度最高的为汽车制造业。根据协调度的值，可以将所有行业划分为四种类型（图 6-43）。

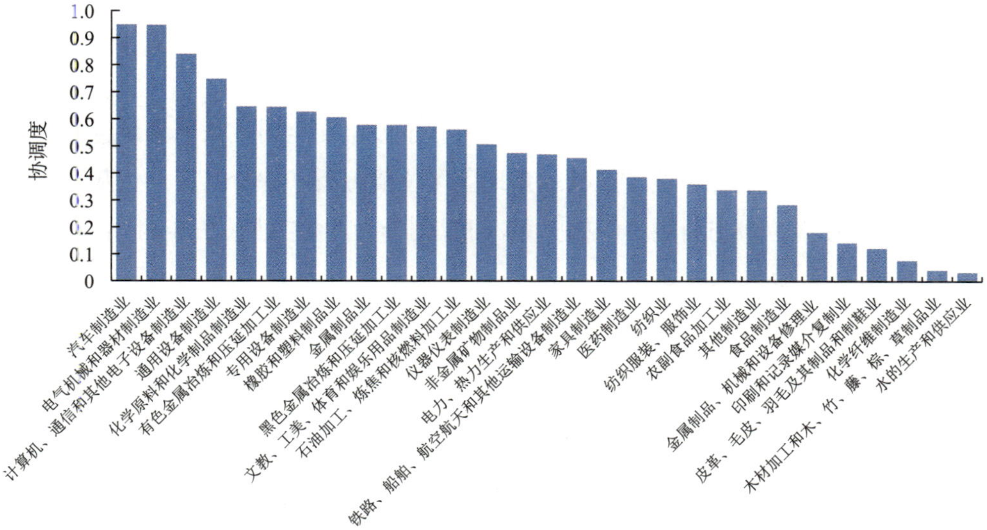

图 6-43　宁波市各行业主营业务收入与科教资源的耦合协调度

① 高水平协调类型（协调度>0.8）。该类型的行业科教资源和主营业务收入呈高度协调状态，并趋于和谐。具体包括汽车制造业，电气机械和器材制造业，计算机、通信和其他电子设备制造业等行业。这些行业同时也是宁波市经济发展的重点行业。

② 中等水平协调类型（协调度为 0.5～0.8）。该类型的行业科教资源和主营业务收入呈协调状态。具体包括通用设备制造业，化学原料和化学制品制造业，有色金属冶炼和压延加工业，专用设备制造业，橡胶和塑料制品业，金属制品业，黑色金属冶炼和压延加工业，文教、工美、体育和娱乐用品制造业，石油加工、炼焦和核燃料加工业，仪器仪表制造业等行业。

③ 中低水平协调类型（协调度为 0.3～0.5）。该类型的行业主要包括非金属矿物制品业，电力、热力生产和供应业，铁路、船舶、航空航天和其他运输设备制造业，家具制造业，医药制造业，纺织业，纺织服装、服饰业，农副食品加工业等行业。

④ 低水平协调类型（协调度<0.3）。该类型的行业主要包括食品制造业，金属制品、机械和设备修理业，印刷和记录媒介复制业，皮革、毛皮、羽毛及其制品和制鞋业，化学纤维制造业，木材加工和木、竹、藤、棕、草制品业，水的生产和供应业等行业。

2. 与产业优势的关联分析

（1）静态匹配分析

产业优势常用产业区位熵进行评价。根据宁波市在全国、长三角地区和浙江省的区位熵特征，选择宁波市在长三角地区区位熵分析和评价其产业优势。根据宁波市各行业区位熵与科教资源的关系，可以划分为四种类型（图 6-44、表 6-14）。

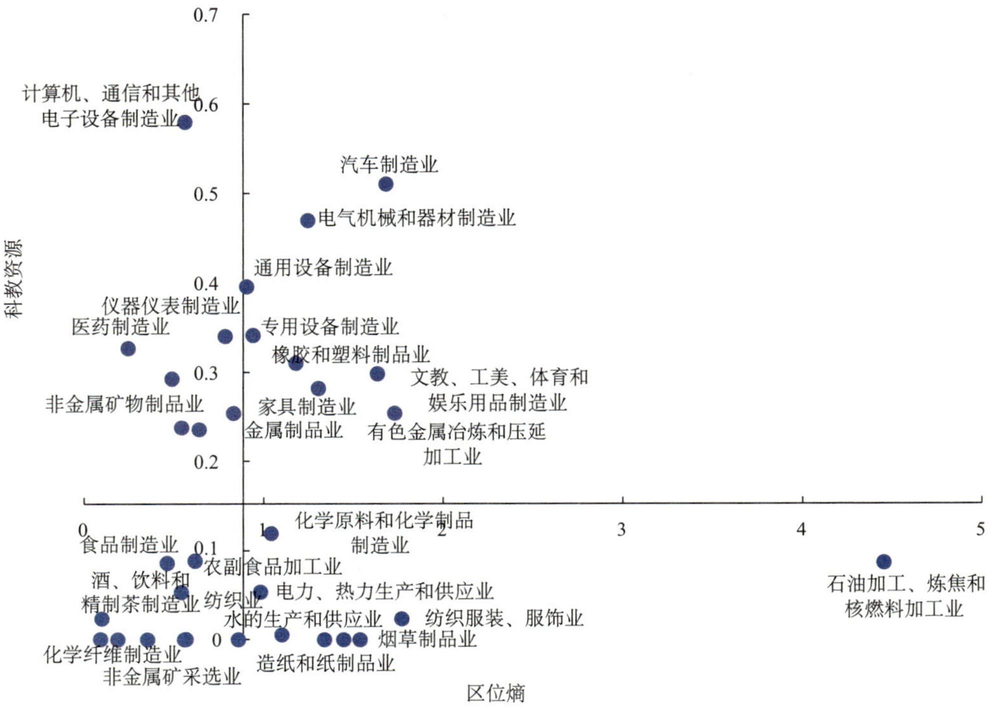

图 6-44 宁波市各行业产业区位熵与科教资源的匹配分析

① 高产业区位熵，高科教资源富集程度。该类行业区位熵和科教资源均高于各行业平均水平。具体包括家具制造业，文教、工美、体育和娱乐用品制造业，橡胶和塑料制品业，有色金属冶炼和压延加工业，通用设备制造业，专用设备制造业，汽车制造业，电气机械和器材制造业等行业。这些行业在长三角地区具有一定的竞争优势，同时也具有较为丰富的科教资源。

② 高产业区位熵，低科教资源富集程度。该类行业区位熵高于各行业平均水平，而科教资源低于各行业平均水平。具体包括烟草制品业，纺织服装、服饰业，印刷和记录媒介复制业，石油加工、炼焦和核燃料加工业，化学原料和化学制品制造业，电力、热力生产和供应业，燃气生产和供应业，水的生产和供应业等行业。这些行业整体具有竞争优势，但科教资源配套相对较为匮乏，仍需进一步完善科教资源。

表 6-14　宁波市产业区位熵与科教资源的行业匹配

类型	行业
产业区位熵>均值 科教资源>均值	家具制造业，文教、工美、体育和娱乐用品制造业，橡胶和塑料制品业，有色金属冶炼和压延加工业，通用设备制造业，专用设备制造业，汽车制造业，电气机械和器材制造业
产业区位熵>均值 科教资源<均值	烟草制品业，纺织服装、服饰业，印刷和记录媒介复制业，石油加工、炼焦和核燃料加工业，化学原料和化学制品制造业，电力、热力生产和供应业，燃气生产和供应业，水的生产和供应业
产业区位熵<均值 科教资源>均值	医药制造业，非金属矿物制品业，黑色金属冶炼和压延加工业，金属制品业，铁路、船舶、航空航天和其他运输设备制造业，计算机、通信和其他电子设备制造业，仪器仪表制造业，金属制品、机械和设备修理业
产业区位熵<均值 科教资源<均值	非金属矿采选业，农副食品加工业，食品制造业，酒、饮料和精制茶制造业，纺织业，皮革、毛皮、羽毛及其制品和制鞋业，木材加工和木、竹、藤、棕、草制品业，造纸和纸制品业，化学纤维制造业，废弃资源综合利用业

③ 低产业区位熵，高科教资源富集程度。该类行业区位熵低于各行业平均水平，而科教资源高于各行业平均水平。具体包括医药制造业，非金属矿物制品业，黑色金属冶炼和压延加工业，金属制品业，铁路、船舶、航空航天和其他运输设备制造业，计算机、通信和其他电子设备制造业，仪器仪表制造业，金属制品、机械和设备修理业等行业。这些行业在长三角地区不具有竞争优势，但其科教资源相对较多。

④ 低产业区位熵，低科教资源富集程度。该类行业区位熵和科教资源均低于各行业平均水平。具体包括非金属矿采选业，农副食品加工业，食品制造业，酒、饮料和精制茶制造业，纺织业，皮革、毛皮、羽毛及其制品和制鞋业，木材加工和木、竹、藤、棕、草制品业，造纸和纸制品业，化学纤维制造业，废弃资源综合利用业等行业。这些行业主营业务收入和科教资源均相对较低，可不作为未来发展的重点。

（2）动态协调分析

从分行业产业区位熵与科教资源的耦合协调性分析，各行业的协调性差异相对较大，协调程度最高的为汽车制造业，最低的为非金属矿采选业。根据协调度的值，可以将所有行业划分为三种类型（图 6-45）。

① 中等水平协调类型（协调度为 0.5～0.8）。该类型的行业科教资源和工业总产值呈协调状态。具体包括汽车制造业，电气机械和器材制造业，文教、工美、体育和娱乐用品制造业，有色金属冶炼和压延加工业，石油加工、炼焦和核燃料加工业，家具制造业，橡胶和塑料制品业，通用设备制造业，计算机、通信和其他电子设备制造业，专用设备制造业，仪器仪表制造业，金属制品业等行业。

② 中低水平协调类型（协调度为 0.3～0.5）。该类型的行业具体包括黑色金属冶炼和压延加工业，铁路、船舶、航空航天和其他运输设备制造业，非金属矿物制品业，化学原料和化学制品制造业，医药制造业，食品制造业，电力、热力生产和供应业，纺织服装、服饰业，农副食品加工业，纺织业等行业。

③ 低水平协调类型（协调度<0.3）。该类型的行业主要包括印刷和记录媒介复制业，皮革、毛皮、羽毛及其制品和制鞋业，化学纤维制造业，水的生产和供应业，木材加工和木、竹、藤、棕、草制品业等行业。

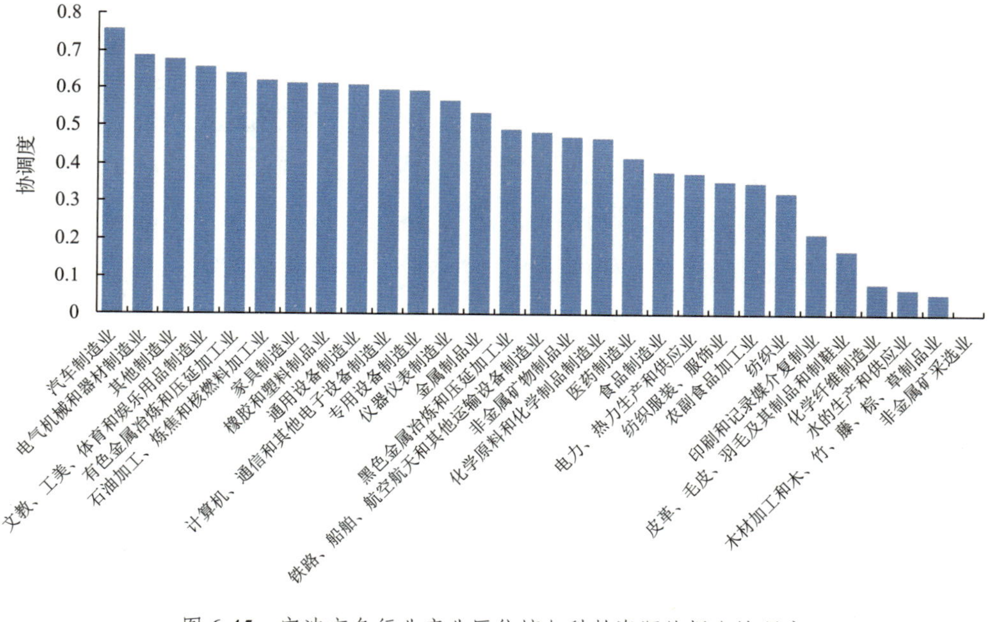

图 6-45 宁波市各行业产业区位熵与科教资源的耦合协调度

3. 与产业效率的关联分析

（1）静态匹配分析

根据宁波市各行业利润总额与科教资源的关系，可以划分为四种类型（图 6-46、表 6-15）。

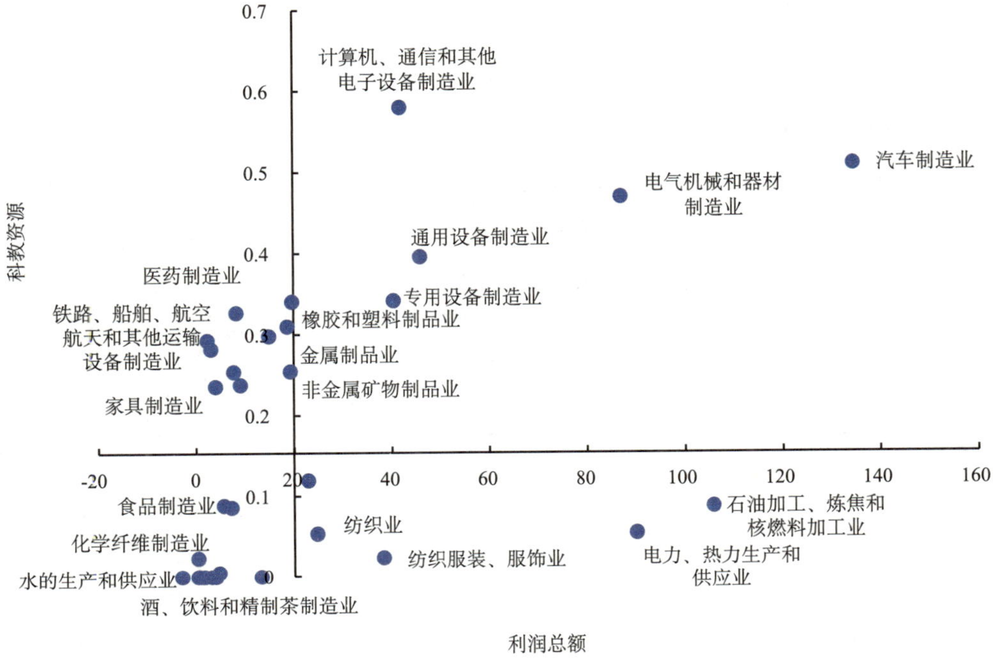

图 6-46　宁波市各行业利润总额与科教资源的匹配关系

① 高利润总额，高科教资源富集程度。该类行业利润总额和科教资源均高于各行业平均水平。具体包括通用设备制造业，专用设备制造业，汽车制造业，电气机械和器材制造业，计算机、通信和其他电子设备制造业等行业。这些行业具有较强的市场竞争力，同时本地也具有良好的科教配套。

② 高利润总额，低科教资源富集程度。该类行业利润总额高于各行业平均水平，而科教资源低于各行业平均水平。具体包括纺织业，纺织服装、服饰业，石油加工、炼焦和核燃料加工业，化学原料和化学制品制造业，电力、热力生产和供应业等行业。这些行业竞争力相对较强，但科教资源配套相对较为匮乏，仍需进一步完善科教资源。

③ 低利润总额，高科教资源富集程度。该类行业利润总额低于各行业平均水平，而科教资源高于各行业平均水平。具体包括家具制造业，文教、工美、体育和娱乐用品制造业，医药制造业，橡胶和塑料制品业，非金属矿物制品业，黑色金属冶炼和压延加工业，有色金属冶炼和压延加工业，金属制品业，铁路、船舶、航空航天和其他运输设备制造业，仪器仪表制造业，金属制品、机械和设备修理业等行业。这些行业科教资源相对较为丰富，可根据城市未来发展重点，重点培育。

④ 低利润总额，低科教资源富集程度。该类行业利润总额和科教资源均低于各行业平均水平。具体包括非金属矿采选业，农副食品加工业，食品制造业，酒、饮料和精制茶制造业，烟草制品业，皮革、毛皮、羽毛及其制品和制鞋业，木材加工和木、竹、藤、棕、草制品业，造纸和纸制品业，印刷和记录媒介复制业，化学纤维制造业，废弃资源综合利用业，燃气生产和供应业，水的生产和供应业等行业。这些行业市场竞争力相对较弱，且本地缺乏相应的科教资源配套，未来发展的难度较大，建议不作为未来发展的重点。

表 6-15 宁波市利润总额与科教资源的行业匹配

类型	行业
利润总额>均值 科教资源>均值	通用设备制造业，专用设备制造业，汽车制造业，电气机械和器材制造业，计算机、通信和其他电子设备制造业
利润总额>均值 科教资源<均值	纺织业，纺织服装、服饰业，石油加工、炼焦和核燃料加工业，化学原料和化学制品制造业，电力、热力生产和供应业
利润总额<均值 科教资源>均值	家具制造业，文教、工美、体育和娱乐用品制造业，医药制造业，橡胶和塑料制品业，非金属矿物制品业，黑色金属冶炼和压延加工业，有色金属冶炼和压延加工业，金属制品业，铁路、船舶、航空航天和其他运输设备制造业，仪器仪表制造业，金属制品、机械和设备修理业
利润总额<均值 科教资源<均值	非金属矿采选业，农副食品加工业，食品制造业，酒、饮料和精制茶制造业，烟草制品业，皮革、毛皮、羽毛及其制品和制鞋业，木材加工和木、竹、藤、棕、草制品业，造纸和纸制品业，印刷和记录媒介复制业，化学纤维制造业，废弃资源综合利用业，燃气生产和供应业，水的生产和供应业

（2）动态协调分析

从分行业利润总额与科教资源的耦合协调性分析，各行业的协调性差异相对较大，协调程度最高的为汽车制造业。根据协调度的值，可以将所有行业划分为四种类型（图 6-47）。

① 高水平协调类型（协调度＞0.8）。该类型的行业科教资源与利润总额呈高度协调状态，具体包括汽车制造业、电气机械和器材制造业等。

② 中等水平协调类型（协调度为 0.5～0.8）。该类型的行业科教资源和利润总额呈协调状态。具体包括通用设备制造业，计算机、通信和其他电子设备制造业，专用设备制造业，金属制品业，仪器仪表制造业，橡胶和塑料制品业等行业。

③ 中低水平协调类型（协调度为 0.3～0.5）。该类型的行业主要包括电力、热力生产和供应业，文教、工美、体育和娱乐用品制造业，石油加工、炼焦和核燃料加工业，非金属矿物制品业，有色金属冶炼和压延加工业，化学原料和化学制品制造业，黑色金属冶炼和压延加工业，医药制造业，纺织业，家具制造业，铁路、船舶、航空航天和其他运输设备制造业，其他制造业，金属制品、机械和设备修理业等行业。

④ 低水平协调类型（协调度<0.3）。该类型的行业主要包括食品制造业，农副食品加工业，纺织服装、服饰业，印刷和记录媒介复制业，皮革、毛皮、羽毛及其制品和制鞋业，木材加工和木、竹、藤、棕、草制品业，化学纤维制造业，水的生产和供应业等行业。

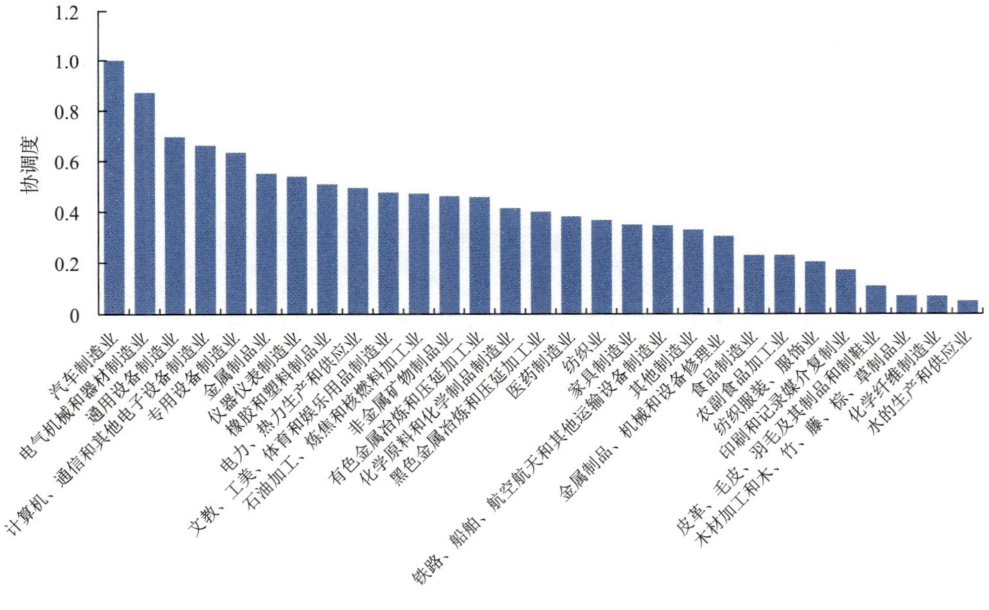

图 6-47　宁波市各行业利润总额与科教资源的耦合协调度

4. 与产业竞争力的关联分析

（1）静态匹配分析

根据宁波市各行业竞争力与科教资源的关系，可以划分为四种类型（图 6-48、表 6-16）。

① 高产业竞争力，高科教资源富集程度。该类行业产业竞争力和科教资源均高于各行业平均水平。具体包括文教、工美、体育和娱乐用品制造业，橡胶和塑

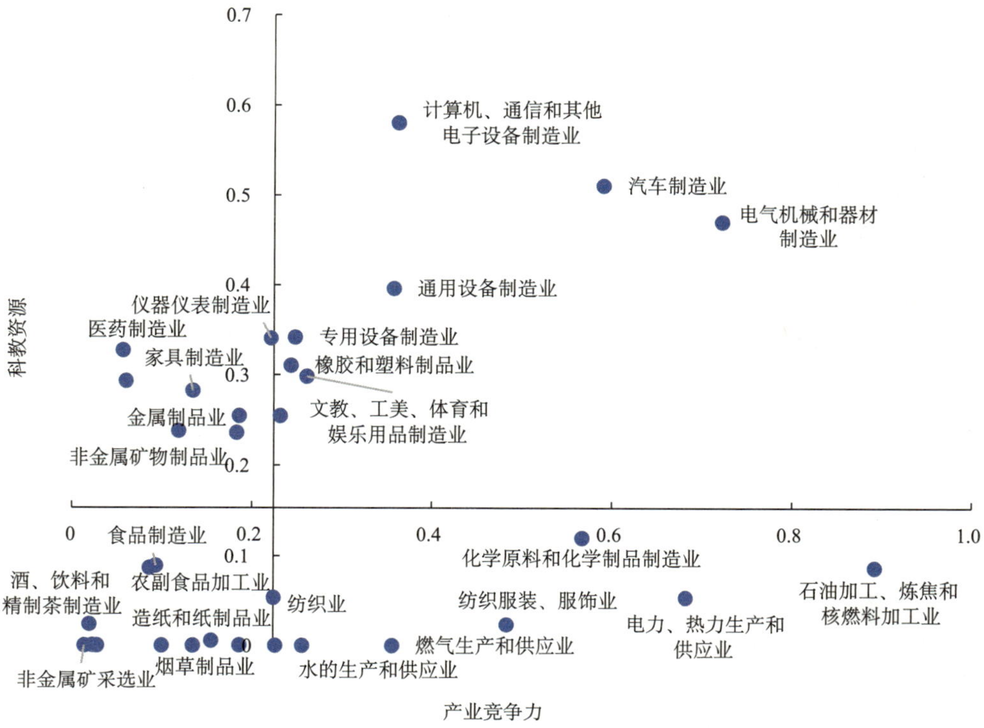

图 6-48 宁波市各行业产业竞争力和科教资源的匹配关系

表 6-16 宁波市产业竞争力和科教资源的行业匹配

类型	行业
产业竞争力>均值 科教资源>均值	文教、工美、体育和娱乐用品制造业，橡胶和塑料制品业，有色金属冶炼和压延加工业，通用设备制造业，专用设备制造业，汽车制造业，电气机械和器材制造业，计算机、通信和其他电子设备制造业
产业竞争力>均值 科教资源<均值	纺织业，纺织服装、服饰业，石油加工、炼焦和核燃料加工业，化学原料和化学制品制造业，废弃资源综合利用业，电力、热力生产和供应业，燃气生产和供应业，水的生产和供应业
产业竞争力<均值 科教资源>均值	家具制造业，医药制造业，非金属矿物制品业，黑色金属冶炼和压延加工业，金属制品业，铁路、船舶、航空航天和其他运输设备制造业，仪器仪表制造业，金属制品、机械和设备修理业
产业竞争力<均值 科教资源<均值	非金属矿采选业，农副食品加工业，食品制造业，酒、饮料和精制茶制造业，烟草制品业，皮革、毛皮、羽毛及其制品和制鞋业，木材加工和木、竹、藤、棕、草制品业，造纸和纸制品业，印刷和记录媒介复制业，化学纤维制造业

料制品业，有色金属冶炼和压延加工业，通用设备制造业，专用设备制造业，汽车制造业，电气机械和器材制造业，计算机、通信和其他电子设备制造业等行业。这些行业在长三角地区具有较强的竞争力，同时也具有较为丰富的科技资源。

② 高产业竞争力，低科教资源富集程度。该类行业产业竞争力高于各行业平均水平，而科教资源低于各行业平均水平。具体包括纺织业，纺织服装、服饰业，石油加工、炼焦和核燃料加工业，化学原料和化学制品制造业，废弃资源综合利用业，电力、热力生产和供应业，燃气生产和供应业，水的生产和供应业等行业。这些行业整体具有较强的竞争力，但科教资源配套相对较为匮乏，仍需进一步完善科技资源。

③ 低产业竞争力，高科教资源富集程度。该类行业产业竞争力低于各行业平均水平，而科教资源高于各行业平均水平。具体包括家具制造业，医药制造业，非金属矿物制品业，黑色金属冶炼和压延加工业，金属制品业，铁路、船舶、航空航天和其他运输设备制造业，仪器仪表制造业，金属制品、机械和设备修理业等行业。这些行业竞争力较弱，但其科教资源相对较多。

④ 低产业竞争力，低科教资源富集程度。该类行业产业竞争力和科教资源均低于各行业平均水平。具体包括非金属矿采选业，农副食品加工业，食品制造业，酒、饮料和精制茶制造业，烟草制品业，皮革、毛皮、羽毛及其制品和制鞋业，木材加工和木、竹、藤、棕、草制品业，造纸和纸制品业，印刷和记录媒介复制业，化学纤维制造业等行业。这些行业产业竞争力和科教资源均相对较低，可不作为未来发展的重点。

（2）动态协调分析

从分行业竞争力与科教资源的耦合协调性分析，各行业的协调性差异相对较大，协调程度最高的为电气机械和器材制造业。根据协调度的值，可以将所有行业划分为四种类型（图 6-49）。

① 高水平协调类型（协调度＞0.8）。该类型的行业主要包括电气机械和器材制造业、汽车制造业等行业。

② 中等水平协调类型（协调度为 0.5～0.8）。该类型的行业科教资源和产业竞争力呈协调状态。主要包括计算机、通信和其他电子设备制造业，通用设备制造业，专用设备制造业，石油加工、炼焦和核燃料加工业，文教、工美、体育和娱乐用品制造业，橡胶和塑料制品业，仪器仪表制造业，化学原料和化学制品制造业，有色金属冶炼和压延加工业，金属制品业，黑色金属冶炼和压延加工业，

电力、热力生产和供应业，家具制造业等行业。

③ 中低水平协调类型（协调度为 0.3～0.5）。该类型的行业主要包括金属制品、机械和设备修理业，非金属矿物制品业，医药制造业，铁路、船舶、航空航天和其他运输设备制造业，纺织业，纺织服装、服饰业，食品制造业，农副食品加工业等行业。

④ 低水平协调类型（协调度<0.3）。该类型的行业主要包括印刷和记录媒介复制业，皮革、毛皮、羽毛及其制品和制鞋业，化学纤维制造业，水的生产和供应业，木材加工和木、竹、藤、棕、草制品业等行业。

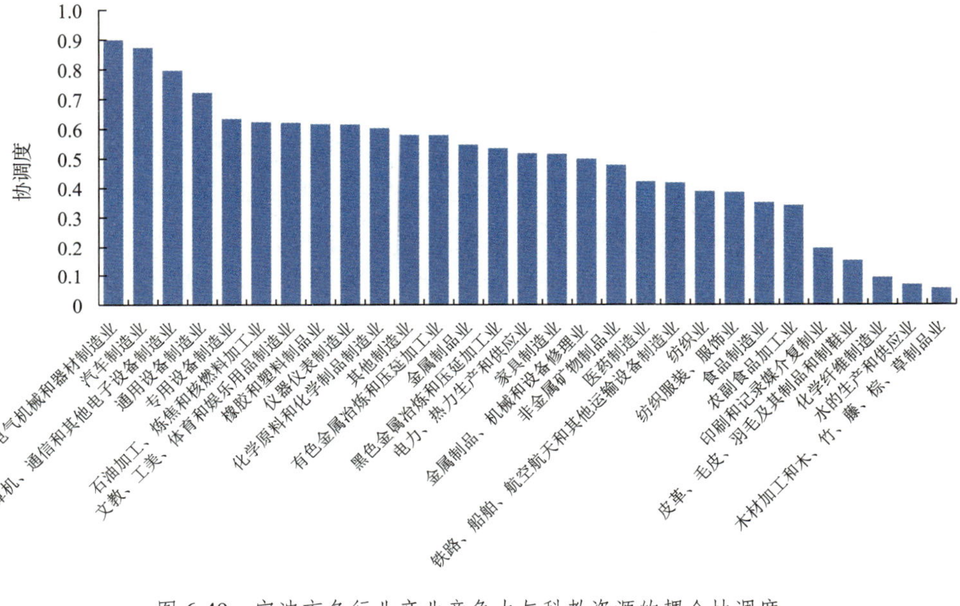

图 6-49 宁波市各行业产业竞争力与科教资源的耦合协调度

第六节 小 结

本部分主要综合产业竞争力与科教资源的象限法和耦合协调度匹配分析结果，最终将产业竞争力与科教资源匹配关系归纳为以下五种类型，并最终得出产业发展的科教资源需求导向目录（表 6-17）。

表 6-17　宁波市产业发展—科教资源关联结果

国民经济行业	静态匹配	动态协调度	导向类型
电气机械和器材制造业	高—高	高水平协调	高水平协调型
汽车制造业	高—高	高水平协调	高水平协调型
通用设备制造业	高—高	中等水平协调	中等水平协调型
计算机、通信和其他电子设备制造业	高—高	中等水平协调	中等水平协调型
有色金属冶炼和压延加工业	高—高	中等水平协调	中等水平协调型
专用设备制造业	高—高	中等水平协调	中等水平协调型
橡胶和塑料制品业	高—高	中等水平协调	中等水平协调型
文教、工美、体育和娱乐用品制造业	高—高	中等水平协调	中等水平协调型
化学原料和化学制品制造业	高—低	中等水平协调	科教资源需求型
电力、热力生产和供应业	高—低	中等水平协调	科教资源需求型
石油加工、炼焦和核燃料加工业	高—低	中低水平协调	科教资源需求型
纺织业	高—低	中低水平协调	科教资源需求型
仪器仪表制造业	低—高	中等水平协调	科教资源引导型
金属制品业	低—高	中等水平协调	科教资源引导型
黑色金属冶炼和压延加工业	低—高	中等水平协调	科教资源引导型
其他制造业	低—高	中等水平协调	科教资源引导型
非金属矿物制品业	低—高	中等水平协调	科教资源引导型
金属制品、机械和设备修理业	低—高	中低水平协调	科教资源引导型
铁路、船舶、航空航天和其他运输设备制造业	低—高	中低水平协调	科教资源引导型
医药制造业	低—高	中低水平协调	科教资源引导型
家具制造业	低—高	中低水平协调	科教资源引导型
纺织服装、服饰业	高—低	低水平协调阶段	低水平发展型
水的生产和供应业	高—低	低水平协调阶段	低水平发展型
废弃资源综合利用业	高—低	低水平协调阶段	低水平发展型
燃气生产和供应业	高—低	低水平协调阶段	低水平发展型
食品制造业	低—低	低水平协调阶段	低水平发展型
农副食品加工业	低—低	低水平协调阶段	低水平发展型
印刷和记录媒介复制业	低—低	低水平协调阶段	低水平发展型
化学纤维制造业	低—低	低水平协调阶段	低水平发展型
皮革、毛皮、羽毛及其制品和制鞋业	低—低	低水平协调阶段	低水平发展型

续表

国民经济行业	静态匹配	动态协调度	导向类型
木材加工和木、竹、藤、棕、草制品业	低—低	低水平协调阶段	低水平发展型
非金属矿采选业	低—低	低水平协调阶段	低水平发展型
酒、饮料和精制茶制造业	低—低	低水平协调阶段	低水平发展型
烟草制品业	低—低	低水平协调阶段	低水平发展型
造纸和纸制品业	低—低	低水平协调阶段	低水平发展型

注：象限法研究中采用产业竞争力为横坐标、科教资源为纵坐标；其中原点值为宁波市各产业的均值。

（1）高水平协调类型。位于第一象限，耦合协调度为高水平协调。处于该类型的行业具有较好的产业竞争力和科教资源，并且两者处于高水平耦合协调阶段。目前，宁波市处于该类型的产业只有 2 个，即电气机械和器材制造业、汽车制造业。这两个行业是目前宁波市排名前两位的主导行业，同时具有较好的利润总额，但从产业发展区位熵考虑，宁波市的这两个行业在长三角地区的比较优势仍略有欠缺。未来，这一类产业是宁波市值得培育的重点产业。

（2）中等水平协调类型。位于第一象限，耦合协调度为中等水平协调。该类型的产业具有较好的产业竞争力和科教资源，两者之间具有较高的协调水平。目前，宁波市处于该类型的产业有 6 个，包括：通用设备制造业，计算机、通信和其他电子设备制造业，有色金属冶炼和压延业，专用设备制造业，橡胶和塑料制品业，文教、工美、体育用品制造业。

（3）科教资源需求型。位于第四象限，耦合协调度为中等水平协调或中低水平协调。该类型的产业具有较好的产业竞争力，但科教资源发展水平不足，两者之间的耦合协调度相对较低。目前，宁波市处于该类型的产业共有 4 个，包括：化学原料和化学制品制造业，电力、热力生产和供应业，石油加工、炼焦和核燃料加工业，纺织业。

（4）科教资源引导型。位于第二象限，耦合协调度为中等水平协调或中低水平协调。该类型的产业具有较好的科教资源，但产业竞争力相对较差，两者之间的耦合协调程度也相对较低。目前，宁波市属于该类型的产业共有 9 个，包括：仪器仪表制造业，金属制品业，黑色金属冶炼和压延加工业，其他制造业，非金属矿物制品业，金属制品、机械和设备修理业，铁路、船舶、航空航天和其他运输设备制造业，医药制造业，家具制造业。

（5）低水平发展型。位于第三象限，耦合协调度为中低水平协调或低水平协调；或位于第二、四象限，但耦合协调度为低水平协调。该类型的产业竞争力弱，科教资源基础也较差，两者之间的协调水平低。目前，宁波市属于该类型的产业较多，共有 14 个，具体包括：纺织服装、服饰业，水的生产和供应业，废弃资源综合利用业，燃气生产和供应业，食品制造业，农副食品加工业，印刷和记录媒介复制业，化学纤维制造业，皮革、毛皮、羽毛及其制品和制鞋业，木材加工和木、竹、藤、棕、草制品业，非金属矿采选业，酒、饮料和精制茶制造业，烟草制品业，造纸和纸制品业等。该类型的产业在宁波市未来发展中可基本不用考虑。

第七章　宁波知识产权与产业发展关联分析

第一节　宁波知识产权发展演化及特征分析

以专利、商标和版权为代表，分析宁波市知识产权资源发展变化、现状与特征。

一、专利分布特征

1. 专利规模

总体上，专利申请量和授权量稳步提升，但专利授权量近年来有所降低（图 7-1）。2005 年宁波市专利申请量 7 772 件，到 2013 年增长为 83 334 件，增长了 9.72 倍；受专利申请量统计口径变化的影响，2016 年专利申请量较 2013 年有所降低，但较 2014 年和 2015 年有所增加。与此同时，宁波市专利授权量由 2005

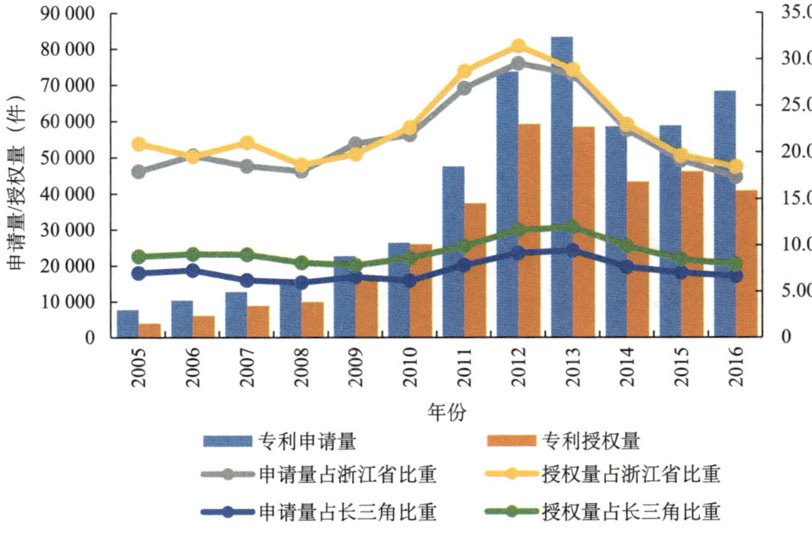

图 7-1　2005～2016 年宁波市专利申请量和授权量及其占比

年的3 985件增加到2013年的58 406件，增长了13.66倍；但2016年较2015年有所降低。这表明宁波市专利资源数量明显提升。

2. 专利占比

宁波市专利申请量和授权量占浙江省与长三角地区的比重呈先增后减的趋势，均高于GDP和人口占比（图7-2）。首先，从占浙江省比重分析，宁波市专利授权量和申请量的地位呈现出先增后减的态势。宁波市专利申请量和授权量占浙江省的比重分别由2005年的7.02%和20.91%，增加为2013年的9.42%和

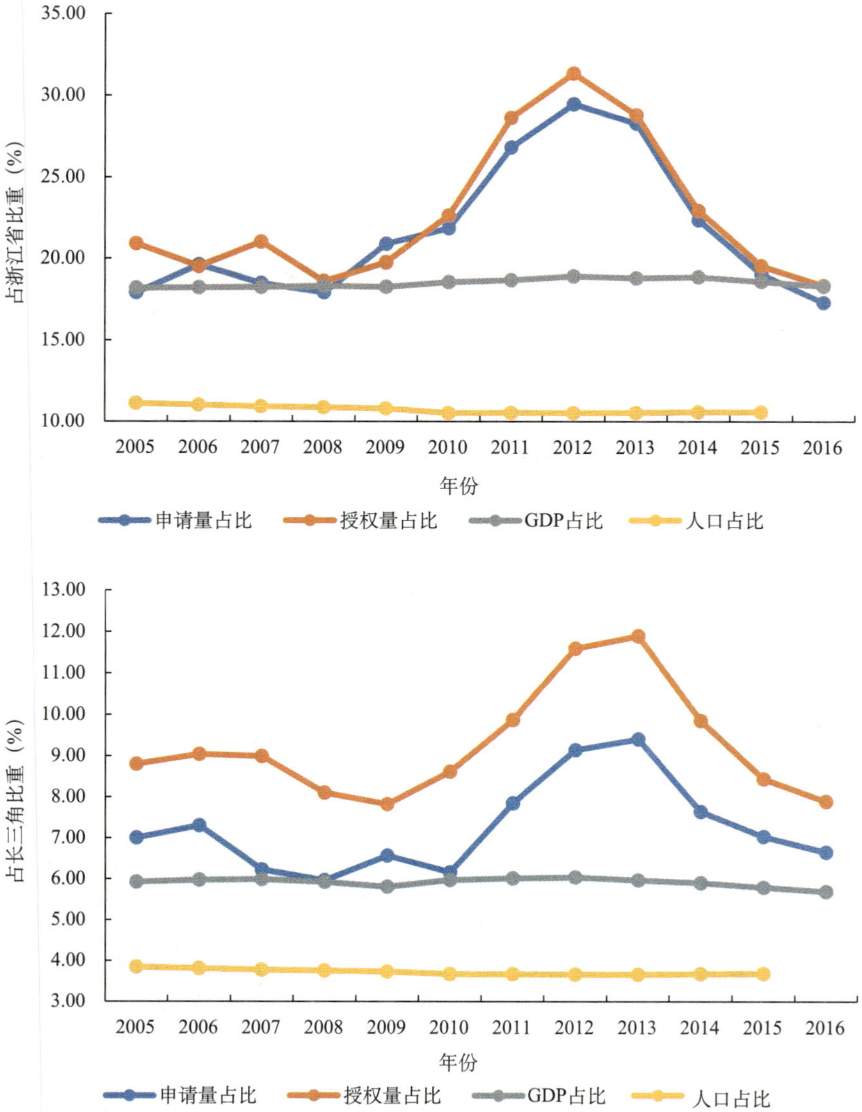

图7-2　2005～2016年宁波专利申请量、授权量、GDP和人口占浙江省与长三角的比重

28.86%，到 2016 年又有所降低，分别降低为 6.65%和 18.42%。其次，宁波市专利申请量和授权量占长三角地区的比重也呈现出先增后减的态势。这表明宁波市专利资源在长三角和浙江省的地位近些年有所下降。此外，宁波市专利申请量和专利授权量占浙江省与长三角地区的比重均高于人口及 GDP 占比，这表明宁波市专利资源在浙江省和长三角地区的地位要明显好于其经济与人口在全省及长三角地区的地位。

3. 专利密度

从单位产值专利资源分析（图 7-3），宁波市专利资源较长三角和浙江省平均

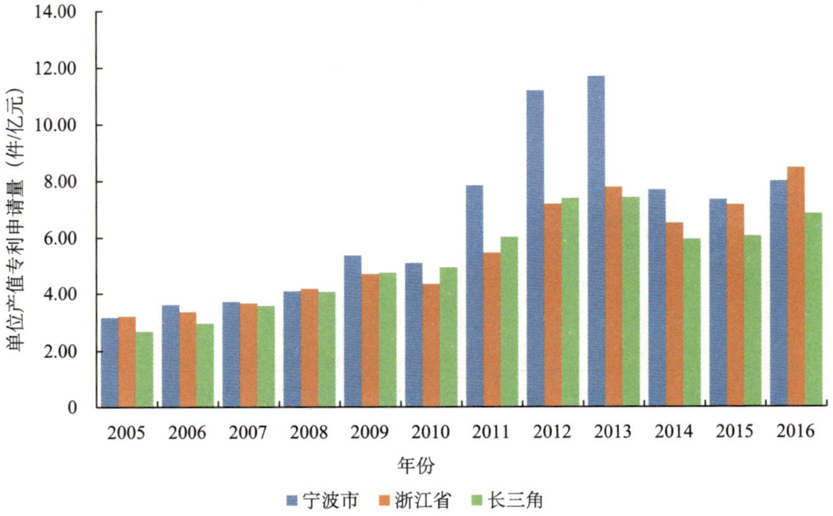

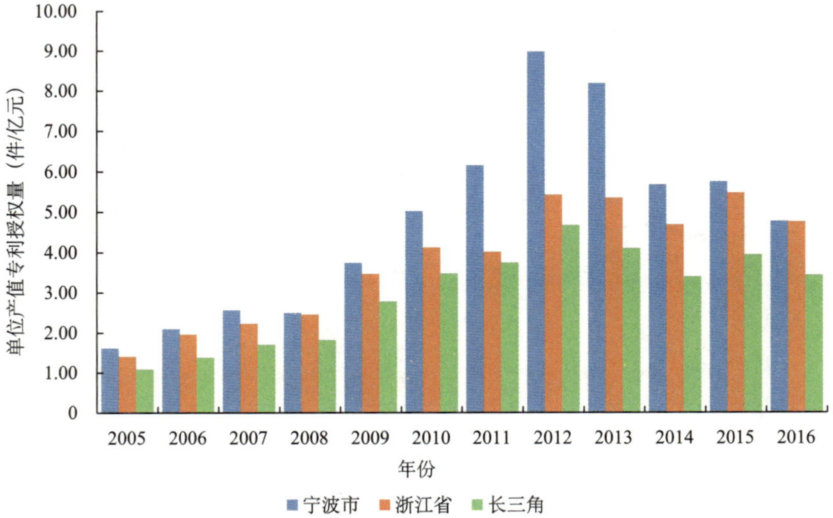

图 7-3 2005～2016 年宁波市单位产值专利申请量和授权量

水平的优势略有降低。2005～2013 年宁波市单位产值专利申请量呈波动递增的态势，在 2013 年达到最大值（11.69 件/亿元），分别为浙江省和长三角的 1.5 倍和 1.57 倍；2014～2016 年宁波市单位产值专利申请量相对较为稳定，与长三角和浙江省的差距缩小，2016 年低于浙江省平均水平。宁波市单位产值专利授权量表现出与专利申请量相似的变化特征，即 2005～2013 年稳步提升，但 2014～2016 年略有降低。

从单位人口专利资源分析（图 7-4），宁波市专利资源较长三角和浙江省平均水平的优势较明显。宁波单位人口专利申请量/授权量呈先波动递增，后波动递减

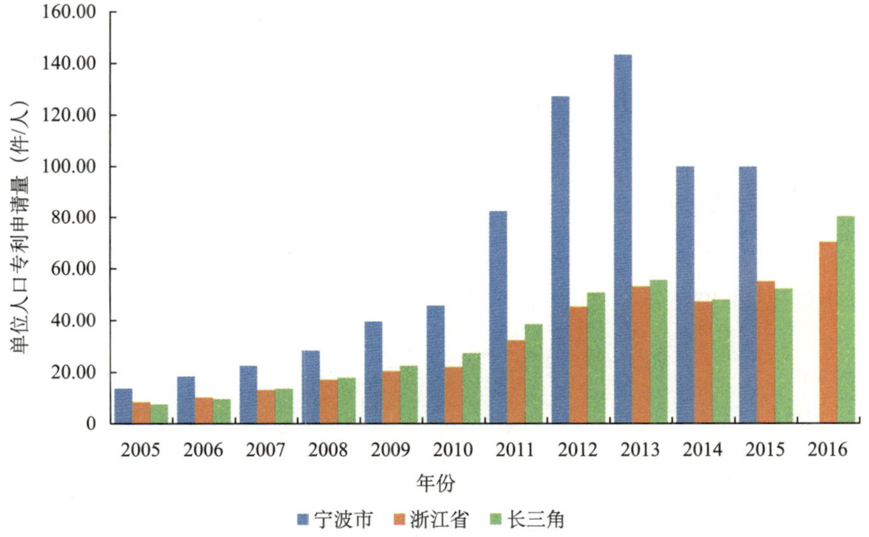

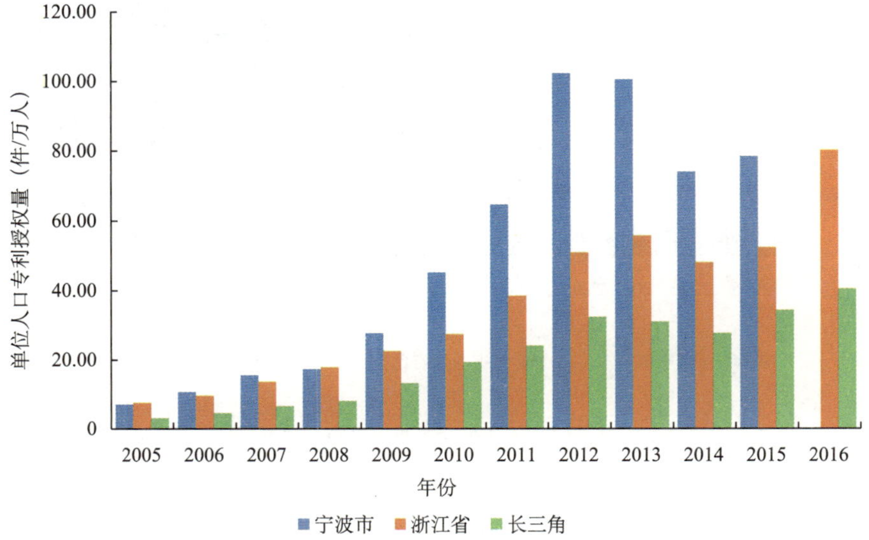

图 7-4 2005～2016 年宁波市单位人口专利申请量和授权量

的态势，均远高于长三角和浙江省平均水平。2015 年宁波单位人口专利申请量为 100.2 件/万人，为长三角和浙江省的 1.9 倍和 1.8 倍。2015 年宁波单位人口专利授权量为 78.6 件/万人，为长三角和浙江省的 2.3 倍和 1.5 倍。

二、商标分布特征

1. 商标规模

宁波市商标的申请量呈稳步上升态势，且占长三角地区和浙江省的比重均呈现下降趋势。从商标的申请量来看，2005～2011 年呈现快速增长态势，商标申请量由 2005 年的 2 999 件增加为 2011 年的 19 217 件；2011～2014 年商标申请量增长不明显，2014 年之后呈现快速增长的态势。宁波市商标申请量占长三角地区的比重呈现稳步下降的态势，除 2009 年较 2008 年有所增加。商标申请量占长三角地区的比重，由 2009 年的 12.34%降低为 2016 年的 10.77%。宁波市商标申请量占浙江省的比重也表现出相似的特征，由 2008 年的 6.03%增加为 2009 年的 6.44%，之后稳步降低为 2016 年的 4.44%（图 7-5、图 7-6）。

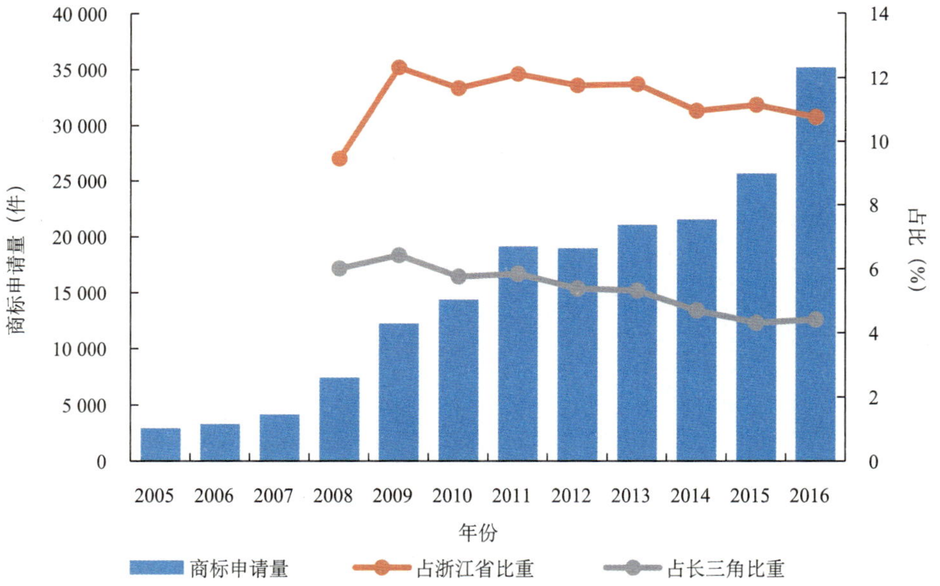

图 7-5 2005～2016 年宁波市商标申请量及其占比

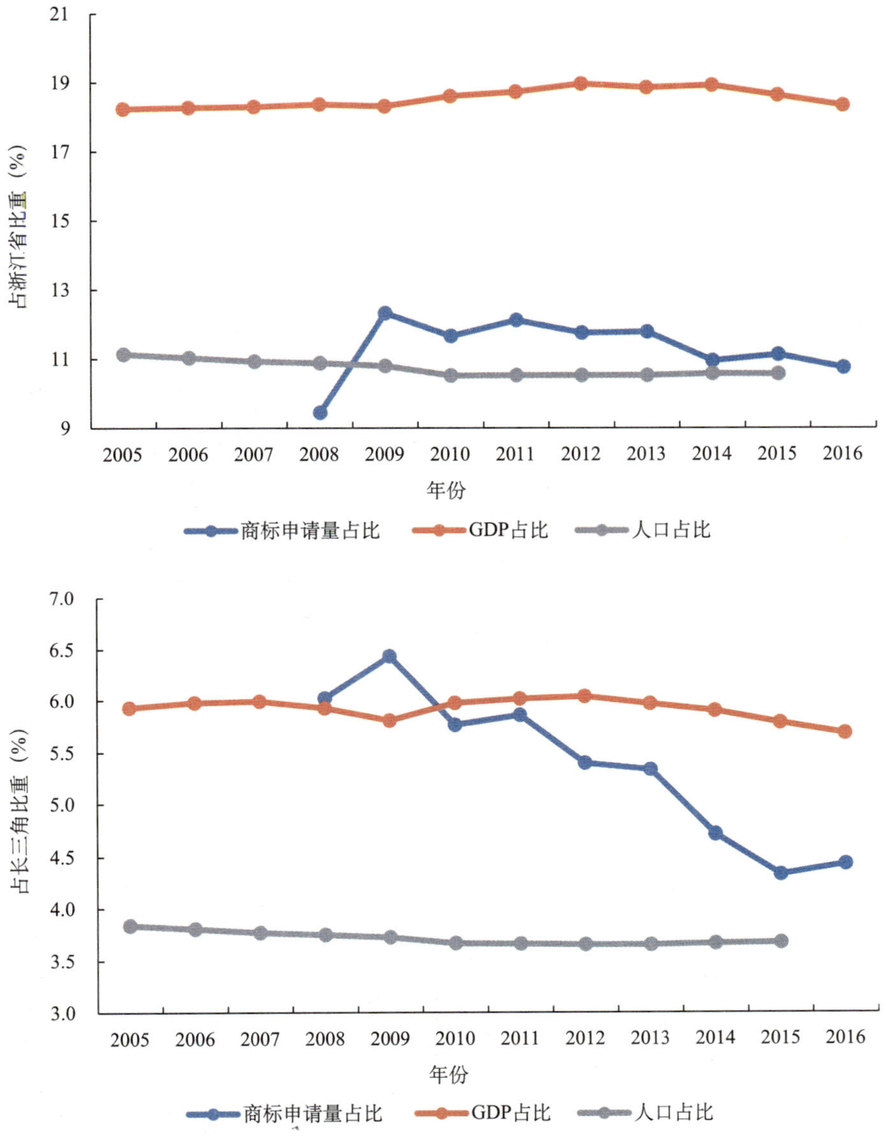

图 7-6　2005～2016 年宁波市商标申请量、GDP 和人口占比

2. 商标密度

人均商标申请量和单位产值商标申请量呈现先增加后降低再升高的趋势（图 7-7）。2005～2010 年宁波市人均商标申请数由 2005 年的 5.39 件/万人，增加为 2010 年的 38.59 件/万人，增长了 6.16 倍，到 2010 年达到最大值；2010～2013 年人均商标申请量有所降低，降低为 2013 年的 21.44 件/万人，并达到最低值；2013 年之后，人均商标申请量呈稳步上升态势，到 2015 年增加为 42.19 件/万人。单位

产值商标申请量表现出相似的特征，由 2005 年 1.22 件/亿元增加为 2010 年的 4.29 件/亿元，到 2013 年又降低为 1.77 件/亿元，到 2016 年增加为 2.51 件/亿元。

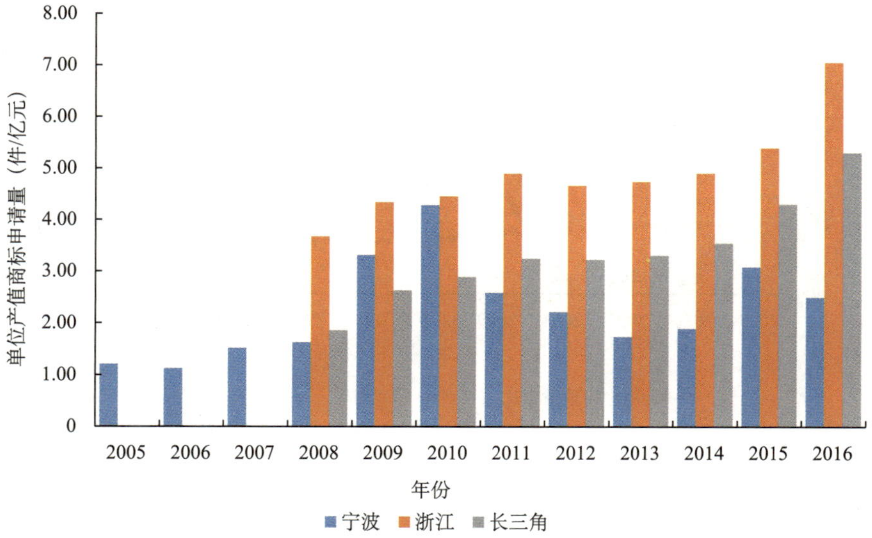

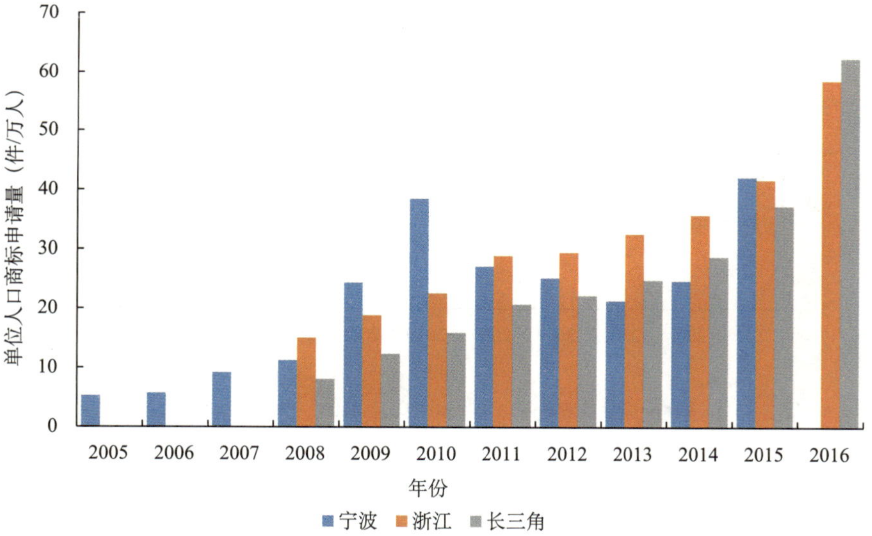

图 7-7 2005～2016 年单位产值和单位人口商标申请量

人均商标申请量在长三角和浙江省的排位较靠后，但单位产值商标申请量在长三角和浙江省的优势明显。从人均商标申请量分析，2008～2009 年宁波市高于浙江省平均水平，但 2010～2014 年低于浙江省平均水平，2015 年略高于浙江省平均水平；除 2013 年和 2014 年外，其他年份宁波市单位产值商标申请量均高于长三角地区平均水平。这表明相对于人口规模而言，宁波市商标申请量在长三角地区具有一定的优势。从单位产值商标申请量分析，宁波市低于长三角平均水平，远低于浙江省平均水平。2008 年宁波市单位产值商标申请量分别为长三角和浙江省的 87.9%和 44.6%，到 2016 年又降低为 47.3%和 35.6%，这表明与经济发展水平相比，宁波市商标资源明显落后于长三角和浙江省平均水平。

三、版权分布特征

宁波市版权申请量呈现波动上升的态势（图 7-8）。版权量由 2012 年的 420 件增加为 2014 年的 2 450 件，增加了 5.83 倍，并在 2014 年达到最大值，2015 年降低为 2 208 件，2016 年又增加为 2 393 件，较 2012 年增长了 4.6 倍。从人均版权量分析，宁波市也呈现先增加后减少的态势，由 2012 年的个 0.73 件/万人增加为 2014 年 4.2 件/万人，增长了 4.77 倍，到 2015 年又有所降低，降低为 3.76 件/万人。宁波市单位产值版权量也表现出相似的特征，由 2012 年的 0.64 件/亿元，增加为 2014 年的 3.22 件/亿元，到 2016 年又降低为 2.8 件/亿元。

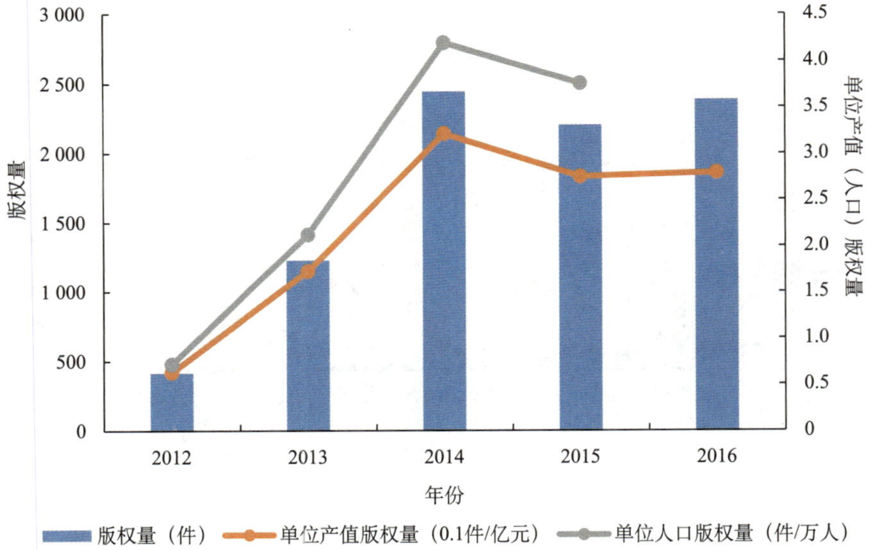

图 7-8　2012～2016 年版权量以及单位产值和单位人口版权量

第二节 宁波专利资源的行业集聚特征

由于发明专利与产业发展关系最为密切，因此，下文对发明专利的行业分布特征进行进一步分析。

一、发明专利行业分布特征

宁波发明专利申请量主要集中在金属制品业、通用设备制造业、汽车制造业等，其发明专利数量和发明专利申请量占总量比重分别达到 1 700 件和 10%；其次为化学原料和化学制品制造业，电气机械和器材制造业，橡胶和塑料制品业，计算机、通信和其他电子设备制造业，有色金属冶炼和压延加工业等行业，这些行业发明专利申请量占比高于5%。而石油加工、炼焦和核燃料加工业行业发明专利申请量相对较低，其占比仅为 0.21%（图 7-9）。从发明专利申请量的增速分析，石油加工、炼焦和核燃料加工业，酒、饮料和精制茶制造业，医药制造业，水的生产和供应业，食品制造业，黑色金属冶炼和压延加工业，印刷和记录媒介复制业，废弃资源综合利用业等行业增速相对较高，发明专利申请量较 2010 年增长了 1 倍多。而汽车制造业发明专利申请量增速（54%）低于宁波市分行业专利申请的平均增速（76%）。

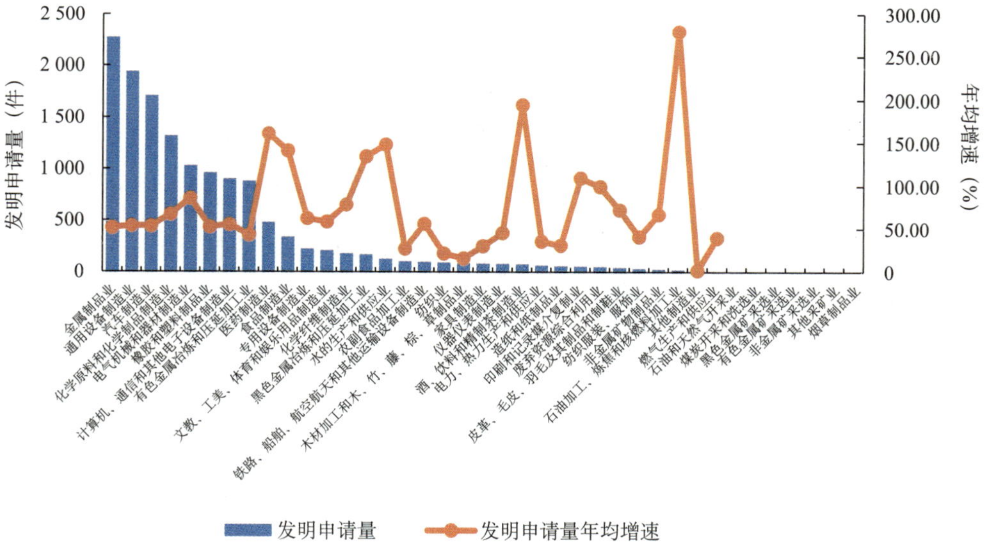

图 7-9 宁波市分行业发明专利申请量和增速

宁波市发明专利授权量较多的行业也主要集中在金属制品业、通用设备制造业、汽车制造业、化学原料和化学制品业等行业，这些行业的发明专利授权量均在 700 以上，且其占总量比重也均高于 10%；其次为有色金属冶炼和压延加工业，橡胶和塑料制品业，计算机、通信和春他电子设备制造业等行业，这些行业发明专利授权量占比均高于 5%；而石油加工、炼焦和核燃料加工业发明专利授权量占比相对较低（图 7-10）。从发明专利授权量增速分析，化学纤维制造业，纺织业，专用设备制造业，造纸和纸制品业，食品制造业，水的生产和供应业，酒、饮料和精制茶制造业，石油加工、炼焦和核燃料加工业等行业，发明专利授权量增速相对较高，较 2010 年均增加了 1 倍以上，而汽车制造业的增速低于宁波市所有行业平均水平。

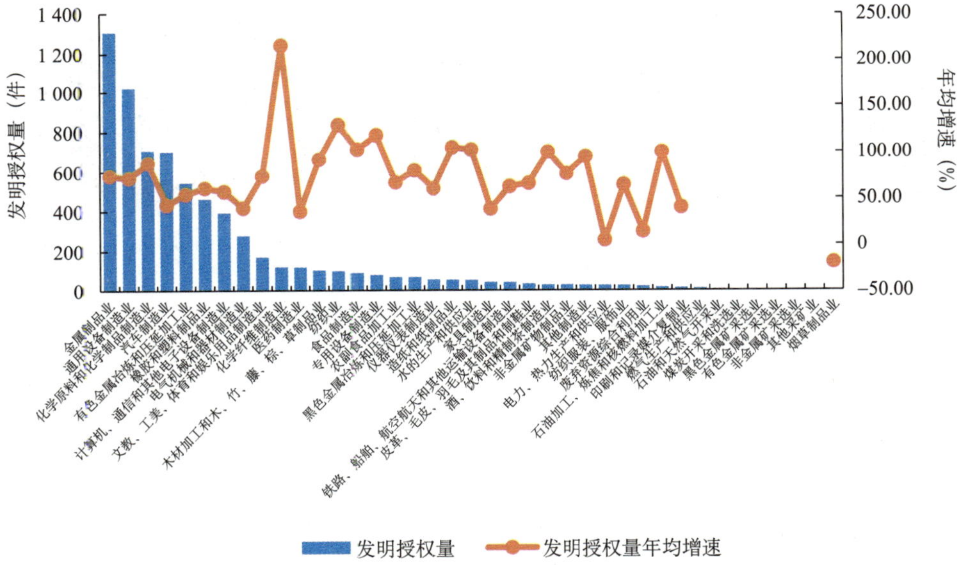

图 7-10 宁波市分行业发明专利授权量和增速

二、发明专利密集度

为进一步分析专利资源的行业集聚特征，本研究引入单位产值的专利授权量指标进行分析（图 7-11、图 7-12、表 7-1）。金属制品、机械和设备修理业，医药制造业，木材加工和木、竹、藤、棕、草制品业等行业单位产值发明专利授权量较高，这些行业在浙江省的优势也较为明显，该值均高于浙江省平均水平。而石油加工、炼焦和核燃料加工业，燃气生产和供应业，纺织服装、服饰业，电力、热力生产和供应业，非金属矿物制品业等行业单位产值发明专利授权量相对较低。

此外，煤炭开采和洗选业、汽车制造业、黑色金属矿采选业、计算机、通信和其他电子设备制造业等行业单位产值发明专利授权量明显低于浙江省平均水平。

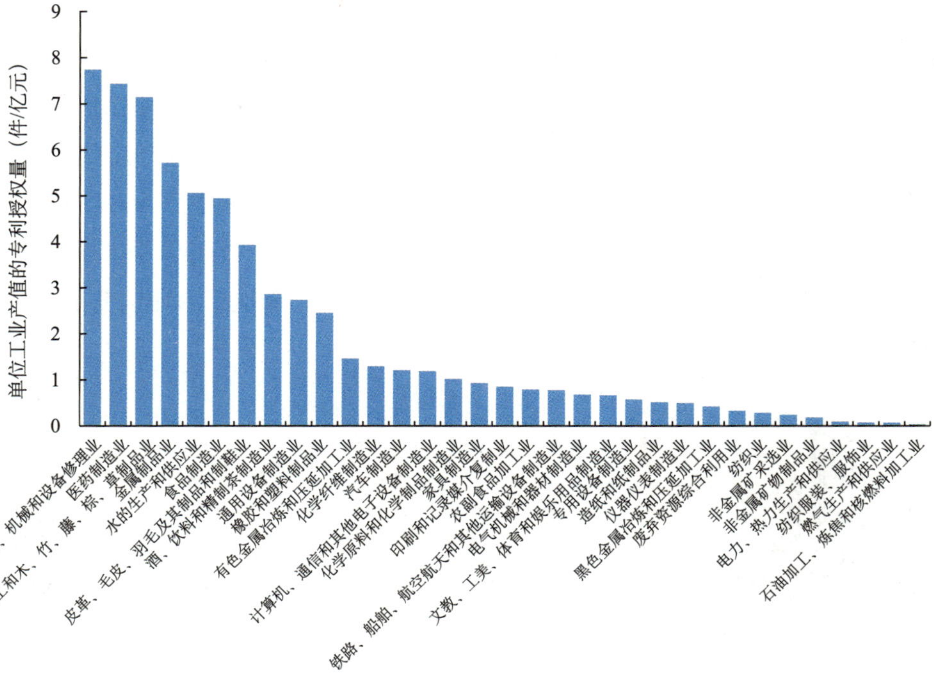

图 7-11　宁波市单位工业产值的发明专利授权量

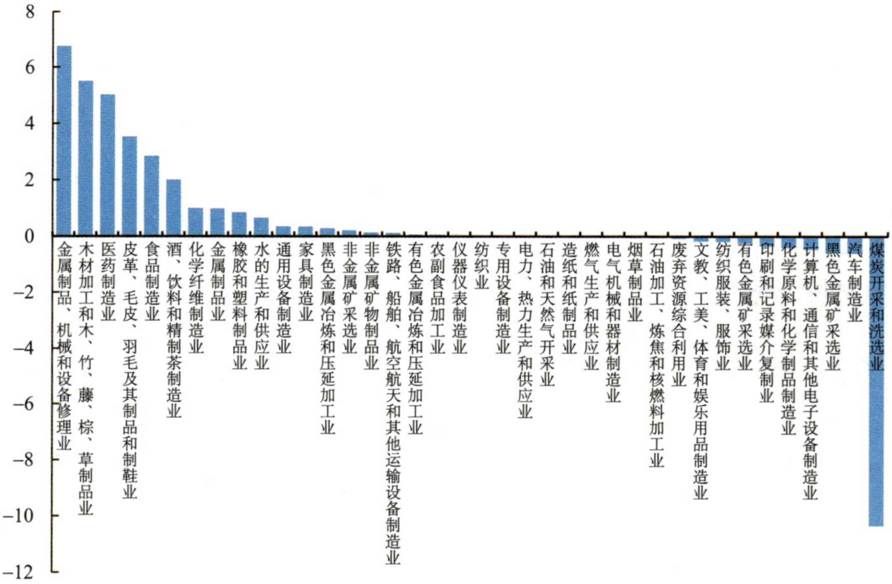

图 7-12　宁波市单位产值的发明专利授权量与浙江省平均水平的差值

表 7-1　宁波市单位产值的发明专利授权量与浙江省平均水平比较

类别	专利产出	数量	名称
专利产出较好型	高于全省平均水平	22	金属制品、机械和设备修理业，木材加工和木、竹、藤、棕、草制品业，医药制造业，皮革、毛皮、羽毛及其制品和制鞋业，食品制造业，酒、饮料和精制茶制造业，化学纤维制造业，金属制品业，橡胶和塑料制品业，水的生产和供应业，通用设备制造业，家具制造业，黑色金属冶炼和压延加工业，非金属矿采选业，非金属矿物制品业，铁路、船舶、航空航天和其他运输设备制造业，有色金属冶炼和压延加工业，农副食品加工业，仪器仪表制造业，纺织业，专用设备制造业，电力、热力生产和供应业
专利产出落后型	低于全省平均水平	15	造纸和纸制品业，燃气生产和供应业，电气机械和器材制造业，烟草制品业，石油加工、炼焦和核燃料加工业，废弃资源综合利用业，文教、工美、体育和娱乐用品制造业，纺织服装、服饰业，有色金属矿采选业，印刷和记录媒介复制业，化学原料和化学制品制造业，计算机、通信和其他电子设备制造业，黑色金属矿采选业，汽车制造业，煤炭开采和洗选业

三、发明专利显性技术优势

为进一步分析宁波市发明专利在全国和长三角地区的行业优势特征，选择专利申请量和专利授权量的显性技术优势（又称区位熵）进行分析与评价。从全国区位熵分析，黑色金属冶炼和压延加工业（2.14）专利申请量在全国具有绝对竞争优势，其次为仪器仪表制造业，家具制造业，汽车制造业，有色金属冶炼和压延加工业，专用设备制造业，文教、工美、体育和娱乐用品制造业，金属制品业，化学纤维制造业，橡胶制品业，水的生产和供应业，塑料制品业和通用设备制造业等行业，这些行业的区位熵均大于 1，在全国具有一定的竞争优势。从长三角地区区位熵分析，黑色金属冶炼和压延加工业专利申请量在长三角地区也具有绝对竞争优势，其次为食品制造业，仪器仪表制造业，专用设备制造业，汽车制造业，非金属矿物制品业，家具制造业，有色金属冶炼和压延加工业，酒、饮料和精制茶制造业，文教、工美、体育和娱乐用品制造业，金属制品业，石油加工、炼焦和核燃料加工业，水的生产和供应业，橡胶制品业，通用设备制造业等行业，这些行业的区位熵均大于 1，这表明其专利申请量在长三角地区具有一定的竞争优势。其中，汽车制造、石油加工等行业也均是宁波市未来重点发展行业，知识产权资源可为其发展提供一定支撑。

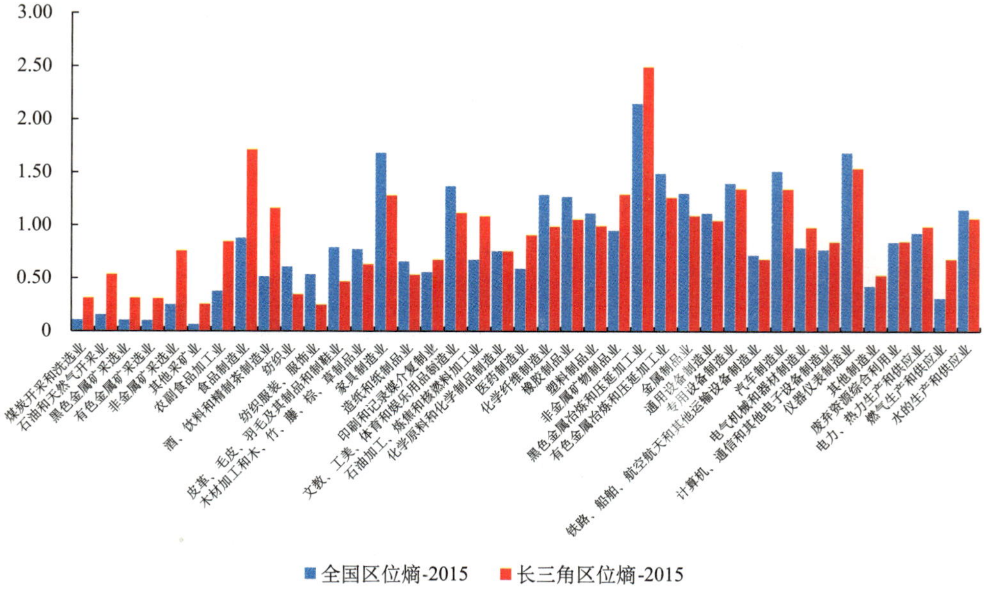

图 7-13 宁波市专利申请量在全国及长三角的区位熵

从专利授权量分析，仪器仪表制造业，家具制造业，文教、工美、体育和娱乐用品制造业，木材加工和木、竹、藤、棕、草制品业等行业的专利授权量在全国具有绝对竞争优势；其次为化学纤维制造业，有色金属冶炼和压延加工业，橡胶制品业，金属制品业，纺织业，汽车制造业，黑色金属冶炼和压延加工业，皮革、毛皮、羽毛及其制品和制鞋业，造纸和纸制品业，塑料制品业，通用设备制造业等行业，这些行业专利授权量在全国具有一定的竞争优势。从长三角分析，仪器仪表制造业，家具制造业，黑色金属冶炼和压延加工业，文教、工美、体育和娱乐用品制造业等行业在长三角地区具有绝对竞争优势。其次为有色金属冶炼和压延加工业，木材加工和木、竹、藤、棕、草制品业，化学纤维制造业，其他制造业，橡胶制品业，非金属矿物制品业，金属制品业，农副食品加工业，食品制造业，汽车制造业，燃气生产和供应业，塑料制品业和通用设备制造业等行业，这些行业在长三角地区的区位熵均大于 1，表明这些行业的专利授权量在长三角地区具有一定的竞争优势（图 7-14）。

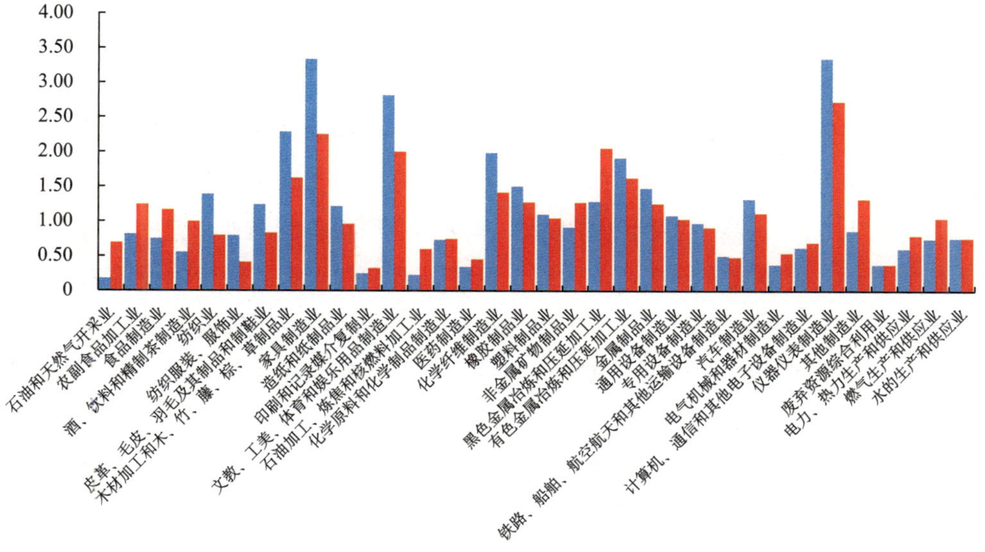

图 7-14　宁波市专利授权量在全国及长三角的区位熵

四、宁波市知识产权支撑力分析

知识产权支撑力指某国或某一区域在某个特定产业相对于他国或地区同一产业在专利、商标、版权等知识产权资源所体现的竞争能力，并主要体现在规模、质量和比较优势等方面。评价指标集：知识产权规模、知识产权特性、知识产权优势、知识产权转化能力、知识产权控制程度。但由于商标、版权、地理标志等知识产权资源目前难以落实到产业层面，鉴于数据的可获取性，可以以专利资源为代表进行分析，由此形成的评价指标体系如表 7-2 所示。

表 7-2　某产业专利资源竞争力评价指标体系

目标层	要素层	指标层
B．某产业专利资源竞争力评价指标体系	B4：专利规模	授权发明专利量
	B5：产业专利特性	专利密集度
	B6：专利优势	显性技术优势（区位熵）

注：如无特殊说明，表中的专利专指本国居民或企业的发明授权专利。

专利密集度指数指特定产业的发明专利数量与该产业规模或就业人口的比值。显性技术优势，又称专业化指数，指某地区在某一特定技术领域的专利中所占的比例除以该地区在所有专利中所占的比例，该指数可用于测量某地区某产业技术布局的相对优势。各指标权重设计采用综合评价方法中的熵值法进行获取。

根据熵值法计算出各行业的知识产权支撑力，具体如图 7-15。金属制品业，木材加工和木、竹、藤、棕、草制品业等行业的知识产权支撑力相对较好，其竞争力均高于 0.5，远高于各行业的均值。其次为通用设备制造业，有色金属冶炼和压延加工业，仪器仪表制造业，铁路、船舶、航空航天和其他运输设备制造业，橡胶和塑料制品业，文教、工美、体育和娱乐用品制造业等行业，这些行业的知识产权支撑力高于 0.3。此外，家具制造业，化学原料和化学制品制造业，黑色金属冶炼和压延加工业，化学纤维制造业，食品制造业，皮革、毛皮、羽毛及其制品和制鞋业，计算机、通信和其他电子设备制造业等行业，知识产权支撑力也高于所有行业均值（0.187）。而农副食品加工业，水的生产和供应业，非金属矿物制品业，医药制造业，酒、饮料和精制茶制造业，造纸和纸制品业，电气机械和器材制造业，专用设备制造业，纺织业，燃气生产和供应业，电力、热力生产和供应业，石油和天然气开采业，汽车制造业，石油加工、炼焦和核燃料加工业，废弃资源综合利用业，纺织服装、服饰业，印刷和记录媒介复制业等行业，其知识产权支撑力均相对较低。整体上，金属制品业、通用设备制造、电子通信、化

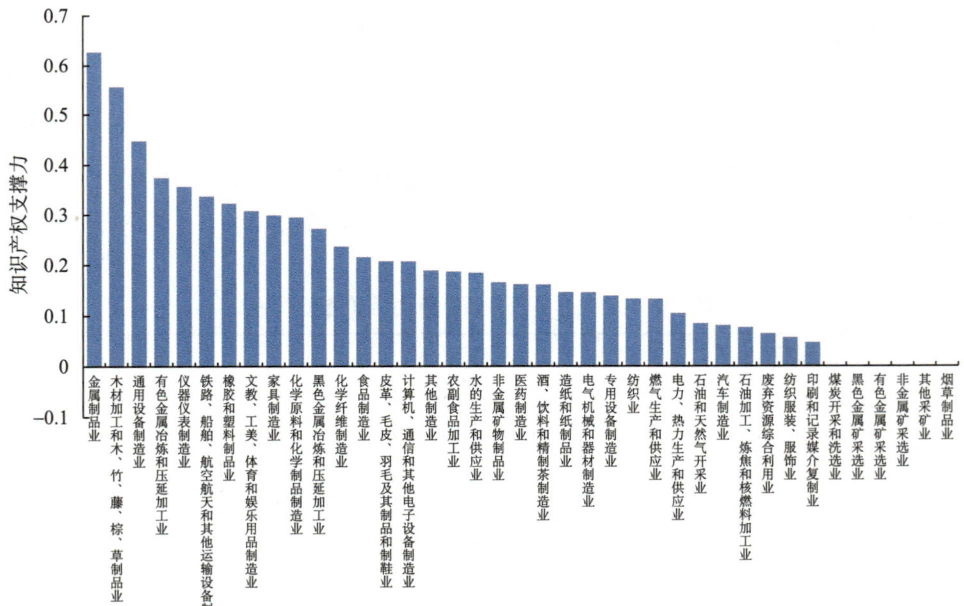

图 7-15　宁波市各行业知识产权支撑力分布

学原料、化学纤维等行业知识产权支撑力相对较高，而汽车制造、医药制造、石油化工等行业知识产权支撑力相对薄弱。

与浙江省相比，宁波市在木材加工和木、竹、藤、棕、草制品业，黑色金属冶炼和压延加工业，非金属矿物制品业，食品制造业，仪器仪表制造业，石油和天然气开采业，农副食品加工业，酒、饮料和精制茶制造业，石油加工、炼焦和核燃料加工业，水的生产和供应业，化学纤维制造业，燃气生产和供应业等行业的知识产权优势较为明显，高于浙江省平均水平。而在电力、热力生产和供应业，有色金属矿采选业，煤炭开采和洗选业，黑色金属矿采选业，汽车制造业，文教、工美、体育和娱乐用品制造业，印刷和记录媒介复制业，有色金属冶炼和压延加工业，家具制造业，皮革、毛皮、羽毛及其制品和制鞋业，医药制造业，橡胶和塑料制品业，非金属矿采选业，废弃资源综合利用业，专用设备制造业，造纸和纸制品业，电气机械和器材制造业，烟草制品业，纺织业，计算机、通信和其他电子设备制造业，铁路、船舶、航空航天和其他运输设备制造业，纺织服装、服饰业，金属制品业，通用设备制造业，化学原料和化学制品制造业等行业的知识产权支撑力较低，低于浙江省平均水平（图 7-16）。

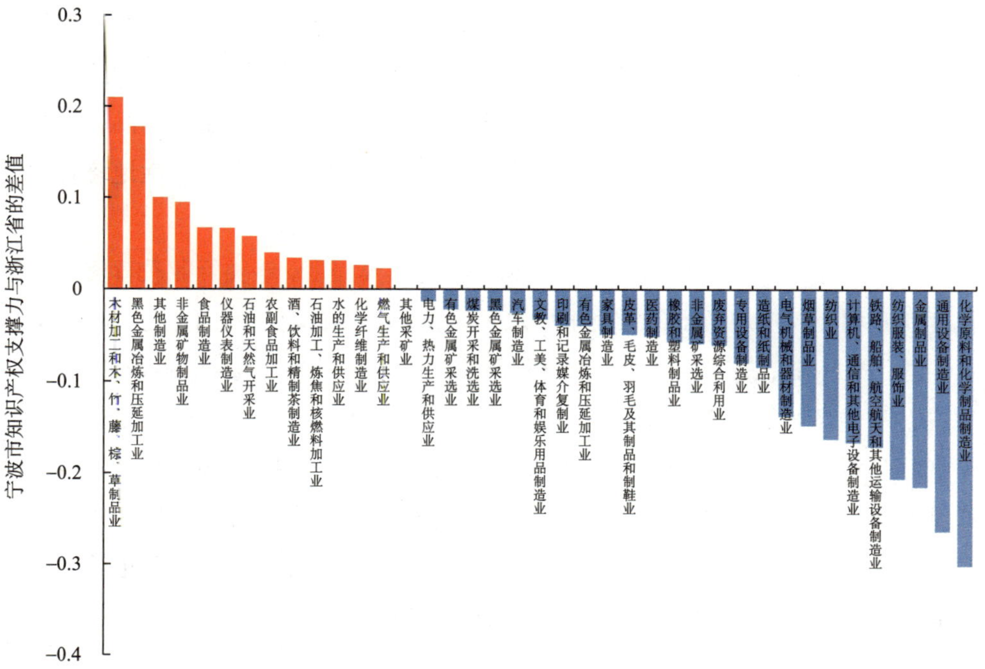

图 7-16　宁波市与浙江省各行业知识产权支撑力比较

第三节 宁波知识产权与科教资源关系分析

一、知识产权与教育资源关系分析

1. 静态匹配分析

根据宁波市各行业教育资源与专利授权量的关系，可以划分为四种类型（图 7-17、表 7-3）。

（1）高教育资源富集程度，高专利授权量富集程度。该类行业教育资源和专利授权量均高于各行业平均水平。具体包括文教、工美、体育和娱乐用品制造业，橡胶和塑料制品业，通用设备制造业，铁路、船舶、航空航天和其他运输设备制造业，电气机械和器材制造业，计算机、通信和其他电子设备制造业等行业。

（2）高教育资源富集程度，低专利授权量富集程度。该类行业教育资源富集度高于各行业平均水平，而专利授权量低于各行业平均水平。具体包括化学原料和化学制品制造业、有色金属冶炼和压延加工业，金属制品业等行业。这些行业教育资源发展水平较好，但专利授权量配套相对较为匮乏，仍需进一步增加专利授权。

（3）低教育资源富集程度，高专利授权量富集程度。该类行业教育资源低于各行业平均水平，而专利授权量高于各行业平均水平。具体包括家具制造业，医药制造业，专用设备制造业，汽车制造业，仪器仪表制造业，金属制品、机械和设备修理业。根据宁波市发展需要，可选择重点发展行业，有针对性地培育教育资源，提高其教育资源富集程度。

（4）低教育资源富集程度，低专利授权量富集程度。该类行业教育资源富集程度和专利授权量均低于各行业平均水平。具体包括农副食品加工业，食品制造业，酒、饮料和精制茶制造业，烟草制品业，纺织业，纺织服装、服饰业，皮革、毛皮、羽毛及其制品和制鞋业，木材加工和木、竹、藤、棕、草制品业，造纸和纸制品业，印刷和记录媒介复制业，石油加工、炼焦和核燃料加工业，化学纤维制造业，非金属矿物制品业，黑色金属冶炼和压延加工业，废弃资源综合利用业，电力、热力生产和供应业，燃气生产和供应业，水的生产和供应业等行业。这些行业的教育资源富集程度和专利授权量均相对较低，可不作为未来发展的重点。

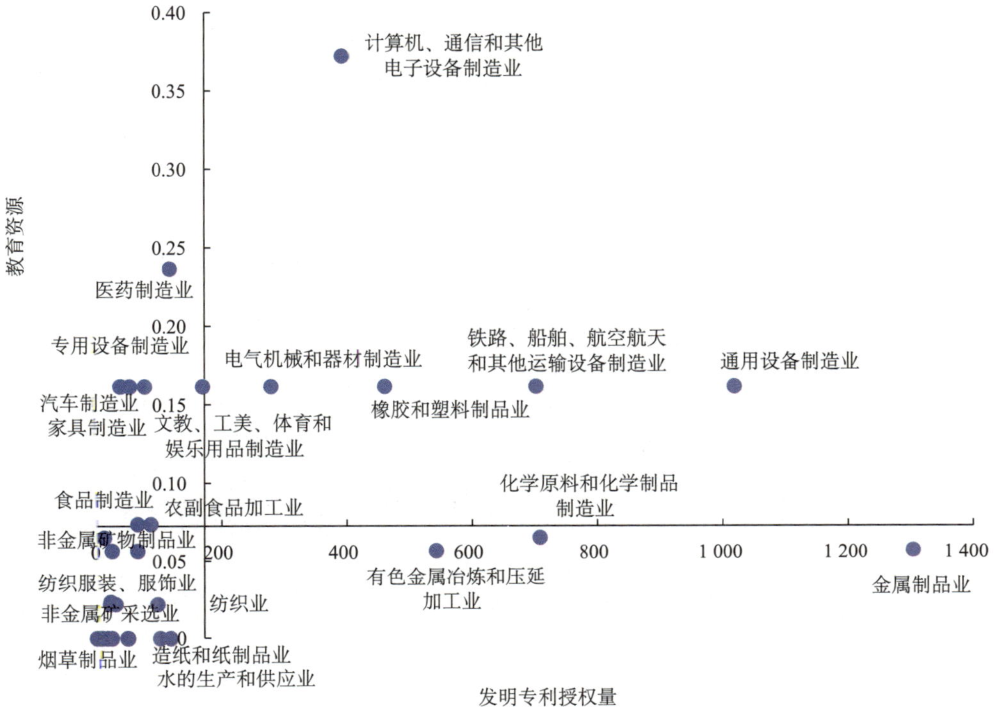

图 7-17　宁波市教育资源与发明专利授权量的匹配关系

表 7-3　宁波市教育资源与发明专利授权量的行业匹配（均值）

类型	行业
教育资源>均值 专利授权量>均值	文教、工美、体育和娱乐用品制造业，橡胶和塑料制品业，通用设备制造业，铁路、船舶、航空航天和其他运输设备制造业，电气机械和器材制造业，计算机、通信和其他电子设备制造业
教育资源>均值 专利授权量<均值	家具制造业，医药制造业，专用设备制造业，汽车制造业，仪器仪表制造业，金属制品、机械和设备修理业
教育资源<均值 专利授权量>均值	化学原料和化学制品制造业，有色金属冶炼和压延加工业，金属制品业
教育资源<均值 专利授权量<均值	农副食品加工业，食品制造业，酒、饮料和精制茶制造业，烟草制品业，纺织业，纺织服装、服饰业，皮革、毛皮、羽毛及其制品和制鞋业，木材加工和木、竹、藤、棕、草制品业，造纸和纸制品业，印刷和记录媒介复制业，石油加工、炼焦和核燃料加工业，化学纤维制造业，非金属矿物制品业，黑色金属冶炼和压延加工业，废弃资源综合利用业，电力、热力生产和供应业，燃气生产和供应业，水的生产和供应业

2. 动态协调分析

从分行业专利授权量与教育资源的耦合协调性分析，协调程度最高的为通用设备制造业，最低的为金属制品、机械和设备修理业。根据协调度的值，可以将所有行业划分为三种类型（图 7-18）。

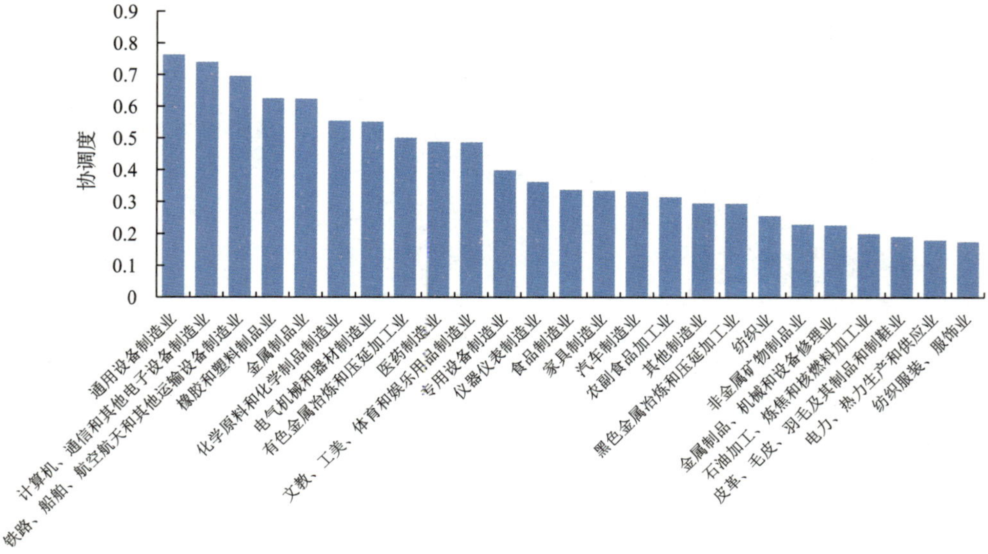

图 7-18 宁波市专利授权量与教育资源的耦合协调度

（1）高水平协调类型（协调度>0.8）。目前宁波市没有行业属于该类型。

（2）中等水平协调类型（协调度为 0.5～0.8）。该类型的行业专利授权量和教育资源呈协调状态。具体包括通用设备制造业，计算机、通信和其他电子设备制造业，铁路、船舶、航空航天和其他运输设备制造业，橡胶和塑料制品业，金属制品业，化学原料和化学制品制造业，电气机械和器材制造业，有色金属冶炼和压延加工业等行业。

（3）中低水平协调类型（协调度为 0.3～0.5）。该类型的行业包括医药制造业，文教、工美、体育和娱乐用品制造业，专用设备制造业，仪器仪表制造业，食品制造业，家具制造业，汽车制造业，农副食品加工业。

（4）低水平协调类型（协调度<0.3）。该类型的行业主要包括其他制造业，黑色金属冶炼和压延加工业，纺织业，非金属矿物制品业，金属制品、机械和设备修理业，石油加工、炼焦和核燃料加工业，皮革、毛皮、羽毛及其制品和制鞋业，电力、热力生产和供应业，纺织服装、服饰业，酒、饮料和精制茶制造业，

木材加工和木、竹、藤、棕、草制品业，造纸和纸制品业，印刷和记录媒介复制业，化学纤维制造业，废弃资源综合利用业，燃气生产和供应业，水的生产和供应业等行业。

二、知识产权与科技资源关系分析

1. 静态匹配分析

根据宁波市各行业科技资源与专利授权量的关系，可以划分为四种类型（图 7-19、表 7-4）。

（1）高科技资源富集程度，高专利授权量富集程度。该类行业科技资源和专利授权量均高于各行业平均水平。具体包括文教、工美、体育和娱乐用品制造业，橡胶和塑料制品业，有色金属冶炼和压延加工业，金属制品业，通用设备制造业，铁路、船舶、航空航天和其他运输设备制造业，电气机械和器材制造业，计算机、通信和其他电子设备制造业等行业。

（2）高科技资源富集程度，低专利授权量富集程度。该类行业科技资源富集度高于各行业平均水平，而专利授权量低于各行业平均水平。具体包括家具制造业，医药制造业，非金属矿物制品业，黑色金属冶炼和压延加工业，专用设备制造业，汽车制造业，仪器仪表制造业，金属制品、机械和设备修理业。该类行业科技资源发展水平较好，但专利授权量配套相对较为匮乏，仍需进一步增加专利授权。

（3）低科技资源富集程度，高专利授权量富集程度。该类行业科技资源低于各行业平均水平，而专利授权量高于各行业平均水平。具体包括化学原料和化学制品制造业等行业。根据宁波市发展需要，可选择重点发展行业，有针对性地培育教育资源，提高其科技资源富集程度。

（4）低科技资源富集程度，低专利授权量富集程度。该类行业科技资源富集程度和专利授权量均低于各行业平均水平。具体包括农副食品加工业，食品制造业，酒、饮料和精制茶制造业，烟草制品业，纺织业，纺织服装、服饰业，皮革、毛皮、羽毛及其制品和制鞋业，木材加工和木、竹、藤、棕、草制品业，造纸和纸制品业，印刷和记录媒介复制业，石油加工、炼焦和核燃料加工业，化学纤维制造业，废弃资源综合利用业，电力、热力生产和供应业，燃气生产和供应业，水的生产和供应业等行业。这些行业科技资源富集程度和专利授权量均相对较低，可不作为未来发展的重点。

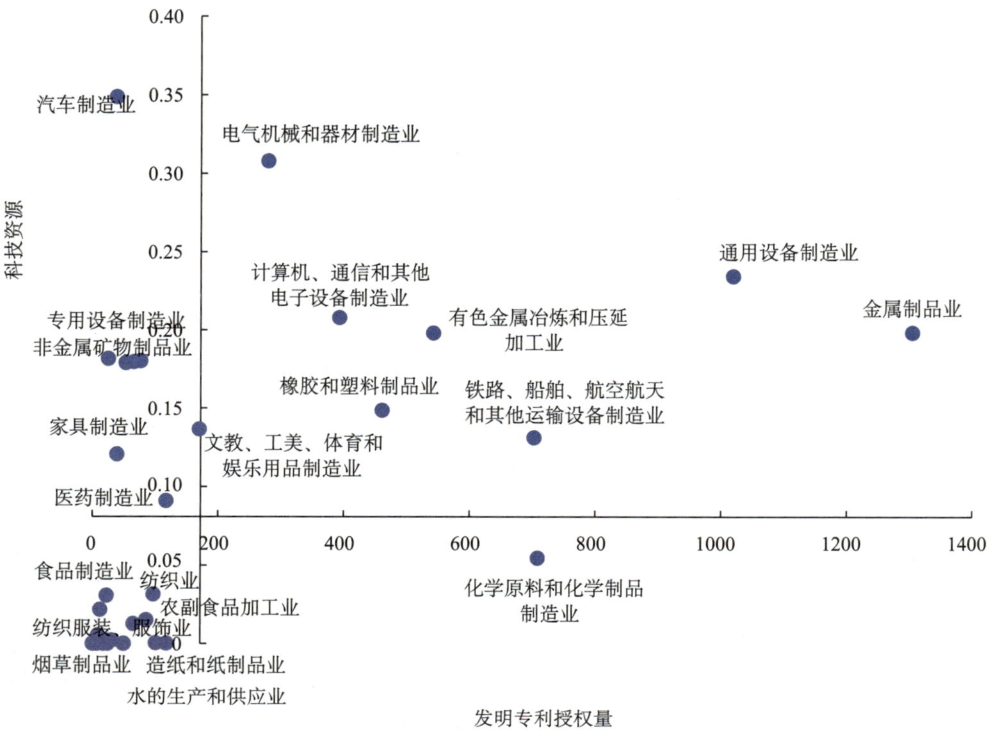

图 7-19 宁波市科技资源与发明专利授权量的匹配关系

表 7-4 宁波市科技资源与发明专利授权量的行业匹配（均值）

类型	行业
科技资源>均值 专利授权量>均值	文教、工美、体育和娱乐用品制造业，橡胶和塑料制品业，有色金属冶炼和压延加工业，金属制品业，通用设备制造业，铁路、船舶、航空航天和其他运输设备制造业，电气机械和器材制造业，计算机、通信和其他电子设备制造业
科技资源>均值 专利授权量<均值	家具制造业，医药制造业，非金属矿物制品业，黑色金属冶炼和压延加工业，专用设备制造业，汽车制造业，仪器仪表制造业，金属制品，机械和设备修理业
科技资源<均值 专利授权量>均值	化学原料和化学制品制造业
科技资源<均值 专利授权量<均值	农副食品加工业，食品制造业，酒、饮料和精制茶制造业，烟草制品业，纺织业，纺织服装、服饰业，皮革、毛皮、羽毛及其制品和制鞋业，木材加工和木、竹、藤、棕、草制品业，造纸和纸制品业，印刷和记录媒介复制业，石油加工、炼焦和核燃料加工业，化学纤维制造业，废弃资源综合利用业，电力、热力生产和供应业，燃气生产和供应业，水的生产和供应业

2. 动态协调分析

从分行业专利授权量与科技资源的耦合协调性分析，各行业的协调性差异相对较大，协调程度最高的为金属制品业。根据协调度的值，可以将所有行业划分为四种类型（图 7-20）。

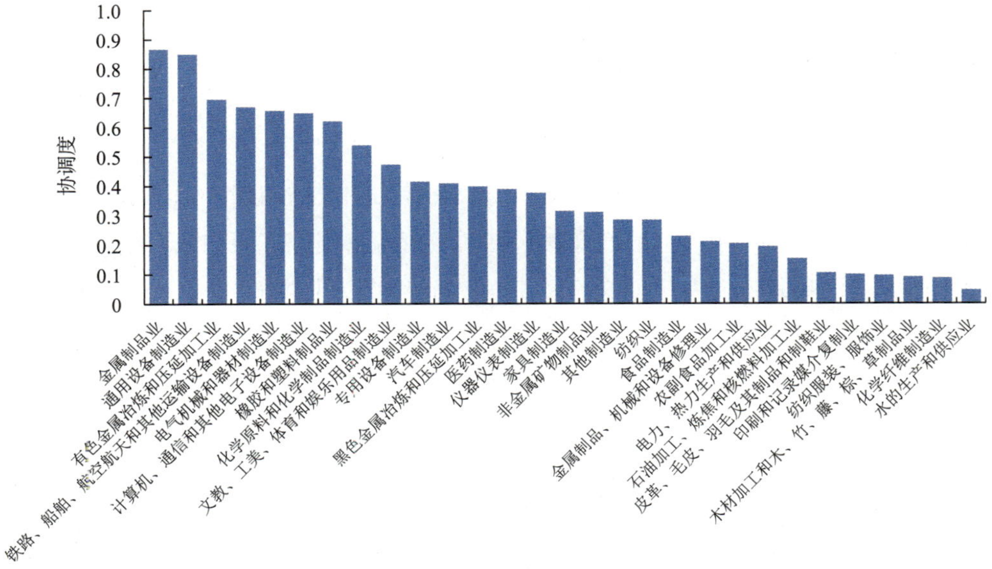

图 7-20　宁波市专利授权量与科技资源的耦合协调度

（1）高水平协调类型（协调度＞0.8）。该类型的行业专利授权量和科技资源呈高度协调状态，并趋于和谐。具体包括金属制品业，通用设备制造业，汽车制造业等行业。

（2）中等水平协调类型（协调度为 0.5～0.8）。该类型的行业专利授权量和科技资源呈协调状态。具体包括有色金属冶炼和压延加工业，铁路、船舶、航空航天和其他运输设备制造业，电气机械和器材制造业，计算机、通信和其他电子设备制造业，橡胶和塑料制品业，化学原料和化学制品制造业等行业。

（3）中低水平协调类型（协调度为 0.3～0.5）。该类型的行业包括文教、工美、体育和娱乐用品制造业，专用设备制造业，汽车制造业，黑色金属冶炼和压延加工业，医药制造业，仪器仪表制造业，家具制造业，非金属矿物制品业等行业。

（4）低水平协调类型（协调度＜0.3）。该类型的行业主要包括纺织业，食品制造业，金属制品、机械和设备修理业，农副食品加工业，电力、热力生产和供应业，石油加工、炼焦和核燃料加工业，皮革、毛皮、羽毛及其制品和制鞋业，印刷和记录媒介复制业，纺织服装、服饰业，木材加工和木、竹、藤、棕、草制品业，化学纤维制造业，水的生产和供应业，石油和天然气开采业，酒、饮料和精制茶制造业，造纸和纸制品业，废弃资源综合利用业和燃气生产和供应业等行业。

三、知识产权与科教资源关系分析

1. 静态匹配分析

根据宁波市科教资源密集度与知识产权支撑力的关联结果，识别宁波市科教资源与知识产权高度不匹配的产业，包括科教资源密集度高而知识产权创造和运用少的行业、科教资源密集度低而知识产权创造和运用多的行业，为下文制定宁波市不同产业发展的知识产权需求目录提供支撑。根据宁波市各行业科教资源和知识产权支撑力的关系，可以划分为四种类型（图 7-21）。

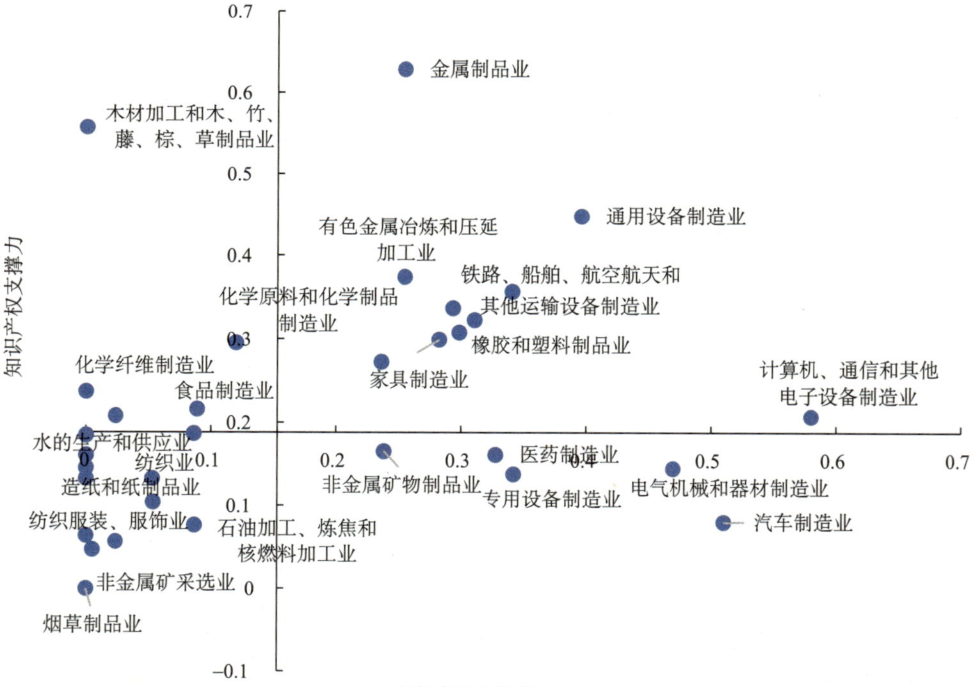

图 7-21 宁波市科教资源密集度与知识产权支撑力关联分析结果

（1）高科教资源密集度，高知识产权支撑力。位于第一象限，该类型的行业科教资源密集度和知识产权支撑力均高于各行业平均水平。包括金属制品业，通用设备制造业，计算机、通信和其他电子设备制造业，铁路、船舶、航空航天和其他运输设备制造业，家具制造业，文教、工美、体育和娱乐用品制造业，橡胶和塑料制品业，黑色金属冶炼和压延加工业，有色金属冶炼和压延加工业，仪器仪表制造业等行业。这些行业具有较强的知识产权支撑力，同时本地也具有良好的科教资源配套。

（2）高科教资源密集度，低知识产权支撑力。位于第四象限，该行业知识产权支撑力低于各行业平均水平，而科教资源密集度高于各行业平均水平。具体包括医药制造业，非金属矿物制品业，专用设备制造业，电气机械和器材制造业。这些行业科教资源相对较好，但知识产权资源缺乏竞争力，应结合宁波市发展特点，有针对性地提高科教资源的产业化。

（3）低科教资源密集度，高知识产权支撑力。位于第二象限，该行业知识产权支撑力高于各行业平均水平，而科教资源密集度低于各行业平均水平。具体包括食品制造业，皮革、毛皮、羽毛及其制品和制鞋业，木材加工和木、竹、藤、棕、草制品业，化学原料和化学制品制造业，化学纤维制造业。这些行业知识产权支撑力相对较强，但科教资源相对较差，仍需进一步完善科教资源的培养及引入。

（4）低科教资源密集度，低知识产权支撑力。位于第三象限，该类型的行业科教资源密集度和知识产权支撑力均低于各行业平均水平。具体包括非金属矿采选业，农副食品加工业，酒、饮料和精制茶制造业，烟草制品业，纺织业，纺织服装、服饰业，造纸和纸制品业，印刷和记录媒介复制业，石油加工、炼焦和核燃料加工业，废弃资源综合利用业，电力、热力生产和供应业，燃气生产和供应业，水的生产和供应业等行业。这些行业缺乏相应的知识产权和科教资源配套，对产业发展的创新支撑力度有限。

2. 动态协调分析

从分行业科教资源密集度与知识产权支撑力的耦合协调性分析，各行业的协调性差异相对较大，协调程度最高的为通用设备制造业，最低的为水的生产和供应业。根据协调度的值，可以将所有行业划分为四种类型（图 7-22）。

（1）高水平协调类型（协调度＞0.8）。该类型的行业知识产权支撑力与科教资源密集度的协调性较高，主要包括通用设备制造业、金属制品业两个行业。

（2）中等水平协调类型（协调度为 0.5～0.8）。该类型的行业知识产权支撑力与科教资源密集度呈中等协调状态。具体包括仪器仪表制造业，计算机、通信和其他电子设备制造业，橡胶和塑料制品业，铁路、船舶、航空航天和其他运输设备制造业，有色金属冶炼和压延加工业，文教、工美、体育和娱乐用品制造业，家具制造业，电气机械和器材制造业，黑色金属冶炼和压延加工业，医药制造业，专用设备制造业，汽车制造业，非金属矿物制品业，化学原料和化学制品制造业等行业。

（3）中低水平协调类型（协调度为 0.3～0.5）。该类型的行业包括食品制造业，农副食品加工业，纺织业，石油加工、炼焦和核燃料加工业，电力、热力生产和供应业，皮革、毛皮、羽毛及其制品和制鞋业等行业。

（4）低水平协调类型（协调度<0.3）。该类型的行业主要包括纺织服装、服饰业，印刷和记录媒介复制业，木材加工和木、竹、藤、棕、草制品业，金属制品、机械和设备修理业，化学纤维制造业，水的生产和供应业等行业。

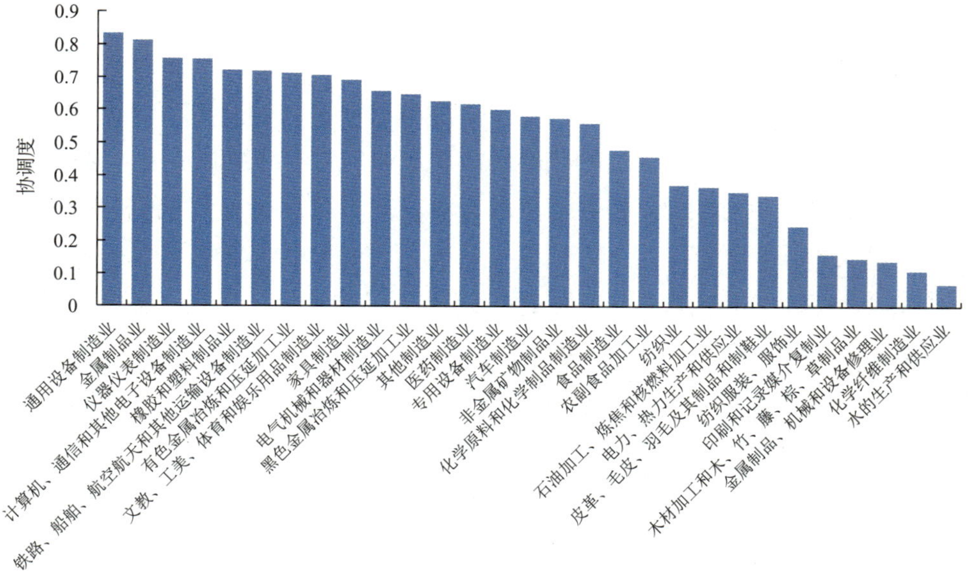

图 7-22　宁波市科教资源密集度与知识产权支撑力的耦合协调度

第四节　宁波知识产权与产业发展关系分析

一、静态匹配分析

根据宁波市产业竞争力与知识产权支撑力的关联结果，识别宁波市产业发展与知识产权高度不匹配的产业，包括产业竞争力高而知识产权创造和运用少的行业、产业竞争力低而知识产权创造和运用多的行业，为下文制定宁波市不同产业发展的知识产权需求目录提供支撑。根据宁波市各行业知识产权支撑力和产业竞争力的关系，可以划分为四种类型（图 7-23、表 7-5）。

（1）高产业竞争力，高知识产权支撑力。该类型的行业产业竞争力和知识产权支撑力均高于各行业平均水平。具体包括化学原料和化学制品制造业，通用设备制造业，有色金属冶炼和压延加工业，文教、工美、体育和娱乐用品制造业，橡胶和塑料制品业，计算机、通信和其他电子设备制造业等行业。这些行业具有较强的市场竞争力，同时本地也具有良好的知识产权资源配套。

（2）高产业竞争力，低知识产权支撑力。该类型的行业产业竞争力高于各行业平均水平，而知识产权支撑力低于各行业平均水平。具体包括电气机械和器材制造业，电力、热力生产和供应业，石油加工、炼焦和核燃料加工业，汽车制造业，燃气生产和供应业，水的生产和供应业，专用设备制造业，纺织业，纺织服装、服饰业，废弃资源综合利用业等行业。这些行业竞争力相对较强，但知识产权支撑力相对较弱，仍需进一步完善专利授权和转让。

（3）低产业竞争力，高知识产权支撑力。该类型的行业产业竞争力低于各行业平均水平，而知识产权支撑力高于各行业平均水平。具体包括金属制品业，仪器仪表制造业，黑色金属冶炼和压延加工业，化学纤维制造业，家具制造业，食品制造业，铁路、船舶、航空航天和其他运输设备制造业，木材加工和木、竹、藤、棕、草制品业，皮革、毛皮、羽毛及其制品和制鞋业等行业。这些行业知识产权支撑力相对较强，但产业在长三角地区缺乏竞争力，可根据城市未来发展方向，重点培育。

（4）低产业竞争力，低知识产权支撑力。该类型的产业竞争力和知识产权竞争力均低于各行业平均水平。具体包括造纸和纸制品业，非金属矿物制品业，农副食品加工业，医药制造业，印刷和记录媒介复制业，酒、饮料和精制茶制造业，非金属矿采选业，烟草制品业等行业。这些行业市场竞争力相对较弱，且本地缺乏相应的知识产权资源配套，未来发展的难度较大，建议不作为未来发展的重点。

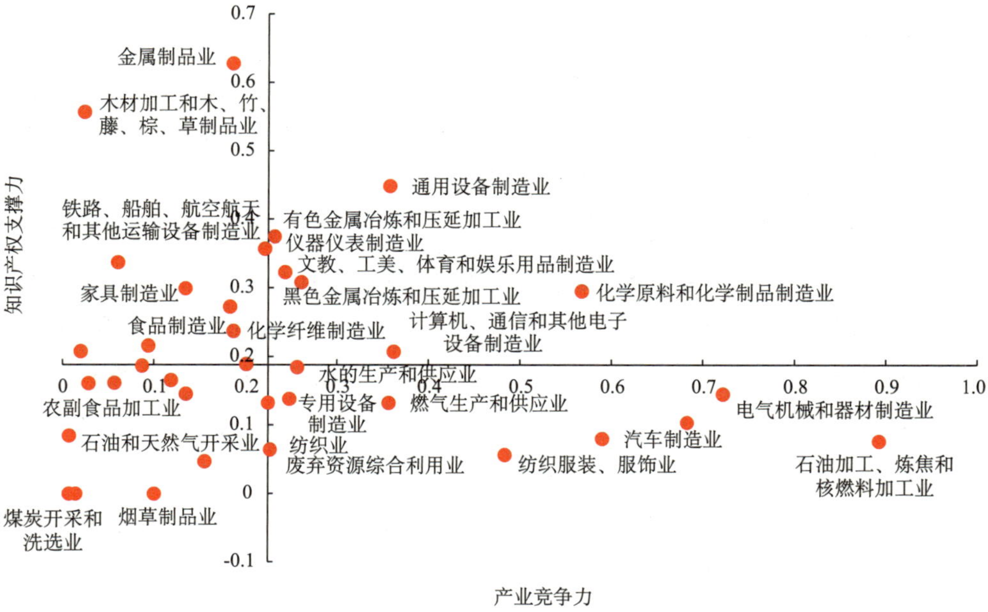

图 7-23 宁波市知识产权支撑力和产业竞争力象限分布

表 7-5 宁波市知识产权支撑力和产业竞争力的行业匹配

类型	行业
产业竞争力>均值 知识产权支撑力>均值	化学原料和化学制品制造业，通用设备制造业，有色金属冶炼和压延加工业，文教、工美、体育和娱乐用品制造业，橡胶和塑料制品业，计算机、通信和其他电子设备制造业
产业竞争力>均值 知识产权支撑力<均值	电气机械和器材制造业，电力、热力生产和供应业，石油加工、炼焦和核燃料加工业，汽车制造业，燃气生产和供应业，水的生产和供应业，专用设备制造业，纺织业，纺织服装、服饰业，废弃资源综合利用业
产业竞争力<均值 知识产权支撑力>均值	金属制品业，仪器仪表制造业，黑色金属冶炼和压延加工业，化学纤维制造业，家具制造业，食品制造业，铁路、船舶、航空航天和其他运输设备制造业，木材加工和木、竹、藤、棕、草制品业，皮革、毛皮、羽毛及其制品和制鞋业
产业竞争力<均值 知识产权支撑力<均值	造纸和纸制品业，非金属矿物制品业，农副食品加工业，医药制造业，印刷和记录媒介复制业，酒、饮料和精制茶制造业，非金属矿采选业，烟草制品业

二、动态协调分析

从分行业产业竞争力与知识产权支撑力的耦合协调性分析，各行业的协调性差异相对较大，协调程度最高的为化学原料和化学制品制造业，最低的为皮革、毛皮、羽毛及其制品和制鞋业。根据协调度的值，可以将所有行业划分为四种类型（图 7-24）。

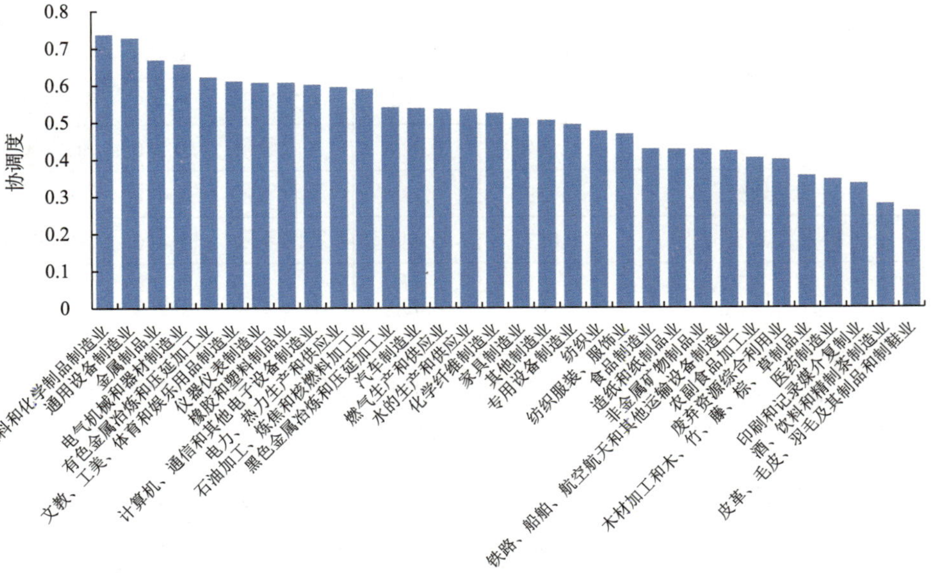

图 7-24　宁波市知识产权支撑力和产业竞争力的耦合协调度

（1）高水平协调类型（协调度＞0.8）。宁波市目前无行业属于该类型。

（2）中等水平协调类型（协调度为 0.5～0.8）。该类型的行业知识产权支撑力和产业竞争力呈中等水平协调状态。主要包括化学原料和化学制品制造业，通用设备制造业，金属制品业，电气机械和器材制造业，有色金属冶炼和压延加工业，文教、工美、体育和娱乐用品制造业，橡胶和塑料制品业，仪器仪表制造业，计算机、通信和其他电子设备制造业，电力、热力生产和供应业，石油加工、炼焦和核燃料加工业，黑色金属冶炼和压延加工业，汽车制造业，燃气生产和供应业，水的生产和供应业，化学纤维制造业，家具制造业等行业。

（3）中低水平协调类型（协调度为 0.3～0.5）。该类型的行业主要包括专用设备制造业，纺织业，纺织服装、服饰业，食品制造业，造纸和纸制品业，非金属矿物制品业，铁路、船舶、航空航天和其他运输设备制造业，农副食品加工业，废弃资源综合利用业，木材加工和木、竹、藤、棕、草制品业，医药制造业，印刷和记录媒介复制业等行业。

（4）低水平协调类型（协调度＜0.3）。该类型的行业主要包括酒、饮料和精制茶制造业，皮革、毛皮、羽毛及其制品和制鞋业等行业。

表 7-6 宁波市知识产权支撑力和产业竞争力关联关系

行业	知识产权支撑力	产业竞争力	象限	协调度	阶段划分
农副食品加工业	0.187	0.087	第三象限	0.405	中低水平协调
食品制造业	0.216	0.094	第二象限	0.429	中低水平协调
酒、饮料和精制茶制造业	0.161	0.029	第三象限	0.280	低水平协调
纺织业	0.133	0.225	第四象限	0.478	中低水平协调
纺织服装、服饰业	0.057	0.484	第四象限	0.470	中低水平协调
皮革、毛皮、羽毛及其制品和制鞋业	0.208	0.020	第二象限	0.262	低水平协调
木材加工和木、竹、藤、棕、草制品业	0.557	0.024	第二象限	0.357	中低水平协调
家具制造业	0.299	0.134	第二象限	0.511	中等水平协调
造纸和纸制品业	0.146	0.135	第三象限	0.428	中低水平协调
印刷和记录媒介复制业	0.047	0.156	第三象限	0.335	中低水平协调
文教、工美、体育和娱乐用品制造业	0.308	0.261	第一象限	0.613	中等水平协调
石油加工、炼焦和核燃料加工业	0.077	0.893	第四象限	0.592	中等水平协调
化学原料和化学制品制造业	0.295	0.568	第一象限	0.739	中等水平协调
医药制造业	0.162	0.057	第三象限	0.346	中低水平协调
化学纤维制造业	0.237	0.187	第二象限	0.526	中等水平协调
橡胶和塑料制品业	0.323	0.243	第一象限	0.609	中等水平协调
非金属矿物制品业	0.166	0.119	第三象限	0.427	中低水平协调
黑色金属冶炼和压延加工业	0.273	0.183	第二象限	0.542	中等水平协调
有色金属冶炼和压延加工业	0.375	0.232	第一象限	0.624	中等水平协调
金属制品业	0.628	0.186	第二象限	0.670	中等水平协调
通用设备制造业	0.449	0.358	第一象限	0.729	中等水平协调
专用设备制造业	0.139	0.248	第四象限	0.495	中低水平协调
汽车制造业	0.080	0.590	第四象限	0.540	中等水平协调

续表

行业	知识产权支撑力	产业竞争力	象限	协调度	阶段划分
铁路、船舶、航空航天和其他运输设备制造业	0.337	0.060	第二象限	0.423	中低水平协调
电气机械和器材制造业	0.146	0.722	第四象限	0.658	中等水平协调
计算机、通信和其他电子设备制造业	0.207	0.362	第一象限	0.603	中等水平协调
仪器仪表制造业	0.357	0.221	第二象限	0.609	中等水平协调
其他制造业	0.189	0.201	第二象限	0.507	中等水平协调
废弃资源综合利用业	0.064	0.227	第四象限	0.400	中低水平协调
电力、热力生产和供应业	0.104	0.683	第四象限	0.597	中等水平协调
燃气生产和供应业	0.133	0.357	第四象限	0.538	中等水平协调
水的生产和供应业	0.185	0.257	第四象限	0.537	中等水平协调

第五节　小　结

本部分主要综合产业竞争力与知识产权支撑力的象限法和耦合协调度匹配分析结果，将产业竞争力与知识产权支撑力匹配关系归纳为以下五种类型，最终得出产业发展的知识产权导向目录（表 7-7）。

（1）高水平协调类型。位于第一象限，耦合协调度为高水平协调。处于该类型的行业具有较强的产业竞争力和知识产权支撑力，两者处于高水平耦合协调阶段。目前，宁波市尚没有产业处于该类型。

（2）中等水平协调型。位于第一象限，耦合协调度为中等水平协调。处于该类型的产业具有较强的产业竞争力和知识产权支撑力，两者之间具有较高的协调水平。目前，宁波市处于该类型的产业有 6 个，包括：化学原料和化学制品制造业，通用设备制造业，有色金属冶炼和压延加工业，文教、工美、体育和娱乐用品制造业，橡胶和塑料制品业，计算机、通信和其他电子设备制造业。

（3）知识产权需求型。位于第四象限，耦合协调度为中等水平协调或中低水平协调。处于该类型的产业具有较强的产业竞争力，但知识产权支撑力不足，从而导致两者之间的耦合协调度相对较低。目前，宁波市处于该类型的产业共有10个，包括宁波市的两大主导产业电气机械和器材制造业、汽车制造业，及其他：电力、热力生产和供应业，石油加工、炼焦和核燃料加工业，燃气生产和供应业，水的生产和供应业，专用设备制造业，纺织业，纺织服装、服饰业，废弃资源综合利用业。

（4）知识产权引导型。位于第二象限，耦合协调度为中等水平协调或中低水平协调。处于该类型的产业具有较强的知识产权支撑力，但产业竞争力相对较弱，两者之间的耦合协调程度也相对较低。目前，宁波市属于该类型的产业共有9个，包括：金属制品业，仪器仪表制造业，黑色金属冶炼和压延加工业，化学纤维制造业，家具制造业，其他制造业，食品制造业，铁路、船舶、航空航天和其他运输设备制造业，木材加工和木、竹、藤、棕、草制品业。

（5）低水平发展型。位于第三象限，耦合协调度为中低水平协调或低水平协调阶段；或位于第二、四象限，但耦合协调度为低水平发展阶段。处于该类型的产业竞争力和知识产权支撑力均较弱，两者之间的协调水平低。目前，宁波市属于该类型的产业较多，共有9个，具体包括：造纸和纸制品业，非金属矿物制品业，农副食品加工业，医药制造业，印刷和记录媒介复制业，酒、饮料和精制茶制造业，皮革、毛皮、羽毛及其制品和制鞋业，非金属矿采选业，烟草制品业。该类型的产业在宁波市未来发展中可基本不用考虑。

表7-7 宁波市产业发展的知识产权导向目录

行业	象限	协调度	综合评价
化学原料和化学制品制造业	第一象限	0.74	中等水平协调型
通用设备制造业	第一象限	0.73	中等水平协调型
有色金属冶炼和压延加工业	第一象限	0.62	中等水平协调型
文教、工美、体育和娱乐用品制造业	第一象限	0.61	中等水平协调型
橡胶和塑料制品业	第一象限	0.61	中等水平协调型
计算机、通信和其他电子设备制造业	第一象限	0.60	中等水平协调型
金属制品业	第二象限	0.67	知识产权引导型
仪器仪表制造业	第二象限	0.61	知识产权引导型
黑色金属冶炼和压延加工业	第二象限	0.54	知识产权引导型
化学纤维制造业	第二象限	0.53	知识产权引导型

续表

行业	象限	协调度	综合评价
家具制造业	第二象限	0.51	知识产权引导型
其他制造业	第二象限	0.51	知识产权引导型
食品制造业	第二象限	0.43	知识产权引导型
铁路、船舶、航空航天和其他运输设备制造业	第二象限	0.42	知识产权引导型
木材加工和木、竹、藤、棕、草制品业	第二象限	0.36	知识产权引导型
电气机械和器材制造业	第四象限	0.66	知识产权需求型
电力、热力生产和供应业	第四象限	0.60	知识产权需求型
石油加工、炼焦和核燃料加工业	第四象限	0.59	知识产权需求型
汽车制造业	第四象限	0.54	知识产权需求型
燃气生产和供应业	第四象限	0.54	知识产权需求型
水的生产和供应业	第四象限	0.54	知识产权需求型
专用设备制造业	第四象限	0.50	知识产权需求型
纺织业	第四象限	0.48	知识产权需求型
纺织服装、服饰业	第四象限	0.47	知识产权需求型
废弃资源综合利用业	第四象限	0.40	知识产权需求型
造纸和纸制品业	第三象限	0.43	低水平发展型
非金属矿物制品业	第三象限	0.43	低水平发展型
农副食品加工业	第三象限	0.40	低水平发展型
医药制造业	第三象限	0.35	低水平发展型
印刷和记录媒介复制业	第三象限	0.34	低水平发展型
酒、饮料和精制茶制造业	第三象限	0.28	低水平发展型
皮革、毛皮、羽毛及其制品和制鞋业	第二象限	0.26	低水平发展型
非金属矿采选业	第三象限	0.00	低水平发展型
烟草制品业	第三象限	0.00	低水平发展型

注：象限法研究中采用产业竞争力为横坐标、知识产权支撑力为纵坐标；其中原点值为宁波市各产业的均值。

第八章　宁波产业发展引导目录及资源配置导示

第一节　宁波产业资源配置与产业发展关系引导目录

为制定以知识产权作为核心资源配置的宁波市产业发展引导目录清单，下文将试图分别从产业发展的科教资源需求、知识产权资源需求分类进行编制。产业发展方面，分别从产业规模、产业效率和产业优势三方面来进行阐述，并最终综合为产业竞争力。其中，在产业规模方面，衡量的指标有工业总产值和主营业务收入。由于前文研究已表明基于工业总产值和基于主营业务收入的分析结果类似，且后者的数据获取相对比较容易，故本研究在引导目录清单制定中统一采用主营业务收入这一指标。在产业效率方面，选用产业利润总额作为评价指标。在产业优势方面，选用主营业务收入的区位熵（宁波市基于长三角地区的区位熵）进行评价。在知识产权方面，以发明授权专利为代表性指标，从专利规模、产业专利特性和专利优势三方面进行评价，具体代表性指标分别为：授权发明专利量、专利密集度和显性技术优势（区位熵）。

一、宁波市科教资源密集度引导目录

科教资源密集度引导目录是对宁波市高等院校、科研院所以及各行业教育资源和科技资源的综合集成判断（表 8-1）。其中，教育资源包括高等院校的重点学科、重点专业、高校创新平台以及硕士博士点；科技资源包括重点实验室、国家及省级认定的企业机构、高新技术企业科研投入等。具体指标为：国家级/省级/市级重点学科、国家级/省级/市级重点专业、国家级/省级/市级高校创新平台、一级/二级学科硕士博士点、国家级/省级/市级重点实验室、国家认定企业技术中心、省级重点企业研究院、高新技术技术企业的科技活动人员、科技活动全时人员、

企业内部用于科技活动的经费支出、委托外单位开展科技活动的经费支出。科教资源的具体行业匹配方法详见第二章。

表 8-1　宁波市科教资源密集度引导目录

产业	科教资源密集度排名
计算机、通信和其他电子设备制造业	1
汽车制造业	2
电气机械和器材制造业	3
通用设备制造业	4
专用设备制造业	5
仪器仪表制造业	6
医药制造业	7
橡胶和塑料制品业	8
文教、工美、体育和娱乐用品制造业	9
其他制造业	10
铁路、船舶、航空航天和其他运输设备制造业	11
家具制造业	12
金属制品、机械和设备修理业	13
金属制品业	14
有色金属冶炼和压延加工业	15
非金属矿物制品业	16
黑色金属冶炼和压延加工业	17
化学原料和化学制品制造业	18
食品制造业	19
石油加工、炼焦和核燃料加工业	20
农副食品加工业	21
电力、热力生产和供应业	22
纺织业	23
纺织服装、服饰业	24
皮革、毛皮、羽毛及其制品和制鞋业	25
印刷和记录媒介复制业	26
木材加工和木、竹、藤、棕、草制品业	27

续表

产业	科教资源密集度排名
化学纤维制造业	27
水的生产和供应业	27
非金属矿采选业	27
酒、饮料和精制茶制造业	27
烟草制品业	27
造纸和纸制品业	27
废弃资源综合利用业	27
燃气生产和供应业	27

二、宁波市产业知识产权支撑力引导目录

知识产权支撑力引导目录是对宁波市各产业的知识产权规模、知识产权产出效率和知识产权比较优势的综合集成判断（表 8-2）。具体指标包括各产业的授权发明专利量、授权发明专利密集度和在长三角地区的显性技术优势。

表 8-2 宁波市知识产权支撑力导向目录

产业	知识产权支撑力排名
金属制品业	1
木材加工和木、竹、藤、棕、草制品业	2
通用设备制造业	3
有色金属冶炼和压延加工业	4
仪器仪表制造业	5
铁路、船舶、航空航天和其他运输设备制造业	6
橡胶和塑料制品业	7
文教、工美、体育和娱乐用品制造业	8
家具制造业	9
化学原料和化学制品制造业	10
黑色金属冶炼和压延加工业	11
化学纤维制造业	12
食品制造业	13

续表

产业	知识产权支撑力排名
皮革、毛皮、羽毛及其制品和制鞋业	14
计算机、通信和其他电子设备制造业	15
其他制造业	16
农副食品加工业	17
水的生产和供应业	18
非金属矿物制品业	19
医药制造业	20
酒、饮料和精制茶制造业	21
造纸和纸制品业	22
电气机械和器材制造业	23
专用设备制造业	24
纺织业	25
燃气生产和供应业	26
电力、热力生产和供应业	27
汽车制造业	28
石油加工、炼焦和核燃料加工业	29
废弃资源综合利用业	30
纺织服装、服饰业	31
金属制品、机械和设备修理业	32
印刷和记录媒介复制业	33
非金属矿采选业	34
烟草制品业	35

三、宁波市产业竞争力引导目录

产业竞争力引导目录是对宁波市各产业的产业规模、产业效率和产业比较优势的综合集成判断（表 8-3）。具体指标包括主营业务收入、利润总额和产业区位熵，比较对象为长三角地区。

表 8-3　宁波市产业竞争力导向目录

产业	产业竞争力排名
石油加工、炼焦和核燃料加工业	1
电气机械和器材制造业	2
电力、热力生产和供应业	3
汽车制造业	4
化学原料和化学制品制造业	5
纺织服装、服饰业	6
计算机、通信和其他电子设备制造业	7
通用设备制造业	8
燃气生产和供应业	9
文教、工美、体育和娱乐用品制造业	10
水的生产和供应业	11
专用设备制造业	12
橡胶和塑料制品业	13
有色金属冶炼和压延加工业	14
废弃资源综合利用业	15
纺织业	16
仪器仪表制造业	17
其他制造业	18
化学纤维制造业	19
金属制品业	20
黑色金属冶炼和压延加工业	21
印刷和记录媒介复制业	22
造纸和纸制品业	23
家具制造业	24
金属制品、机械和设备修理业	25
非金属矿物制品业	26
烟草制品业	27
食品制造业	28
农副食品加工业	29
铁路、船舶、航空航天和其他运输设备制造业	30

续表

产业	产业竞争力排名
医药制造业	31
酒、饮料和精制茶制造业	32
木材加工和木、竹、藤、棕、草制品业	33
皮革、毛皮、羽毛及其制品和制鞋业	34
非金属矿采选业	35

第二节　科教资源—知识产权资源—产业资源引导目录清单

一、宁波市产业发展静态匹配引导目录

基于科教资源—知识产权资源—产业发展的静态匹配关系，提出宁波市产业发展静态匹配引导目录（表 8-4）。共分为八类，包括：高—高—高、高—高—低、高—低—高、低—高—高、高—低—低、低—高—低、低—低—高和低—低—低。其中，以宁波市所有行业的科教资源密集度、知识产权支撑力和产业竞争力的平均发展水平为标准，划分为高水平发展类型和低水平发展类型。宁波市的主导行业汽车制造业、电气机械和器材制造业属于高—低—高行业，即知识产权资源发展有所欠缺的行业；石油加工、炼焦和核燃料加工业，纺织服装、服饰业属于低—低—高行业，即科教资源和知识产权资源对产业发展的支撑力均不足；化学原料和化学制品制造业属于低—高—高行业，即科教资源有所欠缺；计算机、通信和其他电子设备制造业，通用设备制造业，有色金属冶炼和压延加工业属于高—高—高行业。具体如下。

（1）高—高—高行业。共 6 个，包括：计算机、通信和其他电子设备制造业，文教、工美、体育和娱乐用品制造业，橡胶和塑料制品业，有色金属冶炼和压延加工业，金属制品业，通用设备制造业。

（2）高—高—低行业。共 5 个，包括：家具制造业，黑色金属冶炼和压延加工业，铁路、船舶、航空航天和其他运输设备制造业，仪器仪表制造业，其他制造业。

（3）高—低—高行业。共 3 个，包括：汽车制造业，电气机械和器材制造业，专用设备制造业。

（4）高—低—低行业。共 3 个，包括：医药制造业，非金属矿物制品业，金属制品、机械和设备修理业。

（5）低—高—高行业。共 2 个，包括：化学原料和化学制品制造业，水的生产和供应业。

（6）低—高—低行业。共 5 个，包括：农副食品加工业，食品制造业，皮革、毛皮、羽毛及其制品和制鞋业，木材加工和木、竹、藤、棕、草制品业，化学纤维制造业。

（7）低—低—高行业。共 6 个，包括：纺织业，纺织服装、服饰业，石油加工、炼焦和核燃料加工业，废弃资源综合利用业，电力、热力生产和供应业，燃气生产和供应业。

（8）低—低—低行业。共 5 个，包括：非金属矿采选业，酒、饮料和精制茶制造业，烟草制品业，造纸和纸制品业，印刷和记录媒介复制业。

表 8-4 宁波市科教资源—知识产权资源—产业资源静态匹配引导目录

产值排名	产业	科教—知识产权—产业匹配性
1	汽车制造业	高—低—高
2	电气机械和器材制造业	高—低—高
3	石油加工、炼焦和核燃料加工业	低—低—高
4	化学原料和化学制品制造业	低—高—高
5	计算机、通信和其他电子设备制造业	高—高—高
6	电力、热力生产和供应业	低—低—高
7	通用设备制造业	高—高—高
8	纺织服装、服饰业	低—低—高
9	有色金属冶炼和压延加工业	高—高—高
10	专用设备制造业	高—低—高
11	橡胶和塑料制品业	高—高—高
12	金属制品业	高—高—高
13	黑色金属冶炼和压延加工业	高—高—低
14	文教、工美、体育和娱乐用品制造业	高—高—高
15	纺织业	低—低—高

续表

产值排名	产业	科教—知识产权—产业匹配性
16	仪器仪表制造业	高—高—低
17	非金属矿物制品业	高—低—低
18	烟草制品业	低—低—低
19	造纸和纸制品业	低—低—低
20	铁路、船舶、航空航天和其他运输设备制造业	高—高—低
21	化学纤维制造业	低—高—低
22	农副食品加工业	低—高—低
23	家具制造业	高—高—低
24	印刷和记录媒介复制业	低—低—低
25	燃气生产和供应业	低—低—高
26	食品制造业	低—高—低
27	医药制造业	高—低—低
28	废弃资源综合利用业	低—低—高
29	其他制造业	高—高—低
30	酒、饮料和精制茶制造业	低—低—低
31	水的生产和供应业	低—高—高
32	皮革、毛皮、羽毛及其制品和制鞋业	低—高—低
33	木材加工和木、竹、藤、棕、草制品业	低—高—低
34	金属制品、机械和设备修理业	高—低—低
35	非金属矿采选业	低—低—低

二、宁波市产业发展动态协调引导目录

基于科教资源—知识产权资源—产业资源之间的动态协调关系，提出宁波市产业发展动态协调引导目录：高水平协调、中等水平协调、中低水平协调、低水平协调，整体上协调程度由高至低。其划分标准为：协调度 $D \leqslant 0.3$ 时，为低水平协调阶段；协调度 $0.3 < D \leqslant 0.5$ 时，为中低水平协调阶段；协调度 $0.5 < D \leqslant 0.8$ 时，为中等水平协调阶段；协调度 $0.8 < D \leqslant 1$ 时，为高水平协调阶段。总体而言，宁波市缺乏科教—知识产权—产业三者均处于高水平协调阶段的产业。虽然汽车制造业、电气机械与器材制造业的科教资源处于高水平协调阶段，但知识产权资源

产出不足，从而导致对产业发展的支撑能力有所欠缺。此外，宁波市有10个行业处于科教—知识产权—产业资源三者中等水平协调阶段，包括：化学原料和化学制品制造业，计算机、通信和其他电子设备制造业，通用设备制造业，有色金属冶炼和压延加工业，橡胶和塑料制品业，金属制品业，黑色金属冶炼和压延加工业，文教、工美、体育和娱乐用品制造业，仪器仪表制造业，其他制造业。而烟草制品业，酒、饮料和精制茶制造业，非金属矿采选业处于为低水平协调阶段。其他产业则两两之间的关系表现不一，但总体上主要为低水平协调和中低水平协调（表8-5）。

表8-5 宁波市科教—知识产权—产业动态协调关系

排名	产业	科教—产业协调度类型	知识产权—产业协调度类型	科教—知识产权协调度类型
1	汽车制造业	高水平协调	中等水平协调	中低水平协调
2	电气机械和器材制造业	高水平协调	中等水平协调	中等水平协调
3	石油加工、炼焦和核燃料加工业	中低水平协调	中等水平协调	中低水平协调
4	化学原料和化学制品制造业	中等水平协调	中等水平协调	中等水平协调
5	计算机、通信和其他电子设备制造业	中等水平协调	中等水平协调	中等水平协调
6	电力、热力生产和供应业	中等水平协调	中等水平协调	中低水平协调
7	通用设备制造业	中等水平协调	中等水平协调	中等水平协调
8	纺织服装、服饰业	低水平协调	中低水平协调	低水平协调
9	有色金属冶炼和压延加工业	中等水平协调	中等水平协调	中等水平协调
10	专用设备制造业	中等水平协调	中低水平协调	中等水平协调
11	橡胶和塑料制品业	中等水平协调	中等水平协调	中等水平协调
12	金属制品业	中等水平协调	中等水平协调	中等水平协调
13	黑色金属冶炼和压延加工业	中等水平协调	中等水平协调	中等水平协调
14	文教、工美、体育和娱乐用品制造业	中等水平协调	中等水平协调	中等水平协调
15	纺织业	中低水平协调	中低水平协调	中低水平协调
16	仪器仪表制造业	中等水平协调	中等水平协调	中等水平协调
17	非金属矿物制品业	中等水平协调	中低水平协调	中低水平协调
18	烟草制品业	低水平协调	低水平协调	低水平协调

续表

排名	产业	科教—产业协调度类型	知识产权—产业协调度类型	科教—知识产权协调度类型
19	造纸和纸制品业	低水平协调	中低水平协调	低水平协调
20	铁路、船舶、航空航天和其他运输设备制造业	中低水平协调	中低水平协调	中等水平协调
21	化学纤维制造业	低水平协调	中等水平协调	低水平协调
22	农副食品加工业	低水平协调	中低水平协调	中低水平协调
23	家具制造业	中低水平协调	中等水平协调	中等水平协调
24	印刷和记录媒介复制业	低水平协调	中低水平协调	低水平协调
25	燃气生产和供应业	低水平协调	中等水平协调	低水平协调
26	食品制造业	低水平协调	中低水平协调	中等水平协调
27	医药制造业	中低水平协调	中低水平协调	中等水平协调
28	废弃资源综合利用业	低水平协调	中低水平协调	低水平协调
29	其他制造业	中等水平协调	中等水平协调	中等水平协调
30	酒、饮料和精制茶制造业	低水平协调	低水平协调	低水平协调
31	水的生产和供应业	低水平协调	中等水平协调	低水平协调
32	皮革、毛皮、羽毛及其制品和制鞋业	低水平协调	低水平协调	中低水平协调
33	木材加工和木、竹、藤、棕、草制品业	低水平协调	中低水平协调	低水平协调
34	金属制品、机械和设备修理业	中低水平协调	低水平协调	低水平协调
35	非金属矿采选业	低水平协调	低水平协调	低水平协调

三、宁波市产业发展综合引导目录

基于科教资源—知识产权资源—产业资源之间的静态匹配关系与动态协调关系，提出宁波市产业发展综合引导目录，共分为八类：高水平协调型、中等水平协调型、低水平发展型、科教资源需求型、知识产权资源需求型、科教资源引导型、知识产权引导型、科教资源—知识产权引导型（表 8-6）。总体上，宁波市缺乏高水平协调型产业。

表 8-6 基于科教资源—知识产权资源—产业资源的综合导向目录

排名	产业	科教—知识产权—产业静态匹配水平	科教—知识产权—产业动态协调水平			综合导向类型
			科教—产业	知识产权—产业	科教—知识产权	
1	汽车制造业	高—低—高	高水平协调	中等水平协调	中低水平协调	知识产权需求型
2	电气机械和器材制造业	高—低—高	高水平协调	中等水平协调	中等水平协调	知识产权需求型
3	石油加工、炼焦和核燃料加工业	低—低—高	中低水平协调	中等水平协调	中低水平协调	科教资源—知识产权需求型
4	化学原料和化学制品制造业	低—高—高	中等水平协调	中等水平协调	中等水平协调	科教资源需求型
5	计算机、通信和其他电子设备制造业	高—高—高	中等水平协调	中等水平协调	中等水平协调	中等水平协调型
6	电力、热力生产和供应业	低—低—高	中等水平协调	中等水平协调	中低水平协调	科教资源—知识产权需求型
7	通用设备制造业	高—高—高	中等水平协调	中等水平协调	中等水平协调	中等水平协调型
8	纺织服装、服饰业	低—低—高	低水平协调	中低水平协调	低水平协调	科教资源—知识产权需求型
9	有色金属冶炼和压延加工业	高—高—高	中等水平协调	中等水平协调	中等水平协调	中等水平协调型
10	专用设备制造业	高—低—高	中等水平协调	中低水平协调	中等水平协调	知识产权需求型
11	橡胶和塑料制品业	高—高—高	中等水平协调	中等水平协调	中等水平协调	中等水平协调型
12	金属制品业	高—高—高	中等水平协调	中等水平协调	中等水平协调	中等水平协调型
13	黑色金属冶炼和压延加工业	高—高—低	中等水平协调	中等水平协调	中等水平协调	科教资源—知识产权引导型

续表

排名	产业	科教—知识产权—产业静态匹配水平	科教—知识产权—产业动态协调水平			综合导向类型
			科教—产业	知识产权—产业	科教—知识产权	
14	文教、工美、体育和娱乐用品制造业	高—高—高	中等水平协调	中等水平协调	中等水平协调	中等水平协调型
15	纺织业	低—低—高	中低水平协调	中低水平协调	中低水平协调	科教资源—知识产权需求型
16	仪器仪表制造业	高—高—低	中等水平协调	中等水平协调	中等水平协调	科教资源—知识产权引导型
17	非金属矿物制品业	高—低—低	中等水平协调	中低水平协调	中低水平协调	低水平发展型
18	烟草制品业	低—低—低	低水平协调	低水平协调	低水平协调	低水平发展型
19	造纸和纸制品业	低—低—低	低水平协调	中低水平协调	低水平协调	低水平发展型
20	铁路、船舶、航空航天和其他运输设备制造业	高—高—低	中低水平协调	中低水平协调	中等水平协调	科教资源—知识产权引导型
21	化学纤维制造业	低—高—低	低水平协调	中等水平协调	低水平协调	低水平发展型
22	农副食品加工业	低—高—低	低水平协调	中低水平协调	中低水平协调	低水平发展型
23	家具制造业	高—高—低	中低水平协调	中等水平协调	中等水平协调	科教资源—知识产权引导型
24	印刷和记录媒介复制业	低—低—低	低水平协调	中低水平协调	低水平协调	低水平发展型
25	燃气生产和供应业	低—低—高	低水平协调	中等水平协调	低水平协调	低水平发展型
26	食品制造业	低—高—低	低水平协调	中低水平协调	中等水平协调	低水平发展型
27	医药制造业	高—低—低	中低水平协调	中低水平协调	中等水平协调	低水平发展型

续表

排名	产业	科教—知识产权—产业静态匹配水平	科教—知识产权—产业动态协调水平			综合导向类型
			科教—产业	知识产权—产业	科教—知识产权	
28	废弃资源综合利用业	低—低—高	低水平协调	中低水平协调	低水平协调	低水平发展型
29	其他制造业	高—高—低	中等水平协调	中等水平协调	中等水平协调	科教资源—知识产权引导型
30	酒、饮料和精制茶制造业	低—低—低	低水平协调	低水平协调	低水平协调	低水平发展型
31	水的生产和供应业	低—高—高	低水平协调	中等水平协调	低水平协调	低水平发展型
32	皮革、毛皮、羽毛及其制品和制鞋业	低—高—低	低水平协调	低水平协调	中低水平协调	低水平发展型
33	木材加工和木、竹、藤、棕、草制品业	低—高—低	低水平协调	中低水平协调	低水平协调	低水平发展型
34	金属制品、机械和设备修理业	高—低—低	中低水平协调	低水平协调	低水平协调	低水平发展型
35	非金属矿采选业	低—低—低	低水平协调	低水平协调	低水平协调	低水平发展型

该综合匹配目录重点分为以下七种类型。

（1）科教资源—知识产权—产业发展高度协调型。该类型的产业其科教资源、知识产权支撑力和产业竞争力均非常明显，且相互之间的关联匹配性也高，属于地区未来产业发展最值得关注的行业，但该类产业宁波市目前尚缺乏。未来宁波市应结合现有主导产业、优势产业和未来可能形成的重点产业，以知识产权为核心，重点打造汽车制造业、电气机械和器材制造业等行业进入该类型。

（2）科教资源—知识产权—产业发展中等协调型。该类型的产业其科教资源、知识产权资源和产业资源优势明显，且相互之间的静态匹配和动态协调度均较高。目前，宁波市属于该类型的产业共有 6 个，包括：计算机、通信和其他电子设备制造业，通用设备制造业，有色金属冶炼和压延加工业，橡胶和塑料制品业，金属制品业，文教、工美、体育和娱乐用品制造业。该类产业的科教—知识产权—产业资源的静态匹配度与动态协调度均较好，未来仍要加强这一创新链条的前后向联动，尽可能促使其往高水平协调型转变。

（3）知识产权需求型。该类型的产业其科教资源和产业资源优势明显，且两者之间相对较为协调；但知识产权发展相对较差，且知识产权资源与科教资源、产业资源发展之间的静态匹配度和动态协调度不高。宁波市属于该类型的产业共有 3 个，包括：汽车制造业、电气机械和器材制造业、专用设备制造业。未来对该类产业的发展建议是：一方面加强本地高等院校及科技机构、企业研发中心知识产权的产出，或引进这些行业领域相关的创新资源，构建核心知识产权支撑力；另一方面可以通过引入外地的专利资源在本地进行转化，以加强产业发展的知识产权支撑力。

（4）科教需求型。该类型的产业其知识产权资源和产业资源优势明显，且两者之间相对协调；但科教资源发展相对较差，且与知识产权资源、产业资源之间的静态匹配度和动态协调度不高。宁波市属于该类型的产业只有 1 个，即：化学原料和化学制品制造业。未来对该类产业的发展建议是：加大科技教育资源的投入，培育本地学科发展，或通过引进国内外相关的人才资源、创新平台在本地进行集聚，以服务于其产业的发展。

（5）科教资源—知识产权需求型。该类型产业优势明显，但科教资源和知识产权资源发展相对较差，且两者与产业之间的静态匹配度和动态协调度不高。宁波市属于该类型的产业有 4 个，具体包括：石油加工、炼焦和核燃料加工业，电力、热力生产和供应业，纺织服装、服饰业，纺织业。由于石油化工、纺织服装是宁波市传统的优势主导产业，未来产业发展中需要通过不断加大其科教资源的投入尤其是相关人才的引进，以提高对知识产权、产业发展的支撑力，以保障其产业竞争力的可持续性。

（6）科教资源—知识产权引导型。该类型产业具有一定的知识产权支撑力和科教资源优势，但产业竞争力相对一般，且相互之间的协调度不高。宁波市属于该类型的产业共有 5 个，具体包括：黑色金属冶炼和压延加工业，仪器仪表制造业，铁路、船舶、航空航天和其他运输设备制造业，金属制品业，其他制造业。对于该类型的产业发展目前不好直接下定论，需要进一步深入分析其科教资源及知识产权资源，尤其是需要从专利技术视角来分析其在相关领域是否具有引领性和市场化的可能性，再进一步对产业发展路线进行判断。

（7）低水平发展型。该类型的产业在科教资源、知识产权资源和产业资源三方面均不具有明显优势，且三者之间的匹配度和协调度均较差。宁波市属于该类型的产业共有 16 个，具体包括：非金属矿物制品业，烟草制品业，造纸和纸制品业，化学纤维制造业，农副食品加工业，印刷和记录媒介复制业，燃气生产和供应业，食品制造业，医药制造业，废弃资源综合利用业，酒、饮料和精制茶制造业，水的生产和供应业，皮革、毛皮、羽毛及其制品和制鞋业，木材加工和木、竹、藤、棕、草制品业，金属制品、机械和设备修理业，非金属矿采选业。未来除非通过非市场手段来对这些行业的发展进行强制性转变，否则这些行业不宜作为宁波市未来产业发展的重点方向。

第三节 宁波重点规划产业引导目录

本部分通过梳理浙江省、宁波市等各类区域发展规划和行业规划，确定宁波市重点规划行业。从产业发展现状、产业规划、科教资源布局和知识产权布局四个层面，编制重点规划产业发展与资源配置引导目录。根据第一部分内容的研究，从产业主导属性、优势属性对产业进行分类，其中，主导行业为产业规模占工业总产值 5%以上的行业，优势行业为宁波市在长三角地区的区位熵>1.5 的行业。

一、宁波市主导—比较优势产业引导目录

该目录中的产业规模较大、利润较好、区域比较优势明显，同时属于宁波市发展规划的重点产业，属于未来产业发展中最值得重点关注的产业。具体包括：汽车制造业，石油加工、炼焦和核燃料加工业，纺织服装、服饰业。

1. 汽车制造业：知识产权需求型

从产业规模分析，该行业位居宁波市第 2 位。从基于长三角地区的产业发展优势分析，该行业排名第 5 位。从产业利润分析，该行业位居第 1 位。从产业竞争力分析，该行业位居第 4 位。从科教资源分析，该行业位居第 2 位。从知识产权支撑力分析，该行业位居第 29 位。从科教资源—产业竞争力耦合分析，属于高水平协调型。从知识产权支撑力—产业竞争力耦合分析，属于知识产权需求型。总之，汽车制造业是宁波市产值规模最大、行业利润最高的产业，在长三角地区

的比较优势明显，属于宁波市未来重点发展的第一大产业（图 8-1、表 8-7）。整体上具有较好的产业竞争力，科教资源密集度较好，但知识产权支撑力不足，总体属于知识产权需求型。

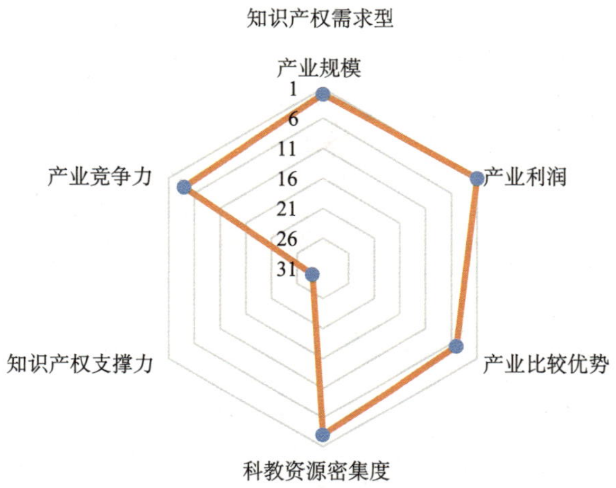

图 8-1　汽车制造业资源配置

表 8-7　汽车制造业资源配置引导目录

综合导向类型		科教资源—产业发展匹配		知识产权—产业发展匹配	
知识产权需求型		高水平协调型		知识产权需求型	
产业规模	产业利润	产业比较优势	科教资源密集度	知识产权支撑力	产业竞争力
2	1	5	2	29	4

2. 石油加工、炼焦和核燃料加工业：科教资源—知识产权需求型

从产业规模分析，该行业位居宁波市第 4 位。从基于长三角地区的产业发展优势分析，该行业排名第 1 位。从产业利润分析，该行业位居宁波市第 2 位。从产业竞争力分析，该行业位居第 1 位。从科教资源分析，该行业位居第 20 位。从知识产权支撑力分析，该行业位居第 30 位。从科教资源—产业竞争力耦合分析，属于科教资源需求型。从知识产权支撑力—产业竞争力耦合分析，属于知识产权需求型。总体而言，石油加工、炼焦和核燃料加工业是宁波市重要的主导产业，产业规模、产业利润、产业竞争力位居前列，在长三角地区具有绝对竞争优势（图 8-2、表 8-8）。科教资源密集度较差，知识产权支撑力不足，总体上属于科教资源—知识产权需求型。

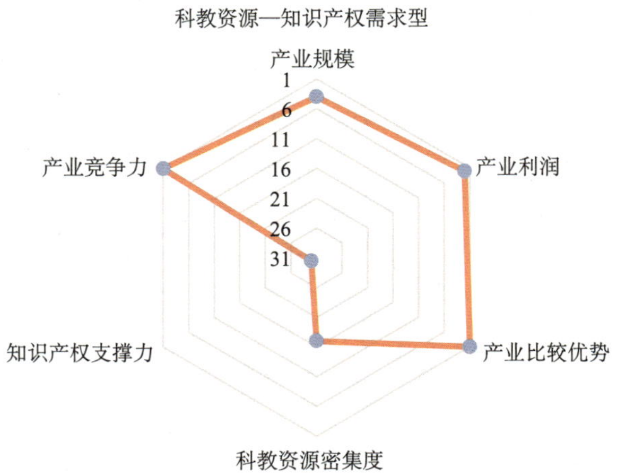

图 8-2 石油加工、炼焦和核燃料加工业资源配置

表 8-8 石油加工、炼焦和核燃料加工业资源配置引导目录

综合导向类型			科教资源—产业发展匹配	知识产权—产业发展匹配	
科教资源—知识产权需求型			科教资源需求型	知识产权需求型	
产业规模	产业利润	产业比较优势	科教资源密集度	知识产权支撑力	产业竞争力
4	2	1	20	30	1

3. 纺织服装、服饰业：科教资源—知识产权需求型

从产业规模分析，该行业位居宁波市第 8 位。从基于长三角地区的产业发展优势分析，该行业排名第 3 位。从产业利润分析，该行业位居宁波市第 9 位。从产业竞争力分析，该行业位居第 6 位。从科教资源分析，该行业位居第 24 位。从知识产权支撑力分析，该行业位居第 25 位。从科教资源—产业竞争力耦合分析，属于科教资源需求型。从知识产权支撑力—产业竞争力耦合分析，属于知识产权需求型。总体而言，纺织服装、服饰业是宁波市的主导产业之一，产业规模较大、利润较高，在长三角地区具有绝对竞争优势（图 8-3、表 8-9）。科教资源密集度较差，知识产权支撑力明显不足，考虑到行业发展特征，其与商标、品牌关联性更大，后续细化研究需要从商标、品牌等知识产权再深入研究和判断。

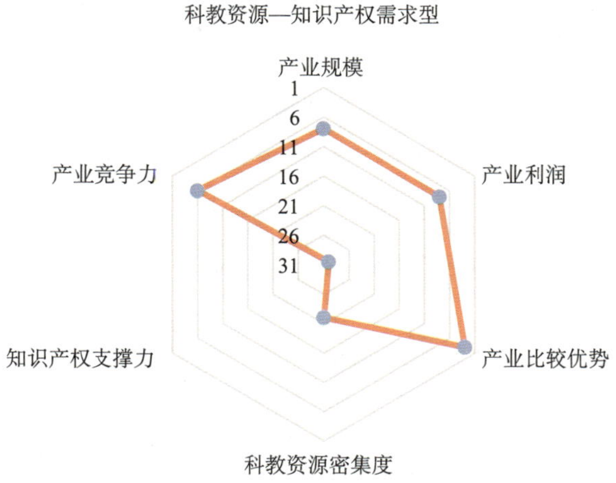

图 8-3　纺织服装、服饰业资源配置

表 8-9　纺织服装、服饰业资源配置引导目录

综合导向类型		科教资源—产业发展匹配		知识产权—产业发展匹配	
科教资源—知识产权需求型		科教资源需求型		知识产权需求型	
产业规模	产业利润	产业比较优势	科教资源密集度	知识产权支撑力	产业竞争力
8	9	3	24	25	6

二、宁波市主导—非比较优势产业引导目录

该目录中的产业规模较大，但在长三角地区比较优势不明显，被规划为宁波市未来发展的重点行业。具体包括：电气机械和器材制造业，化学原料和化学制品业，计算机、通信和其他电子设备制造业，通用设备制造业。

1. 电气机械和器材制造业：知识产权需求型

从产业规模分析，该行业位居宁波市第 2 位。从基于长三角地区的产业发展优势分析，该行业排名第 11 位。从产业利润分析，该行业位居第 3 位。从产业竞争力分析，该行业位居第 2 位。从科教资源分析，该行业位居第 3 位。从知识产权支撑力分析，该行业位居第 23 位。从科教资源—产业竞争力耦合分析，属于高水平协调型。从知识产权支撑力—产业竞争力耦合分析，属于知识产权需求型。总体而言，电气机械和器材制造业是宁波市第二大主导产业，产业规模较大、行业利润较高，在长三角地区具有一定的比较优势（图 8-4、表 8-10）。科教资源密集度较高，但知识产权支撑力不足，总体上属于知识产权需求型。

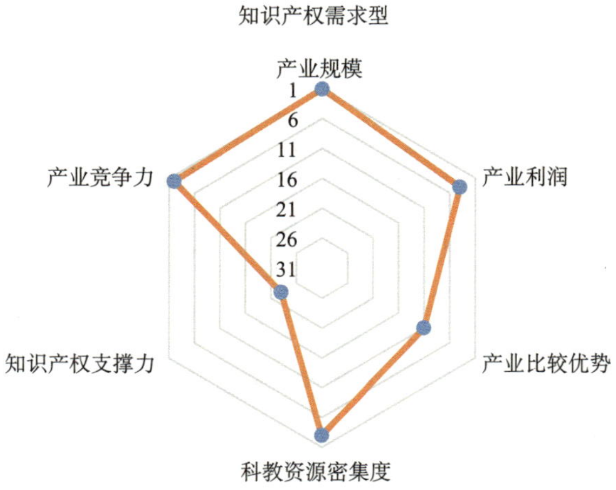

图 8-4 电气机械和器材制造业资源配置

表 8-10 电气机械和器材制造业资源配置引导目录

综合导向类型		科教资源—产业发展匹配		知识产权—产业发展匹配	
知识产权需求型		高水平协调型		知识产权需求型	
产业规模	产业利润	产业比较优势	科教资源密集度	知识产权支撑力	产业竞争力
2	3	11	3	23	2

2. 化学原料和化学制品制造业：科教资源需求型

从产业规模分析，该行业位居宁波市第 3 位。从基于长三角地区的产业发展优势分析，该行业排名第 14 位。从产业利润分析，该行业位居宁波市第 10 位。从产业竞争力分析，该行业位居第 5 位。从科教资源分析，该行业位居第 18 位。从知识产权支撑力分析，该行业位居第 10 位。从科教资源—产业竞争力耦合分析，属于科教资源需求型。从知识产权支撑力—产业竞争力耦合分析，属于中等水平协调型。总体而言，宁波市化学原料和化学制品制造业规模较大，但产业比较优势不明显（图 8-5、表 8-11）。科教资源密集度较差，知识产权支撑力也略显不足。

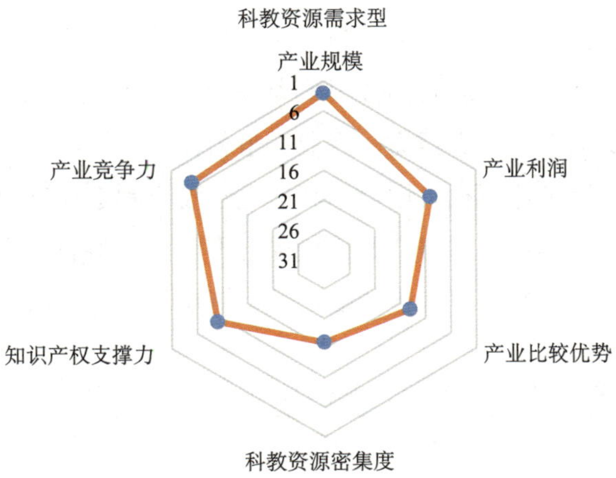

图 8-5　化学原料和化学制品制造业资源配置

表 8-11　化学原料和化学制品制造业资源配置引导目录

综合导向类型		科教资源—产业发展匹配		知识产权—产业发展匹配	
科教资源需求型		科教资源需求型		中等水平协调	
产业规模	产业利润	产业比较优势	科教资源密集度	知识产权支撑力	产业竞争力
3	10	14	18	10	5

3. 计算机、通信和其他电子设备制造业：中等水平协调型

从产业规模分析，该行业位居宁波市第 6 位。从基于长三角地区的产业发展优势分析，该行业排名第 24 位。从产业利润分析，该行业位居第 6 位。从产业竞

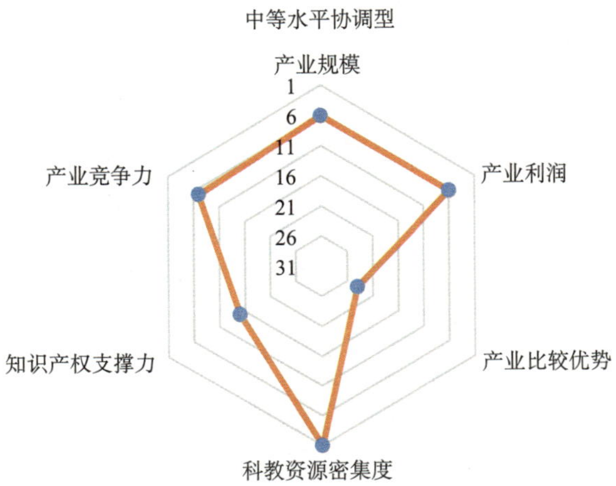

图 8-6　计算机、通信和其他电子设备制造业资源配置

争力分析，该行业位居第 7 位。从科教资源分析，该行业位居第 1 位。从知识产权支撑力分析，该行业位居第 15 位。从科教资源—产业竞争力耦合分析，属于中等水平协调型。从知识产权支撑力—产业竞争力耦合分析，均属于中等水平协调型。总体而言，宁波市计算机、通信和其他电子设备制造业产值规模较大、行业利润较高、产业竞争力较强，但产业比较优势不明显，科教资源密集度较高、知识产权支撑力一般，与产业发展协调度处于中等水平（图 8-6、表 8-12）。

表 8-12 计算机、通信和其他电子设备制造业资源配置引导目录

综合导向类型		科教资源—产业发展匹配		知识产权—产业发展匹配	
中等水平协调		中等水平协调		中等水平协调	
产业规模	产业利润	产业比较优势	科教资源密集度	知识产权支撑力	产业竞争力
6	6	24	1	15	7

4. 通用设备制造业：中等水平协调型

从产业规模分析，该行业位居宁波市第 7 位。从基于长三角地区的产业发展优势分析，该行业排名第 17 位。从产业利润分析，该行业位居第 5 位。从产业竞争力分析，该行业位居第 8 位。从科教资源分析，该行业位居第 4 位。从知识产权支撑力分析，该行业位居第 3 位。从科教资源—产业竞争力耦合和知识产权支撑力—产业竞争力耦合分析，均属于中等水平协调型。总体而言，宁波市通用设备制造业产值规模较大、行业利润较高、产业竞争力较强，产业比较优势不明显。科教资源密集度较高、知识产权支撑力较强，与产业发展协调度处于中等水平（图 8-7、表 8-13）。

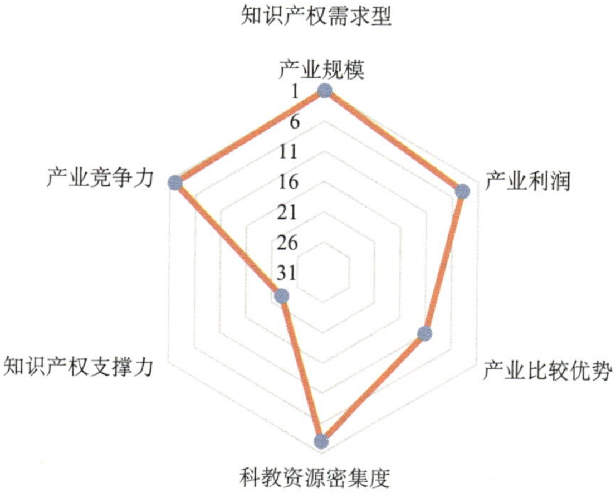

图 8-7 通用设备制造业资源配置

表 8-13　通用设备制造业资源配置引导目录

综合导向类型			科教资源—产业发展匹配	知识产权—产业发展匹配	
中等水平协调			中等水平协调	中等水平协调	
产业规模	产业利润	产业比较优势	科教资源密集度	知识产权支撑力	产业竞争力
7	5	17	4	3	8

三、宁波市非主导—比较优势产业引导目录

该目录的产业规模不大，在长三角地区比较优势较为明显，也是宁波市未来发展规划的重点行业。具体包括文教、工美、体育和娱乐用品制造业。

从产业规模分析，文教、工美、体育和娱乐用品制造业位居宁波市第 14 位。从基于长三角地区的产业发展优势分析，该行业排名第 6 位。从产业利润分析，该行业位居第 15 位。从产业竞争力分析，该行业位居第 10 位。从科教资源分析，该行业位居第 9 位。从知识产权支撑力分析，该行业位居第 8 位。从科教资源—产业竞争力耦合和知识产权支撑力—产业竞争力耦合分析，均属于中等协调型。总体而言，宁波市文教、工美、体育和娱乐用品制造业产值规模、行业利润和产业竞争力均处于中等水平，在长三角地区的产业比较优势相对较好。科教资源密集度较高、知识产权支撑力较强，与产业发展整体上处于中等协调水平（图 8-8、表 8-14）。

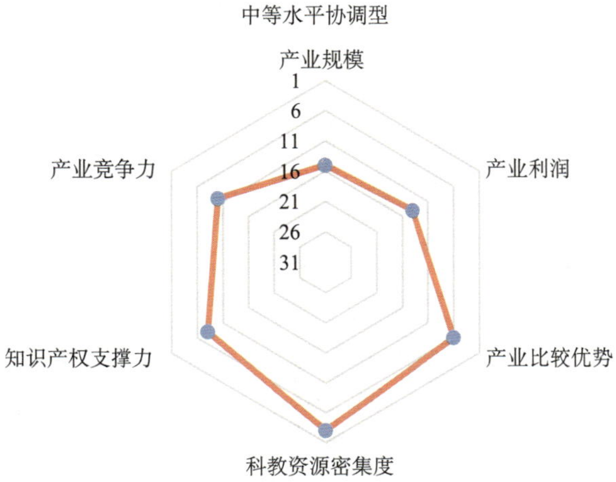

图 8-8　文教、工美、体育和娱乐用品制造业资源配置

表 8-14 文教体育用品制造业资源配置引导目录

综合导向类型		科教资源—产业发展匹配		知识产权—产业发展匹配	
中等水平协调		中等水平协调		中等水平协调	
产业规模	产业利润	产业比较优势	科教资源密集度	知识产权支撑力	产业竞争力
14	15	6	9	8	10

四、宁波市非主导—非比较优势产业引导目录

该目录的行业产值规模不大，在长三角地区比较优势亦不明显，但被纳入了地方未来发展规划的重点行业。具体包括：医药制造业。

从产业规模分析，医药制造业位居宁波市第 27 位。从基于长三角地区的产业发展优势分析，该行业排名第 31 位，属于规模体量不大、优势不明显的行业。从产业利润分析，该行业位居第 20 位。从产业竞争力分析，该行业位居第 30 位。从科教资源分析，该行业位居第 7 位。从知识产权支撑力分析，该行业位居第 30 位。从科教资源—产业竞争力耦合分析，属于科教资源引导型。从知识产权支撑力—产业竞争力耦合分析，属于低水平发展型。总体而言，宁波市医药制造业产值规模不大、利润不高，在长三角地区比较优势不明显，产业竞争力差。科教资源密集度相对较好，知识产权支撑力严重不足，整体属于低水平发展型（图 8-9、表 8-15）。

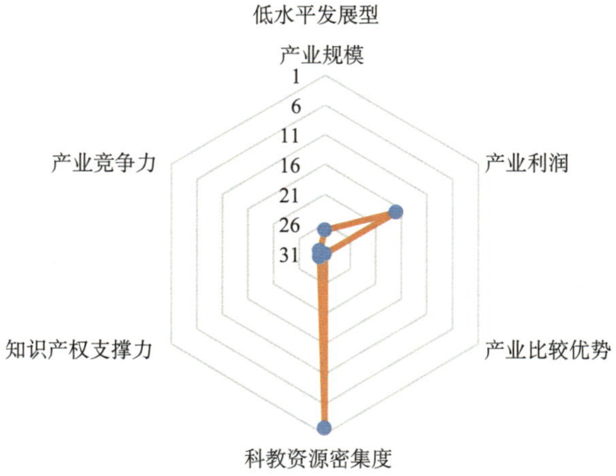

图 8-9 医药制造业资源配置

表 8-15　医药制造业资源配置引导目录

综合导向类型		科教资源—产业发展匹配		知识产权—产业发展匹配	
低水平发展型		科教资源引导型		低水平发展型	
产业规模	产业利润	产业比较优势	科教资源密集度	知识产权支撑力	产业竞争力
27	20	31	7	30	30

第四节　宁波重点发展产业优化资源配置导示

基于宁波市产业发展现状与规划以及对科教资源、知识产权的需求特征，结合全国知识产权资源布局特点，围绕打造科教资源—知识产权—产业发展高水平协调型产业，提出宁波市重点行业优化资源配置的相关建议和导示。

一、汽车制造业优化资源配置导示

宁波市汽车制造业属于知识产权需求型。结合全国汽车制造业创新发展趋势与宁波市发展基础，建议宁波市围绕新能源汽车发展方向，打造以知识产权为核心的价值链。

• 提高科教资源—知识产权—产业发展创新链条的前后向联动，促使其往高水平协调型转变；

• 重点发展中高端自主品牌乘用车以及积极自主研发动力电池、电机电控等核心零部件，实现高性能的新能源汽车整车控制系统产品突破；

• 巩固发展城市客车和先进专用车产品；

• 加强本地相关教育科研资源的投入，加强培育和引进相关技术资源，提高知识产权产出量，提高产业化水平；

• 加强研发投入，提升知识产权产出；

• 加强人才引进与技术的引进、吸收和集成再创新，构建产业核心技术；

• 鼓励产学研合作，支持企业与国家级重点实验室、工程中心、高等院校等全面合作，建设长效、稳定的科技创新机制。

二、电气机械和器材制造业优化资源配置导示

宁波市电气机械和器材制造业属于知识产权需求型。随着国内经济发展转型与产业结构的升级换代，宁波市未来必须推动电气机械和器材制造业的高端化和智能化发展。

• 提高科教资源—知识产权—产业发展创新链条的前后向联动，促使其往高水平协调型转变；

• 重点发展各类智能电工电气装备、智能仪器仪表设备、高端纺织服装装备、高端注塑机等；

• 加强本地相关教育与科研资源的投入，提升知识产权产出水平，服务于产业发展；

• 加强培育和引进人才与相关技术资源，鼓励产学研合作，提高知识产权的产业化水平。

三、石化行业优化资源配置导示

石油加工、炼焦和核燃料加工业，化学原料和化学制品制造业的上游原料均主要以石油为主，因此合并简称为石化行业。石化行业是宁波市工业经济的三大支柱产业之一。宁波市石化行业总体上属于科教资源—知识产权需求型。宁波市延伸石化产业链条、提升在全球价值链中的地位，必须加强科教资源与知识产权资源的投入与产出。建议宁波市加快推进石化产业绿色改造升级，加快推进生产清洁化、产品绿色化、排放无害化建设。

• 围绕绿色石化发展方向，以原油加工、基础化学品和专用化学品等重点领域为依托，重点打造乙烯产业链、丙烯产业链、C4 和 C5 产业链及芳烃产业链；

• 加快发展化工新材料和高端专用化学品，增强行业创新能力，提升绿色发展水平；

• 加强产学研合作以及行业关键共性技术的攻关，提高企业自主创新能力；

• 通过技术引进、吸收和集成再创新，涌现更多的产业核心技术；

• 适时引进国内外重点科研院所或依托大企业组建石化研究院（行业创新中心），加强专业技术服务与支撑。

四、计算机、通信和其他电子信息制造业优化资源配置导示

宁波市计算机行业属于中等水平协调型。知识产权支撑力仍落后于产业竞争力与科教资源密集度。结合全国计算机行业发展方向与宁波市发展基础，建议：

• 提升科教资源—知识产权—产业发展创新链条，努力进入高水平发展类型；

• 围绕集成电路、光电子信息、新兴智能终端产品、行业智能应用软件、云计算和大数据、物联网等领域，重点发展集成电路芯片、三维智能光学、通信光棒光纤、电子智能控制器、海洋装备电缆等，促进新一代信息技术产业化发展；

• 主动谋划一批具有战略性、全局性、带动性的大项目，引入国内外知名软件企业；

• 开展产学研合作，实施联合技术研发与攻关，带动软件产业的发展；

• 引进国内外先进创业团队，开展本地创业团队培训工作；

• 加强本地相关教育、科研资源的投入，加强培育和引进相关技术资源，并提高产业化水平。

五、纺织服装、服饰业优化资源配置导示

纺织服装、服饰业是宁波市主导产业之一，其经济总量及产品总体水平在全国和长三角地区均具有明显优势。宁波市纺织服装、服饰业属于科教资源—知识产权需求型。建议未来以时尚创意与科技创新为驱动力，以技术创新与智能制造为手段，继续保持纺织服装产业的优势地位。

• 重点发展时尚服装、特色家纺、产业用纺织品等领域，推进纺织服装时尚化、品牌化发展，提升时尚创新能力和产品附加值，打造具有时代特色的时尚纺织服装产业链；

• 通过装备改造和引进，加强服装制造与技术创新，研发一批有自主知识产权的关键性技术；

• 推进品牌建设，增强服装产业软实力；

• 增强时尚创意能力，建立选拔、培育创意设计人才的机制。

下　　篇

细分产业发展与资源配置导向目录理论及方法之宁波应用

第九章　细分产业发展与资源配置导向目录应用背景与思路

在我国知识产权强国战略和创新驱动发展战略实施的大背景下，本部分从编制《中国制造 2025》区域行动方案的角度，以宁波汽车零部件产业为例，阐明细分产业以知识产权为核心的资源配置导向目录报告编制的背景和意义；根据以知识产权为核心的资源配置导向目录理论，明确导向目录编制的基本思路，确定导向目录的分析逻辑和结构安排。

第一节　宁波汽车零部件产业导向目录编制背景

（1）《中国制造 2025》战略明确了创新驱动发展的产业路线，“一带一路”倡议勾勒出中国创新驱动发展的空间格局，在基础上研究制定产业发展的技术路线和知识产权行动路线并将其落地于区域层面，从而制定中国创新驱动发展的知识产权区域行动路线图具有重要现实意义。因此，需要从知识产权角度研究《中国制造 2025》的行动方案，编制以知识产权为核心的资源配置导向目录，从而推动《中国制造 2025》战略实施。

（2）尽管国家《中国制造 2025 规划纲要》已经确定产业发展的主攻领域和空间格局，然而，各省区市应重点围绕哪些产业的价值链或价值链环节开展布局，采取什么样的专利策略以及相应的资源配置机制并没有系统可行的解决方案，急需将国家战略与区域实际相结合，在细分产业和价值链环节层面制定区域对策。这样，以区域为单元，在细分产业层面研究《中国制造 2025》的知识产权行动方案，能确保《中国制造 2025》行动方案在区域层面落地。

（3）知识产权区域布局工作已经全面启动并取得阶段性工作成果，试点工作得到各试点地方政府的高度重视。区域布局试点要实现既定的工作目标，必须在布局现状分析的基础上提供具有操作内涵的知识产权资源配置解决方案，以知识产权为核心的资源配置导向目录是具有“产品”内涵的试点工作成果，其研究和编制不仅能够推动知识产权区域布局试点工作的深入，也可为地方政府与相关决策提供依据和工作指南。

（4）宁波“十三五”规划提出，努力建设更具创新能力的经济强市，基本形成更具国际影响力的港口经济圈和制造业创新中心、经贸合作交流中心、港航物流服务中心，主动对接上海全球科创中心建设，积极引进高水平研发机构和技术资源。因此，根据宁波国家制造业创新中心建设的总体要求，编制重点发展产业的知识产权资源配置行动路线图，对宁波国家制造业创新中心建设和经济强市建设具有重要的战略意义。

（5）宁波作为首个《中国制造 2025》试点城市，正着力推进汽车电子、智能家电、生物制药、新材料应用等高科技产业。近年来，宁波汽车产业异军突起，已成为中国重要的汽车制造基地之一。2016 年，宁波市规上汽车制造企业累计完成产值 1 924 亿元，跃升为宁波市第一大产业。以宁波市为样本区域，选择汽车零部件产业为样本产业，在细分产业层面开展以知识产权为核心的资源配置导向目录的编制工作，提出宁波汽车零部件产业面向 2020 和 2025 的以知识产权为核心的资源配置方案及行动路线图，建立宁波汽车零部件产业发展基础数据库，既可为宁波市委、市政府通过知识产权促进产业发展的战略决策提供科学依据，同时也可为国家知识产权局主导的知识产权区域布局试点的导向目录编制提供示范作用和经验借鉴，从而推动知识产权区域布局工作的开展，为实现《中国制造 2025》行动方案在区域和产业层面落地提供战略支持。

第二节　宁波汽车零部件产业导向目录主要内容

一、宁波汽车零部件产业资源配置与产业发展引导目录

以宁波市为样本区域，选择汽车零部件产业为样本产业，通过全面系统梳理

汽车产业链及价值链，揭示汽车零部件的产业发展现状和资源分布情况，采用四象限法分析宁波汽车零部件产业在知识创造和知识运用环节的科技投入、知识产权形成及利润实现的匹配情况，对汽车产业链进行筛选和类型划分，提炼归纳宁波汽车零部件产业科技投入—知识产权支撑—产业发展匹配关系，提出宁波汽车零部件产业资源配置与产业发展引导目录。

二、宁波汽车零部件产业发展知识产权行动引导目录

从技术领域和重点区域层面，结合现状和趋势，研究宁波市汽车零部件产业的知识产权行动方向与路径，从行动方案层面深化产业资源配置分析，分别形成宁波市汽车零部件产业分技术领域和重点区域知识产权行动引导目录。

三、宁波汽车零部件产业发展优化资源配置战略组织路线

在汽车零部件产业发展知识产权行动方向和路径的基础上，进一步明确宁波市汽车零部件产业不同类型技术领域发展目标与功能定位的差异，然后从人才、资金、平台和技术四个方面制定具体的战略组织安排，提出不同类型技术领域发展的资源配置方案，从而得到引导产业发展的知识产权战略组织路线。

四、宁波汽车动力电池产业知识产权发展路线图

以汽车零部件产业中的重点技术领域动力电池为例，在充分考虑动力电池产业市场、产品、技术等因素发展前景的情况下，以横坐标反映时间的变化，以纵坐标反映技术发展与市场需求、产业目标、产品定位以及知识产权研发要点等因素的联动关系，从而形成动力电池产业发展知识产权行动路线图。

第三节　宁波汽车零部件产业导向目录基本思路

根据细分产业发展与资源配置导向目录的基本思路，宁波汽车零部件产业导向目录的具体安排如下。

一、宁波汽车零部件产业总体发展导向目录

基于前期《中国知识产权区域布局理论与政策机制》和《中国知识产权区域

布局研究报告》研究成果，主报告以宁波汽车零部件产业总体为研究对象，主要包括宁波汽车零部件产业发展现状调研、宁波汽车零部件产业发展综合分析以及宁波市汽车零部件产业发展引导目录及路线图编制。

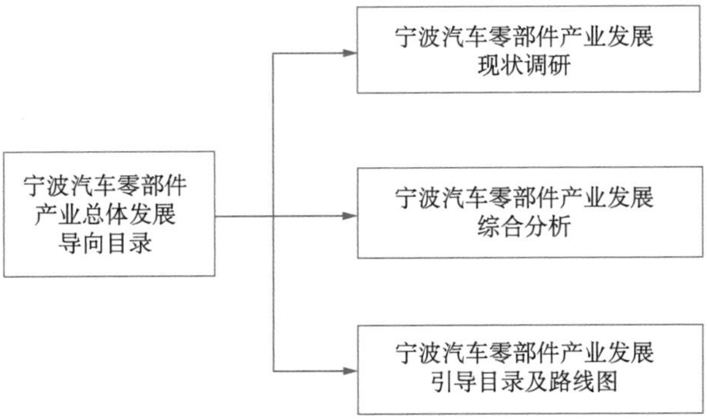

图 9-1 细分产业发展导向目录主报告内容安排

1. 宁波汽车零部件产业发展现状调研（第十章）

为了了解宁波汽车零部件产业链发展现状及存在的问题，首先对宁波市汽车零部件产业相关企业进行了实地调研，为宁波汽车零部件产业以知识产权为核心的资源配置导向目录研究提供现实依据。

2. 宁波汽车零部件产业发展综合分析（第十一章）

第一，对汽车零部件产业链及价值链模块进行分析，根据对中国 2016 年汽车零部件产业上市公司的剖析，阐明汽车零部件产业不同产业链的价值分布。

第二，从产业层面对全球、国内、典型城市以及宁波市 2012～2016 年的知识产权发展现状进行对比分析，揭示产业层面知识产权与价值分布的匹配情况。

第三，从企业层面对宁波市零部件产业规模以上高新技术企业知识产权与科技资源、价值创造之间的匹配关系进行分析，对不同企业进行分类。

第四，对宁波市汽车零部件产业相关政府规划文件进行挖掘分析，剖析规划支持模块与宁波汽车零部件产业实际发展之间的匹配关系，为未来政策制定提供一定参考。

3. 宁波汽车零部件产业发展引导目录及路线图（第十二章）

根据以上分析揭示宁波市汽车零部件产业的发展优势及存在的问题，对宁波市汽车零部件产业不同发展模块进行聚类分析，编制宁波汽车零部件产业知识产权发展引导目录，选择未来应该重点发展的关键模块，制定宁波汽车零部件产业总体发展的知识产权路线和战略组织实施路线。

二、专题报告：宁波汽车动力电池产业发展导向目录

在宁波汽车零部件产业总体发展导向目录研究基础上，选择新能源汽车领域的核心技术模块动力电池为对象进行专题研究，通过分析国内外汽车动力电池产业发展及知识产权现状和趋势，编制宁波市汽车动力电池产业发展技术路线图和组织路线图。

1. 国内外汽车动力电池产业发展及知识产权布局分析（第十三章）

以汽车动力电池产业为例，从产业总体发展态势、国内外重点企业介绍、主要政策梳理及知识产权现状等方面，分析国内外汽车动力电池发展背景和基础。

2. 宁波汽车零部件产业发展技术行动路线图编制（第十四章）

以汽车动力电池产业为例，从市场需求、产业目标、产品需求以及技术需求等方面，制定宁波市汽车零部件产业关键技术模块发展的行动路线图。

第十章　宁波汽车零部件产业企业实地调研

为了了解宁波汽车零部件产业发展现状及存在的问题，课题组首先对全球汽车零部件行业发展现状进行调研，然后对宁波市汽车零部件产业相关企业进行实地调研，为宁波汽车零部件产业以知识产权为核心的资源配置导向目录研究和编制提供现实依据。

第一节　宁波汽车零部件企业实地调研准备

宁波调研旨在了解宁波市汽车零部件产业发展现状及前景，重点关注技术创新及知识产权活动在产业发展中的作用。课题组围绕企业产品及价值分布、研发及知识产权现状、未来发展战略及政策需求等方面，设计调研提纲，具体如下。

针对贵企业研发和生产的产品，请您就以下问题发表观点：

1. 公司基本情况介绍（年龄、规模、性质、主要产品和服务）？
2. 公司主营产品占汽车成本多大比例？产品利润空间如何？
3. 公司主营产品市场份额多少？国内外行业竞争情况如何？
4. 公司主营产品的供应商和用户主要有哪些？议价能力如何？
5. 公司主营产品是否存在替代品？行业进入门槛如何？
6. 公司主营产品的核心竞争优势体现在哪里？存在哪些劣势？
7. 公司主营产品未来面临哪些发展机会？存在哪些威胁？
8. 公司主营产品对技术创新和知识产权的需求程度如何？
9. 公司研发投入多少？拥有多少自主知识产权（专利和商标）？
10. 公司是否进行过产学研合作？是否从国内外引进过核心技术？

11. 公司是否有专门从事知识产权工作的机构（部门）或人员？

12. 公司未来是否有明确的知识产权战略？存在哪些实施障碍？

13. 公司未来3～5年的市场定位、发展战略和升级路径如何？

14. 您对于未来宁波市的汽车零部件产业发展有何建议？

15. 您认为政府部门应该出台什么样的政策支持行业发展？

为了有效开展调研工作，课题组建了由国家知识产权局保护协调司、宁波市知识产权局、大连理工大学、中国科学院地理科学与资源研究所、宁波信息研究院等单位相关人员参与的调研工作组。全部调研工作在国家知识产权局和宁波市科技局的指导与协调下进行。调研工作组于2017年7月10～14日对分布于宁波市鄞州、高新区、北仑、宁海及杭州湾的13家汽车零部件企业进行了调研，收集了13家企业的详细资料，召开企业高管和政府管理人员座谈会，深入了解了宁波市汽车零部件产业的发展现状，分析了优势和存在的问题以及未来发展的政策需求，征询了有关方面对导向目录编制的意见。

第二节 宁波汽车零部件调研企业发展现状

一、宁波汽车零部件企业产品及价值分布

1. 宁波汽车零部件产业链基本形成，特色优势产业初步显现

本次调研企业包括3家整车企业，分别是浙江中车电车和吉利汽车（吉利汽车研究院和吉利罗佑发动机），前者主要业务是新能源电动公交车研发和制造，后者主要是乘用汽车整车和动力总成制造。其他10家企业为零部件研发和生产企业，这些企业的产品基本涵盖了汽车产业链的主要产品模块，包括发动机，底盘（变速箱、减震器、刹车片、离合器、轮毂、车桥、传动轴），外饰（保险杠、后视镜、车灯、进气格栅、车窗玻璃等），内饰（仪表盘、安全气囊、座椅、领域盘、门饰板等），以及新能源汽车领域的电池、电机、电控等（表10-1）。其中，方正汽车模具是汽车零部件模具公司的代表，而考比锐特是汽车零部件装配和检测公司的代表。虽然仅调研了13家企业，但仍然可以看出，宁波市汽车零部件产业链条比较完整，研发和生产的产品品种较多，覆盖了传统汽车产业的汽车动力总成、底盘、车身及附件、电器、仪表等类别以及新能源汽车产业的电池、电机、电控等类别。同时，宁波市汽车模具产业的优势和特色也比较突出。

表 10-1 宁波市汽车零部件调研企业产品及盈利情况

企业名称	2016 年营业收入	主要产品	2016 年销售毛利率	2016 年销售净利率
圣龙集团	12.5 亿	动力总成：发动机油泵、凸轮轴、变速箱油泵、分动箱油泵；新能源汽车轮毂电机	23.2%	7.1%
博格华纳（宁波）	40 亿	发动机：涡轮增压系统、摩斯链条系统、排放系统	21.3%	8.0%～9.0%
宁波天伟	1 000 万	刹车片	—	—
浙江中车电车		新能源电动公交整车	15.0%	
均胜电子	186 亿	功能件：发动机进气管路系统、车身清洗系统、空气管理系统、汽车内外后视镜、加油小门、领域盘、座椅总成；智能驾驶：空调控制系统、传感器系统、驾驶员控制系统、电子控制单元；新能源汽车电池管理系统	19.0%	2.5%（2014、2015 年保持在 5%）
敏实集团	94 亿	饰条、汽车装饰件、车身结构件、座椅骨架系统、行李架	34.6%	18.3%
拓普集团	39.4 亿	减振、内饰、底盘、电子、结构件	32.3%	15.6%
旭升汽车	5.7 亿	新能源汽车变速系统、传动系统、电池系统	49.4%	35.8%
双林汽车	32 亿	汽车内外饰系统、轮毂轴承、精密注塑零部件、座椅系统零部件、新能源汽车电机及其控制器	27.7%	9.9%
方正汽车模具	4.2 亿	大模：保险杠、仪表板、门护板；精密模；吹塑模	33.3%	10.5%
考比锐特汽车	1 000 万	汽车零部件自动装配和检测智能装备	20.0%	10.0%
吉利汽车（研究院+罗佑发动机）	537.2 亿	汽车整车、发动机、变速器和汽车电子电器	18.3%	9.6%

2. 宁波汽车零部件企业大多处于价值链底端，整个产业的附加值偏低

根据座谈结果和查阅企业年报数据得到不同企业（产品）的销售毛利率和净利率，可以发现大部分企业产品的销售毛利率在 15%～25%，而销售净利率一般在 10%左右（表 10-1）。尽管调研的零部件企业所处的产业链环节各不相同，但调研中很多企业认为汽车产业发展至今，传统汽车的零部件产品利润空间相对透明，不管是竞争程度相对低的发动机和变速箱零部件，还是竞争程度相对高的内外饰零部件，都很难获得高额的附加值。

然而，调研中课题组也发现了几家企业的产品毛利率高于 30%且净利率高于 15%的企业，包括敏实集团、拓普集团以及旭升汽车。其中，敏实和拓普的产品大部分还都是针对传统汽车行业，只有旭升比较特殊，目前主要为特斯拉的供货商，毛利润和净利润水平超过行业水平。同时，双林汽车和方正模具两家企业的毛利率水平高于 25%。因此，这说明并非所有零部件企业都被锁定在同一个附加值区间，宁波市汽车零部件产业链的价值分布仍存在较大差异。实际调研中也发现了很多企业都在面向未来更高价值的产品进行布局，也有企业已经通过产品转型实现了价值链的升级，比如拓普集团布局的智能刹车系统虽然目前产值较低，但毛利率高达 45.89%；旭升汽车从民用件跨越到汽车零部件，聚焦于新能源汽车和汽车轻量化领域，成为特斯拉供应商，实现了价值跃升。因此，汽车零部件企业价值链差异以及转型升级路径是下一步研究中要重点关注的问题。

二、宁波汽车零部件企业研发活动

1. 宁波汽车零部件企业研发投入分析

无论是同宁波市其他产业的企业相比，还是同国内同类城市的汽车零部件产业中的企业相比，宁波市汽车零部件企业研发投入普遍较高，不论规模和年龄大小，调研企业研发投入强度大都达到 3%以上，部分企业达到 6%以上（表 10-2）。其中，一些规模较小或年龄较小的企业，如宁波天伟和考比锐特汽车，或者处于高速扩张期的企业，如旭升汽车，在近几年的研发投入强度均高达 10%以上。大多数企业都建立了自己的技术研发中心，如圣龙集团设有一个国家级企业技术中心，均胜电子在全球 16 个国家拥有 45 个研发及生产基地等。调研中发现，企业普遍认为汽车零部件行业属于高技术高资本行业，而且汽车行业的技术成长一般比较缓慢，零部件企业不管是进行自主研发、按主机厂要求研发或者是与主机厂共同开发，只有持续研发投入进行技术积累才能进入并维持在主机厂的供应商体系，从而在激烈的竞争中生存并建立技术门槛。

表 10-2 宁波汽车零部件调研企业研发与知识产权情况

企业名称	成立年份	性质	研发强度	合资收购	发明专利	实用新型	外观设计	专利总数
圣龙集团	1996	民营	5.0%	是	22	93	12	127
博格华纳（宁波）	2005	外资	3.0%	是	1	43	0	44
宁波天伟	2004	民营	10.0%		0	0	2	2
浙江中车电车	2014	国有	6.0%		3	63	14	80
均胜电子	2004	民营	6.3%	是	4	99	3	106
敏实集团	1992	台资	4.0%	是	252	111	0	363
拓普集团	1983	民营	4.5%		34	128	20	182
旭升汽车	2003	民营	50.0%		4	60	0	64
双林汽车	1987	民营	3.0%	是	62	216	3	281
方正汽车模具	1999	民营	3.1%	是	33	21	1	55
考比锐特汽车	2014	民营	35.0%		0	60	0	60
吉利汽车	1986	民营	0.4%	是	2 675	9 711	1 366	13 752

2. 宁波汽车零部件企业国内外研发资源利用分析

在技术研发过程中，宁波市汽车零部件企业普遍采取开放式创新模式，广泛利用国内外研发资源。大多数企业积极利用国内高校、研究机构和第三方协会等资源，广泛开展产学研合作（赵福全、刘宗巍，2016）。如圣龙集团与清华大学苏州汽研院建有联合研发中心，同时还与同济大学、吉林大学、重庆理工、中国汽车工程学会、中国汽车工程研究院等高校和机构进行研发合作。方正汽车模具与华中科技大学建立院士工作站，与上海交通大学建立联合技术中心等。考比锐特汽车从创立之初就与吉林大学机械工程学院和汽车工程学院建立了紧密的研发合作联系。根据调研统计，清华大学、哈尔滨工业大学、吉林大学、同济大学、浙江大学、上海交通大学、华南理工大学、宁波大学等是国内最常进行研发合作的高校。企业间合作一般发生在上下游企业之间，如圣龙集团与宁波浙大联科科技有限公司、湖北精川智能装备股份有限公司、东睦新材料集团股份有限公司等企业建立了技术合作关系。

除了国内产学研资源利用外，很多调研企业还积极进行国内外企业并购，通过并购实现技术升级和市场拓展（高勇，2014）。其中，均胜电子是通过跨国并购实现技术跨越的典型案例。2011 年至今，均胜电子先后收购了汽车电子公司德国 PREH、德国机器人公司 IMA、德国 QUIN、汽车安全系统全球供应商美国 KSS 以及智能车联领域的德国 TS，实现了全球化和转型升级的战略目标。调研中均胜电子表示，16 亿收购普瑞公司是非常明智的决定，否则依靠公司自身力量花费三十年投入同样的数额也很难再造一个普瑞，从而发展成今天的模样。圣龙集团同样通过合资和收购的模式实现了跨越式发展，2009 年在美国成立 SLW 公司并成功收购美国博格华纳油泵事业部，2010 年并购德尔福成立卓越圣龙，2012 年与印度 PCL 合资成立圣龙浦洛西，这些对圣龙集团技术实力的提升大有帮助。其他企业如双林汽车、方正汽车模具为了获得国内外技术或者进入国际市场，也均进行过并购，取得了较好的效果。

综上可知，通过设置全球研发或设计中心，开展国内外产学研合作，以及通过合资或并购的方式获得关键技术或拓展市场份额，汽车零部件产业已经成长为在全球层面进行研发资源布局的行业。

三、宁波汽车零部件企业知识产权发展

1. 不同性质及发展阶段的企业知识产权重视程度存在较大差异

从专利数量上看，调研企业发明专利数普遍较少，实用新型专利数相对较多，专利总数和专利质量均差异较大。

从企业性质看，外资企业博格华纳是汽车零部件产业外企的典型代表，该企业几乎不申请发明专利，实用新型专利数量也很少。调研中了解到该企业核心技术都由总部提供，子公司专利活动要符合总部的专利布局，申请专利要经过总部同意，出于总部战略考虑很少在中国申请专利。

国有、台资和民营企业中，专利行为主要跟企业的年龄和规模有关，即处于不同发展阶段的企业对专利活动的重视程度有较大差异。圣龙集团、敏实集团、拓普集团、双林汽车成立较早，而且规模都在 10 亿以上，相应地对于知识产权的重视程度也较高，发明专利数相对较多。成立年限较短或规模较小的企业，如考比锐特、旭升汽车、宁波天伟等在专利方面还缺乏足够的积累，也没有成立专门的知识产权管理部门进行专利布局等活动。

吉利汽车目前在专利方面进行了大量的积累，但在调研中发现吉利也是近些年才开始由专门的技术管理部进行专利检索、专利布局、专利申报等工作，并且由过去的零散、个案、自发、滞后以及被动的专利活动转变为现在有计划、主动

及时且将专利申请嵌入到产品开发过程中。因此，知识产权资源布局导向应该针对企业性质及其所处的发展阶段进行区别对待。

2. 汽车零部件产业的知识产权创造与运用具有一定特殊性

调研发现汽车零部件产业具有自身的特殊性，导致知识产权创造与运用活动与其他行业存在较大差异。首先，汽车零部件企业的某些核心技术主要通过技术秘密的形式保护，不适合申请专利。如旭升汽车认为公司的核心技术包括模具设计及制造技术、新能源汽车核心零部件生产技术等，主要为非专利技术。这些核心技术主要是公司持续的自主创新、技术钻研和长期生产经验积累的成果，需要研发投入进行技术创新和升级，但未必需要申请专利。

其次，汽车零部件企业的客户主要是主机厂商，进入主机厂供应商体系后，往往需要根据主机厂的需求进行研发或者前期介入共同开发。这种情况下主机厂会签订合同不允许零部件企业申请与产品相关的专利或者专利所有权归主机厂所有，导致大多数零部件企业不能申请专利或者只能申请与模具或材料相关的周边专利。因此，除非零部件企业可以提前布局申请相关产品专利，并且能引领主机厂的产品发展领域，才会在与主机厂合作过程中拥有话语权。比如敏实集团在饰条、密封条方面的产品专利占专利总数的30%，其余是材料、工艺、模具方面的专利。但是，实际中大多零部件企业技术实力都达不到这个水平，因此导致专利数量较少且不是核心产品专利。

最后，汽车零部件产业中知识产权的转让、许可以及侵权现象很少。调研发现，零部件企业之间几乎不发生专利转让或许可，但公司内部不同子公司之间会发生许可或转让，如敏实集团内部存在57项专利转移。同时，专利侵权现象在零部件企业之间也很少发生。调研发现，由于零部件企业是经过严格筛选进入主机厂供应商体系，主机厂和供应商会保持较为稳固的长期合作关系，尤其是很多零部件企业会在新项目开始之初就介入进行共同开发。

因此，即使有其他企业侵权模仿相关技术，也不可能进入供应商体系，无法找到市场和客户。汽车零部件行业是重资产投入的行业，进入门槛很高，主机厂商会制定要求零部件供应商购买相关的设备和生产线，往往一条生产线或设备就需要几千万甚至1个亿以上，而且产品供货周期往往要2～3年，这种情况下其他企业不可能先模仿再找客户，因此侵权行为没有太多意义。总之，由于汽车零部件企业不是面向终端客户，而是主机厂商服务，因此导致专利侵权行为价值较低。

四、宁波汽车零部件企业未来发展战略布局

在对样本企业调研的基础上，课题组收集了宁波市政府有关产业发展、空间布局以及产业集群培育等方面的规划和政策，研究了典型汽车零部件企业的发展规划和年报，形成基于典型企业调研的宁波市汽车零部件产业未来发展战略布局的初步结论。

1. 加快传统核心业务技术升级，稳步扩大市场份额

大多数企业以模块化、轻量化、智能化等为目标，短期聚焦于在传统汽车核心业务中降低研发和生产成本，提升技术创新能力，并扩大市场份额。如圣龙集团计划围绕发动机配气系统、发动机及变速器润滑系统、自动变速器核心部件三大产品体系，完成多项关键技术的突破，进一步提升自主研发和产品设计能力，扩大市场份额。宁波天伟计划以区域带点为主体，包括二级修理厂、直营业点等，集中拓展市场份额，同时改进摩擦配方，从金属到非金属到陶瓷再到高肽领域发展。敏实集团致力于产品轻量化和美观化的设计与研发，积极摸索及开拓产品在电子与及智能化汽车行业的应用。拓普集团继续致力于智能刹车系统的研发，凭借数据算法优势进入智能汽车核心技术领域，以辅助驾驶为核心，逐步试验并装配高级辅助驾驶系统，进而由辅助驾驶过渡到自动驾驶，最终实现无人驾驶。

2. 超前布局新能源汽车业务，积极抢占新产品市场

对于新能源汽车业务，由于政府的大力支持以及未来的技术发展趋势，大多数企业都开始提前进行技术和市场布局。如圣龙集团未来聚焦于新能源汽车的轮毂电机项目上，委托清华大学苏州汽车研究院开发的轮毂电机电控集成系统相关技术是新能源汽车动力系统领域内的核心技术，将为公司在2019年进入新能源汽车动力系统领域的发展奠定良好的基础，提高公司在汽车动力系统领域的综合竞争力和影响力。宁波中车电车2017年计划投入研发成本共4 000万，重点研发项目包括电动客车无人驾驶系统及其应用技术、甲醇制氢燃料电池与超级电容组合式新能源客车。双林汽车通过收购德洋电子，在新能源汽车电机和电控的研发能力上进行了战略布局，通过掌握电动汽车电机、控制器、VMS、BMS等核心模块研发、生产与销售，致力于打造全球新能源汽车动力总成最佳解决方案，成为国内新能源汽车动力总成的领导者。

第三节 宁波汽车零部件调研企业面临的主要挑战

一、传统业务核心技术受制于人

虽然宁波市汽车零部件企业大量投入研发经费进行技术创新，但是传统汽车业务中的很多核心技术和设备仍受制于人，无法实现技术突破。典型的是发动机和变速箱的核心技术仍然掌握在外国企业手中，我国企业通过多年积累掌握的大多是机械零部件相关的硬件部分，而对于发动机中最为关键的电控部分，包括硬件设计、软件设计以及大量的系统运行数据还没有掌握，在变速箱方面更是缺少人才储备和技术积累，与国外差距还比较大，导致我国汽车零部件企业产品的平均附加值普遍较低。同时，零部件企业研发和生产所需的核心设备和零部件大多仍然依赖进口，比如旭升汽车的核心生产设备都是主机厂指定从国外进口，包括布勒、富莱、东芝、宇部等全自动压铸机，日本森精机、马扎克、牧野、德玛吉等加工设备。在汽车模具方面，虽然我国是模具大国，宁波市拥有汽车模具产业基地，但高质量的高端模具仍要靠从日本、德国等国家进口。

此外，虽然大多数企业都开始面向未来围绕新能源汽车以及智能汽车等布局相关产品，但是相关核心技术目前同样大多掌握在外国企业手中，面向新能源汽车的电源、电池、电控、电机等关键零部件核心技术，以及面向智能汽车的传感器、雷达等关键零部件技术，目前均需政府引导进行提前布局，否则未来产业成熟后仍不免受制于人，无法实现弯道超车的目的。同时，由于新能源汽车产业成熟尚需一定时间，相关的配套技术和资源也需要政府政策引导落地，如充电站、充电桩等。

二、产业集群整体规模小且功能弱

虽然汽车及零部件产业已经成为宁波市第一大产业，汽车零部件企业有 3 000 多家，规模以上企业达到 500 多家，但是调研中多家企业提到宁波市汽车零部件企业分布零散，没有形成具有规模性的功能明确的产业集群。中车电车有很多零部件都是从宁波本地获取，小到螺栓，大到轮胎，提出希望多些相应的零部件配套企业，加大创新力度，带动零部件配套企业的发展，实现上下游企业良性发展循环。均胜电子 80%的零部件供应商都来自宁波本地，相关负责人认为宁波市零部件企业分布零散，而且企业之间的差距较大，未形成集群布局。这些企业均建议宁波市应该利用产业引导基金和税收优惠等政策支持，将有特色的汽车零部件产品集中在一起打造集群产业。

三、人才引进困难，配套政策待完善

调研发现大多企业认为宁波市在吸引和留住人才方面不具有区位优势，距离上海和杭州过近导致人才不愿意来宁波；同时，宁波市除房价外的生活成本偏高，也不利于吸引应届生来工作。拓普集团采取了在华南理工等高校设置奖学金的方式，提高影响力吸引高校毕业生来工作；旭升汽车主张到偏远地区高校去招学生，相关待遇可以更好地吸引人才留在宁波。还有企业提到应该通过打造汽车产业集群，提高人才聚集效应，为高素质人才提供更好地就业机会和发展前景。

此外，对于高端人才引进的相关配套政策还存在有待完善之处。由于宁波市很多汽车零部件企业都在扩张，如吉利等，需要引进大量高层次人才，导致很多员工的子女就学得不到很好地安排，存在好的学校拿不到学生名额等问题。国有企业宁波中车还提到公司引进员工后，公司内职称体系与宁波市职称体系不一致，无法享受宁波市买房补贴等政策优惠，对吸引和留住人才造成一定阻碍。

第十一章　宁波汽车零部件产业整体发展现状

本部分通过文献梳理、行业报告分析、专家访谈及企业调研等途径收集资料，在此基础上分析汽车零部件产业链及其价值分布，在产业层面分析国外和国内、我国典型城市以及宁波市汽车零部件产业知识产权发展现状，在企业层面分析宁波市汽车零部件企业知识产权匹配情况，揭示宁波市汽车零部件产业发展规划目标匹配现状，从知识产权视角对宁波市汽车零部件产业发展进行综合分析，并识别宁波汽车零部件产业发展的优势与存在问题（图 11-1）。

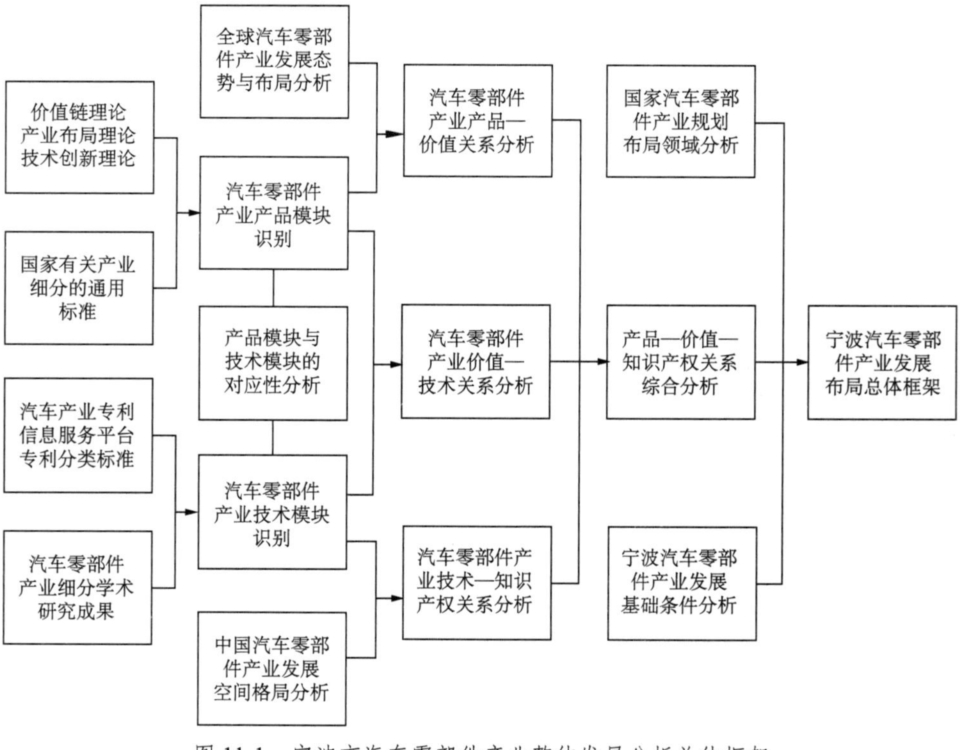

图 11-1　宁波市汽车零部件产业整体发展分析总体框架

第一节　汽车零部件产业链及价值链模块

作为制造业的重要一环，汽车产业一直以来就受到社会各界的广泛关注。《中国制造 2025》提到："作为我国十大优势和战略产业之一，汽车产业瞬息万变的态势需要倾注更多精力去规划发展、谋求创新。"汽车产业是集生产、组装及销售的综合性工业，每台汽车由成千上万种零部件组成，每个汽车主机制配厂又有大量的配件厂与之相联。作为汽车产业的基础，汽车零部件产业在很大程度上会影响汽车产业的发展力、创新力和竞争力。《中国制造 2025》也提出，至 2025 年，自主关键零部件的市场份额以达到 60%为目标。本节重点对汽车零部件产业链不同模块的价值分布进行分析。

一、汽车零部件产业链技术模块识别

1. 汽车零部件产品构成概况

表 11-1 总结了各个模块下的具体零部件产品。

表 11-1　汽车零部件配件构成

汽车零部件	具体产品配件
发动机配件	节气门体，发动机，发动机总成，油泵、油嘴，涨紧轮，气缸体，轴瓦，水泵，燃油喷射，密封垫，凸轮轴，气门，曲轴，连杆总成，活塞，皮带，消声器，化油器，油箱、水箱，风扇，油封，散热器，滤清器，发电机、起动机
传动系统配件	变速器、变速换挡操纵杆总成，减速器，离合器，气动、电动工具，磁性材料，电子元器件，离合器盘、离合器盖，万向节、万向滚珠、万向球、球笼，离合器片，分动器、取力器、同步器、同步器环、同步带，差速器、差速器壳、差速器盘角齿、行星齿轮、轮架、凸缘，齿轮箱、中间轴、齿轮、挡杆拔叉，传动轴总成、传动轴凸缘
制动系统配件	刹车蹄、刹车片，刹车盘、刹车鼓，压缩机，制动器总成、制动踏板总成，制动总泵、制动分泵，ABS-ECU 控制器、电动液压泵，制动凸轮轴、制动滚轮、制动碲销、制动调整臂，制动室，真空加力器，手制动总成、驻车制动器总成、驻车制动器操作杆总成
转向系统配件	转向节主销、球头销
行走系统配件	后桥，空气悬架系统，平衡块，钢板，轮胎，钢板弹簧，半轴，减震器，钢圈总成，半轴螺栓，桥壳，车架总成，轮台，前桥

续表

汽车零部件	具体产品配件
电器仪表系统配件	传感器，汽车灯具，蜂鸣器，火花塞，蓄电池，线束，继电器，音响，报警器，调节器，分电器，起动机（马达）、单向器，汽车仪表，开关，保险片，玻璃升降器，发电机，点火线圈、点火器
汽车灯具	装饰灯，前照灯、探照灯，吸顶灯，防雾灯，仪表灯，刹车灯、尾灯，转向灯，应急灯
汽车改装	轮胎打气泵，汽车顶架，汽车顶箱，电动绞盘，汽车缓冲器，天窗，隔音材料，保险杠，定风翼，挡泥板，排气管，节油器
安全防盗	领域盘锁，车轮锁，防盗器，后视镜，后视系统，摄像头，安全带，行驶记录仪，中控锁，GPS、ABS，倒车雷达，排挡锁
汽车内饰	汽车地毯（脚垫），领域盘套，领域盘助力球，窗帘，太阳挡
汽车外饰	轮毂盖，车身彩条贴纸，牌照架，晴雨挡
综合配件	粘结剂、密封胶，随车工具，汽车弹簧，塑料件
影音电器	胎压监视系统，解码器，显示器，车载对讲机
化工护理	冷却液，制动液，防冻液，润滑油
车身及附件	雨刮器，汽车玻璃，安全带、安全气囊，仪表台板

产品模块是对汽车行业模块化分析的基础，模块化细分的前提是多个同级模块相互独立，设计规则共同遵守（沈慧芬，2012）。在各个模块生产商共同遵守设计规则的前提下，独立设计各自模块并进行自主研发，进而与同一模块的其他生产商进行“背对背”竞争（青木昌彦、安藤晴彦，2003）。模块化的概念最初是作为一种产品设计方法提出，在将复杂产品进行模块化分解后，能够降低产品的研发与制造成本，而且通过模块之间的平行开发与制造方式进行同步工程，从而大大缩短产品上市时间（张纯洪、吴迪，2008）。

汽车产品的复杂性和其本身各部分系统之间的独立性，能够很好地保证汽车产品的高度结构性，进而为汽车产品进行模块化分析提供前提条件。根据对现有资料的研究和分析，目前关于汽车零部件产品的模块化分析通常按照如下标准：发动机系统、传动系统、制动系统、转向系统、行驶系统、电器及仪表、汽车灯具、汽车改装、安全防盗、汽车内外饰、综合配件和影音电器等（张纯洪、吴迪，2008；张练达，2015；雷德智，2015）。

2. 汽车零部件产业技术链模块

与汽车零部件配件产品对应的是相应的技术模块，对技术模块的识别及其对应知识产权的分析是本研究的重点。

为配合国务院十大重点产业调整和振兴规划的实施，发挥专利信息对经济社会发展和企业创新活动的支撑作用，国家知识产权局牵头，在国资委行业协会办公室协调下和各行业协会的积极参与下，建设了专利信息服务平台，为十大重点产业提供公益性的专利信息服务，包括钢铁、汽车、船舶、石化、纺织、轻工、有色金属、装备制造、电子信息以及物流业。

专利信息服务平台在内容上，涵盖“规划”中有关技术创新重点领域的国内外数十个国家专利文献信息；在功能上，针对科技研发人员和管理人员，提供集一般检索、分类导航检索、数据统计分析、机器翻译等多种功能于一体的集成化专题数据库系统。利用“信息平台”，行业和企业可以了解竞争对手的技术水平、跟踪最新技术发展动向、提高研发起点、加快产品升级和防范知识产权风险，为自主创新、技术改造、并购重组、产业或行业标准制定和实施“走出去”战略发挥重要作用。

国家知识产权局重点产业专利信息服务平台中，以技术模块对汽车行业进行分类导航（图 3-1），共划分为发动机、底盘、车身、电气设备和燃料（油）五大类（表 11-2）。可以看出，产品模块和技术模块的划分方式和层级都不尽相同，而且二者不是一一对应的关系。考虑到本研究以知识产权为核心，因此采用技术模块为分类标准。

二、汽车零部件产业技术模块价值分布

通过产品模块和技术模块的对应，可以对全国汽车零部件产业链的价值分布进行探究。本研究以全国汽车零部件企业的主营产品及其毛利率分布作为宁波汽车零部件产业链的分析基础。

1. 汽车零部件产业技术模块价值分布识别思路

首先对中国汽车零部件产业上市企业进行信息整理和归纳，以上市公司年报为信息来源，将上市公司主营产品及对应毛利率映射到“中国汽车零部件上市公司—主营产品利润率”二维图中，可以清晰地看出不同技术模块的企业参与数以及每个零部件企业的优势产品分布。然后按照各级明细绘制我国汽车零部件企业主营产品对应的毛利率柱形图，更加直观地分析我国汽车零部件企业的主要利润模块、这些模块主要由哪些公司组成、利润较高的模块是否同时也是参与企业数量最多的模块等问题。最后得到中国汽车零部件上市企业的主营产品及利润信息，并以此作为对宁波汽车零部件产业分析的基础。

表 11-2　汽车零部件产业技术分类

一级模块	二级模块	三级模块
发动机	机体	
	曲柄连杆机构	曲轴
		活塞
		活塞环
		活塞销
		连杆
		飞轮
	配气机构	凸轮轴
		挺杆
		推杆
		摇臂
		摇臂轴
		气门弹簧
		气门导管
	供给系统	化油器
		涡轮增压器
		燃油喷射系统
	冷却系统	散热器
		冷却水泵
	润滑系统	机油泵
		机油滤清器
	点火系统	点火开关
		点火线圈
		火花塞
		电容器
		分电器
	起动系统	

一级模块	二级模块	三级模块
底盘	传动系统	离合器
		变速箱
		分动器
		联轴器
		驱动桥
	行驶系统	车桥
		车轮（轮毂）
		车轮（轮胎）
		弹簧
		减震器
		悬架
	转向系统	转向盘
		转向轴
		动力转向机构
	制动系统	
电气设备	蓄电池	
	发电机	
	照明装置及信号装置	
燃料（油）	机油	
	汽（柴）油	
	冷却液	

一级模块	二级模块	三级模块
车身	车身壳体	
	车门	
	车窗	
	车身附件	门锁
		门铰链
		玻璃升降器
		密封件
		风窗刮水器
		风窗洗涤器
		遮阳板
		后视镜
		拉手
		点烟器
		烟灰盒
		座椅
		空气调节装置
	安全防护设置	安全带
		头枕
		安全气囊
		安全玻璃
		保险杠
		消防装置
	仪表及报警装置	
	防盗装置	转向锁
		电子防盗装置
	喇叭	
	保养、清洗或调试	

登录锐思数据库（http://www.resset.cn/#），进入“数据库”页面后点击左侧“行业分类”，在“查询字段”类别下手工输入“汽车零部件”，如图 11-2 所示。将命令提交，得到有关我国汽车零部件行业中所有的上市公司信息，共 423 条数据。

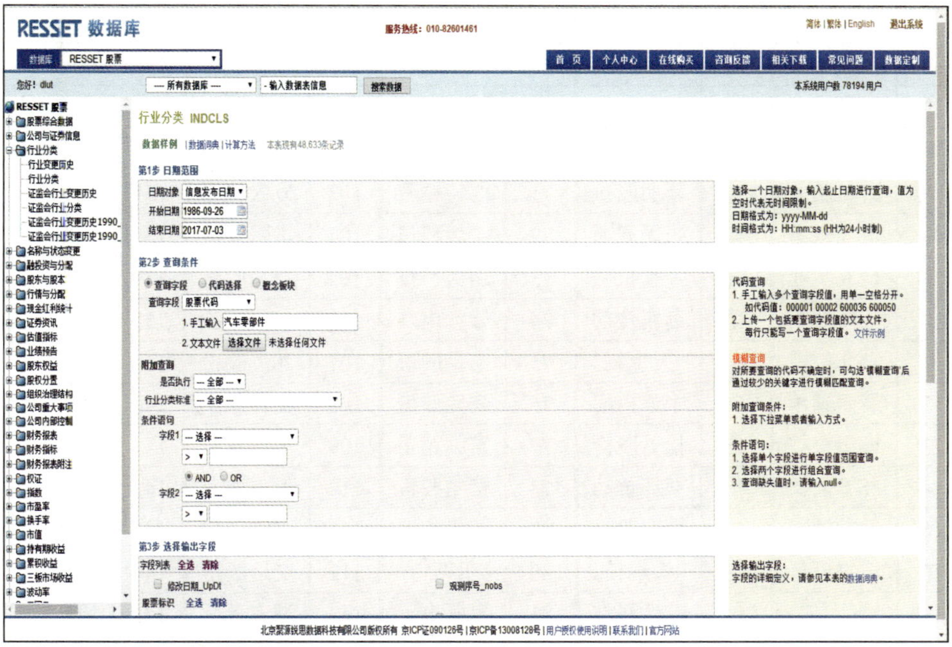

图 11-2　锐思数据库行业分类数据收集界面

筛选掉数据中的重复项，共 165 条汽车零部件上市企业的数据得到保留。课题组认为 A 股和 B 股仅代表认购时的币种不同，但反映出相关上市公司的信息一致，进一步将富奥 B 股、江铃 B 股、苏威孚 B 股、长安 B 股、华谊 B 股、上柴 B 股和天雁 B 股共 7 支 B 股股票从样本数据中去除，共 158 家中国汽车零部件上市企业作为分析样本（表 11-3）。

根据汽车零部件企业的名称，进入特定的公司官网下载 2016 年度年报或进入新浪财经查看各上市公司中的主营产品及毛利率。通过信息归纳和整理，将毛利率值映射到“中国汽车零部件上市公司—主营产品利润率”二维图中，横坐标为汽车零部件产品一级和二级明细，纵坐标即 158 家汽车零部件上市企业名称。

根据各公司年报中所披露的相关信息，课题组加入了材料（轴承、模具、金属和齿轮）、整车、新能源及汽车电子、智驾设计及服务共四大类汽车零部件一级明细。同时，少部分汽车零部件上市企业的年报中未能披露有效信息，如湖北广

表 11-3 158 家中国汽车零部件上市企业

序号	公司名称	序号	公司名称	序号	公司名称	序号	公司名称	序号	公司名称
1	富奥股份	33	成飞集成	65	登云股份	97	曙光股份	129	星宇股份
2	潍柴动力	34	特尔佳	66	跃岭股份	98	中航电子	130	联明股份
3	S 湘火炬	35	奥特佳	67	蓝黛传动	99	江淮汽车	131	北特科技
4	江铃汽车	36	西仪股份	68	今飞凯达	100	风神股份	132	威帝股份
5	万向钱潮	37	天润曲轴	69	钧达股份	101	凌云股份	133	常熟汽饰
6	威孚高科	38	亚太股份	70	双林股份	102	中国动力	134	凯众股份
7	黔轮胎 A	39	新朋股份	71	鸿特精密	103	方大特钢	135	新坐标
8	青岛双星	40	兴民智通	72	美晨科技	104	贵航股份	136	天成自控
9	恒立实业	41	隆基机械	73	精锻科技	105	迪马股份	137	正裕工业
10	长安汽车	42	远东传动	74	云意电气	106	天华院	138	腾龙股份
11	湖北广电	43	万里扬	75	慈星股份	107	龙溪股份	139	福达股份
12	襄阳轴承	44	中原内配	76	鹏翎股份	108	金杯汽车	140	圣龙股份
13	模塑科技	45	松芝股份	77	富临精工	109	华谊集团	141	新泉股份
14	*ST 天仪	46	双环传动	78	德尔股份	110	退市博元	142	保隆科技
15	航发控制	47	金固股份	79	苏奥传感	111	福耀玻璃	143	浙江仙通
16	浩物股份	48	天汽模	80	贝斯特	112	交运股份	144	日盈电子
17	斯太尔	49	旷达科技	81	奥联电子	113	湖南天雁	145	旭升股份
18	一汽轿车	50	西泵股份	82	美力科技	114	均胜电子	146	华懋科技
19	中鼎股份	51	海立美达	83	万通智控	115	文投控股	147	湘油泵
20	航天科技	52	南方轴承	84	雷迪克	116	华域汽车	148	迪生力
21	云内动力	53	三七互娱	85	东风汽车	117	一汽富维	149	华达科技
22	钱江摩托	54	万安科技	86	东风科技	118	中航黑豹	150	金麒麟
23	一汽夏利	55	八菱科技	87	易见股份	119	上柴股份	151	德宏股份
24	众泰汽车	56	日上集团	88	林海股份	120	*ST 嘉陵	152	岱美股份
25	中国中期	57	比亚迪	89	上汽集团	121	渤海活塞	153	秦安股份
26	宗申动力	58	世纪华通	90	东睦股份	122	广汽长丰	154	中马传动
27	中航机电	59	光启技术	91	长春一东	123	赛轮金宇	155	常青股份
28	巨轮智能	60	京威股份	92	航天机电	124	广汽集团	156	宁波高发
29	宁波华翔	61	信质电机	93	福田汽车	125	骆驼股份	157	铁流股份
30	万丰奥威	62	猛狮科技	94	东安动力	126	长城汽车	158	继峰股份
31	广东鸿图	63	浙江世宝	95	S 佳通	127	拓普集团		
32	银轮股份	64	光洋股份	96	全柴动力	128	力帆股份		

电的主营产品为有线电视产品，美晨科技的主营产品为橡胶制品和园林施工，文投控股的主营产品为影院电影放映业务和影视投资制作业务等，并不能很好地体现其汽车零部件企业的特性，无法归类至某一特定的明细中。经过数据比对、筛选和校正，包括湖北广电、美晨科技和文投控股在内的25家上市企业从样本数据中去除，共133条数据得到保留。

2. 汽车零部件产业技术模块价值分布识别结果

对所有上市公司的同一汽车零部件产品模块的毛利率求均值，得到不同技术模块的行业平均利润率（图11-3）。

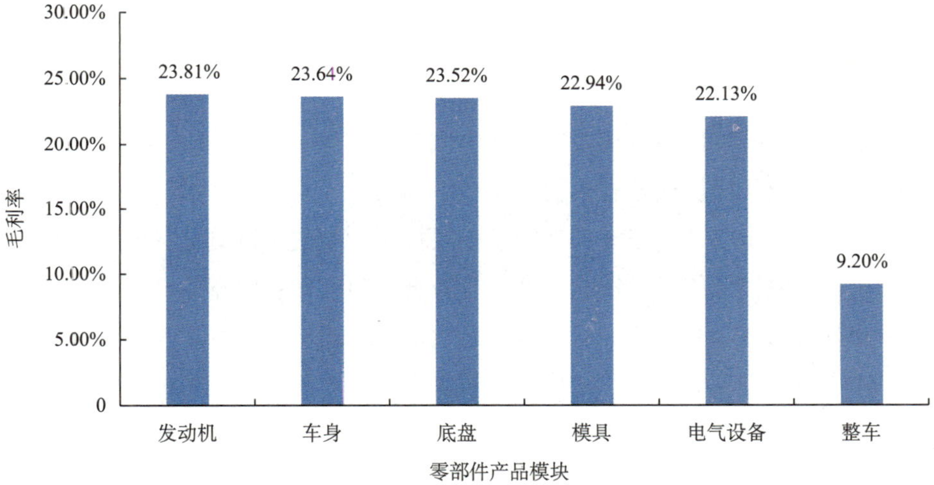

图11-3　2016年我国汽车产业不同技术模块毛利率

从图11-3中可以看出，发动机（23.81%）、车身（23.64%）和底盘（23.52%）的技术模块利润率位居前三，这与课题组在宁波进行实际调研和走访的结果一致。

发动机技术模块包含多项子类：机体、曲柄连杆机构、配气机构、供给系统、冷却系统、润滑系统、点火系统和起动系统。作为传统燃油车中最为核心的子系统，发动机整机制造的核心技术一直为世界极少数汽车领军企业所掌控。此次宁波调研，几位工程师直言："要说一台车的灵魂，肯定还是发动机，但发动机技术也是目前最复杂最难攻的。"

车身技术模块包含多项子类：车身壳体、车门、车窗、车身附件、安全及防护装置、仪表及报警装置、防盗装置、喇叭和保养清洗调试。其中，车身附件二级明细又包括门锁、门铰链、玻璃升降器、密封件、风窗刮水器及洗涤器、遮阳板、后视镜、拉手、点烟器、烟灰盒、座椅、空气调节装置和内外饰件。我国汽车内外饰件产品走在世界前列，掌握多项关键技术，并为多个世界级知名车企提供饰件产品的生产和组装服务。尤其在江浙地区，车身模块下的内外饰件产品具有典型特征，如何扩大个别龙头企业的榜样引领和规模效应，是继续保持车身技术模块领先优势的先决条件。

底盘技术模块包含的子类有：传动系统、行驶系统、转向系统和制动系统。底盘技术模块与位居第二位的车身技术模块毛利率相差较小，通过对我国上市汽车零部件企业的主营产品分析，共有 28 家上市公司参与底盘模块中行驶系统子模块的研发与生产；22 家上市公司参与底盘模块中传动系统子模块的研发与生产。整体来看，相对于发动机和车身模块，虽然底盘系统的毛利率略有弱势，但企业参与数更多。

为更好地展开不同技术模块下具体的汽车零部件子模块的毛利率分析，现将各二级明细对应子模块取毛利率均值（图 11-4）。

本研究进一步将各汽车零部件的子模块按照一定的标准划分为利润率较高的子模块和利润率较低的子模块。根据现有数据资料得知各汽车零部件子模块毛利率的中位数值为 23.03%，我们将高于中位数值的子模块定义为“毛利率较高的汽车零部件子模块”，低于中位数值的子模块定义为“毛利率较低的汽车零部件子模块”。因此，“毛利率较高的汽车零部件子模块”主要包括：配气机构、仪表及报警装置、润滑系统、安全及防护装置、传动系统、供给系统、电机、车身附件、制动系统和曲柄连杆机构；“毛利率较低的汽车零部件子模块”主要包括：模具、冷却系统、点火系统、行驶系统、电池、照明及信号装置、转向系统、发动机机体、车门和整车。

可以发现，按照子模块对汽车零部件进行产业链分析的结果与一级模块毛利率分布大体一致，位于前六位的依然来自发动机、车身和底盘模块。具体体现在，发动机模块下的配气机构仍居首位，位于第二至六位的分别是仪表及报警装置（车身）、润滑系统（发动机）、安全及防护装置（车身）、传动系统（底盘）和供给系统（发动机）。

值得注意的是，电气设备下的电机子模块（26.70%）紧随其后，这在一定程度上体现了传统燃油车与新能源动力汽车之间的博弈与权衡。随着各国禁止燃油车时间表的陆续公布以及国内“双积分”政策的正式发布等，新能源汽车迎来了新的发展机遇。2017 年 9 月 28 日，工信部、财政部、商务部等部委联合公布

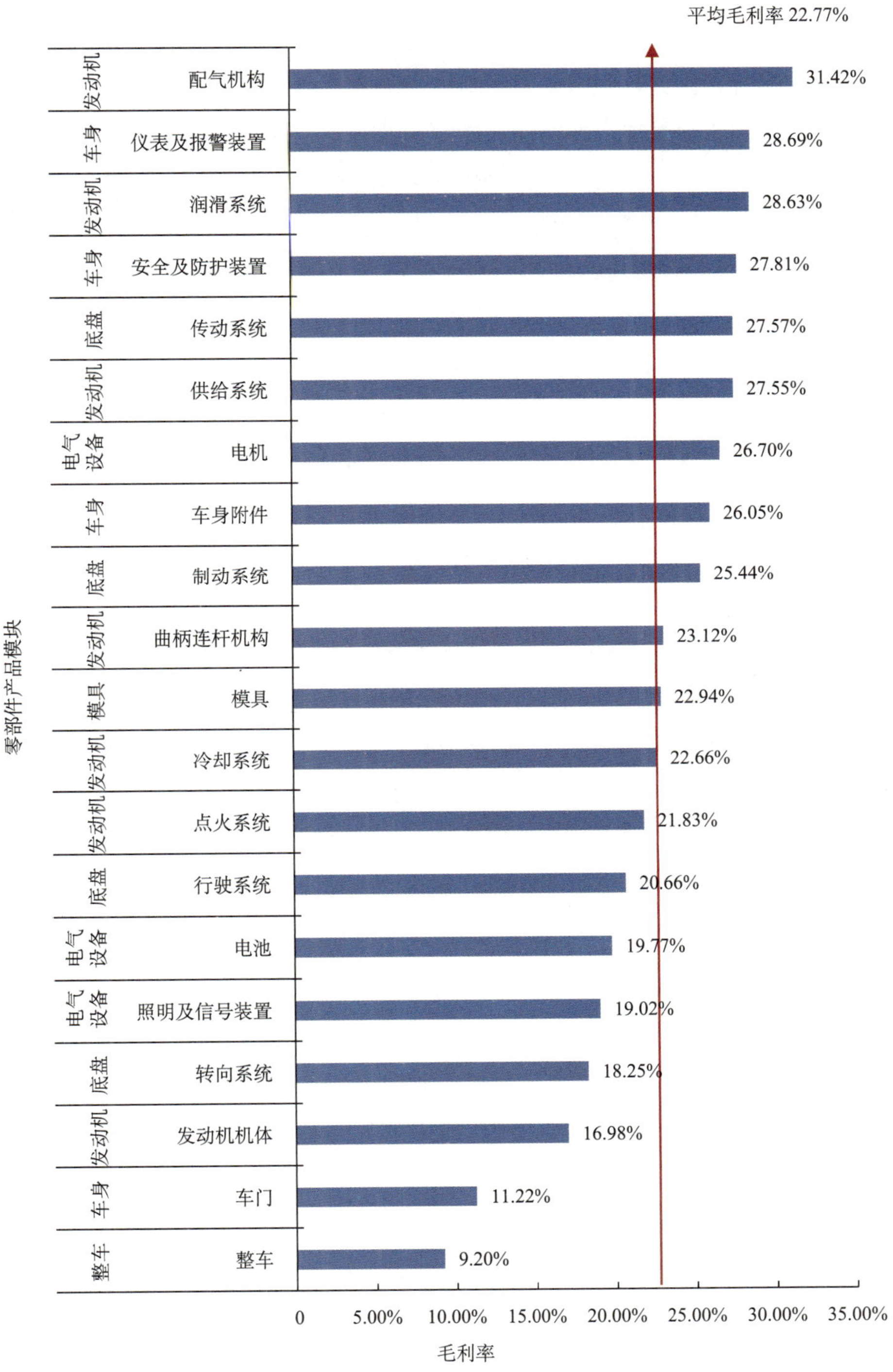

图 11-4　2016 年我国汽车产业不同技术子模块毛利率

了《乘用车企业平均燃料消耗量与新能源汽车积分并行管理办法》，并于 2018 年 4 月 1 日起施行。因此，具有先发优势的领先企业将成为主要受益者，将利好新能源汽车产业的长期发展，并推动新能源车消费结构升级。位于末位的整车技术子模块（9.20%）同一级目录一致，原因可能是整车模块主要涉及整车拼装和销售，技术研发投入相对较少，相应的毛利率也处于较低水平。

全局来看，子技术模块整体的毛利率水平是 22.77%。其中，曲柄连杆机构（发动机）、模具（模具）和冷却系统（发动机）与行业平均毛利率基本持平。

第二节　宁波汽车零部件产业知识产权现状

课题组尝试从国内外专利分析、宁波与中国汽车产业基地专利比较入手，并将分析对象细分为关键零部件技术领域，关键零部件领域又分为机体、曲柄连杆机构、配气机构、供给系统、冷却系统、润滑系统、点火系统、起动系统；传动系统、行驶系统、转向系统、制动该系统；车身壳体、车门、车窗、车身附件、安全防护装置、仪表及报警装置、防盗装置、喇叭、保养清洗或调试；蓄电池、发电机、照明装置及信号装置；机油、汽（柴）油、冷却液。从技术层面全方位多技术领域分析汽车零部件产业国外及国内发展趋势，以及通过对比宁波与中国七个主要汽车生产基地的专利，分析宁波汽车零部件产业的综合竞争力及未来发展趋势。

首先，检索出国内外汽车产业技术模块的专利信息；其次，在专利信息的基础上，进行外国与中国汽车产业技术模块知识产权分析、宁波汽车零部件产业技术模块知识产权分析、宁波汽车零部件产业知识产权与利润率分析、宁波与中国主要汽车生产基地各技术模块知识产权对比分析；最后，通过对上面四部分的分析识别出宁波市哪些零部件具有综合竞争力，需要政府给予大力支持，哪些零部件可能会退出市场？在此基础上，给出宁波市政府关于产业发展战略的政策建议。

采用专利分析的方法，主要是专利的定量分析，所有专利基本信息来自国家知识产权局汽车产业专利信息服务平台。具体包括 2012～2016 年外国和中国汽车零部件产业所有技术模块的专利信息，其中，中国的专利分为发明专利、实用新型专利及外观设计专利三种类型，而外国的专利不作分类。在具体的检索过程中，选择某一特定技术模块中的中国专利，进入检索界面，选择中国发明专利，在“B:

申请日”一栏中输入申请日，即可检索到某一年某一技术模块的中国发明专利数量，如果要检索特定地区某一年的发明专利申请量，例如：宁波，还需在“L：地址”一栏中输入宁波即可。

一、外国与中国汽车产业技术模块知识产权分析

从国家整体模块的专利申请量来说，近年来外国汽车零部件所有模块的专利申请量呈下降趋势（图 11-5）。我国除了底盘的专利申请量 2015 年有下降的趋势外，车身、发动机、电气设备、燃料（油）的专利申请量呈现增长趋势（图 11-6）。其中外国总体模块专利申请量排在前三的是车身、底盘、电气设备。2015 年以前，中国总体模块专利申请量排在前三的是底盘、车身、发动机；2015 年以后，中国总体模块专利申请量排在前三的是底盘、车身、电气设备。出现这种现象的主要

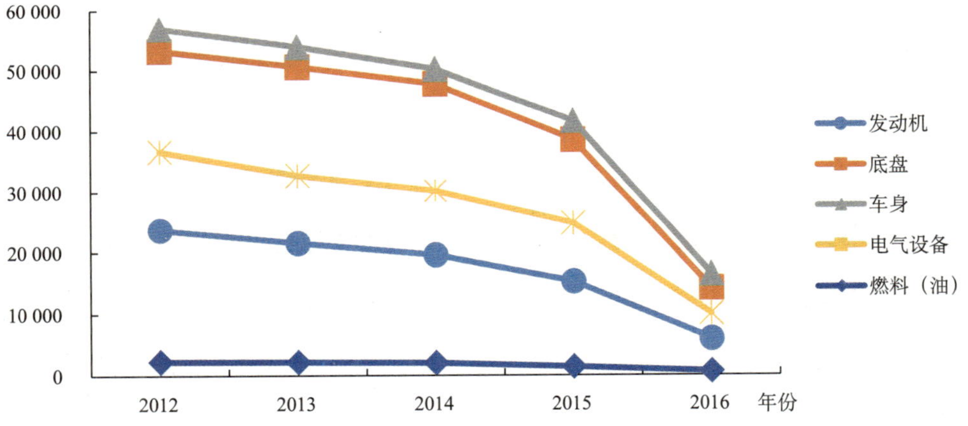

图 11-5　2012～2016 年外国汽车产业各模块总专利数（件）

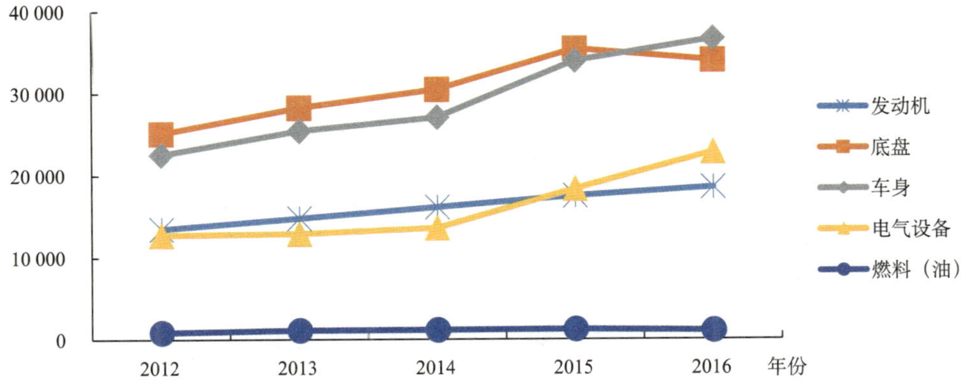

图 11-6　2012～2016 年中国汽车产业各模块总专利数（件）

是因为近年来我国新能源汽车的高速增长，促使我国汽车零部件企业开始逐渐重视对蓄电池、发电机零部件的开发研究。

近年来，外国汽车产业中电气设备模块专利申请量呈逐年下降趋势。我国汽车产业中电气设备模块专利申请量整体呈上升趋势，并且我国汽车产业中电气设备模块专利申请量增速高于发动机模块专利申请量增速，这同样可以说明近年来我国越来越重视新能源的发展。

我国专利类型包括发明专利、实用新型、外观设计三种类型。由于发明专利处于基础或核心技术层面，所以质量最高，竞争力最强；实用新型次之；外观设计竞争力最弱。2012 年、2016 年中国各技术总模块的专利类型分布如图 11-7 所示。2012 年、2016 年中国各技术总模块三种专利类型的占比没有太大的改变。在五个领域中，外观设计的比例最低。在发动机、底盘、车身领域中，实用新型的比例相比发明专利较高，占比达 50%以上。发明专利中，以电气设备的比重最高，达到 50%；最低的是车身，占比在 30%～40%。燃料（油）的发明专利的比例相比实用新型较高（图 11-8～10）。

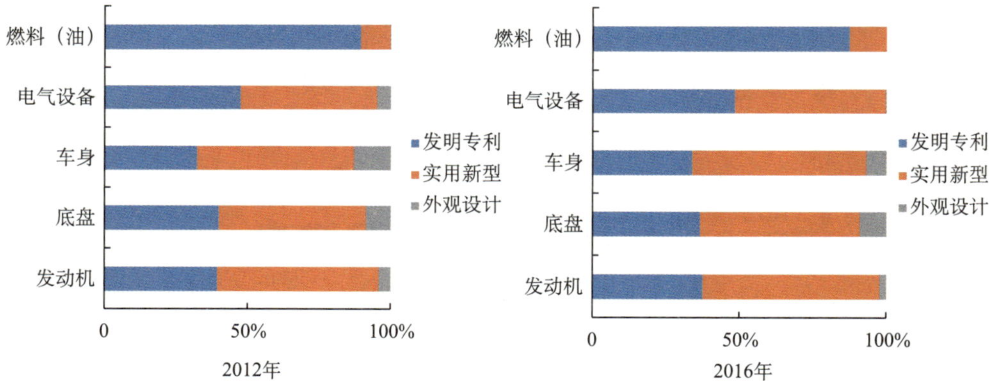

图 11-7　2012 年、2016 年中国技术总模块专利类型分布

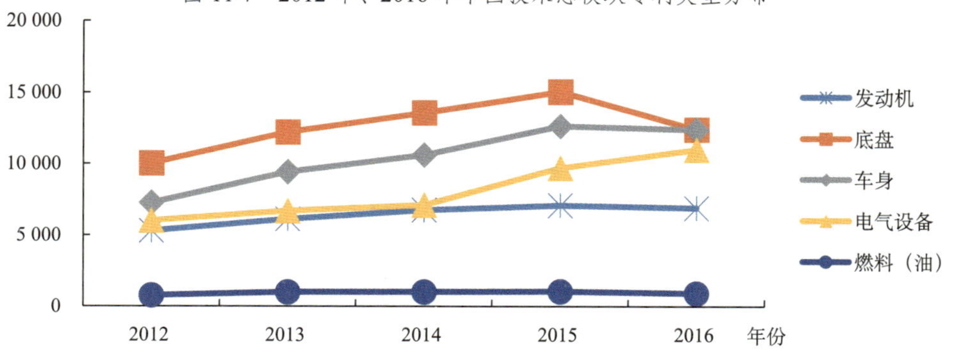

图 11-8　2012～2016 年中国汽车产业各模块发明专利数（件）

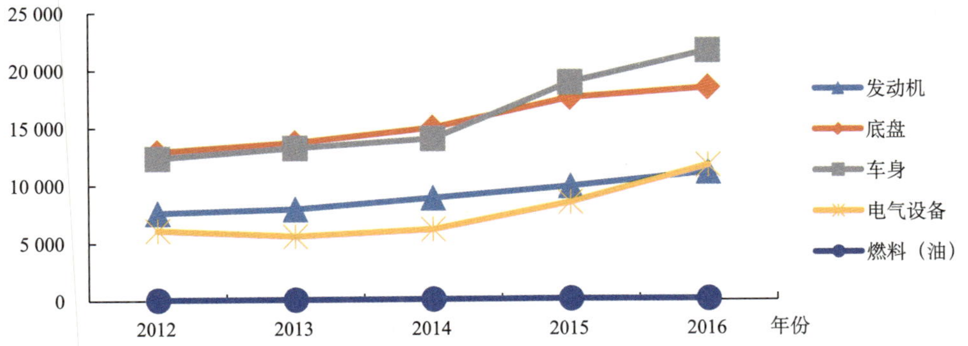

图 11-9　2012～2016 年中国汽车产业各模块实用新型专利数（件）

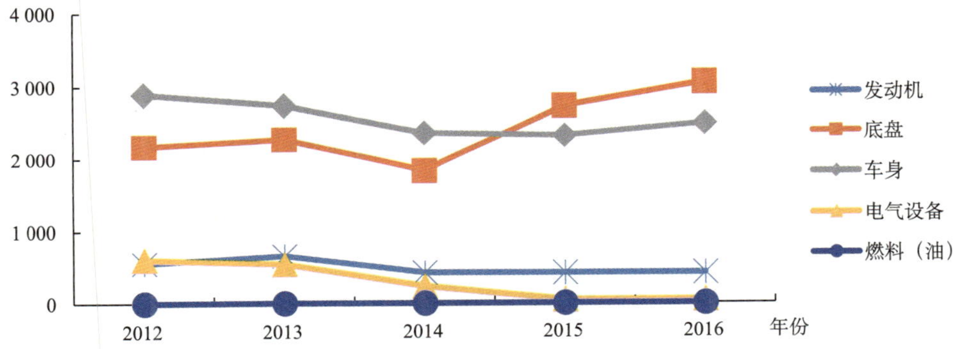

图 11-10　2012～2016 年中国汽车产业各模块外观设计专利数（件）

在五类技术总模块中，不管是发明专利、实用新型还是外观设计，底盘和车身模块专利申请量较其他模块较多。近五年来，发动机的发明专利申请量保持平稳，电气设备的发明专利申请量多于发动机的专利申请量并且呈增长趋势。发动机的实用新型专利申请量呈增长趋势，但 2014 年以来电气设备的实用新型专利申请量增速高于发动机的实用新型专利申请量增速。

2016 年，外国技术子模块专利申请量排在前五的是仪表及报警装置、车身附件、发电机、蓄电池、行驶系统，这些子模块属于总模块中的车身、电气设备、底盘。中国技术子模块专利申请量排在前五的是行驶系统、车身附件、蓄电池、传动系统、保养、清洗或调试，这些子模块属于总模块中的车身、底盘、电气设备。在技术子模块专利申请量排名前五的领域中，中国和外国一致的领域有车身附件、蓄电池、行驶系统，有两个领域不一致且专利申请量排名不相同（图 11-11）。

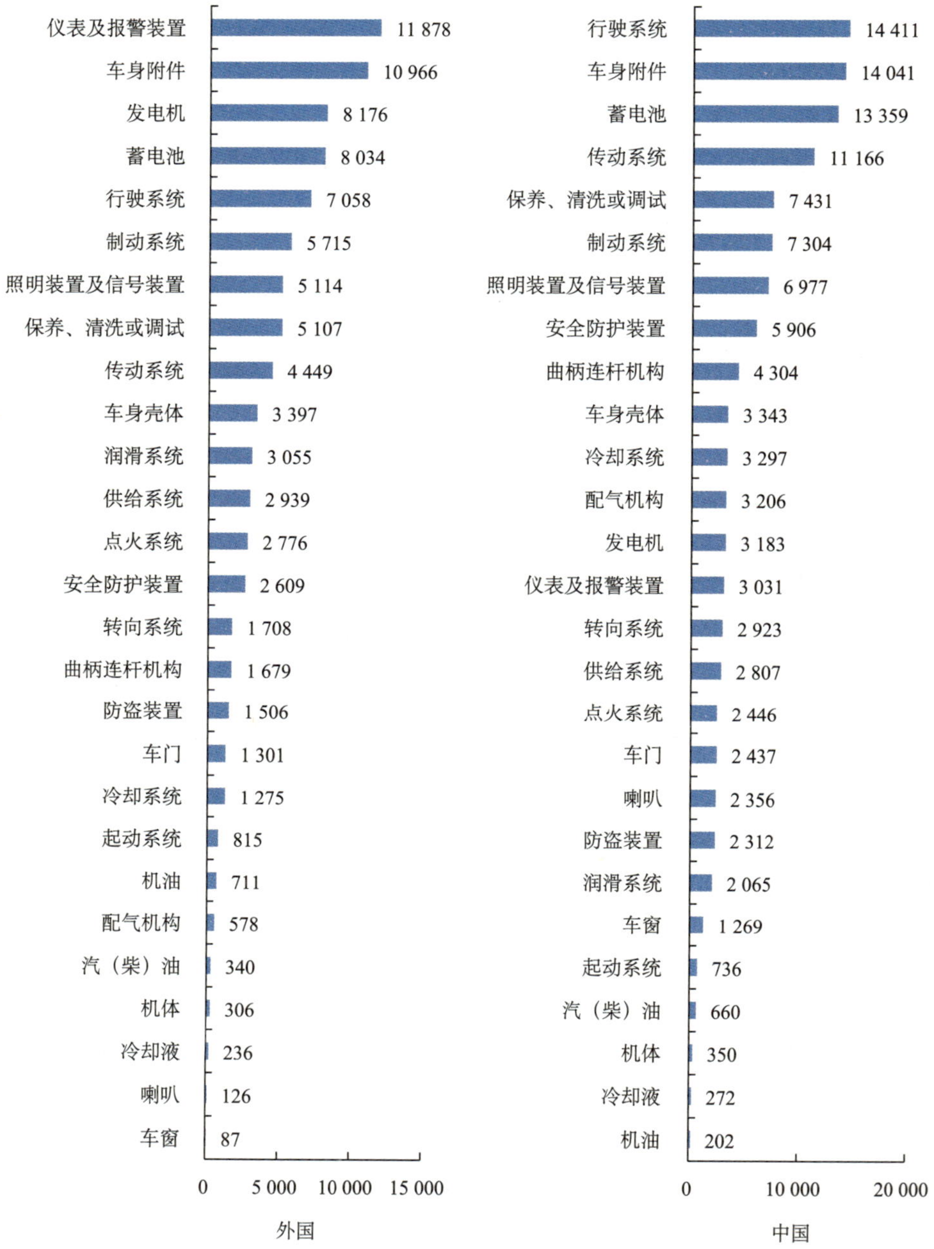

图 11-11　2016 年外国和中国汽车零部件技术子模块专利数（件）

综上可知：第一，近年来，外国所有模块的专利申请量呈逐年下降趋势，而中国除了底盘、燃料（油）的专利申请量有下降的趋势外，发动机、车身、电气设备的专利申请量呈现增长的趋势；第二，中国电气设备专利申请量有多于发动机专利申请量的趋势，并且电气设备专利申请量的增速高于发动机专利申请量的增速，这主要与近年来我国新能源汽车的高速发展有关。

二、宁波汽车零部件产业技术模块知识产权分析

宁波汽车产业中所有模块的专利申请量排名为车身、底盘、发动机、电气设备、燃料（油），其中底盘的专利申请量有高于车身的专利申请量的趋势（图 11-12）。自 2015 年开始，相比全国，宁波汽车产业中底盘专利申请量有下降的趋势，宁波汽车产业中底盘的专利申请量呈现快速增长的趋势。不同于全国车身的专利申请量呈现逐年增长的趋势，宁波车身的专利申请量保持平稳。近年来，宁波汽车产业中电气设备的专利申请量少于发动机的专利申请量，但 2014 年以来其专利申请量的增速高于发动机专利申请量的增速，预计未来其专利申请量有望多于发动机的专利申请量。这和我国电气设备和发动机的专利申请量所呈现的趋势一致。

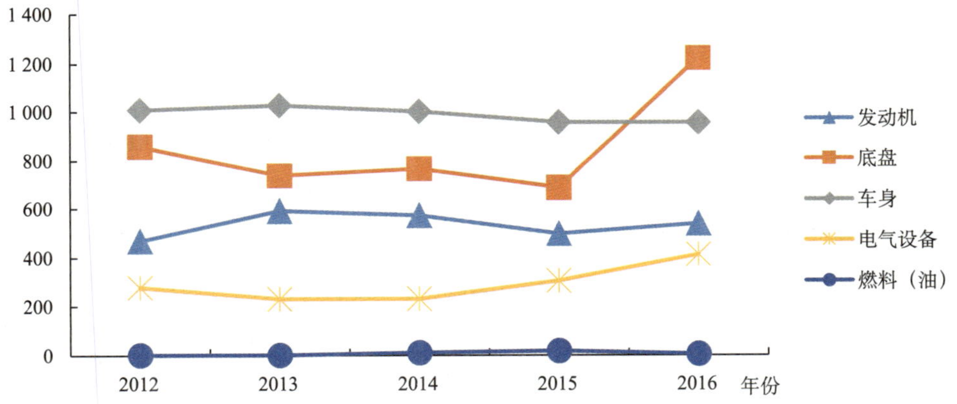

图 11-12　2012～2016 年宁波汽车零部件总模块专利数（件）

2012 年、2016 年宁波技术总模块的专利类型分布如图 11-13 所示。除了燃料（油），其他四个领域中，相比于发明专利，实用新型专利的申请量占比较高。2016 年各总模块外观设计的专利申请量少于 2012 年，而发明专利的申请量多于 2012 年。五个领域中发动机实用新型的比例高达 60%，而发明专利中电气设备的比重最高，2016 年高达 50%。总体可以看出，关键模块实用新型专利申请量高于发明专利申请量，这在一定程度上说明宁波市汽车零部件产业总体的专利质量不高，竞争能力较弱。

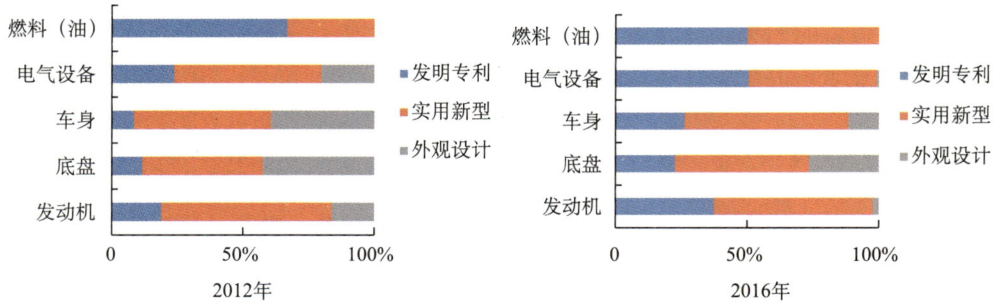

图 11-13　2012 年、2016 年宁波技术总模块专利类型分布

宁波各子模块中专利申请量排名前三的是车身附件、行驶系统、传动系统，其中车身附件属于车身模块，行驶系统、传动系统属于发动机模块。其他子模块专利申请量较少，这与宁波总模块专利申请量排名一致。

2016 年，宁波子模块专利申请量排名前五的是行驶系统、车身附件、传动系统、制动系统、蓄电池。其中，车身附件、行驶系统、蓄电池三个领域与中国、外国的情况一致，而与外国总体有两个领域不一致，与中国总体有一个领域不一致，且专利申请量排名不一致。

把 2012 年、2016 年宁波汽车零部件技术子模块专利数柱形图取中位数，分析近年来宁波市汽车零部件产业各技术子模块的主要分布及其变化（图 11-14）。宁波零部件产业技术子模块主要分布在车身总模块中车身附件、安全防护装置以及保养、清洗或调试；底盘总模块中传动系统、行驶系统、制动系统；发动机总模块中曲柄连杆机构、配气机构、点火系统；电气设备中蓄电池、照明装置及信号装置。宁波市汽车产业各子模块的分布变化主要体现在发动机子模块上，2016 年宁波逐渐加大对发动机中点火系统、供给系统、冷却系统的布局。此外，2016 年发电机、仪表及报警装置较 2012 年的专利申请量有所减少。

2012～2016 年宁波主要技术子模块的专利申请量分布如图 11-15 所示。在发动机领域中，配气机构的专利申请量呈增长趋势；曲柄连杆机构的专利申请量近年来保持平稳；点火系统的专利申请量总体呈下降趋势。在底盘领域中，传动系统的专利申请量最高，制动系统的专利申请量最低；近年来，传动系统、行驶系统及制动系统的专利申请量总体呈增长趋势。在车身领域中，车身附件的专利申请量占有相当的比重；仪表及报警装置的专利申请量呈逐年下降趋势。在电气设备领域中，近两年来蓄电池的专利申请量高于照明装置及信号装置的专利申请量且增速较高；发电机的专利申请量呈逐年下降趋势。

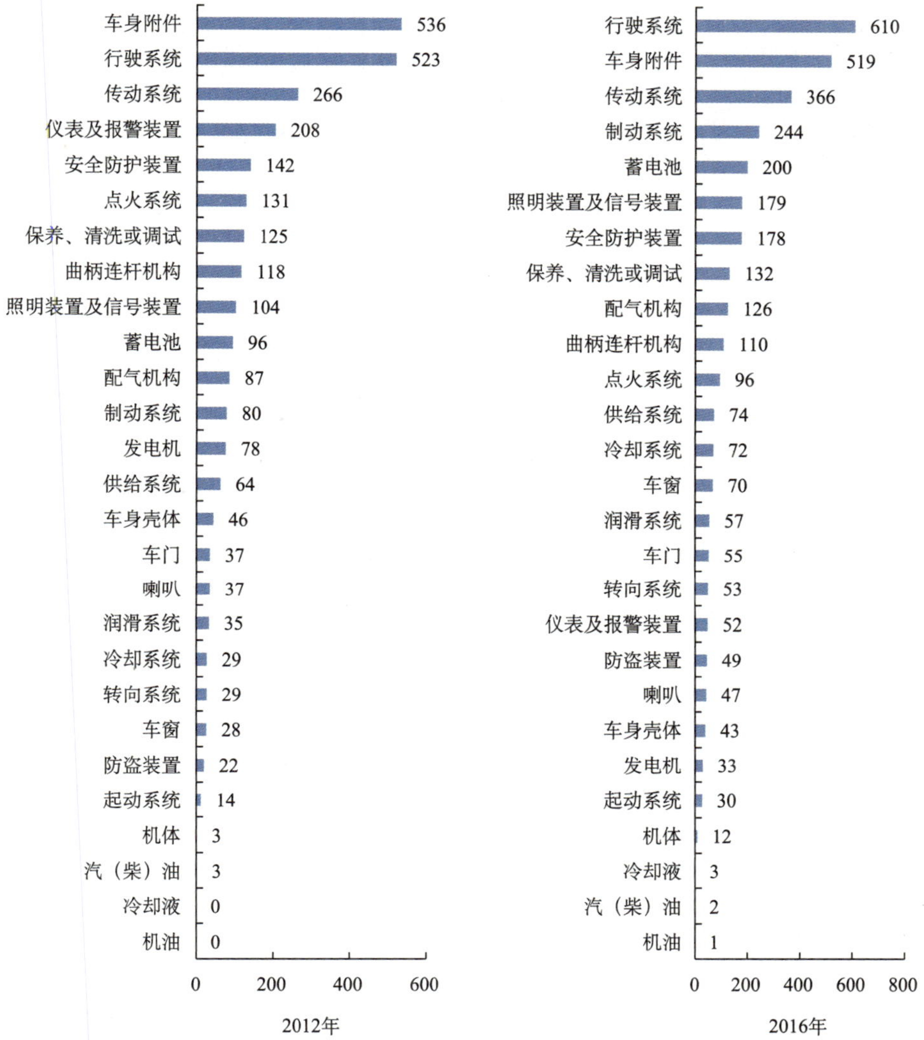

图 11-14　2012 年、2016 年宁波汽车零部件产业技术子模块专利数（件）

图 11-16～19 体现了汽车零部件各总模块中子模块占比，同样可以看出宁波汽车零部件产业各技术总模块的主要分布。宁波有关发动机的子模块具体结构分布如图 11-16 所示，其中，大部分专利是关于发动机曲柄连杆结构、配气结构、点火系统。宁波有关底盘的子模块具体结构分布如图 11-17 所示，其中大部分专利是关于传动系统、行驶系统、制动系统，传动系统、行驶系统占比相近，达 30%。宁波有关车身的子模块具体结构分布如图 11-18 所示，其中大部分专利分布在车身附件、安全防护装置以及保养、清洗或调试子模块，这其中车身附件的专利居多，占比达 35%。宁波有关电气设备的子模块具体结构分布如图 11-19 所示，其中大部分专利分布在蓄电池、照明装置及信号装置。

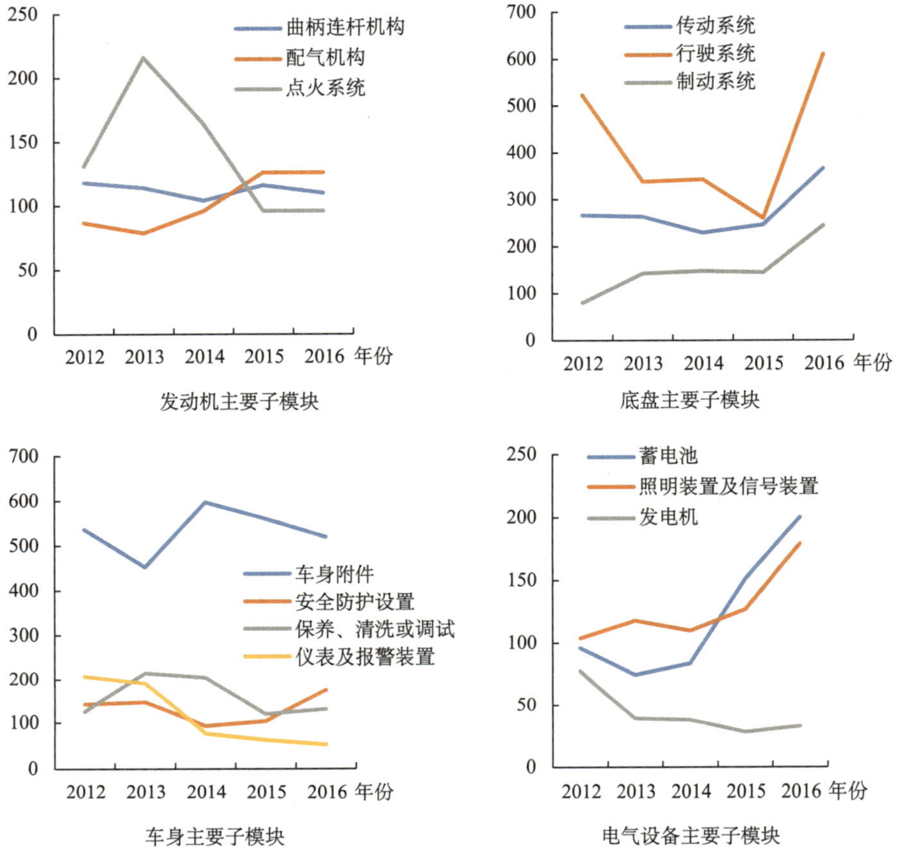

图 11-15 2012～2016 年宁波主要子模块专利申请量（件）

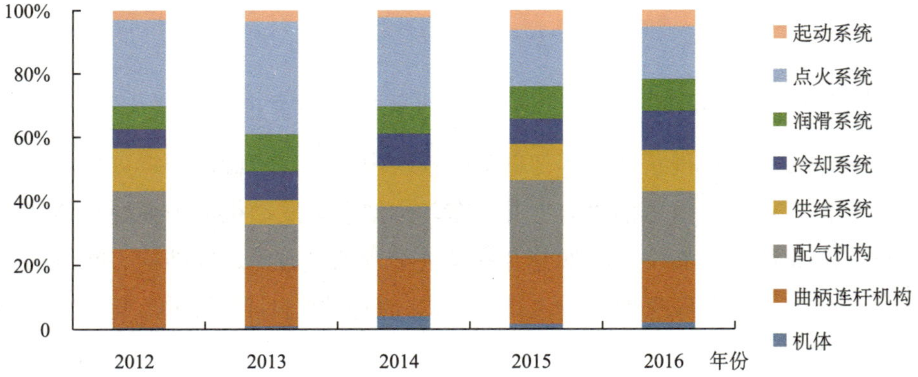

图 11-16 2012～2016 年宁波发动机子模块专利分布

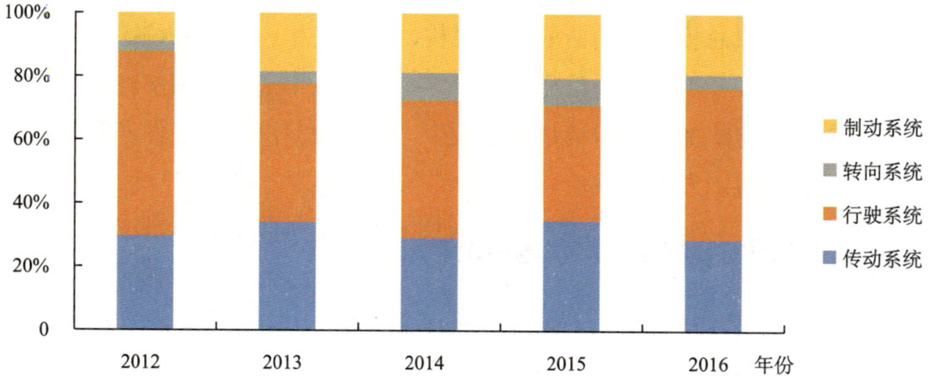

图 11-17　2012～2016 年宁波底盘子模块专利分布

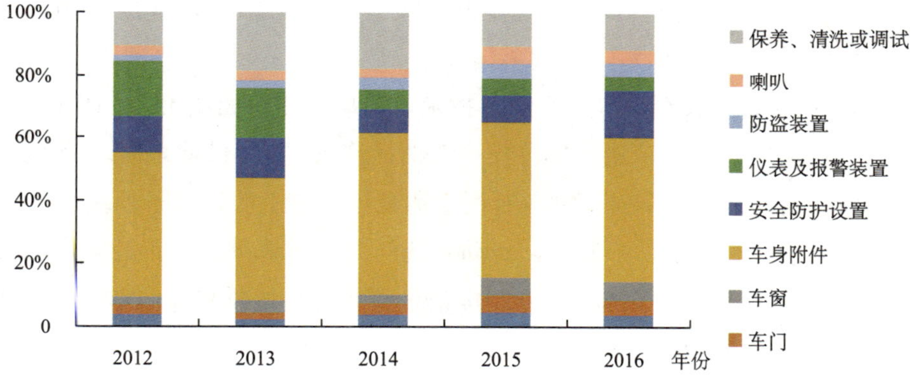

图 11-18　2012～2016 年宁波车身子模块专利分布

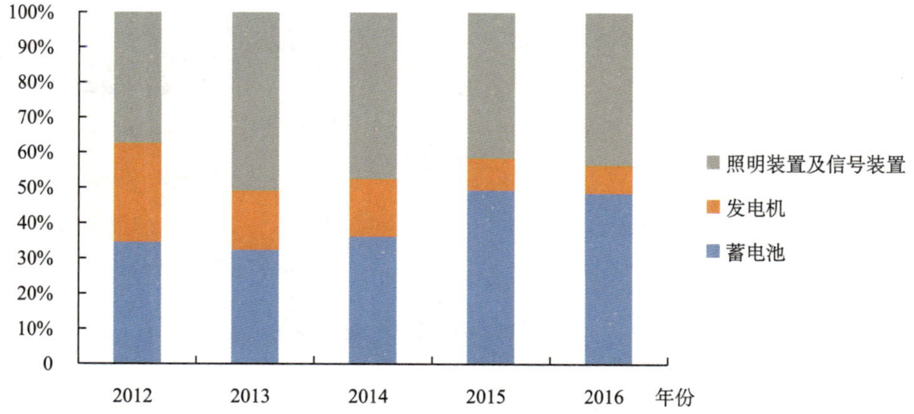

图 11-19　2012～2016 年宁波电气设备子模块专利分布

小结：第一，宁波零部件产业技术子模块主要分布在车身总模块中的车身附件、安全防护装置以及保养、清洗或调试；底盘总模块中的传动系统、行驶系统、制动系统；发动机总模块中的曲柄连杆机构、配气机构、点火系统；电气设备总模块中的蓄电池、照明装置及信号装置；第二，近五年来宁波零部件产业中仪表及报警装置、发电机的专利申请量逐年减少，说明宁波汽车零部件产业在逐渐放弃仪表及报警装置、发电机模块。

三、宁波与全国主要汽车生产基地知识产权比较

为了更好地分析宁波汽车零部件产业技术子模块在全国汽车产业的核心竞争力，本书同时分析了中国七大主要汽车生产基地的知识产权。中国主要汽车生产基地为：长春、重庆、上海、北京、武汉、广州、天津。由于技术子模块数量很多，折线图中仅展示每个汽车生产基地的主要技术子模块，即专利申请量较多的技术子模块。

2012～2016 年长春市汽车产业各技术子模块折线图如图 11-20 所示。长春各技术子模块中专利申请量大部分集中在曲柄连杆机构、供给系统、传动系统、行驶系统、制动系统、车身附件，专利申请量排在前三的技术子模块是传动系统、行驶系统、车身附件，其中，传动系统的专利申请量最高。近年来，长春汽车产业中这七个主要零部件的专利申请量整体上呈增长趋势；2016 年，供给系统、曲柄连杆机构的专利申请量增速很高，其专利申请量高于制动系统的专利申请量。

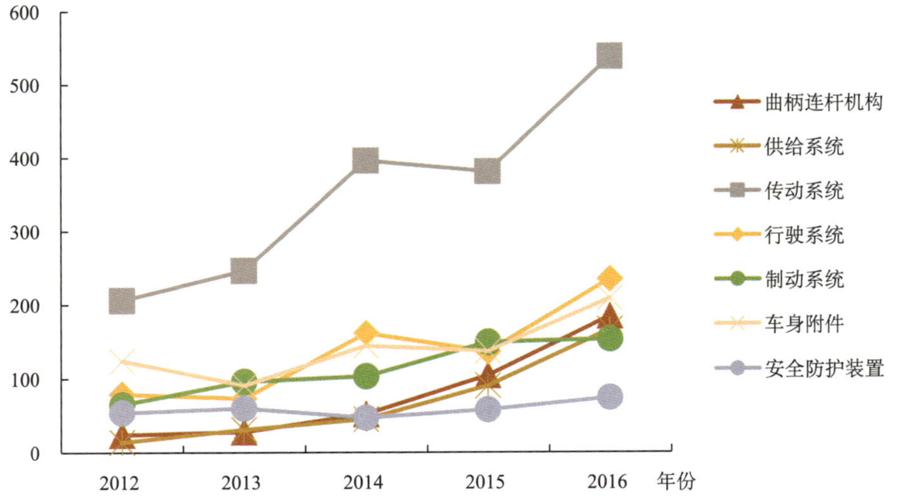

图 11-20　2012～2016 年长春技术子模块专利申请量（件）

重庆各技术子模块中专利申请量大部分集中在曲柄连杆机构、润滑系统、传动系统、行驶系统、制动系统、车身附件、安全防护装置以及保养、清洗或调试，专利申请量排在前三的技术子模块是传动系统、车身附件、曲柄连杆机构。和长春技术子模块的分布相似，传动系统的专利申请量最高；传动系统、行驶系统、车身附件三个领域与长春的情况一致，但专利申请量排名不一致（图 11-21）。2015 年以前，曲柄连杆机构、车身附件、行驶系统、保养、清洗或调试、安全防护装置的专利申请量呈增长趋势，而 2015 年以后专利申请量呈下降趋势。润滑系统的专利申请量呈逐年增长并且有高于行驶系统的趋势。

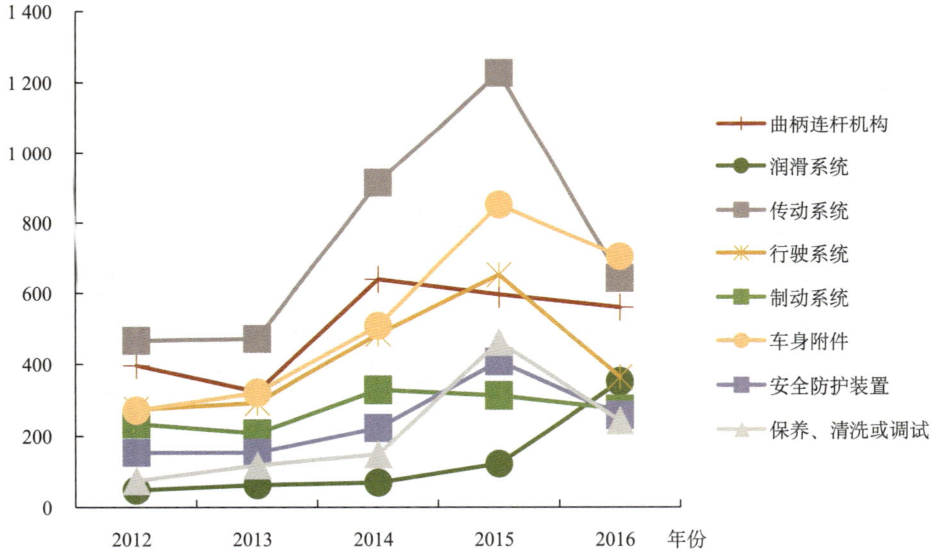

图 11-21　2012～2016 年重庆技术子模块专利申请量（件）

上海各技术子模块中专利申请量大部分集中在传动系统、行驶系统、制动系统、车身附件、安全防护装置、保养、清洗或调试、蓄电池、照明装置及信号装置，专利申请量排在前三的技术子模块是车身附件、行驶系统、传动系统，其中，车身附件的专利申请量最高且呈逐年增长趋势（图 11-22）。2014 年以来，大部分技术子模块如车身附件、传动系统、蓄电池、照明转置及信号装置、安全防护装置、保养、清洗或调试的专利申请量呈增长趋势，其中，蓄电池的专利申请量增速最快且排在第二位。

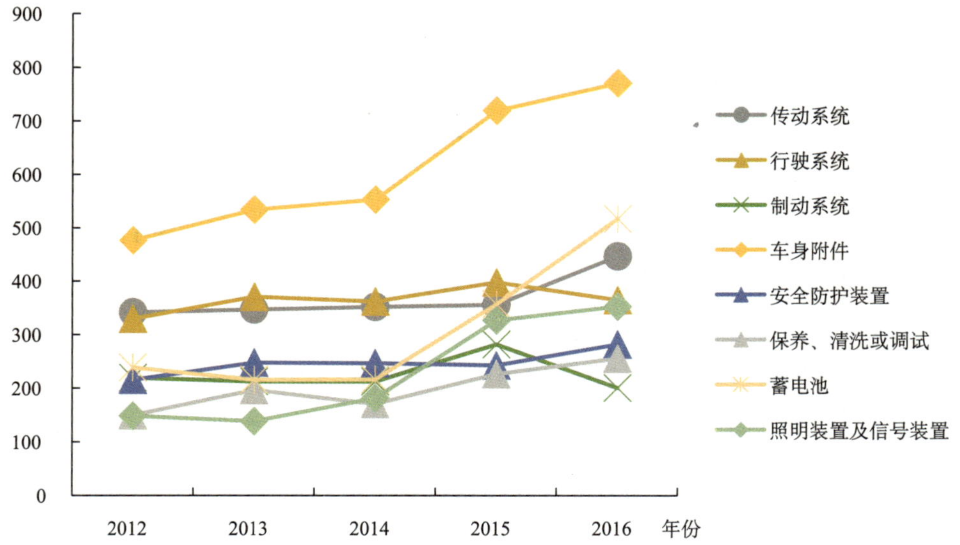

图 11-22 2012～2016 年上海技术子模块专利申请量（件）

北京各技术子模块中专利申请量大部分集中在传动系统、行驶系统、制动系统、车身壳体、车身附件、安全防护装置、保养、清洗或调试、蓄电池、照明装置及信号装置，专利申请量排在前三的技术子模块是车身附件、蓄电池、行驶系统（图 11-23）。除了传动系统的专利申请量在 2014 年有所下降外，其他技术子模

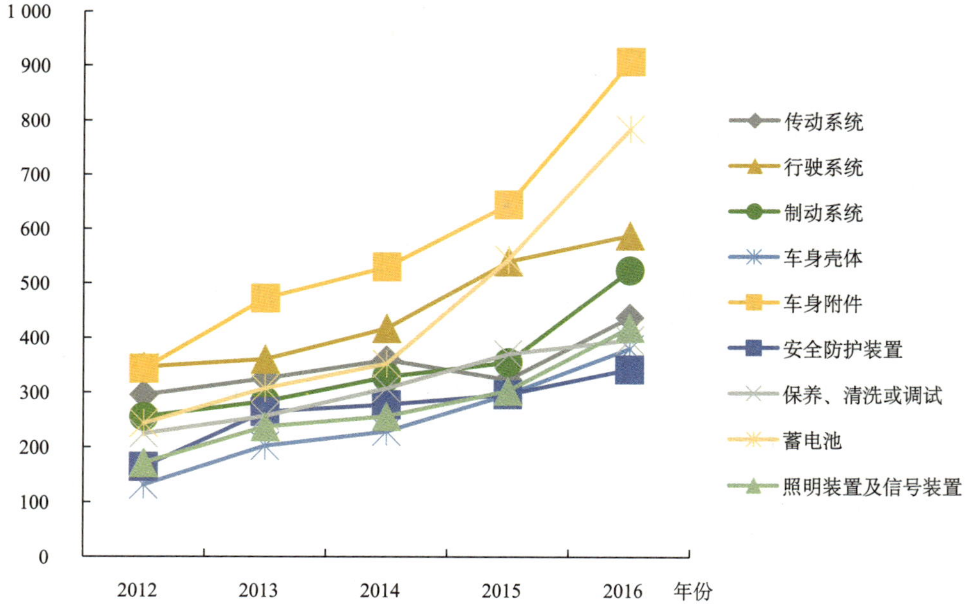

图 11-23 2012～2016 年北京技术子模块专利申请量（件）

块的专利申请量呈逐年增长趋势；较其他技术子模块而言，蓄电池的专利申请量增速最高且 2015 年蓄电池的专利申请量排在第二位。

武汉各技术子模块中专利申请量主要集中在传动系统、行驶系统、制动系统、车身壳体、车身附件、安全防护装置、保养、清洗或调试、蓄电池、照明装置及信号装置，其中车身附件的专利申请量最高（图 11-24）。自 2013 年以来，车身附件的专利申请量呈逐年增长趋势；2015 年以来，除了传动系统、制动系统的专利申请量呈下降趋势外，其他技术子模块的专利申请量均呈增长趋势；照明装置及信号装置的专利申请量增速最高，蓄电池次之。

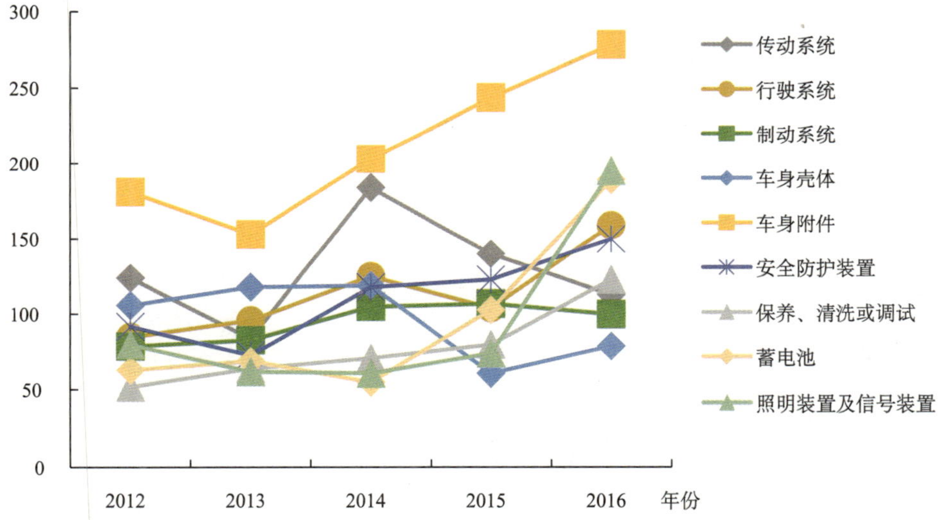

图 11-24　2012～2016 年武汉技术子模块专利申请量（件）

广州各技术子模块中专利申请量主要集中在传动系统、行驶系统、车身附件、安全防护装置、保养、清洗或调试、蓄电池、照明装置及信号装置，其中车身附件的专利申请量最高。2014 年以来，行驶系统、车身附件、安全防护装置、保养、清洗或调试、蓄电池、照明装置及信号装置的专利申请量呈增长趋势；2015 年，蓄电池的专利申请量增速最高，照明装置及信号装置次之，车身附件的增速相对较低（图 11-25）。

天津各技术子模块中专利申请量主要集中在传动系统、行驶系统、制动系统、车身附件、安全防护装置、保养、清洗或调试、蓄电池，其中 2016 年蓄电池的专利申请量最高。行驶系统的专利申请量呈逐年增长趋势，2014 年以来蓄电池的专利申请量快速增长（图 11-26）。

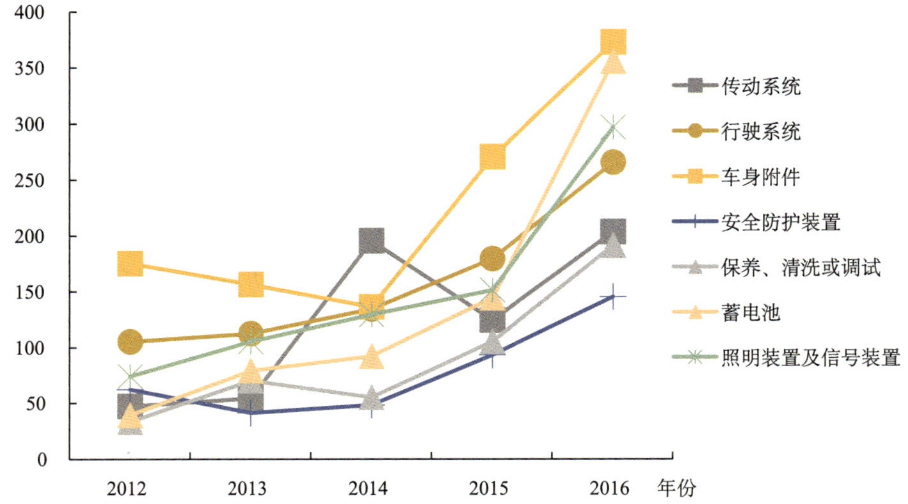

图 11-25 2012～2016 年广州技术子模块专利申请量（件）

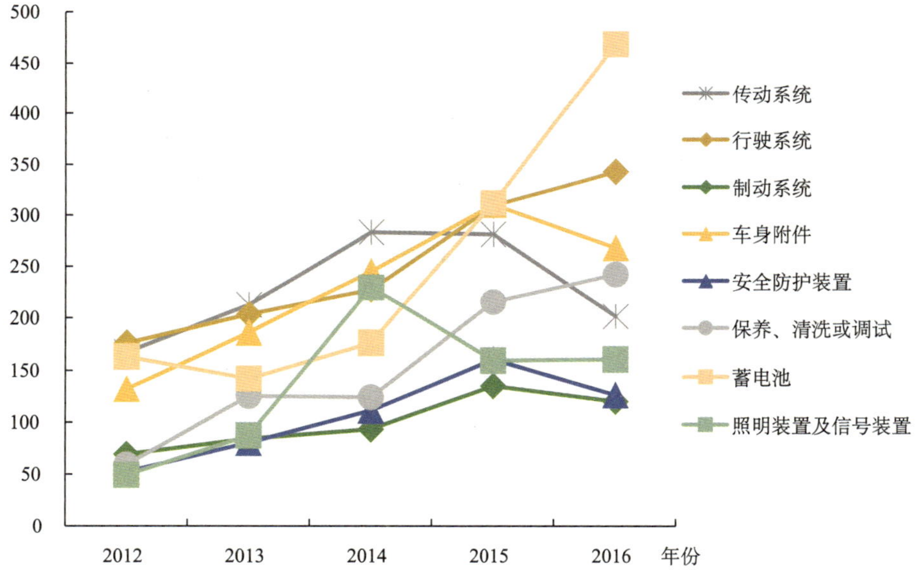

图 11-26 2012～2016 年天津技术子模块专利申请量（件）

2016 年宁波市与七大汽车产业基地主要子模块的专利申请量排名如表 11-4 所示。2016 年，在技术子模块专利申请量排名前三的领域中，宁波和七大主要汽车生产基地一致的领域是车身附件，并且宁波、上海、北京、武汉、广州的专利申请量最高的也是车身附件。宁波和上海专利申请量排在前三的子模块一致，为车身附件、行驶系统、传动系统；武汉和北京专利申请量排在前三的子模块一致，为车身附件、蓄电池、照明装置及信号装置。从各城市技术子模块专利申请量折线图可以看出，近年来，北京、武汉、广州、天津汽车产业中蓄电池子模块的专利申请量增长迅速，发展很快。

表 11-4　2016 年各城市子模块专利申请量排名

城市	排名前三的技术子模块
宁波	车身附件、行驶系统、传动系统
长春	传动系统、行驶系统、车身附件
重庆	传动系统、车身附件、曲柄连杆机构
上海	车身附件、行驶系统、传动系统
北京	车身附件、行驶系统、蓄电池
武汉	车身附件、蓄电池、照明装置及信号装置
广州	车身附件、蓄电池、照明装置及信号装置
天津	蓄电池、行驶系统、车身附件

图 11-27 为 2016 年宁波及中国七大汽车产业基地主要技术模块专利分布，从中可以看出，北京市在车身附件、蓄电池、照明装置及信号装置领域有较多的专利，而曲柄连杆机构领域竞争力较弱；上海市在传动机构、曲柄连杆机构领域有较多的专利，而在蓄电池领域竞争力较弱；在所有的城市中，宁波行驶系统领域的专利申请量最多，发展较好，而在曲柄连杆机构、照明装置及信号装置领域竞争力较弱。然而，即使是知识产权最好的行驶系统，宁波市在全国主要汽车产业基地中也并未占据绝对优势地位，新能源领域的电池更是如此。

四、汽车零部件产业知识产权与利润率匹配

由于各技术子模块专利数值、毛利润存在极大值和极小值，课题组选择能够代表整体数值水平的各技术子模块专利数量及毛利润的中位数，作为衡量汽车零部件技术模块专利数多少及毛利润高低的一个标准。最后，确定高于 23.02%利润率为高利润率，外国汽车零部件技术模块专利数多于 2 609 为多专利，中国汽车零部件技术模块专利数多于 3 031 为多专利，宁波汽车零部件技术模块专利数多于

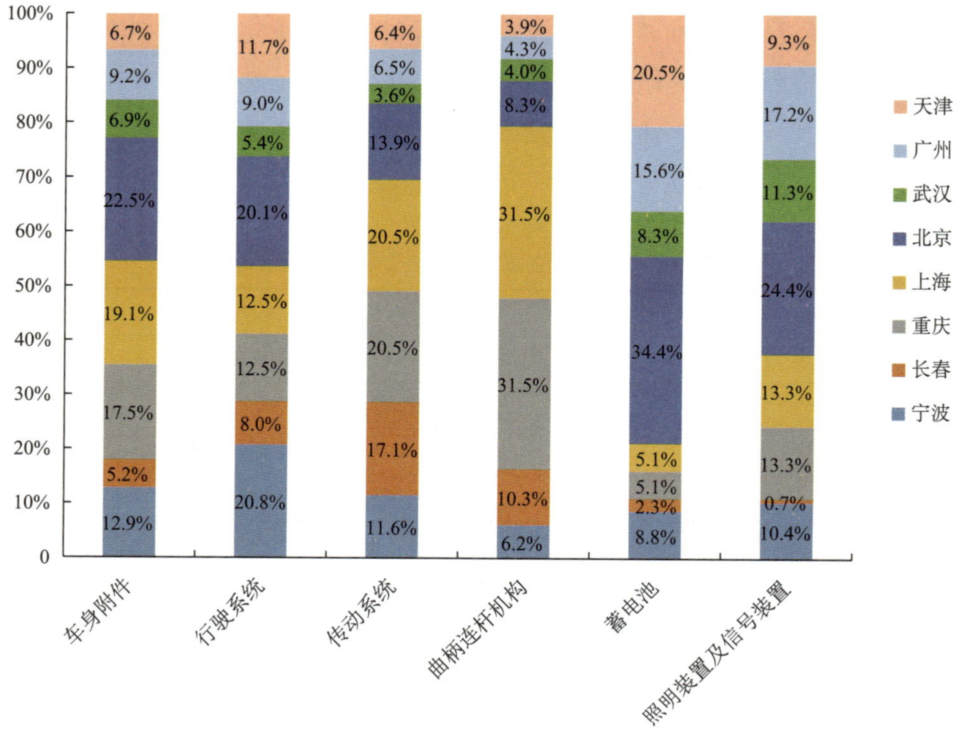

图 11-27 宁波及中国七大汽车产业基地主要技术模块专利分布

72 为多专利，北京汽车零部件技术模块专利数多于 196 为多专利，天津汽车零部件技术模块专利数多于 71 为多专利，广州汽车零部件技术模块专利数多于 64 为多专利，上海汽车零部件技术模块专利数多于 145 为多专利，武汉汽车零部件技术模块专利数多于 54 为多专利，重庆汽车零部件技术模块专利数多于 144 为多专利，长春汽车零部件技术模块专利数多于 34 为多专利。

通过汽车零部件技术子模块知识产权与毛利润匹配散点图可知，汽车零部件主要分为四类：多专利高利润、少专利高利润、少专利低利润、多专利低利润。

1. 中国和外国汽车产业技术模块知识产权与毛利润对比

对比中国、外国汽车产业技术模块知识产权与毛利润（图 11-28、图 11-29），得到以下结果。

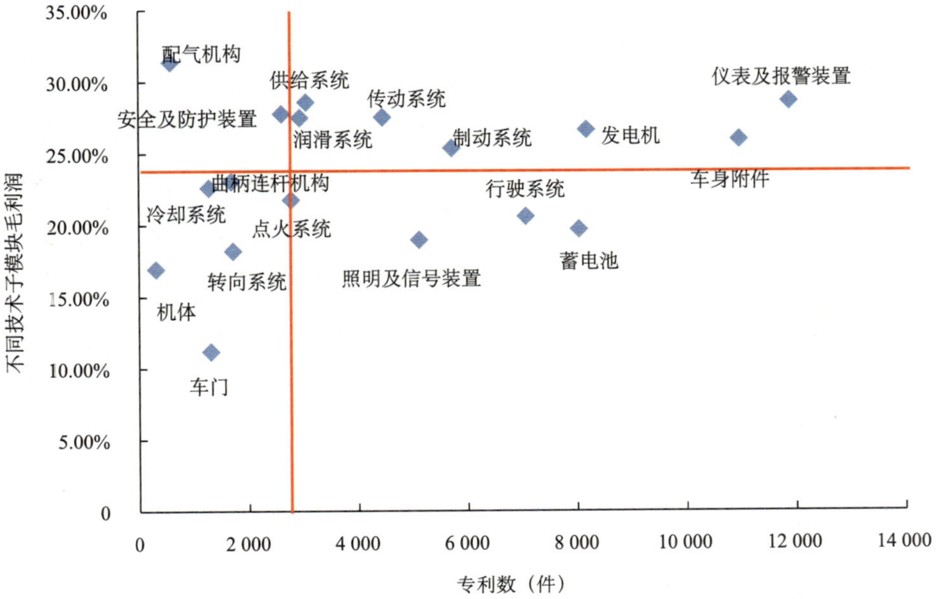

图 11-28　2016 年外国汽车零部件技术子模块知识产权与毛利润匹配散点图

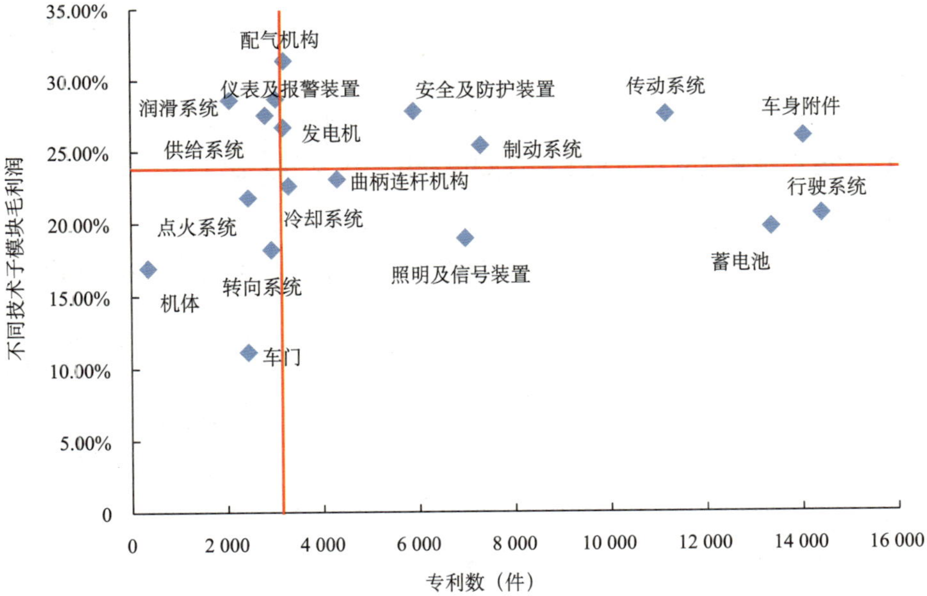

图 11-29　2016 年中国汽车零部件技术子模块知识产权与毛利润匹配散点图

（1）高专利高利润模块。中国、外国汽车零部件产业高专利高利润的技术子模块基本一致。相同的技术子模块有传动系统、制动系统、车身附件、安全防护装置、仪表及报警装置、发电机。可见，目前这些技术子模块是汽车零部件产业的重点发展模块。

（2）低专利高利润模块。中国汽车零部件产业低专利高利润模块有供给系统、润滑系统。然而，供给系统、润滑系统属于外国汽车零部件产业的高专利高利润模块。这说明，中国相对于外国来说，供给系统、润滑系统技术发展相对缓慢，外国掌握有一定的核心技术。在供给系统、润滑系统上，中国可以向外国学习吸收一些关键技术。外国汽车零部件产业中配气机构属于低专利高利润模块，而中国汽车零部件产业中配气机构属于高专利高利润模块，说明中国汽车零部件产业中配气机构发展较好。

（3）高专利低利润模块。高专利低利润模块是汽车零部件产业具有一定发展空间的技术模块。中国、外国一致的高专利低利润模块有行驶系统、蓄电池、照明装置及信号装置。毋庸置疑，属于新能源领域的蓄电池是未来零部件产业重点发展的模块。

（4）低专利低利润模块。中国、外国相同的低专利低利润模块有机体、转向系统、车门。根据汽车零部件产业点火系统薄弱的未来发展空间，其属于低专利低利润模块是合理的。然而相对中国来说，外国汽车零部件产业点火系统属于高专利低利润模块，说明目前国外还在重视点火系统的技术发展。

2. 宁波和全国汽车产业技术模块知识产权与毛利润对比

对全国、宁波汽车产业技术模块知识产权与毛利润进行对比（图 11-29、11-30）可知：总体而言，宁波汽车零部件技术子模块知识产权与毛利润的匹配情况与全国基本一致。

（1）高专利高利润模块。宁波与全国汽车零部件产业一致的高专利高利润子模块有配气机构、传动系统、制动系统、车身附件、安全防护装置。宁波汽车零部件产业中供给系统属于高专利高利润模块，而我国汽车零部件产业中供给系统属于低专利高利润模块，说明宁波汽车零部件产业具有一定的领先供给系统技术。

（2）低专利高利润模块。宁波汽车零部件产业中润滑系统的发展与全国整体一致，同属于低专利高利润模块，这在一定程度上说明汽车零部件产业润滑系统的发展存在一定的风险。宁波汽车零部件产业中仪表及报警装置、发电机专利申请量相对较少，而中国专利申请量较多。所以，宁波需要积极引进学习国内先进的仪表及报警装置、发电机技术，从而使宁波零部件产业的发展上升到一个新的台阶。

（3）高专利低利润模块。宁波与全国汽车零部件产业一致的高专利低利润模块有曲柄连杆机构、冷却系统、行驶系统、蓄电池、照明装置及信号装置。宁波汽车零部件产业中点火系统同样属于高专利低利润模块，而全国点火系统属于低专利低利润模块。因此，宁波应该适当改变汽车零部件产业的布局，在点火系统有限的发展空间下，减少对点火系统的技术布局。

（4）低专利低利润模块。宁波与国内外汽车零部件产业技术模块的发展一致，同属于低专利低利润的模块有机体、转向系统、车门。说明这三个技术模块的发展缓慢。在我国提倡新能源汽车、汽车轻量化、智能化的发展环境下，应该对这些模块进行转型升级，降低成本，进而提高利润。

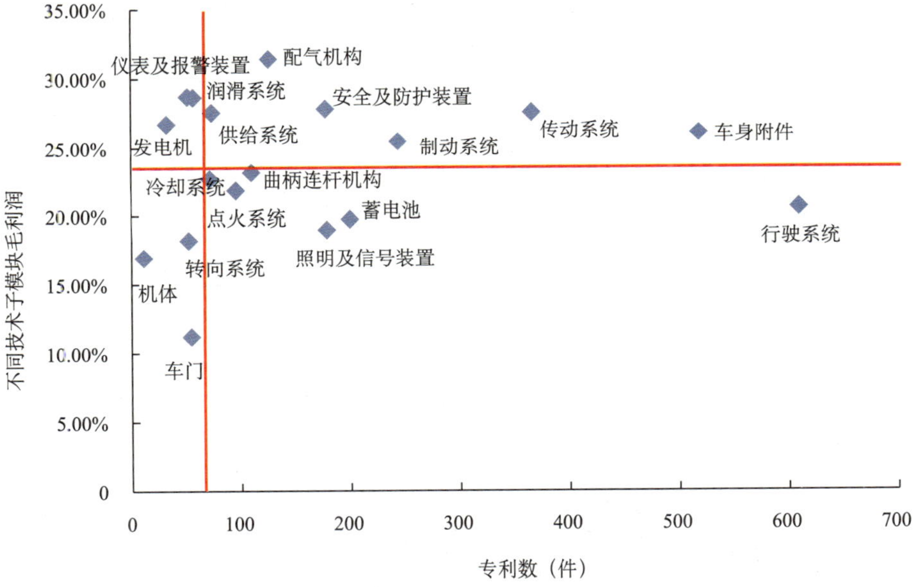

图 11-30　2016 年宁波汽车零部件技术子模块知识产权与毛利润匹配散点图

3. 宁波和国内主要城市汽车产业技术模块知识产权与毛利润对比

对宁波和中国主要汽车生产基地的汽车零部件产业技术子模块的知识产权与毛利润匹配情况进行对比（图 11-30～37），得到以下结果。

（1）高专利高利润模块。宁波与国内主要汽车生产基地共有的高专利高利润模块有传动系统、制动系统、车身附件、安全防护装置，这和我国整体汽车零部件产业的发展一致。

（2）低专利高利润模块。宁波及我国主要汽车生产基地的润滑系统技术子模块同属于低专利高利润模块，技术发展相对较慢，专利申请量较少；宁波、广州、长春汽车零部件中仪表及报警装置技术子模块专利申请量较少，可以向该技术子模块发展较好的北京、天津、上海、武汉等城市学习先进技术。北京、天津、重庆汽车零部件产业比较重视发电机技术子模块的发展，而宁波及其他汽车主要生产基地发电机技术子模块发展相对较慢。

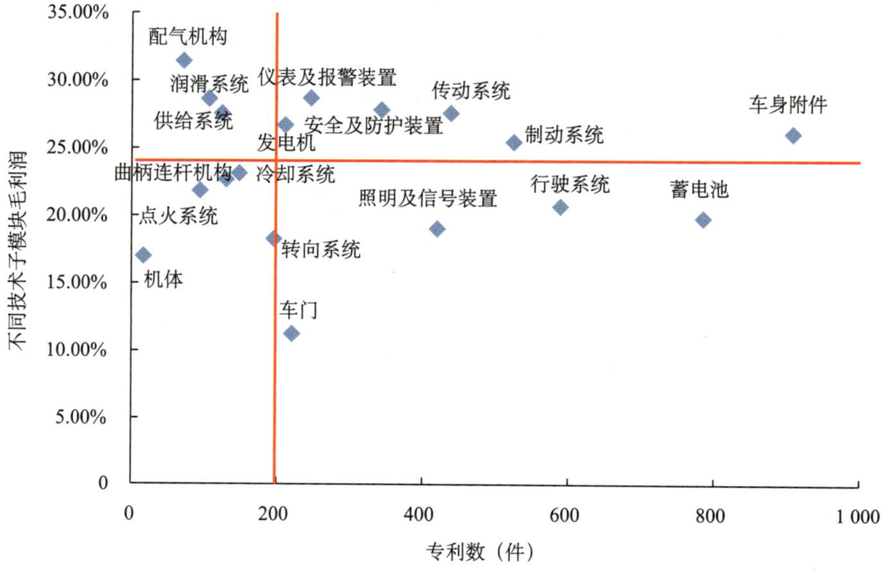

图 11-31 2016 年北京汽车零部件技术子模块知识产权与毛利润匹配散点图

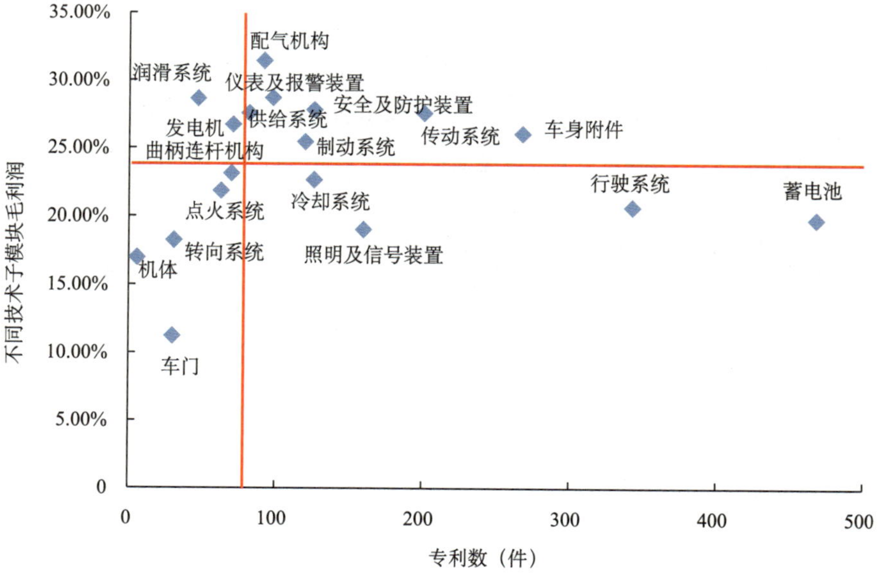

图 11-32 2016 年天津汽车零部件技术子模块知识产权与毛利润匹配散点图

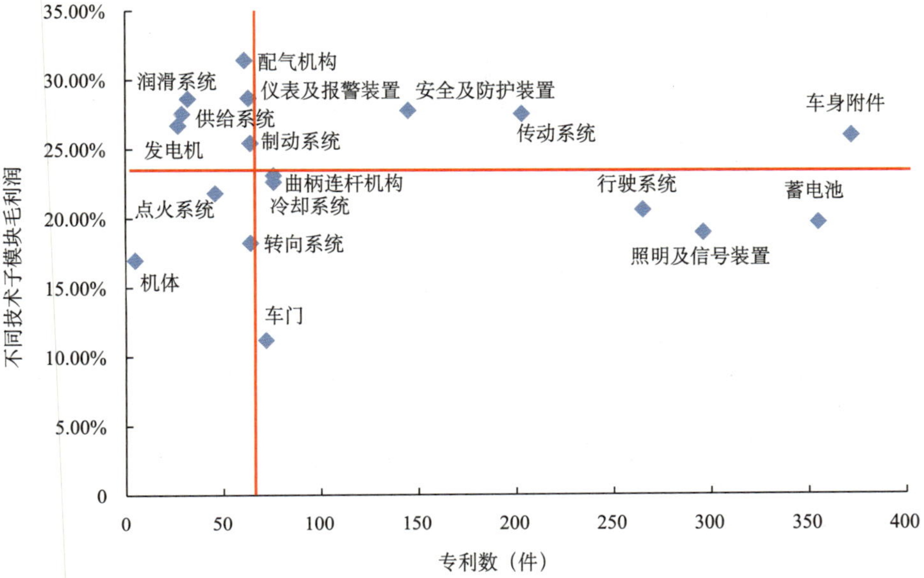

图 11-33　2016 年广州汽车零部件技术子模块知识产权与毛利润匹配散点图

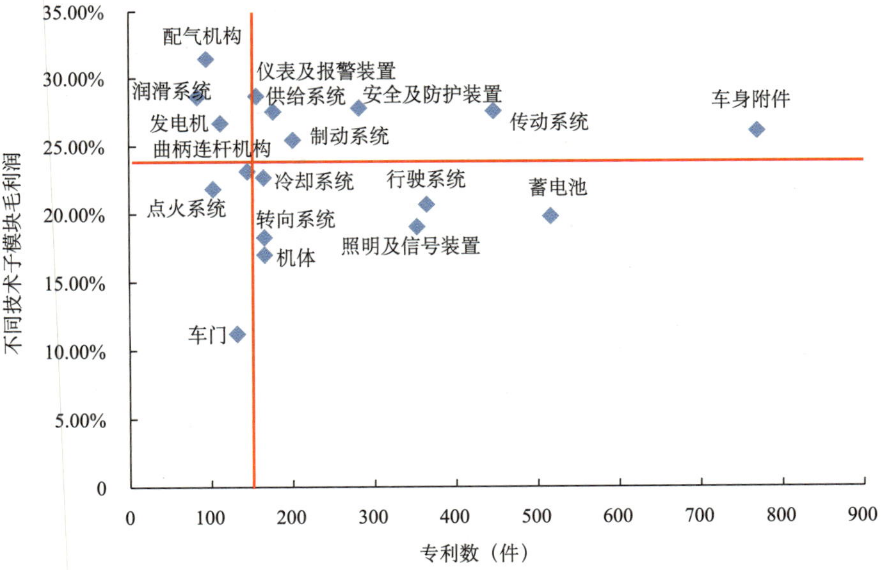

图 11-34　2016 年上海汽车零部件技术子模块知识产权与毛利润匹配散点图

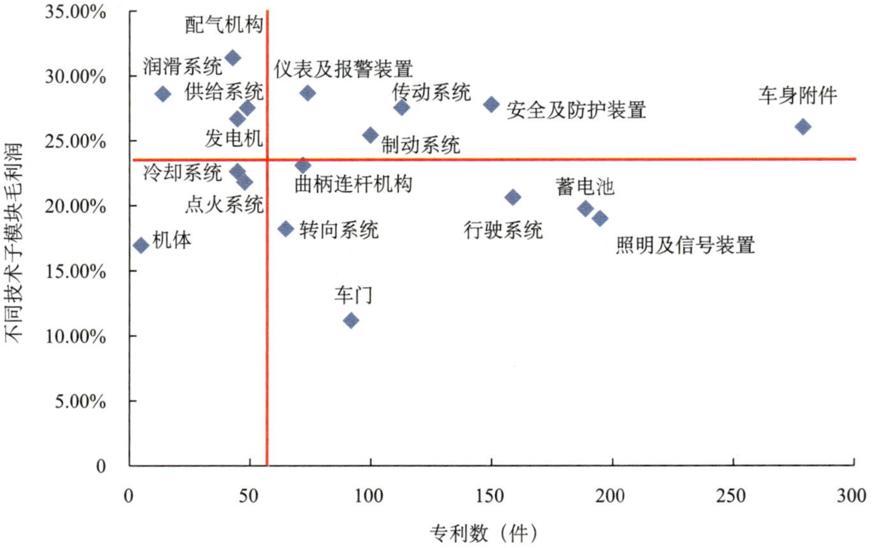

图 11-35 2016 年武汉汽车零部件技术子模块知识产权与毛利润匹配散点图

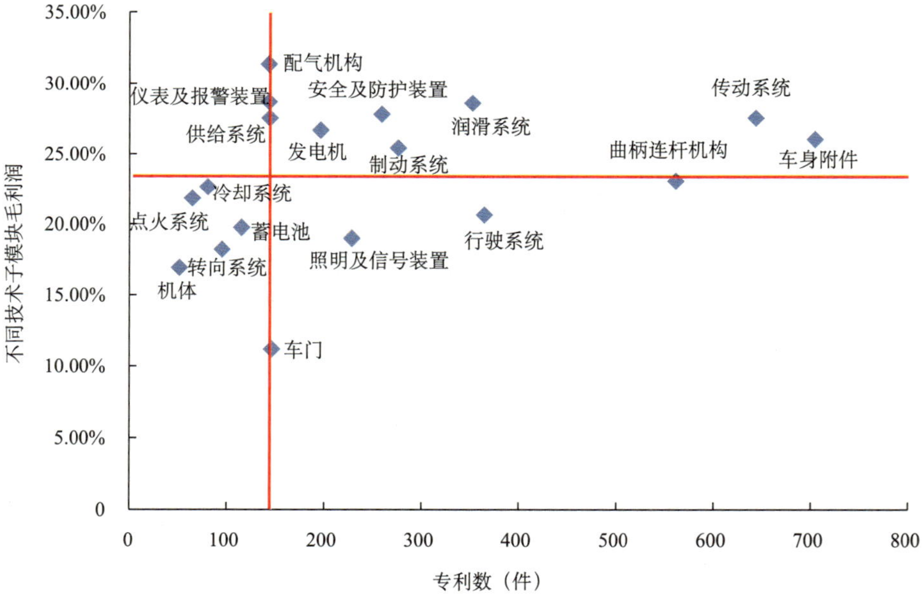

图 11-36 2016 年重庆汽车零部件技术子模块知识产权与毛利润匹配散点图

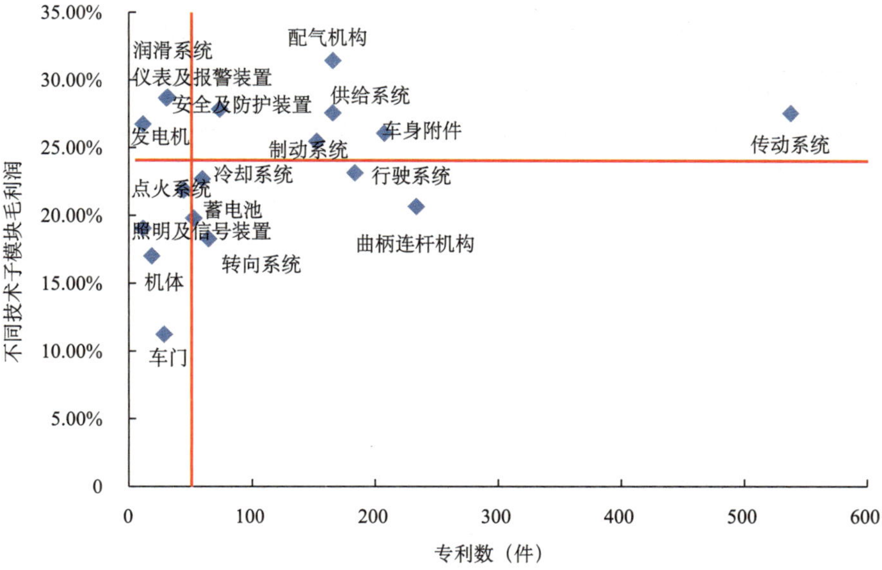

图 11-37　2016 年长春汽车零部件技术子模块知识产权与毛利润匹配散点图

（3）高专利低利润模块。除了重庆之外，宁波及其他六个汽车零部件生产基地都比较重视蓄电池的研究，专利申请量较多，这主要是因为我国越来越重视新能源技术的发展。

（4）低专利低利润模块。宁波与我国主要汽车生产基地共有的低专利低利润模块是机体。对于机体模块，随着新能源汽车市场规模迅速扩大，未来应该战略性放弃。

第三节　宁波汽车零部件企业知识产权匹配

一、宁波汽车零部件企业知识产权总体匹配

课题组用专利申请数和商标数表征企业知识产权情况，虽然知识产权的专利表征指标包括专利申请数与专利授权数，但专利申请数更能反映企业对科技研发的重视程度，能够反映企业在知识产权带来附加值方面的认可度，因此选用专利申请数表征知识产权（刘思明等，2015）。企业内部用于科技活动的经费指企业用于科技活动的实际支出，包括劳务费、科研业务费、科研管理费，非基建投资购建的固定资产、科研基建支出以及其他用于科技活动的支出，能够反映科技投入

的实际完成情况，因此课题组采用企业内部科技活动经费衡量科技投入。

课题组用企业内部用于科技活动的经费（FD）支出衡量科技投入，用专利申请数（AP）和商标数（TR）衡量知识产权，用毛利率（GM）衡量产品附加值。另外，还考虑了以下指标：企业资产总计数（AS）、工业总产值（IO）、从业人员数（EM）、科技活动人员数（SEM）、当年形成用于科技活动的固定资产（FAS）、机构人员合计（IST）、机构经费支出（IE）、拥有有效专利数（EPA）、新产品产值（NPOV）、新产品销售收入（NPSR）、享受高新技术企业所得税减免（ITR）、利润总额（TP）。

1. 科技投入、知识产权与附加值描述性统计

选取宁波市94家规上高新企业在2014年、2015年和2016年的数据，共282个观测值进行描述性统计（表11-5）。

表11-5　规上高新企业描述性统计

变量	均值	标准差	最小值	最大值	样本数
Year	2015	0.817 948	2014	2016	282
Num	47.5	27.182 17	1	94	282
GM	0.262 431	0.082 795	0.046 421	0.581 931 6	282
TP	78 892.16	216 794.9	–9 765	1 837 569	282
AS	628 071.1	1 470 142	16 300	1.53E+07	282
IO	534 250.3	1 093 015	19 123	8 321 829	282
EM	476.727	553.601 5	60	5 057	282
SEM	89.159 57	115.363 3	12	990	282
FD	19 617.68	31 693.68	683	255 243	282
FAS	1 195.525	3 341.738	0	27 418	282
IST	65.925 53	88.990 85	0	685	282
IE	17 525.27	29 696.03	0	205 978	282
AP	12.617 02	15.251 7	0	95	282
EPA	56.042 55	123.982 6	0	1 180	282
NPOV	309 980.3	819 185.5	0	8 321 829	282
NPSR	306 861.5	811 858.5	0	8 341 259	282
TR	1.556 738	4.138 867	0	40	282
ITR	6 460.163	20 151.43	0	154 569	282

宁波市规上高新零部件企业平均毛利率为26.24%，毛利率最高的企业是雪龙集团股份有限公司，达到 58.19%，毛利率最低为宁波申江科技股份有限公司4.64%，方差为0.082 8，说明不同企业间毛利率差距不大。利润总额均值为7 889.22万元，最高为宁波远景汽车零部件有限公司 183 757 万元，最低为宁波华德汽车零部件有限公司–9 765 万元，方差较大，说明不同零部件企业间利润总额相差较大，差距明显。其中，余姚市电波机械有限公司在 2014 年、2015 年和 2016 年均为亏损。宁波合生制动科技有限公司在 2014 年和 2016 年亏损。3 年间共有 7 家企业发生过亏损情况，其余均为盈利企业。在科研经费投入方面，平均经费投入为 1 961.77 万元，最高为宁波远景汽车零部件有限公司 35 524 万元，最低为宁波神丰汽车部件有限公司 68 万元。

在产出方面，专利申请数平均每年 12 件，宁波思明汽车科技股份有限公司最多达 95 件，最低为 0 件；商标拥有平均 1.56 件，最多为雪龙集团股份有限公司40 件。企业科技活动人员平均为 89 人，最高 990 人，最低 12 人。企业平均每年享受高新技术所得税减免为 646 万元，最高 15 457 万元，企业间享受高新技术所得税减免情况差距较大。

2. 科技投入、知识产权与附加值相关性统计

由图 11-38 和图 11-39 可知，科技经费投入与知识产权间相关系数整体呈上升趋势，且相关系数较高，表明企业将科技经费用于科技研发能够为企业带来专有

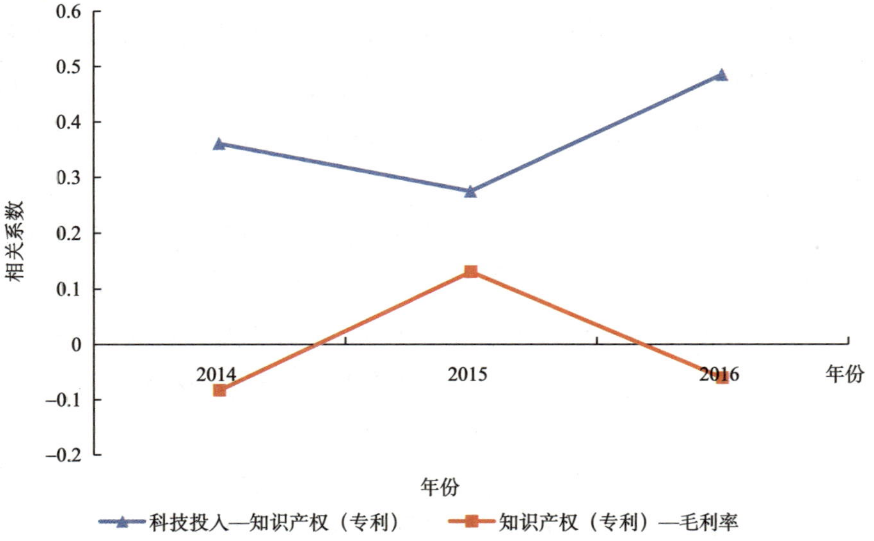

图 11-38　2014～2016 年科技投入—知识产权（专利）—附加值相关系数

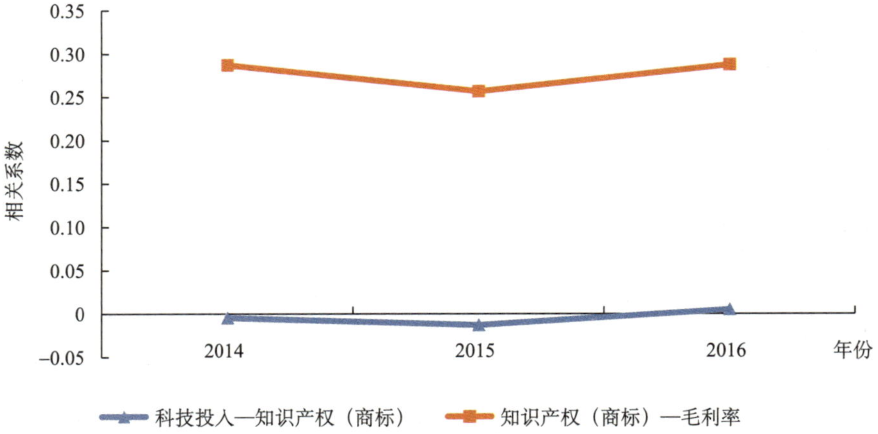

图 11-39　2014～2016 年科技投入—知识产权（商标）—附加值相关系数

技术。截至目前，企业知识产权和毛利率的相关系数较小，在 2014 年和 2016 年均呈现负相关关系，且没有表现出稳定发展趋势。

3. 科技投入、知识产权与附加值关系回归

（1）科技投入—知识产权回归分析

为研究企业科技经费投入在知识产权产出方面的效用，以科技经费投入为自变量，专利产出和商标产出为因变量进行回归分析（表 11-6）。其中，用企业内部用于科技活动的经费（FD）支出衡量科技投入，用专利申请数（AP）和商标数（TR）衡量知识产权产出。控制变量有企业资产总计数（AS）、工业总产值（IO）、从业人员数（EM）、科技活动人员数（SEM）、机构经费支出（IE）、当年形成用于科技活动的固定资产（FAS）、机构人员合计（IST）、拥有有效专利数（EPA）、新产品产值（NPOV）、新产品销售收入（NPSR）、享受高新技术企业所得税减免（ITR）。

因变量专利产出和商标产出均为非负整数，适合采用计数模型中的负二项模型进行回归分析。由回归结果可知，科技经费投入和专利产出呈显著正相关关系（$p < 0.001$），表明随着科技经费投入不断增长，企业专利申请数不断增加。但科技经费投入和商标产出间没有呈现明显的线性相关关系（$p > 0.05$）。

（2）知识产权—附加值回归分析

为研究企业知识产权对企业附加值产出方面的效用，以知识产权为自变量，企业附加值为因变量进行回归分析，结果见表 11-6。其中，用专利申请数（AP）和商标数（TR）衡量知识产权，用企业毛利率（GM）衡量企业附加值。控制变

表 11-6　科技投入—知识产权—附加值回归分析

变量	专利产出（AP）	变量	商标产出（TR）	变量	附加值（GM）	变量	附加值（GM）
FD	0.000 210***	FD	–0.000 001 79	AP	–0.000 147	TR	0.000 343
	（3.48）		（–0.47）		（–0.73）		（0.41）
AS	–0.000 003 02*	AS	0.000 000 177	AS	1.42e–08**	AS	1.43e–08**
	（–2.32）		（0.73）		（2.62）		（2.59）
IO	0.000 000 568	IO	0.000 000 261	IO	–2.23e–08	IO	–2.22e–08
	（–0.18）		（–1.07）		（–1.48）		（–1.44）
EM	–0.005 94	EM	–0.000 163	EM	–0.000 001 69	EM	0.000 000 565
	（–1.81）		（–0.21）		（–0.11）		（–0.03）
SEM	0.001 18	SEM	0.001 86	SEM	–0.000 038 2	SEM	–0.000 037 9
	（0.12）		（1.59）		（–1.03）		（–1.03）
FAS	–0.000 002 14	FAS	0.000 012 2	FAS	0.000 000 812	FAS	0.000 000 849
	（–0.01）		（0.55）		（–0.83）		（–0.82）
IST	0.066 0***	IST	0.000 521	IST	0.000 188*	IST	0.000 185*
	（3.52）		（0.17）		（2.33）		（2.23）
IE	–0.000 164	IE	0.000 000 689	IE	0.000 000 364	IE	0.000 000 387
	（–1.70）		（–0.13）		（–1.29）		（–1.34）
EPA	0.080 6***	EPA	0.002 87	EPA	–0.000 072 2	EPA	–0.000 088 8
	（4.07）		（1.29）		（–1.11）		（–1.58）
NPOV	–0.000 012 6*	NPOV	0.000 000 237	NPOV	4.72e–09	NPOV	5.29e–09
	（–2.41）		（–0.26）		（0.20）		（0.22）
NPSR	0.000 015 1***	NPSR	0.000 000 216	NPSR	–8.69e–09	NPSR	–9.53e–09
	（3.39）		（0.27）		（–0.49）		（–0.53）
ITR	–0.000 058 7	ITR	–0.000 010 6	ITR	0.000 000 322	ITR	0.000 000 357
	（–0.96）		（–1.22）		（1.37）		（1.50）
Year	included	Year	included	Year	included	Year	included
Cons	7.808***	Cons	1.299*	Cons	0.265***	Cons	0.263***
	（4.62）		（2.11）		（26.79）		（27.75）
N	282	*N*	282	*N*	282	*N*	282

注：（1）$^{*}p<0.05$，$^{**}p<0.01$，$^{***}p<0.001$。

（2）括号内值为回归系数标准误，下同。

量有企业资产总计数（AS）、工业总产值（IO）、从业人员数（EM）、科技活动人员数（SEM）、机构经费支出（IE）、当年形成用于科技活动的固定资产（FAS）、机构人员合计（IST）、拥有有效专利数（EPA）、新产品产值（NPOV）、新产品销售收入（NPSR）、享受高新技术企业所得税减免（ITR）。由于因变量附加值为连续变量，适合采用一般线性面板模型进行回归分析。回归结果表明，专利申请数与企业毛利率之间不存在线性相关关系（$p>0.05$），企业商标数和企业毛利率之间也不存在线性相关关系（$p>0.05$）。

综上可以看出，目前宁波市汽车零部件产业中企业研发科技投入与专利申请之间已经形成了正向循环，但是这些专利申请尚没有转化成企业的利润和竞争优势，在专利活动资源和企业经营活动之间尚没有形成正向循环。

二、宁波汽车零部件企业知识产权个体匹配

宁波市 2014 年汽车零部件产业规上高新企业数为 99 家，2015 年汽车零部件产业规上高新企业数为 110 家，2016 年汽车零部件产业规上高新企业数为 131 家。筛选出 3 年期间均为规上高新的企业共 94 家，为方便进行数据统计，对 94 家企业进行编码。

1. 科技投入—知识产权（专利）匹配分析

为研究科技经费投入是否得到有效产出，对 2014 年、2015 年和 2016 年宁波市汽车零部件产业规上高新企业进行科技投入与知识产权匹配散点分析（图 11-40～42）。

由散点图可知，宁波规上高新企业中专利科技投入与知识产权关系较为集中，大多处于低科技投入和低专利申请数水平。综合 2014 年、2015 年和 2016 年数据分析可知，专利申请数最高的为 2014 年宁波思明汽车科技股份有限公司，95 件，科技经费投入最高的为宁波远景汽车零部件有限公司，2014 年高达 25 524 万元。

将宁波市规上高新企业分为四类：高科技经费投入—高知识产权产出、高科技经费投入—低知识产权产出、低科技经费投入—高知识产权产出、低科技经费投入—低知识产权产出。按科技经费投入和专利数中位数将 2014 年 94 家企业分为四种类型，科技经费投入中位数为 6 634 千元，专利个数中位数为 7 件。将专利申请数低于 7 件视为低知识产权产出，专利申请数高于 7 件视为高知识产权产出；科技经费投入高于 6 634 千元视为高科技经费投入，科技经费投入低于 6 634

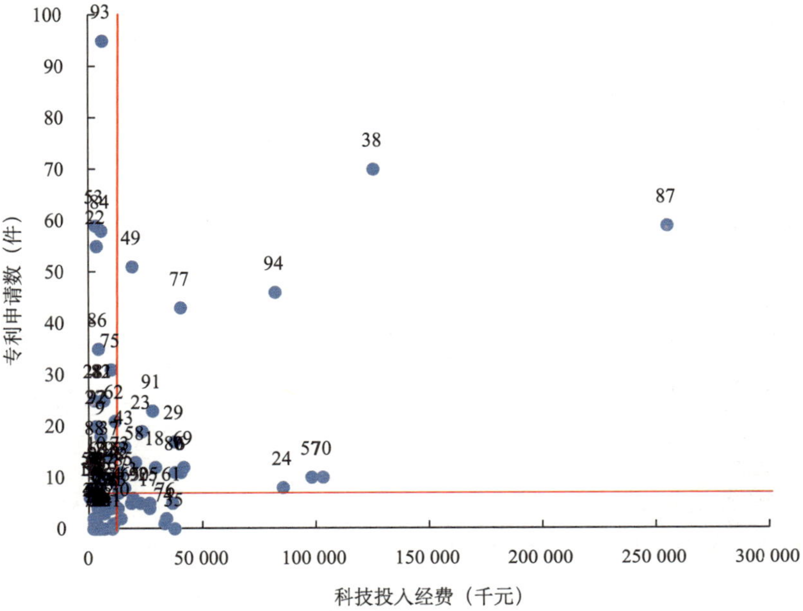

图 11-40　2014 年科技投入—知识产权（专利）匹配分析

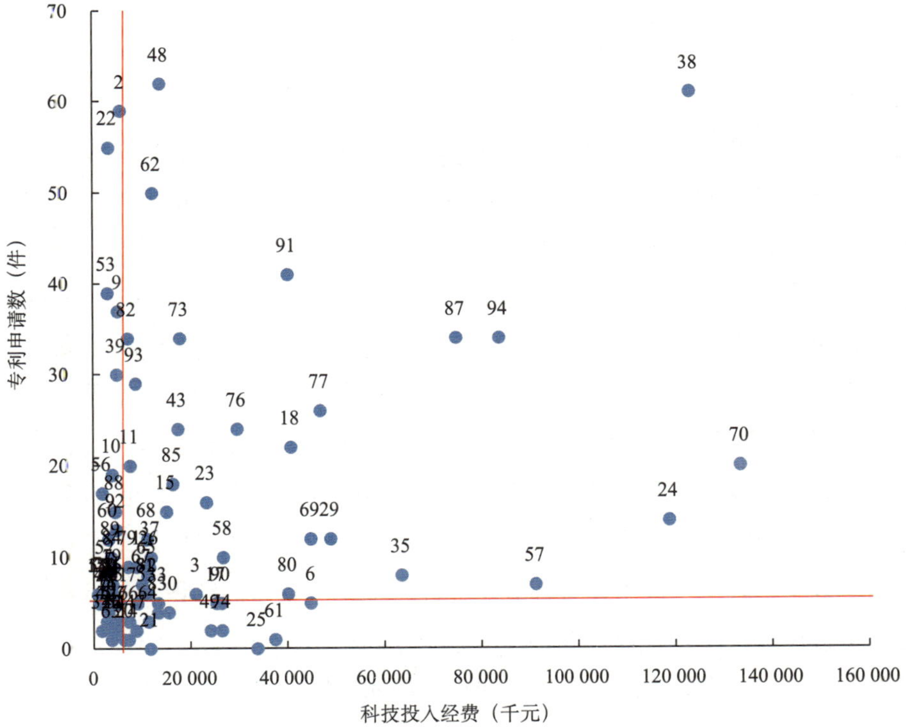

图 11-41　2015 年科技投入—知识产权（专利）匹配分析

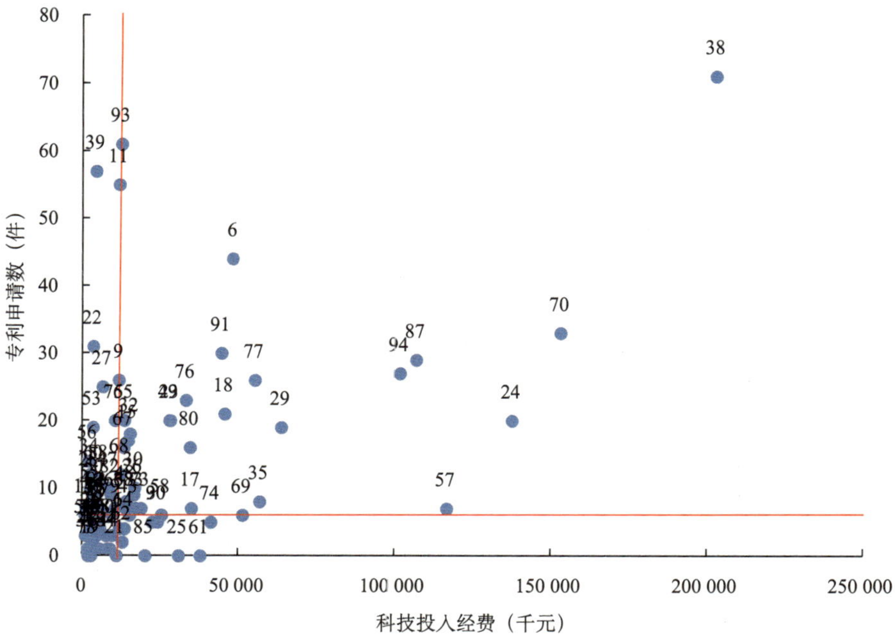

图 11-42　2016 年科技投入—知识产权（专利）匹配分析

千元视为低科技经费投入。2015 年科技经费投入中位数为 7 498 千元，专利数中位数为 6 件。将专利申请数低于 6 件视为低知识产权产出，专利申请数高于 6 件视为高知识产权产出；科技经费投入高于 7 498 千元视为高科技经费投入，科技经费投入低于 7 498 千元视为低科技经费投入。2016 年科技经费投入中位数为 10 161 千元，专利数中位数为 7 件。将专利申请数低于 7 件视为低知识产权产出，专利申请数高于 7 件视为高知识产权产出；科技经费投入高于 10 161 千元视为高科技经费投入，科技经费投入低于 10 161 千元视为低科技经费投入。由科技经费中位数投入逐年递增可见，科技经费投入整体呈上涨趋势。专利申请数中位数基本保持不变，宁波市汽车零部件产业公司专利布局意识较为稳定，没有较大改观。

低科技经费投入—低知识产权产出企业：2014 年 28 家，2015 年 29 家，2016 年 34 家。在宁波市 94 家规上高新企业中，低科技经费投入—低知识产权产出企业占 36%以上，表明宁波市还有部分企业没有知识产权布局意识，在专利申请方面态度不够积极，没有意识到专有技术和企业利润之间的关系。因此，对低科技经费投入—低知识产权产出企业进行知识产权知识情况普及十分必要。

低科技经费投入—高知识产权产出企业：2014 年 19 家，2015 年 18 家，2016 年 13 家，比重较低，表明已经有部分企业开始有知识产权布局意识。但科技经费投入仍处于较低水平，应促进这部分企业加强科技经费投入，这样知识产权更具有高价值。

高科技经费投入—低知识产权产出企业：2014 年 19 家，2015 年 18 家，2016 年 13 家。宁波部分企业高科技经费投入意图明显，具有代表性的企业有宁波均胜汽车电子股份有限公司、博格华纳汽车零部件（宁波）有限公司、宁波拓普集团股份有限公司、建新赵氏集团有限公司。目前专利申请数较少的原因，一部分表现为宁波分公司不具有知识产权布局能力，另一部分表现为知识产权产出具有时滞性。

高科技经费投入—高知识产权产出企业：2014 年 28 家，2015 年 29 家，2016 年 34 家。高科技经费投入—高知识产权产出企业占比逐年升高且比重较大，由不到 30%上升至 36%。具有代表性的有浙江吉润汽车有限公司。这部分企业规模较大，相对拥有一定品牌知名度，具有知识产权布局意识，并能从专有技术中获得产品附加值。

2. 科技投入—知识产权（商标）匹配分析

2014～2016 年，宁波市规上高新科技投入—知识产权（商标）匹配情况有如下特点（图 11-43～45）。

（1）从整体上看，散点图位置较为集中，大部分企业聚集在科技经费投入较低且商标数较低的位置。从具体数值上看，存在半数企业商标数为零，科技经费投入基本小于 5 000 万元。

（2）2014～2016 年，散点趋势逐渐分散，更多企业开始进行科技研发活动，科技经费投入大于 5 000 万元的企业由 2014 年的 6 家增加到 2015 年的 17 家，再到 2016 年的 10 家，整体呈现上升趋势。企业拥有商标数量逐渐增多，商标数大于 10 件的企业由 2014 年只有雪龙集团股份有限公司 1 家，增加到 2016 年的 3 家。

（3）高科技经费投入—高商标数企业较少，表现出经费投入和商标数之间的低相关性，科技经费投入上涨速度明显高于企业商标数上涨速度。

（4）具有代表性的企业为：低科技经费投入—高商标数的雪龙集团股份有限公司；高科技经费投入—低商标数的宁波均胜汽车电子股份有限公司、浙江吉润汽车有限公司、宁波拓普集团股份有限公司、宁波远景汽车零部件有限公司、博格华纳汽车零部件（宁波）有限公司。

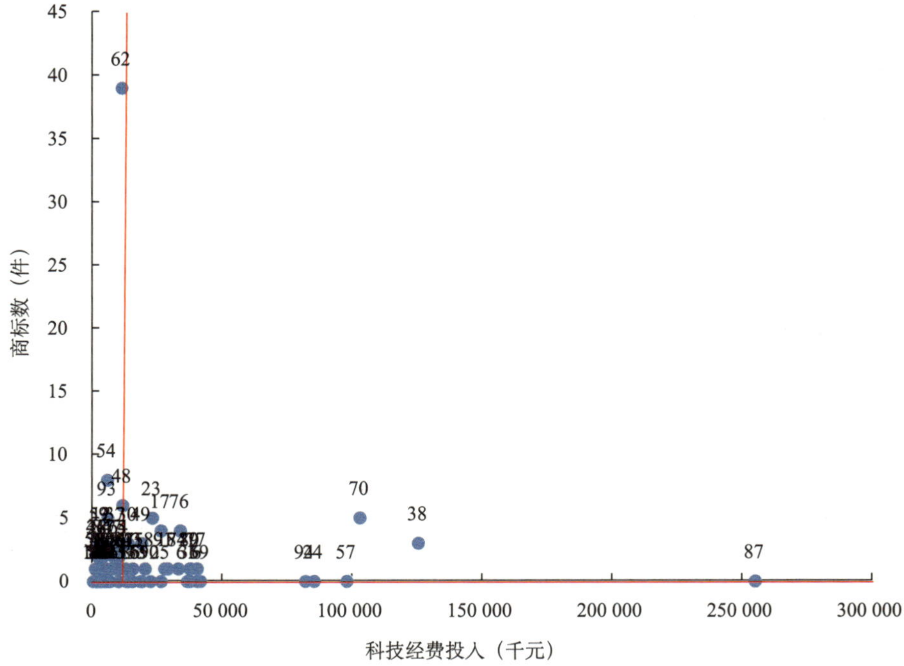

图 11-43　2014 年科技投入—知识产权（商标）匹配分析

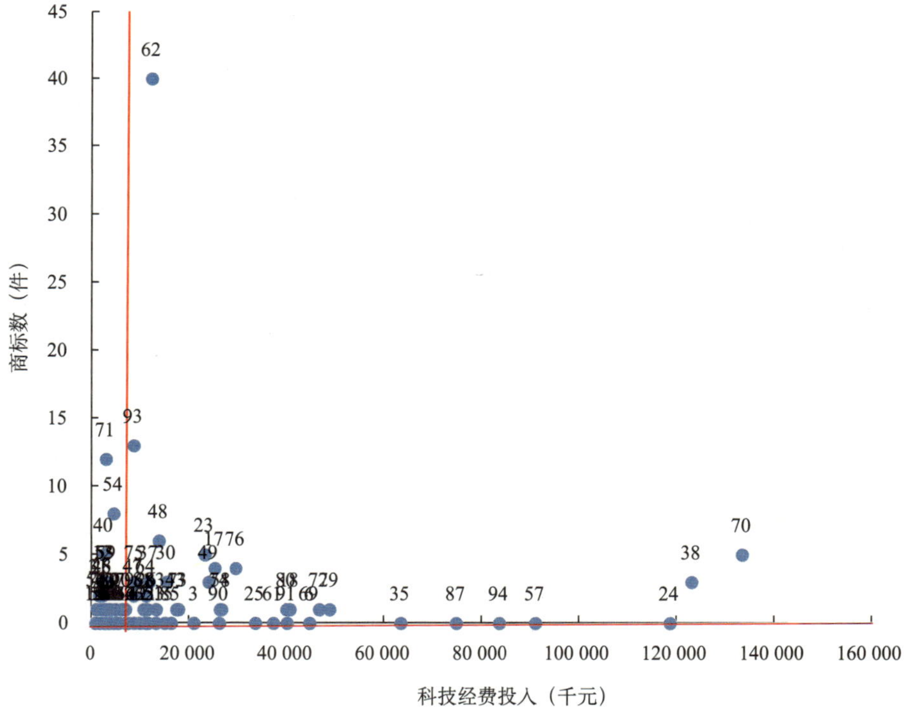

图 11-44　2015 年科技投入—知识产权（商标）匹配分析

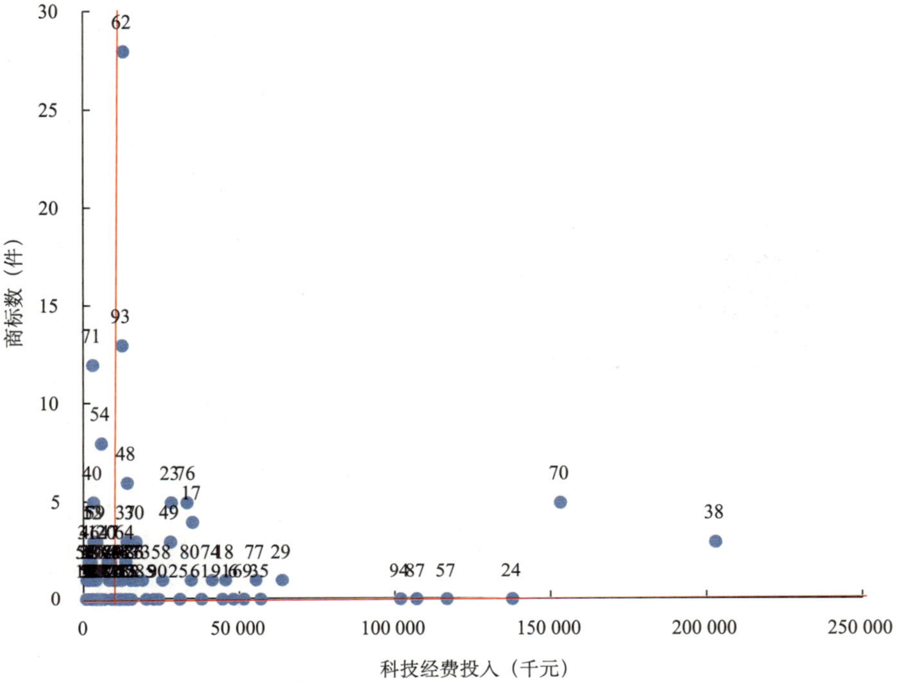

图 11-45　2016 年科技投入—知识产权（商标）匹配分析

3. 知识产权（专利）—附加值匹配分析

由图 11-46～48 可知，综合 2014 年、2015 年和 2016 年数据分析得知，专利申请数最高为 2014 年宁波思明汽车科技股份有限公司的 95 个，企业附加值最高为 2016 年雪龙集团股份有限公司的 58%。

将宁波市规上高新企业分为四类，分别为高知识产权产出—高附加值、低知识产权产出—高附加值、高知识产权产出—低附加值、低知识产权产出—低附加值。按照专利数和毛利率中位数将 94 家企业分为四种类型。2014 年专利数中位数为 7 件，将专利申请数低于 7 件视为低知识产权产出，专利申请数高于 7 件视为高知识产权产出；毛利率中位数为 0.249 0，毛利率低于 0.249 0 视为低附加值，毛利率高于 0.249 0 视为高附加值。2015 年专利数中位数为 6 件，将专利申请数低于 6 件视为低知识产权产出，专利申请数高于 6 件视为高知识产权产出；毛利率中位数为 0.251 8，毛利率低于 0.251 8 视为低附加值，毛利率高于 0.251 8 视为高附加值。2016 年专利数中位数为 7 件，将专利申请数低于 7 件视为低知识产权产出，专利申请数高于 7 件视为高知识产权产出；毛利率中位数为 0.258 7，毛利率低于 0.258 7 视为低附加值，毛利率高于 0.258 7 视为高附加值。

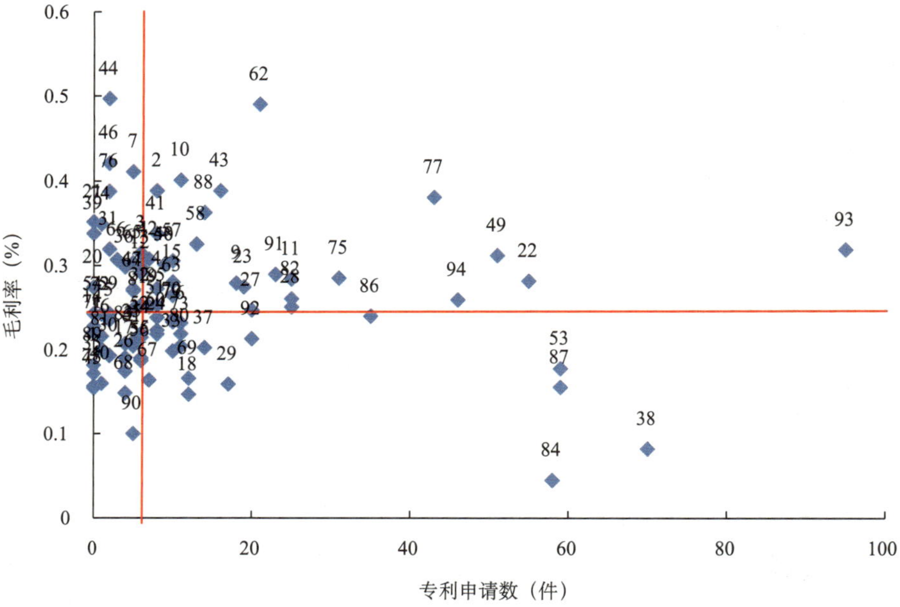

图 11-46　2014 年知识产权（专利）—附加值匹配分析

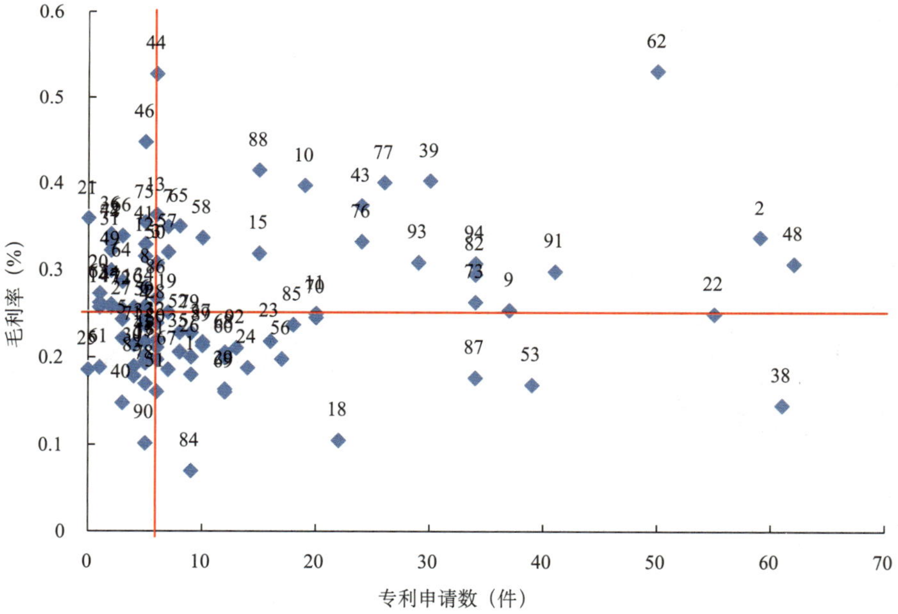

图 11-47　2015 年知识产权（专利）—附加值匹配分析

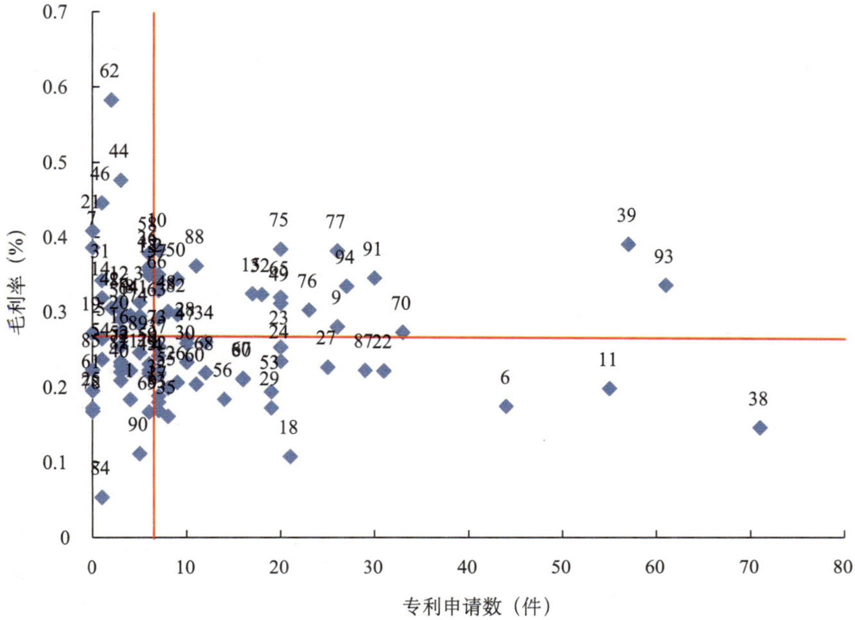

图 11-48　2016 年知识产权（专利）—附加值匹配分析

低知识产权—低附加值企业：2014 年 26 家，2015 年 22 家，2016 年 21 家。2014 年占宁波规上高新企业的 27.7%，2015 年占 23.4%，2016 年占 22.3%，百分比逐年降低，企业逐年减少，表明大部分企业越来越重视知识产权布局，企业毛利率也不断升高。

低知识产权—高附加值企业：2014 年 21 家，2015 年 25 家，2016 年 26 家。2014 年占宁波规上高新企业的 22.3%，2015 年占 26.6%，2016 年占 27.7%，比重逐年升高，表明部分企业并非通过专有技术为企业带来利润，且毛利率不断升高。

高知识产权—低附加值企业：2014 年 21 家，2015 年 25 家，2016 年 26 家。高知识产权—低附加值企业占比较低，表明利润率较低的企业不会把时间和精力放在知识产权布局上，在知识产权方面投入较少。

高知识产权—高附加值企业：2014 年 26 家，2015 年 22 家，2016 年 21 家。高知识产权—高附加值企业逐年减少，可能由附加值中位数逐年升高所导致，宁波市汽车零部件规上高新企业附加值整体呈上升趋势。

4. 知识产权（商标）—附加值匹配分析

2014～2016 年，宁波市规上高新企业知识产权（商标）—附加值匹配有如下特点（图 11-49～51）。

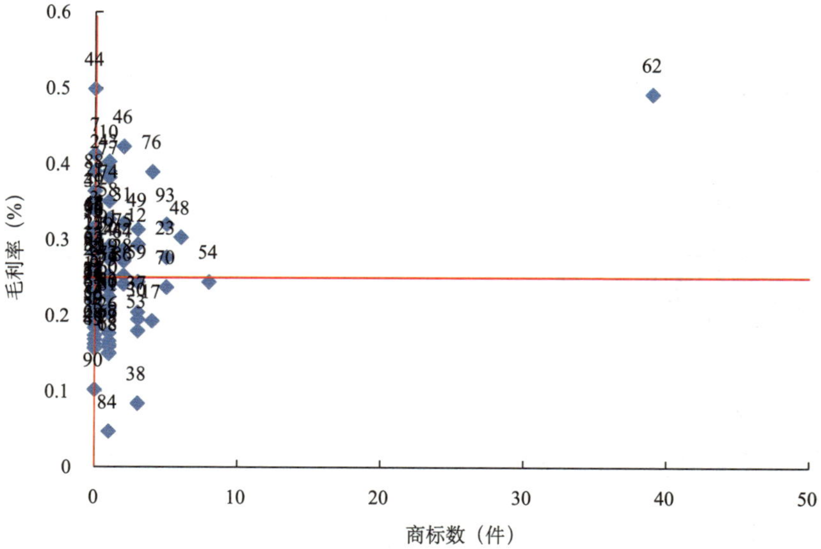

图 11-49　2014 年知识产权（商标）—附加值匹配分析

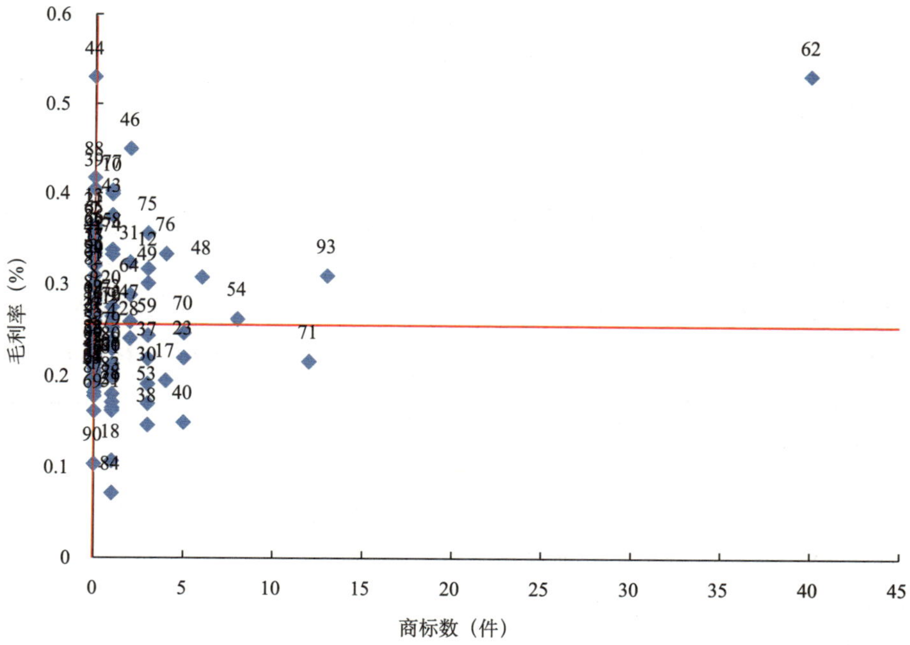

图 11-50　2015 年知识产权（商标）—附加值匹配分析

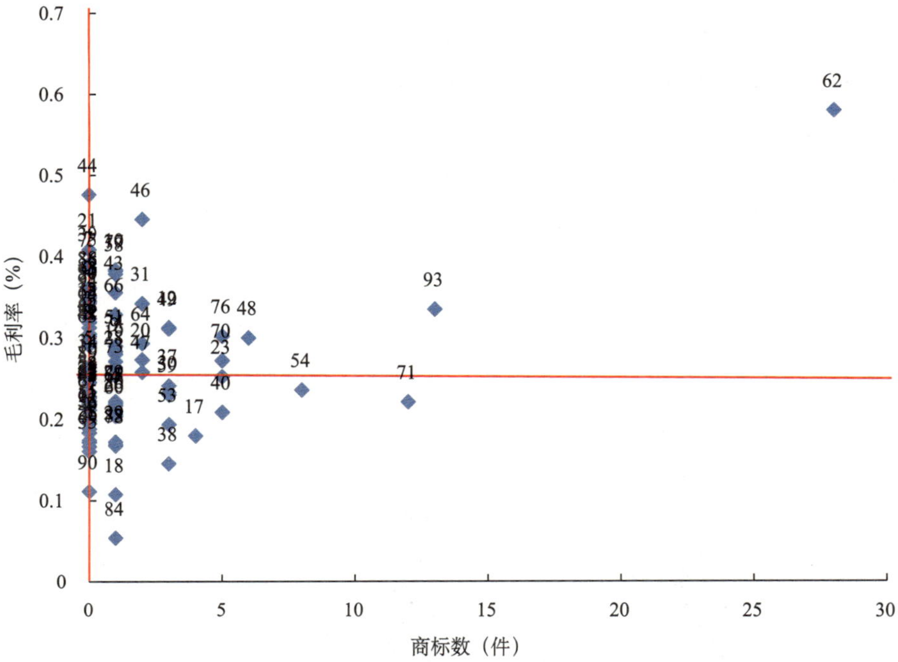

图 11-51　2016 年知识产权（商标）—附加值匹配分析

（1）从整体上看，商标数—附加值变化趋势不明显，宁波市规上高新企业基本处于低商标数状态。

（2）企业拥有商标数量整体呈现上升趋势，商标数大于 10 个的企业由 2014 年只有雪龙集团股份有限公司，增加到 2016 年的 3 家。

（3）雪龙集团股份有限公司为显著高商标数—高毛利率企业，毛利率高达 58%，商标数为 40 件。

针对宁波市 94 家规上高新企业分别进行描述性统计分析、相关性分析、散点分析和回归分析，结果基本一致。现阶段科技经费投入较高的企业专利产出较多，科技经费投入和企业拥有的商标数之间关系不显著，知识产权和企业产品附加值之间关系不显著。

三、宁波汽车零部件企业知识产权技术模块匹配

宁波本地汽车零部件产业规上高新企业 2016 年达 131 家，是宁波企业的典型代表，代表了宁波汽车零部件行业中企业的较高水准，其存在的问题基本也是宁波汽车零部件企业的共性问题，具有普遍意义。

1. 宁波市汽车零部件企业产业链分布匹配分析

首先分类得到宁波市汽车零部件行业 2016 年的规上高新企业名录，共计 131 家企业。针对这 131 家企业，依次对公司的主营产品进行官网检索，得到每一家企业的主营产品。对企业的主营产品分类整理，对应到汽车零部件的技术模块，得到模块与企业一一对应的表格。通过分类求和，绘制图表。

按照汽车零部件产业链的一级模块（图 11-52）和二级模块（图 11-53）分别统计宁波汽车零部件企业分布情况。在搜索这 131 家高新规上企业的主营产品时，发现不少于 10 家主要生产模具，因此，在此部分对汽车零部件技术模块划分上，

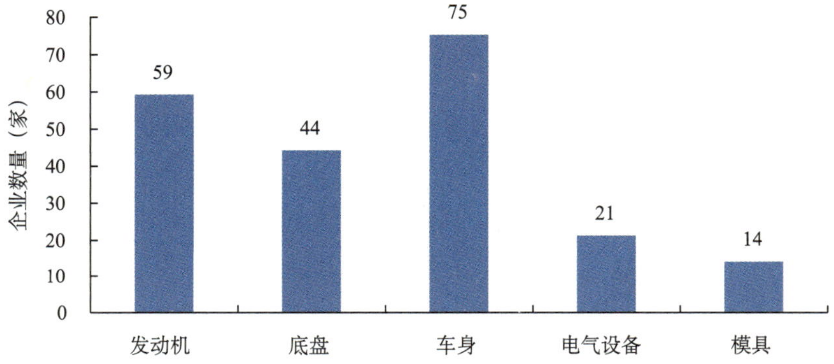

图 11-52　2016 年宁波汽车零部件企业产业链分布（一级模块）

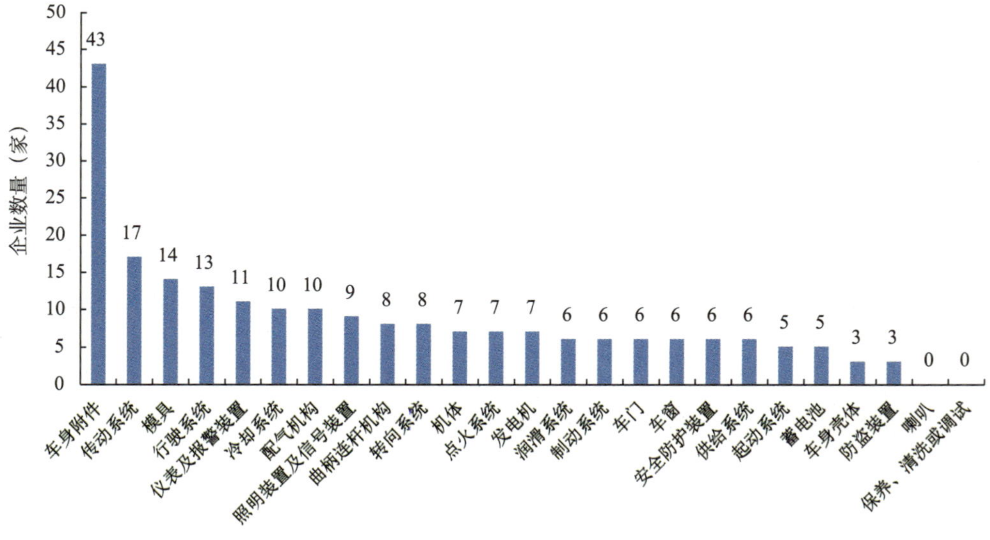

图 11-53　2016 年宁波汽车零部件企业产业链分布（二级模块）

加入模具一类。在汽车零部件产业链的一级模块上，便划分为发动机、底盘、车身、电子设备和模具。由图 11-52、图 11-53 可见，宁波市汽车零部件行业在汽车车身领域企业分布较多，有一半以上的企业在从事车身部件的生产销售。而在电子设备和模具领域企业数量有限，供给量不足。下面按照汽车零部件技术模块体系分别进行讨论。

（1）发动机

发动机系统是一个大的总成系统，主要分为机体、曲柄连杆系统、配气系统、供给系统、冷却系统、润滑系统、点火系统和起动系统。在宁波市汽车零部件 131 家高新规上企业中，有 59 家企业从事发动机零部件生产。其中，生产冷却系统和配气系统的企业最多，均有 10 家，主营曲柄连杆机构系列产品有 9 家企业，7 家企业生产和销售点火系统相关产品及发动机机体相关产品，6 家企业生产和销售润滑系统相关产品，生产供给系统相关产品的企业数量在发动机模块中是最少的，仅有 6 家。

（2）底盘

汽车底盘主要分为传动系统、行驶系统、转向系统、制动系统四大类子模块。在此 131 家高新规上企业中，有 44 家企业从事汽车底盘零部件生产。其中，高达 17 家企业在生产传动系统系列产品，13 家企业生产和经营行驶系统相关零部件产品，主营转向系统模块系列产品的企业有 8 家，而经营起动系统系列产品的企业数量最少，仅有 5 家。

（3）车身

汽车车身及附件是汽车结构的重要部分，这里主要分为车门、车窗、车身附件、安全防护装置、仪表及报警装置、防盗装置、喇叭以及保养、清洗或调试。根据图 11-53 可以看出，车身部分是宁波市汽车零部件 131 家高新规上企业中企业生产数量最多的部分，共计 75 家。其中，车身附件子模块系列产品是车身模块中企业生产数量最多的一个模块，也是所有汽车零部件二级模块中企业数量最多的模块，高达 43 家。其次，车身模块中仪表及报警装置企业数量较多，有 11 家企业。车门、车窗以及安全防护装置模块企业数量均为 6 家，在二级模块中企业数量处于平均水平，而在喇叭以及保养、清洗或调试领域，目前宁波市高新规上企业中还没有企业涉及相关产品的生产与经营。

（4）电气设备

在本部分的统计中，把汽车电气设备归为三类：电机、电池和照明信号装置。

电气设备模块是汽车新能源产业链的重中之重，其发展是本地新能源技术发展与市场扩展的基础。然而，在131家高新规上企业中，主营电气设备的企业却十分有限，仅有21家。其中，主营电机系列产品有7家，主营电池系列产品的有5家，主营照明装置和信号装置的有9家。可见，虽然新能源汽车行业是大势所趋，但是宁波市汽车零部件企业仍然在致力于生产传统汽车零部件。

（5）模具

模具是本章节根据宁波企业现状新加入的一个模块，因其在宁波市高新企业占据了10%左右的份额，所以单独列出这一模块。目前有14家企业主要负责模具的经营生产。

依据汽车零部件二级技术模块分类，已经了解不同技术模块宁波汽车零部件高新规上中多少企业在投入生产，然而产业链中企业数量占比多的技术模块是否拥有广大的市场和丰厚的利润呢？在宁波汽车零部件企业产业链分布的基础上加入了利润率维度，通过分别取企业数与毛利率的中位数作为高低划分的标准，刻画出宁波汽车零部件高新规上企业中“利润率—企业数”二维象限图（图11-55），进一步了解宁波市汽车零部件行业中不同技术模块的市场情况和发展前景。可以看出，发动机模块下的配气机构的利润率是所有汽车零部件二级模块中最高的系列，毛利率高达31.42%，高新规上企业中有10家企业在从事配气机构的生产销售。仪表及报警装置系统仅次于配气机构，毛利率为28.69%。而车身模块下的车

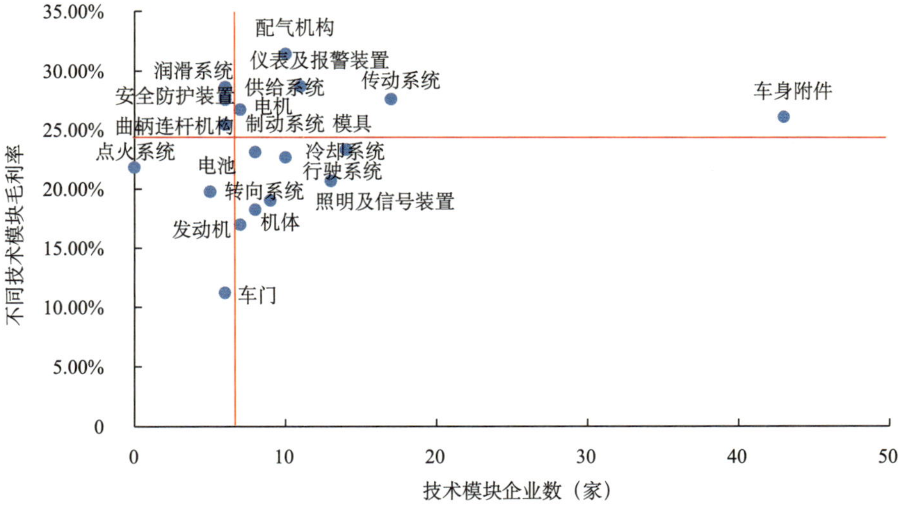

图11-54 2016年宁波汽车零部件企业产业链利润率匹配

门的利润率是所有汽车零部件二级技术模块中最低的系列，毛利率仅为 11.22%，与此同时，其生产企业数也是在所有模块中处于平均以下水平，高新规上中仅有 6 家企业主营这一模块业务。二级技术模块中企业生产数量最多的车身附件的毛利率为 26.05%，处于中等偏上水平。

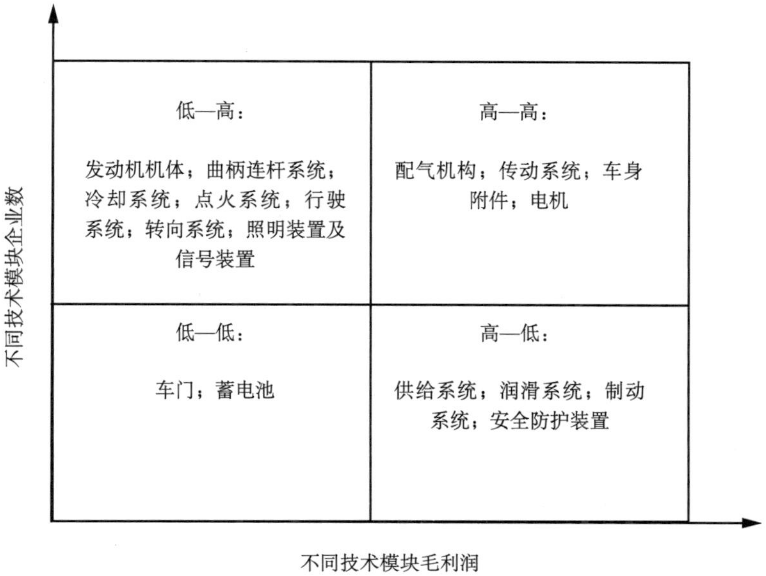

图 11-55　宁波汽车零部件企业产业链利润率分布

根据“利润率—企业数”二维象限图，可以看出，车门、蓄电池为低毛利率低生产的技术模块，车门是传统技术领域，市场利润空间小，宁波相应企业不多，说明车门这一主要依靠人力资本低技术要求的产业在宁波汽车零部件产业转化升级的过程中逐渐被抛弃。而蓄电池这一双低领域是新能源汽车产业，汽车生产中的蓄电池电池成本过高，造就它的低毛利率。宁波在蓄电池技术领域生产企业数少，说明宁波在新能源汽车领域的布局尚缺，企业碍于蓄电池这一技术模块的研发投入多、成本高、利润率低且风险大等原因迟迟没有转型。这就需要宁波政府给予一定的政策支持，加快宁波汽车零部件企业在蓄电池领域的布局。

处于“低毛利率高企业数”类型的技术模块有发动机机体、曲柄连杆系统、冷却系统、点火系统、行驶系统、转向系统和照明装置及信号装置领域。可以看出 7 个二级模块中有 4 个属于发动机一级模块，发动机是传统汽车领域中技术含量最高的模块，然而我国在发动机技术领域与国外仍然有很大差距。虽然宁波在发动机领域布局众多，但是因为没有掌握核心技术，尖端的核心技术仍然依赖进口，造成成本过高、毛利率低的困境。这一类型的技术模块，发展前景较好，但是一时无法扭转现状，部分企业可根据自身情况有计划性地转型。

处于“高毛利率低企业数”的技术模块有供给系统、润滑系统、制动系统和安全防护装置技术领域，高毛利率说明了这四个技术领域市场前景广阔，低企业数则暗示了宁波在这四个领域布局不足，市场空间很大。

处于“高毛利率高企业数”的技术模块有配气机构、传动系统、车身附件和电机，说明这四个技术领域市场前景很好且宁波零部件行业做了有效布局。

在新能源领域，电机的毛利率为 26.70%，处于相对较高水平，2016 年宁波高新规上有 7 家企业从事电机的研发生产。蓄电池和照明装置及信号装置的毛利率则较低，分别为 19.77%和 19.02%，且从事企业数量也处于均值以下水平，分别为 5 家和 9 家。可见，虽然政府致力于新能源汽车及零部件研发、制造、推广和应用，但是由于新能源领域相关技术研发成本带来的企业利润率低以及企业面向新能源零部件转型必然带来的成本以及风险问题，致使宁波市汽车零部件在新能源领域仍有很大的市场空间。

新能源汽车是未来汽车发展的必然趋势，宁波市若想在未来汽车及零部件行业分一杯羹，必须要重视新能源汽车零部件的布局和发展。降本增效是新能源汽车工业的迫切要求，总成产品是发展领域。目前电机电控系统在新能源汽车成本占比约 15%，随着电池技术进步，成本年均有望降低 10%，电驱动系统将成为整车越来越重要的成本，降低其成本的要求已然非常迫切。然而，无论从电机还是电控来看，器件级别很难出现大幅度的成本下降，生产制造过程也维持正常利润水平。因此，挖潜降本增效的空间在于优化电驱动系统设计，即集成化的总成产品。通过集成多种功能，提供总成产品能够极大提高单车价值量。

在新能源汽车时代背景下，看好电机、电控业务全面布局的企业。新能源汽车已经进入大规模产业化的历史拐点，“三电”系统配套成本不断降低是产业规律的必然趋势。因此，通过设立或并购，尽早做好两方面的企业布局，搭上新能源汽车的高速列车，取得先发优势。

2. 宁波市汽车零部件企业产业链知识产权分布

在了解宁波汽车零部件产业链市场企业布局情况的基础上，进一步分析不同技术模块的相应知识产权情况，通过分析专利产出了解宁波市汽车零部件行业的市场生产与研发情况。

首先，针对汽车零部件的技术模块进行检索式编写，共计 4 个大类模块，23

个二级子模块；然后运用大为检索软件，对宁波市 2016 年的 131 家规上高新企业逐家进行每一模块专利数检索，得到每家企业每一模块的专利数量（时间限定为 2016 年）；经过分类汇总，得到宁波市汽车零部件规上高新企业每一技术模块的知识产权数（图 11-56）。

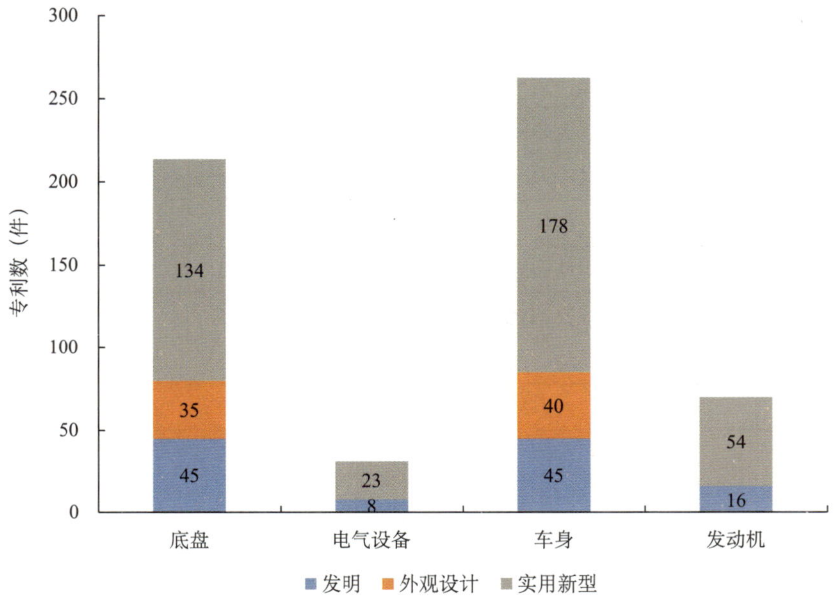

图 11-56　宁波汽车零部件企业产业链专利分布

可以看出，车身一级模块下的专利总数最多，为 263 件，其次是底盘 214 件，发动机 70 件，而电气设备模块仅有 31 件。在专利类型上，无论哪一模块的专利，均以实用新型专利为主体，发明专利数量极其有限。

一方面，对于传统汽车行业来说，发动机是汽车的心脏，可以说是最需要技术含量的零部件模块，且子模块众多，而宁波市零部件企业在发动机类别下的专利数远远不及国外先进水平，发明专利仅有 16 件；另一方面，对于未来新能源汽车行业来说，电气设备是新能源汽车零部件的重中之重，而宁波市企业在这一领域的研发产出却非常之少，发明专利仅有 8 件，实用新型也只有 23 件。这从侧面说明宁波市汽车零部件企业没有尽早的进行新能源零部件知识产权布局，一旦新能源汽车普及，宁波汽车零部件行业可能面临着前所未有的困境与危机。

同样，表 11-7 展示了宁波高新规上企业汽车零部件二级子模块的专利数量情况，下面按照汽车零部件技术模块体系分别进行讨论。

表 11-7 宁波市高新规上企业汽车零部件各技术模块申请专利数量（件）

一级模块名称	二级模块名称	发明	外观设计	实用新型	总数
发动机	配气机构	9	0	23	32
	润滑系统	5	0	7	12
	冷却系统	0	0	6	6
	曲柄连杆机构	0	0	5	5
	起动系统	0	0	5	5
	点火系统	1	0	2	3
	供给系统	1	0	6	7
	机体	0	0	0	0
底盘	传动系统	15	0	42	57
	行驶系统	9	35	69	113
	制动系统	24	0	21	45
	转向系统	1	0	5	6
车身	车身附件	30	33	128	191
	安全防护装置	13	0	30	43
	保养、清洗或调试	3	0	16	19
	车门	5	0	10	15
	仪表及报警装置	0	7	5	12
	车身壳体	1	0	9	10
	防盗装置	4	0	15	19
	车窗	1	14	1	16
	喇叭	1	0	1	2
电气设备	照明装置和仪表装置	8	0	20	28
	电机	0	0	1	1
	电池	0	0	2	2

（1）发动机

发动机一级类模块下共 8 个子模块，其中配气机构是专利总数量最多的一个子模块，其余依次是润滑系统、供给系统、冷却系统、曲柄连杆系统、起动系统、点火系统和机体。在发明专利类型上，配气系统数量最多，但也仅有 9 件专利，其余便是润滑系统，有 5 件专利，点火系统和供给系统各有 1 项专利，剩下的 4

个二级子模块均没有发明专利；相对于发明专利，实用新型专利在数量上相对较为可观，配气系统依然数量最多，有 23 件，机体数量最低，没有专利；在发动机专利的外观设计类型上，2016 年宁波规上高新企业还没有涉及。

（2）底盘

汽车底盘主要分为传动系统、行驶系统、转向系统、制动系统四大类子模块。其中，行驶系统是专利总数最多的二级子模块，有 113 件，其余便是传动系统，有 57 件专利，制动系统有 45 件专利，专利总数最少的是转向系统，仅有 6 件。在发明专利类型上，制动系统的数量最多，有 24 件。其次是行驶系统，有 15 件，传动系统有 9 件。在转向系统领域，发明专利仅有 1 件；在实用新型专利类型上，数量最多的是行驶系统，有 69 件专利，之后是传动系统，有 42 件，制动系统有 21 件，点火系统有 5 件；在外观设计专利类型上，仅行使系统有 35 件专利，其余 3 个二级子模块还未涉及。

（3）车身

车身模块是所有一级模块中专利总数最多的模块，其中车身附件的专利总数高达 191 件，这不仅是车身专利数最多的二级模块，更是所有汽车零部件二级子模块中专利数量最多的模块。在车身部分，其余专利数量从多到少依次是安全防护装置 43 件，防盗装置 19 件，保养、清洗或调试 19 件，车窗 16 件，车门 15 件，仪表及报警装置 12 件，车身壳体 10 件、喇叭 2 件。在发明专利类型上，数量最多是车身附件，有 30 件，数量最少的是仪表及报警装置，没有发明专利；在实用新型专利领域，数量最多的是车身附件，有 128 件，其次是安全防护装置，有 30 件，数量最少的是喇叭和车窗，均仅有 1 件；在外观设计专利类型上，车身附件有 33 件，车窗有 14 件，仪表及报警装置有 7 件，其余二级子模块没有外观设计专利。

（4）电气设备

电气设备模块下的专利总数是汽车零部件四大模块中专利数量最少的一级模块，总数量为 23 件，其中发明专利 8 件，实用新型专利 23 件，外观设计专利 0 件。在发明专利类型上，发电机和蓄电池都没有任何成果，照明装置和仪表装置有 8 件；在实用新型类型上，照明装置和仪表装置有 20 件专利，而蓄电池仅有 2 件，发电机仅有 1 件专利。

同分析宁波市零部件企业产业链时一样，在分析宁波市零部件企业不同技术模块的知识产权时，亦加入利润率维度。如图 11-57 所示，大部分的二级技术模块专利数在0～50件。其中毛利率最高的配气系统，2016年的专利总数为32件，次高的是仪表及报警装置，专利总数为12件。而毛利率最低的照明装置和仪表装置的专利数为12件，次低的电池专利总数为2件。专利总数最多的车身附件毛利率为27.05%，处于中等偏上水平；次多的行驶系统毛利率为20.66% ，处于中等偏下水平。

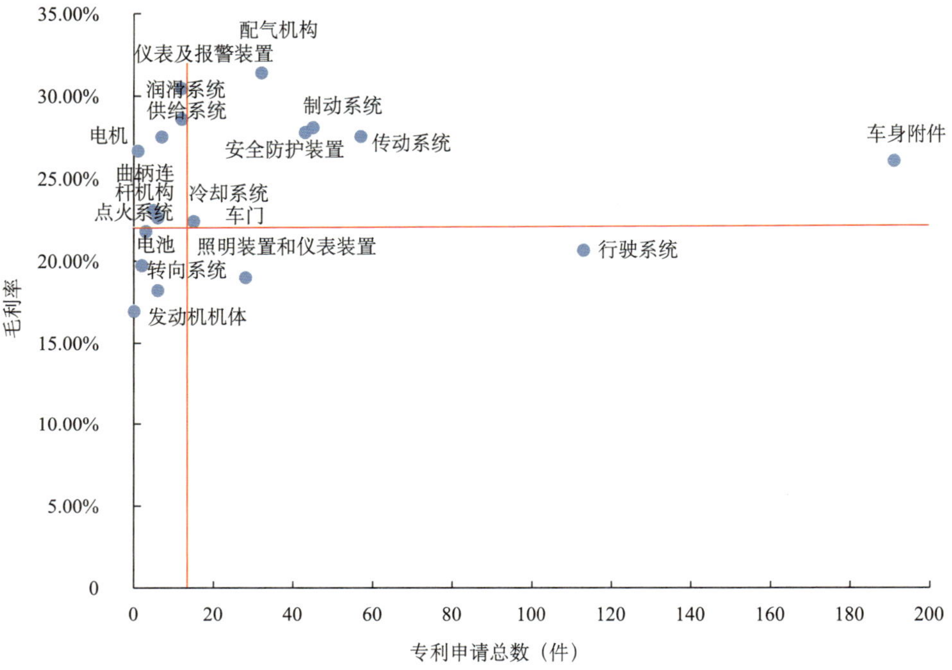

图 11-57 2016年宁波汽车零部件企业产业链专利分布

依据汽车零部件二级技术模块分类下的专利情况，已经了解不同技术模块宁波汽车零部件高新规上企业中有多少专利产出，且发明专利、实用新型专利和外观设计专利所占的比重。然而宁波市汽车零部件行业中高专利产出的技术模块是否拥有广大的市场和丰厚的利润呢？如图 11-58 所示，在宁波汽车零部件企业产业链分布的基础上加入了利润率维度，通过分别取专利数与毛利率的中位数作为高低划分的标准，刻画出宁波汽车零部件高新规上企业中“利润率—专利总数”二维象限图，进一步了解宁波市汽车零部件行业中不同技术模块的市场和知识产权情况。

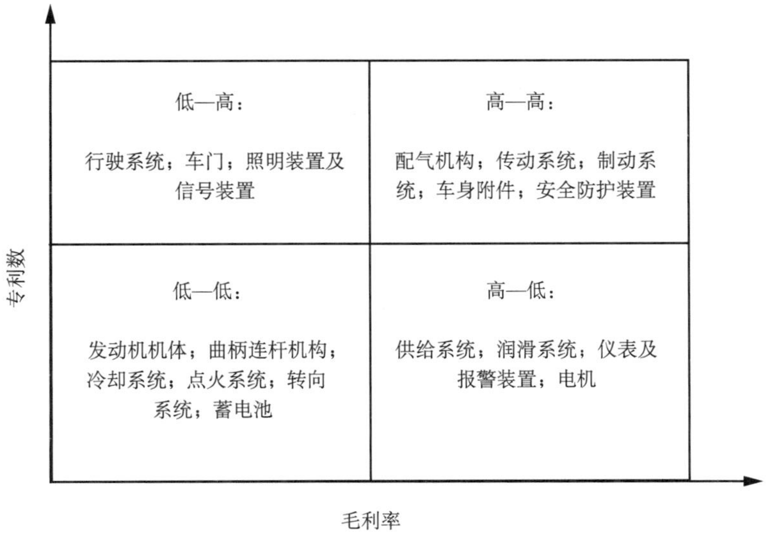

图 11-58　宁波汽车零部件技术子模块知识产权与毛利率分布

处于“低专利数低毛利率”的技术模块有发动机机体、曲柄连杆机构、冷却系统、点火系统、转向系统和蓄电池技术模块，蓄电池是新能源汽车领域。而其他五个技术模块是传统汽车技术领域，蓄电池的双低说明成本过高，且研发力度不足，上一阶段“企业数—毛利润”的匹配中了解到宁波市蓄电池企业较少，这都说明宁波在新能源中蓄电池技术领域的布局有限，技术能力弱，市场没有被很好地开拓。而其他五个传统技术领域的双低说明宁波还没有掌握相关领域的核心技术，生产成本过高，但是全国乃至全球市场空间已经逐渐饱和，在宁波汽车零部件产业转型的过程中可以有选择、有目的性地放弃。

处于“低专利数高毛利率”的技术模块有供给系统、润滑系统、仪表及报警装置和电机技术领域。其中电机是新能源技术领域，其余三个是传统技术领域。电机专利产出低说明宁波市相应企业的专利布局尚缺，研发力度不足，电机是未来汽车行业不容置疑的发展趋势，宁波市政府和企业应大力支持电机技术模块的研发，只有掌握核心技术，才能抢占全球市场。其余三个传统技术领域模块同样说明市场还有很大空间，但是宁波在相应模块研发力度不足，宁波市相应企业在传统技术领域可以加大供给系统、润滑系统、仪表及报警装置的研发与生产。

处于“高专利数低毛利率”的技术模块有行驶系统、车门和照明装置及信号装置，高专利说明宁波企业在相应模块技术程度较高，但是由于其市场空间已经逐渐变小，宁波市相关企业可以向新能源或者其他技术领域转型。

处于“高专利数高毛利率”的技术模块有配气机构、传动系统、制动系统、车身附件和安全防护装置。宁波市汽车零部件产业在这五个技术模块科技水平高，市场前景好，市场份额占比大，相关企业应该进一步巩固自己的领先地位，时刻紧跟全球尖端技术，致力于技术研发，进一步做大做强，抢占全国乃至全球相关技术领域的龙头地位。

此外，通过划分专利类型进一步展示了宁波市企业不同技术模块的知识产权情况。将专利产出划分为发明专利产出、实用新型专利产出和外观设计专利产出。在发明专利中（图 11-59），处于“低专利数低毛利率”的技术模块有冷却系统、曲柄连杆机构、点火系统、发动机机体、转向系统、蓄电池；处于“高专利数低毛利率”的有行驶系统、车门、照明装置和仪表装置；处于“低专利数高毛利率”的技术模块有供给系统、仪表及报警装置、电机；处于“高专利数高毛利率”的技术模块有配气机构、润滑系统、传动系统、制动系统、车身附件、安全防护装置。

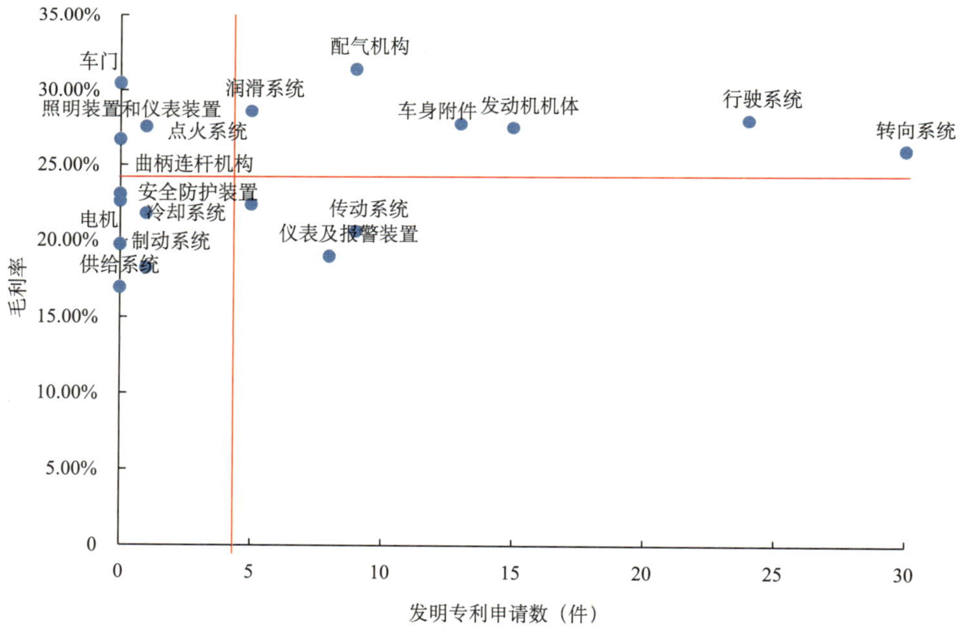

图 11-59 2016 年宁波汽车零部件企业产业链发明专利分布

在实用新型专利中（图 11-60），处于“低专利数低毛利率”的技术模块有冷却系统、曲柄连杆机构、点火系统、发动机机体、转向系统、电池；处于“高专利数低毛利率”的技术模块有行驶系统、车门、照明装置和仪表装置；处于“低专利数高毛利率”的技术模块有供给系统、仪表及报警装置、电机；处于“高专利数高毛利率”的技术模块的有配气机构、润滑系统、传动系统、制动系统、车身附件、安全防护装置。

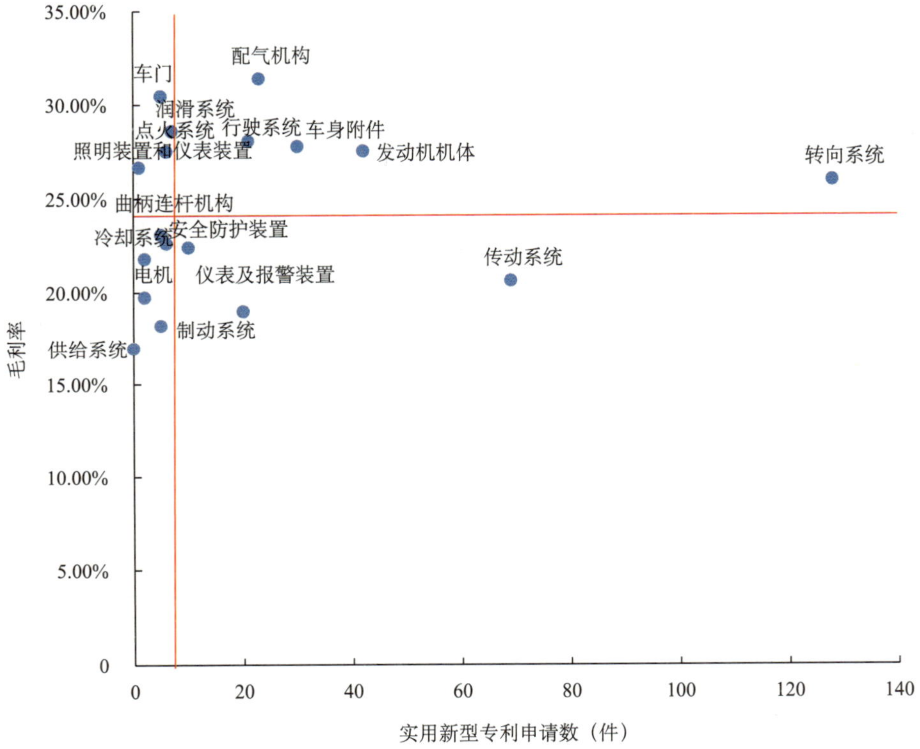

图 11-60 2016 年宁波汽车零部件企业产业链实用新型专利分布

在外观设计专利中（图 11-61），处于“低专利数低毛利率”的技术模块有冷却系统、曲柄连杆机构、发动机机体、转向系统、车门、照明装置和仪表装置；处于“高专利数低毛利率”的技术模块有行驶系统；处于“低专利数高毛利率”的技术模块有配气机构、供给系统、传动系统、制动系统、安全防护装置、电机；处于“高专利数高毛利率”的技术模块有车身附件、仪表及报警装置。

具体来看，在发明专利类型上，毛利率最高的配气机构有 9 件专利，次高的仪表及报警装置没有发明专利，毛利率最低的照明装置及仪表装置有 8 件专利，而次低的电池装置没有发明专利；在实用新型专利类型上，毛利率最高的配气系统有 23 件专利，次高的仪表及报警装置有 5 件专利，毛利率最低的照明装置及仪表装置有 20 件，而次低的电池装置有 2 件；在外观设计类型上，大部分技术模块专利数都为 0，仅有 3 件技术模块有专利，其中毛利率最高的是仪表装置及报警装置，专利数为 7 件，次高的车身附件专利数为 33 件，最低的行驶系统专利最多，达到了 35 件。

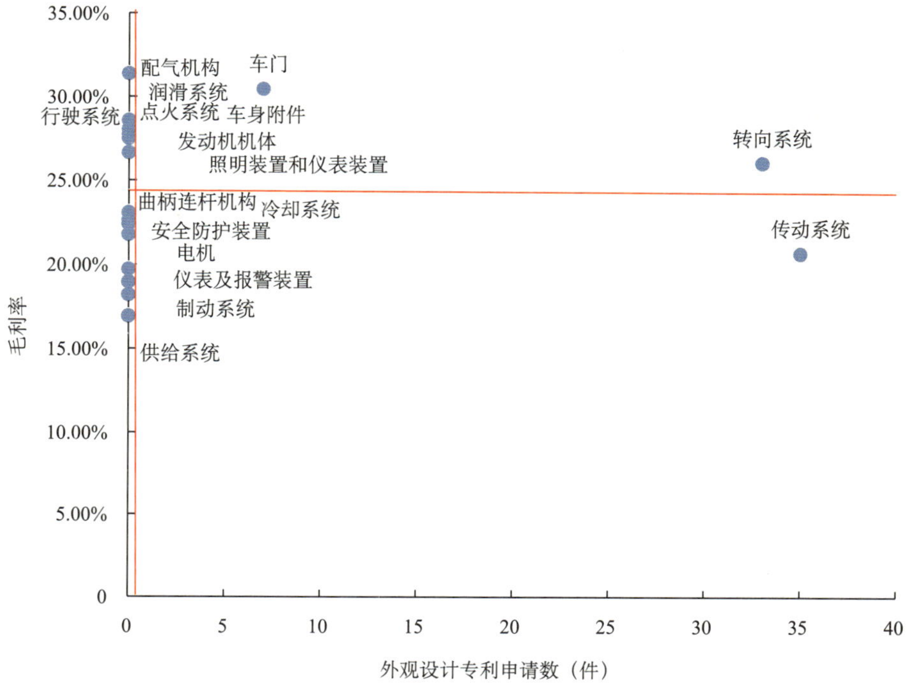

图 11-61 2016 年宁波汽车零部件企业产业链外观设计专利分布

第四节 宁波汽车零部件产业整体发展的优势与挑战

一、宁波汽车零部件产业发展优势

1. 产业规模持续增长，规模经济效应明显

2016 年宁波规上汽车制造企业累计完成产值 1 924 亿元，同比增长 29.8%，产值规模首次超过电气机械业、化学原料制品业，跃升为全市第一大行业。2017 年前十个月，宁波市汽车制造业规上企业总产值 1 872.3 亿元，同比增长 20.2%；累计利润 264.16 亿元，同比增长 65.67%，位居各行业首位。在最新发布的全市

千亿级龙头企业培育名单中，汽车产业在6家中占2家；全市高增长企业中，汽车产业在100家中占33家；全市首批《中国制造2025》特色产业园，汽车产业在11个中占3个；13个培育园区中，汽车产业占4个。截至2016年年底，宁波市规上汽车制造企业已达537家，产值规模占全市比重的13.4%，比2015年提高2.8个百分点，在35个大类行业中分别排名第二位和第一位。在吉利、大众等整车企业的带动和虹吸效应下，宁波汽车及零部件制造业将持续成为产值潜力巨大的重点行业。

汽车零部件方面，宁波市现有规模以上零部件企业478家，2015年实现工业产值964.88亿元，出口交货值118.24亿元。宁波市汽车零部件行业在国内外市场、售前售后市场的带动下，开发、生产的产品品种较多，涉及汽车动力总成、底盘、车身及附件、电器、仪表及相关零部件等全部四大类，涵盖汽车各大总成。其中，发动机零部件、内外饰、底盘件、橡胶件、金属件五类零部件产值居前，凸轮轴、进排气管、发动机油泵、减震器、塑料件等产品国内市场占有率位居第一，其他如方向盘控制器、门把手、接头、开关、装饰条等产品国内市场份额处于领先地位。

2. 产业集聚效应明显，空间布局逐步优化

作为汽车零部件产业的先行区、试点区和示范区，宁波市在推进汽车及零部件产业发展及优化空间布局方面取得重要进展，汽车及零部件产业的块状经济产业布局特色鲜明。经过多年发展，宁波市已经形成具有一定工业基础的汽车内外饰件、汽车橡胶件、汽车通用金属件、汽车电器元件和汽车基础金属件等汽车零部件产品生产基地。其中以北仑区的乘用车及配套发动机和变速器生产基地、象山县的汽车内外饰件生产基地、宁海县的汽车橡胶件生产基地、江北区的汽车基础金属件生产基地以及鄞州区的先进汽车零部件生产基地最具特色。此外，慈溪、余姚的汽车电器元件生产企业以及奉化的空压机生产企业也具备较大的发展潜力。随着产品块状分布向着集群化、专业化方向发展，产业布局的集聚效应和规模效应越来越明显。

3. 新能源领域提前布局，新能源汽车产业链初具规模

从数据上看，与新能源产业有关的汽车零部件技术模块主要包括蓄电池和发电机，宁波在这两个模块都已有所布局。以吉利集团和大众集团为代表的整车企业大力推进新能源汽车的研发与生产，宁波市新能源汽车零部件企业在一定程度上受益，抓住现阶段全球新能源汽车的发展机遇，能够使宁波的新能源布局规划达到一个新的高度。目前，宁波已拥有浙江吉利、浙江南车、浙江宝成和宁波波导等新能源汽车生产企业，产品车型覆盖新能源轿车、客车、微型车和专用车。宁波拥有南车新能源、浙江佳贝思等动力电池生产企业；宁波菲仕、宁波海天、韵升电机、普瑞均胜等驱动电机及控制系统生产企业；拥有金和新材料、艾能科技、宁波杉杉、宏远炭素、力邦新能源等核心原材料生产企业。

在吉利、大众、比亚迪等大型整车企业的虹吸效应下，法国佛吉亚、美国江森等100多家汽车零部件名企纷至沓来，其中不乏世界500强企业，未来在整车带动零部件行业发展的前提下，会进一步整合宁波本地产业链、供应链、服务链、价值链和资金链，构筑起庞大的汽车产业集群。与新能源汽车产业有关的“新能源汽车特色小镇”“宁波南车产业基地”等都在加速成型的基础上不断完善。生产方式的改良和技术的进步都为新能源汽车的发展带来了质的提升，融合精密传感、高精地图和自动化导航等技术的研发中心落地建成。宁波市新能源汽车产业链初具规模，新能源板块布局优势明显，为推进本地新能源汽车技术发展与市场推广奠定了基础，为实现新能源汽车产业链的绿色发展和智能发展提供了良好的平台。

4. 企业创新创业氛围较好，知识产权意识不断增强

宁波市汽车零部件产业民营企业众多，尤其是规模以下的民营企业形成了诸多的产业集群，具有较好的创新创业氛围。近年来，宁波市汽车零部件企业不断突破自我，在技术模块上实现与时俱进的精准创新，在产品卖出上不断扩大自身在国内外以及国际上的影响力。宁波杉杉股份、宁波富邦精业集团股份、宁波华翔电子股份、宁波双林汽车零部件股份、宁波圣龙股份和宁波拓普集团在内的多家汽车零部件上市公司以持续的创新能力，不断为客户提供品质良好的产品和具有特色的服务，已经成为一大批汽车零部件企业的楷模和典范，其产生的引领作用和借鉴功能都对产业链整体有着积极影响。据统计，宁波汽车产业列入工信部智能制造专项的项目有4项，列入工信部智能制造试点示范项目的有2项；列入市级首批数字化车间、智能工厂示范项目的有4项；列入市级自动化、智能化成套装备改造试点项目的有4项。2017年，汽车及零部件行业共有62个项目列入宁波市工业投资（技术改造）项目，总投资31.6亿元。

作为宁波市高新技术产业中的重要一环，汽车零部件产业不断进行产业创新转型和新动能激发。2017年，在推动超级电容和新能源汽车布局的趋势下，一大批重大科技成果陆续落地转化。此外，宁波市民营企业众多，但知识产权意识较强，无论从数据资料还是实地调研来看，汽车零部件产业整体的专利布局都在不断完善，知识产权中发明专利占比不断提高。民营企业正在成为专利创造的“主力军”，依据《中国制造 2025》总体规划，紧抓宁波市汽车产业“十三五”发展规划布局，在提高企业创新创业意识和知识产权意识的基础上带动整个行业提升竞争力。

5. 政府引导和培育及时，政策利好优势明显

近年来，宁波市政府有关部门制定了相关政策，包括政府补贴、行业规范和回收利用等相关方面，在引导高层次创新创业人才开展自主创新、转化科技成果和推进信息技术与生产制造技术结合等方面给予了大力支持。根据本研究的前期资料收集，可以发现自 2016 年开始，尤其是新能源产业方面，我国政策不断加持，先后推出《“十三五”国家战略性新兴产业发展规划》《关于调整新能源汽车推广应用财政补贴政策的通知》《汽车动力电池行业规范条件（2017 年）》《中国动力电池发展路线图》和《促进汽车动力电池产业发展行动方案》。

宁波市政府方面，也相继出台了《宁波市汽车产业链发展“十三五”规划》和《2016～2020 年宁波市新能源汽车推广应用实施方案》等汽车产业政策，对汽车及零部件产业的整体都给予了重视，并且反映在技术创新、产销量和商业模式创新等具体方面。政府政策不断鼓励和引导民间投资者参股并购，投资于汽车及零部件重大项目；拓展融资渠道，充分发挥证券市场融资功能，加大企业在国内外资本市场的融资力度。随着政府政策对汽车产业市场的整体引导和培育，宁波市汽车产业在国内外的竞争优势和重要地位在未来不断提升。

二、宁波汽车零部件产业面临的挑战

1. 多数产品处于价值链低端环节，产品结构有待升级

宁波汽车零部件产品种类主要以发动机附件、内外饰、橡胶件及低端电子电气类为主，产品技术含量和附加值都较低，导致行业平均毛利率处于较低水平，大多维持在 15%～25%。然而，根据全国汽车零部件产业各技术模块的平均毛利率，只有高于 25%时才被认为是高附加值模块。显然，宁波市不管是竞争程度相对低的发动机和变速箱零部件，还是竞争程度相对高的内外饰零部件，都很难获得高额的附加值。即使在配气机构、仪表及报警装置、润滑系统、安全及防护装置等高附加值技术模块，宁波市汽车零部件企业由于缺乏核心技术，也很难在这些高附加模块获得高额利润。因此，宁波在先进的底盘金属类产品，如轻量化的底盘结构件、减震器；技术含量高的总成模块，如高效发动机总成、先进变速器总成、底盘前/后桥模块；以及高端电子控制模块产品，仍有待开发和形成配套能力，汽车零部件产业产品结构有待转型升级。

2. 具有绝对优势的引领性技术模块缺乏，世界级企业有待培育

宁波市汽车零部件产业经过多年发展，已经形成了具有一定工业基础的特色零部件模块布局，在国内以及世界汽车零部件产业中占据重要地位。研究发现，传统汽车技术模块中，宁波市在车身附件和行驶系统两个技术模块中表现最为突出，2016 年规上高新企业分别达到 43 家和 13 家，专利申请数量分别高达 519 件和 610 件，远超其他技术领域。然而，车身附件专利数远低于北京、上海和重庆，而行驶系统专利数与北京相当，并未显现出绝对的引领性技术优势。同时，宁波市在新能源汽车技术模块中，动力电池领域表现最为突出，2016 年规上高新企业有 5 家，专利申请数量达到 200 余件，但也远低于北京、天津和广州。显然，宁波市汽车零部件产业目前还缺乏具有绝对优势的引领性技术模块。同时，宁波市汽车零部件产业规模小的企业数量众多，缺乏在技术和市场上表现突出的引领性企业，尤其是缺乏世界级企业。截至 2017 年，还没有一家总部设在宁波的企业进入世界 500 强。2017 年汽车行业产值最高的吉利汽车也仅为 369 亿元，距离千亿还有较大距离。如何在把汽车及零部件产业做大之后培育出在技术能力和市场规模上引领产业发展的世界级企业，在优势领域内培育出世界级的“单打冠军”和“独角兽”仍是宁波市汽车产业未来发展面临的重要问题。

3. 产业链仍然以传统汽车模块为主，新能源汽车技术研发有待加强

新能源汽车已经成为汽车及零部件行业未来发展面临的必然选择。虽然政府致力于新能源汽车及零部件研发、制造、推广和应用，但是由于新能源汽车尚不成熟，技术研发成本较高，风险较大，宁波市汽车零部件产业链仍集中于传统汽车技术模块。在新能源汽车零部件领域，不管是企业数，还是知识产权数量，都远落后于北京、上海等汽车产业基地，新能源汽车领域布局稍显滞后，技术研发有待加强。在 2016 年的 131 家汽车零部件规上高新技术企业中，主营电气设备的企业仅有 21 家。其中，主营电机系列产品的有 7 家，主营电池系列产品的有 5 家。同时，宁波市企业在这一领域的研发产出却非常之少，发明专利仅有 8 件，实用新型专利也只有 23 件，这从侧面说明宁波市汽车零部件企业没有尽早进行新能源零部件知识产权布局。一旦新能源汽车大规模占领市场，宁波汽车零部件产业在新能源汽车时代又将面临核心技术缺失的困境。

4. 知识产权创造和运用不足，对汽车产业发展的支撑作用有待提升

在汽车产业竞争日益激烈的情况下，宁波汽车零部件企业已经普遍意识到商标、专利等知识产品的重要性，但也存在专利技术含量低、申报获批率低、专利体系性差等问题。本地多数中小型零部件企业自主开发能力弱，高层次技术研发人才紧缺，自主创新体系尚未建立。本地汽车品牌缺少领跑国内外汽车发展的关键技术，多数先进设计和高端制造技术依靠合资合作的输入。整个行业关键共性技术基础薄弱，原创专利稀缺，缺乏具有核心技术的研究开发机构和国家级企业技术研发中心。研究发现，宁波在车身、底盘、发动机、电气设备等汽车零部件关键模块普遍存在发明专利申请低于实用新型专利的问题，表明宁波市汽车零部件产业总体专利质量有待提升。同时，宁波市汽车零部件规上高新企业在科技经费投入与知识产权产出之间形成了较好的创新转化，但是知识产权产出与企业毛利率之间的关联微弱，企业在充分利用知识产权形成竞争力方面还存在较大缺欠，知识产权对汽车零部件产业发展的核心支撑作用还未充分显现。

5. 政策导向与具体实施存在一定偏差，新能源汽车支持力度有待增强

宁波市“十二五”规划、《宁波市战略性新兴产业“十三五”发展规划》《宁波市汽车产业链发展“十三五”规划》《2016～2020 年宁波市新能源汽车推广应用实施方案》等政策规划文件中反复提及要推进发展底盘、发动机和车身等毛利率较高的技术模块，但《宁波市汽车产业链发展“十三五”规划》重点建设项目投资额显示，曲柄连轴机构、制动系统、电机、供给系统等高附加值技术模块获得的政策投资支持力度较小，出现实际投资与政策规划导向不匹配的现象。同时，政策文件反复提到要大力发展新能源汽车及其零部件，然而新能源汽车关键零部件电池、电机等电气设备实际投资额仅占投资总额的 1%。显然，当前宁波汽车零部件产业发展目标和实际政策支持之间还存在一定偏差，尤其是新能源汽车领域，未来要加大投资支持力度，提前占据新能源汽车的技术高地，达到政府预期的市场目标。

第十二章　宁波汽车零部件产业发展引导目录及路线图

本部分在分析全球产业技术发展趋势的基础上，从全国和宁波层面，分别编制汽车零部件产业技术模块、重点区域以及重点企业资源配置引导目录，并编制宁波汽车零部件产业发展的知识产权行动引导目录和战略组织实施路线图。

第一节　全球汽车零部件行业技术发展引导目录

一、全球汽车零部件产业技术发展趋势

科学技术的发展以及环保意识的增强，使得汽车零部件在制造过程中越来越多地使用先进技术，小型化、轻量化、低阻技术、电控优化等是汽车产业面临的共性技术（彭深，2016；朱敏慧，2013）。紧扣时代脉搏，低碳化、智能化、信息化成为三大发展趋势（王圣媛，2017；吴敏明，2016）。低碳化最终指向的是节能与新能源汽车。信息化代表着以网络、通信及电子技术为基础，包括车联网等。智能化则代表着以车载传感器、控制器、执行器等装置为基础，实现车辆对复杂环境感知、智能决策、协同控制等功能的技术趋势。自动驾驶技术就是这一趋势的表征性技术。

目前，针对未来汽车技术低碳化、信息化和智能化的发展趋势，世界各主要汽车强国纷纷出台了相应的指导性纲领文件，以推动汽车技术加速发展（表 12-1）。

表 12-1　各国/地区汽车及零部件产业主要战略方向

国家/地区	主要战略	发展方向
美国	《电动汽车普及大挑战蓝图》 《智能交通系统战略计划 2015～2019》	新能源、智能化、智能交通体系
欧洲	《欧盟 2020 年战略创新计划》 《智能交通系统发展行动计划》	低二氧化碳排放 智能交通体系
中国	《中国制造 2025》 《“十三五”国家战略性新兴产业发展规划》 《汽车产业中长期发展规划》	新能源、智能化、车联网
日本	《下一代汽车战略 2010》 《日本汽车战略 2014》	新能源、低能耗 自动驾驶、智能交通体系

资料来源：节能与新能源汽车技术路线图战略咨询委员会，中国汽车工程学会，编. 节能与新能源汽车技术路线图[M]. 北京：机械工业出版社，2017: 332-369.

1. 车联网

车联网（Internet of Vehicles）概念由物联网引申而来，以车内网（车内局域网）、车际网（车跟车）和车载互联网（车与以太网连接）为基础，按照约定的通信协议和数据交互标准，在车—X（车、路、行人以及互联网等）之间进行无线通信和信息交换的传统网络，最终实现智能交通、智能汽车、智能驾驶等功能。数字信息时代，未来汽车将成为最大的个人移动处理平台，成为使用者的娱乐和工作平台（詹课、路欢欢，2018）。车联网与外部交通环境连接，能够有效提升行车安全性，降低交通拥堵和事故发生概率，对改善人们生活出行具有切实意义。车联网成为国内外整车企业、零部件企业、互联网巨头、通信营运商、科技公司等新一轮科技创新和产业发展的必争之地。根据 IHS 预测，2022 年全球车联网汽车市场占有量将达 3.5 亿台，市场占比达 24%，具有联网功能的新车销量将达到 9 800 万台，市场占比达 94%（图 12-1）。

中国车联网产业虽然起步晚，但我国政府高度重视车联网相关技术及产业发展，陆续出台相关政策和举措，创建良好的条件，积极追赶发达国家。经预测，2020 年，中国车辆网市场规模将从 2014 年的 31 亿美元增长至 338 亿美元，以将近 40%的复合增长率成为千亿级人民币主场（图 12-2）。2020 年，中国车联网用户将从现有的 700 万，增长至 2020 年的 4 400 万左右，渗透率将达到 18.1%。

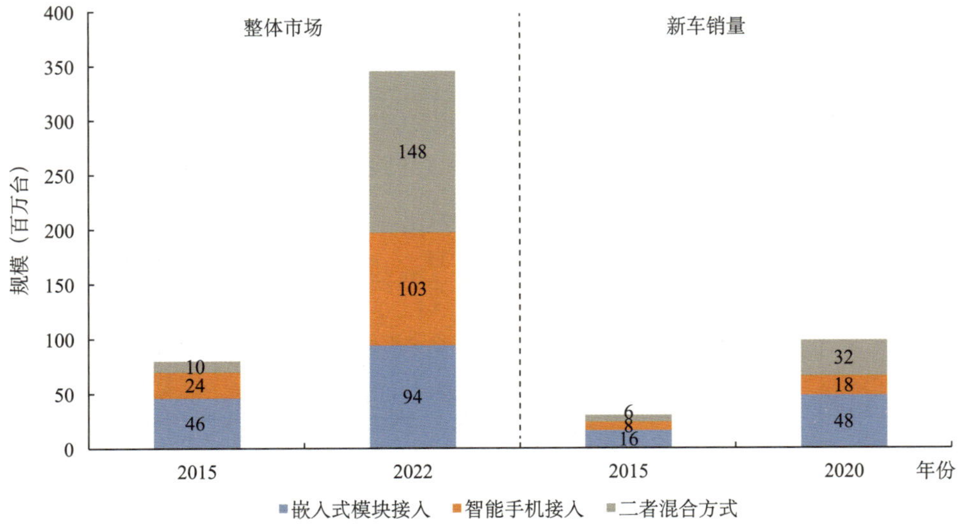

图 12-1　车联网市场预测

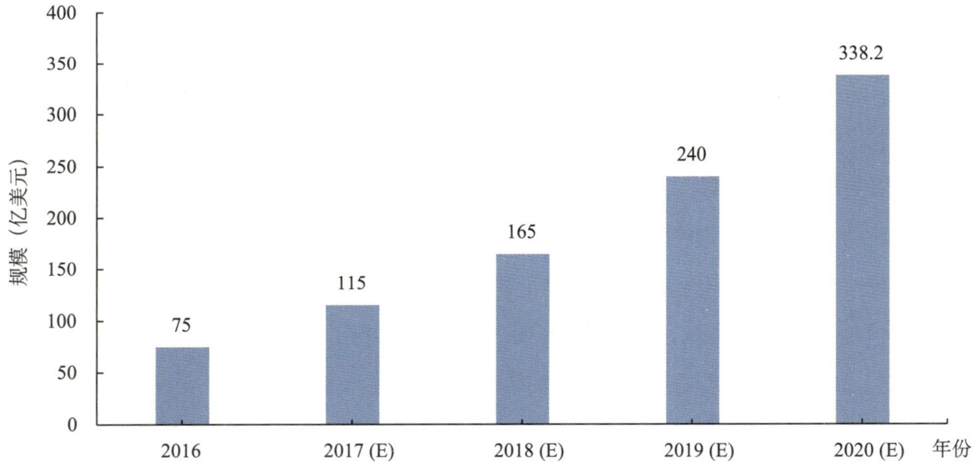

图 12-2　中国车联网市场规模预测

注：2017~2020 年为预测数据。

车联网关键技术走势变化：在车辆感知层面，技术提升主要体现在新型汽车电子和操作系统改进方面；随着技术的提升，在汽车电子方面传感器功能融合集成、高性能计算芯片以及全新人机交互成为发展方向；车载操作系统由原来的单一功能向着层次化、模块化、平台化的智能方向发展。

2. 自动驾驶

汽车智能化引领产业新一轮发展，自动驾驶作为汽车技术革新，为汽车产业转型升级提供了新机遇，众多传统整车厂、零部件供应商、互联网巨头、初创公司动作频频（何玺，2018）。中国汽车工业经济运行稳步增长，2016 年汽车销售突破 2 800 万辆，市场竞争压力逐步增加，自动驾驶作为“新蓝海”，吸引了众多车企参与其中，促进了产业转型升级。根据外国某机构分析，2016 年全球智能驾驶汽车市场规模为 40 亿美元，预计至 2021 年全球智能驾驶规模将达到 70 亿美元，复合增长率高达 11.8%（图 12-3）。

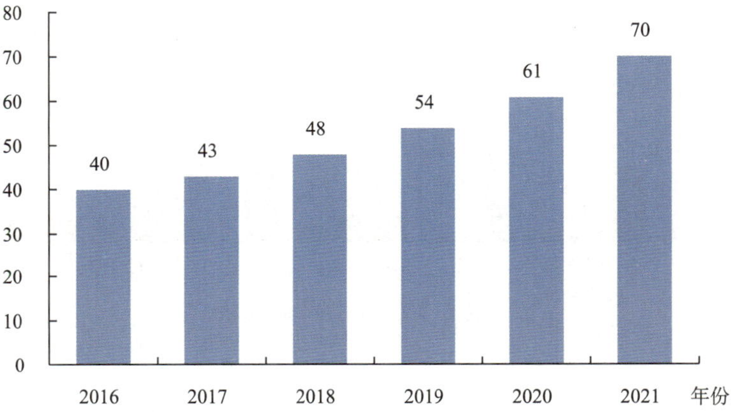

图 12-3　全球智能驾驶汽车市场规模预测（亿美元）

自动驾驶目前大多数企业还处于技术研发阶段，跨界、整合使得产业链发展到深度合作期，优势互补能够让企业占据领先地位。传统零部件供应商应该积极开展跨界合作、推动市场智能网联化装备配置。

3. 轻量化

能源与环保问题的日益突出使得低碳化（节能减排）成为全球汽车的发展方向。据研究，若汽车整车重量降低 10%，可节省燃油 3%～7%；汽车装备质量每减少 100 公斤，百公里油耗可降低 0.3～0.6 升。特别是我国，石油对外依存度逐年上升（已超过 60%），轻量化更具战略意义。汽车轻量化是集多学科为一体的系统化工程，主要有三种实现途径：轻量化设计、轻量化材料和轻量化工艺。轻量化设计是通过结构化设计实现，涵盖汽车设计和制造各环节，其中 CAE/CAD/CAM 起到非常重要的作用；轻量化材料指采用轻量材料减轻汽车重量，减少资源消耗和废气排放，包括高强度钢、铝合金、镁合金以及复合材料；轻量化工艺主要指采用先进成型工艺，提升零件性能，获取更大减重空间，采用特种加工拓宽铝镁合金的应用范围，如加热成型、激光拼焊等。

汽车轻量化推动了材料、工艺和设计的不断进步。多材料综合优化使用是汽车用材的策略，从总体看钢材使用比例下降，但依然是汽车用材主体材料；同时汽车轻量化推动了高强度钢、铝合金和塑料等在汽车上的加速应用（图 12-4）。

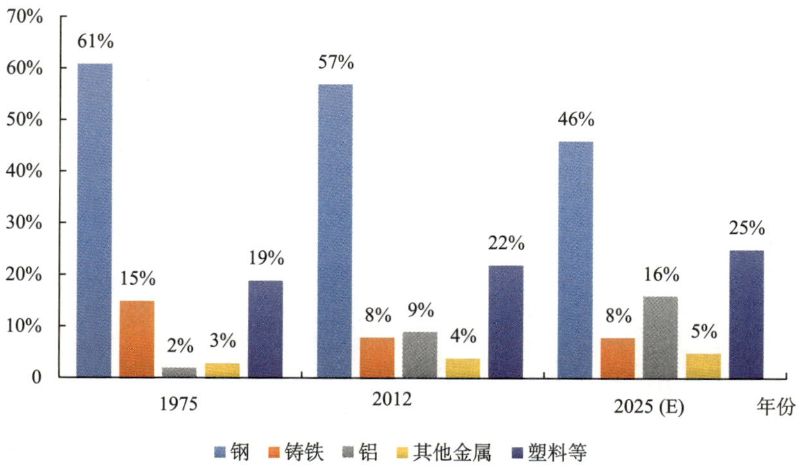

图 12-4　1975～2025 年北美汽车使用材料比例

汽车轻量化推动相应材料市场增长迅速，低碳化与汽车安全要求促进汽车材料的变革，未来高强度钢、铝镁合金、碳纤维和符合材料的应用加速，相应市场前景广阔（岳爱强，2018）（图 12-5）。

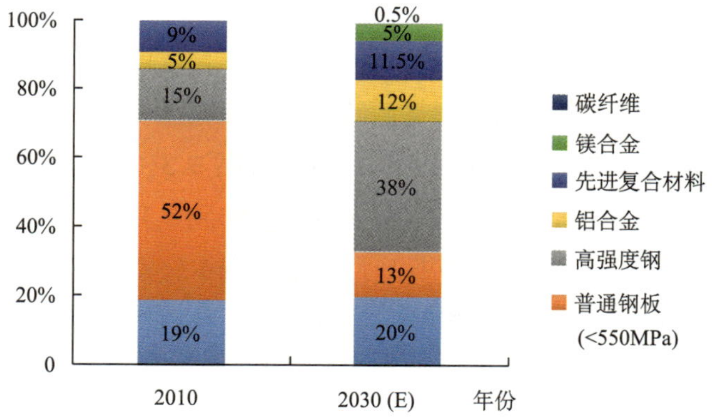

图 12-5　汽车轻量化材料使用比例预测

4. 新能源

新能源汽车代表着未来汽车的发展方向，其在全球范围内所占的比例正在迅速增长。石油作为不可再生能源，从长期来看无法持续支撑车用燃料的巨大需求，且不可避免地存在碳排放等污染问题。为此，寻找清洁的替代能源作为汽车动力，一直是各国努力探索的目标。新能源汽车因此得到高度重视，一些欧洲国家及车企甚至提出到 2030 年或之后只销售新能源汽车的协议，日本各大车企也公布了逐渐降低传统动力汽车销售比例并最终停售的愿景。

从全球来看，汽车大国持续推进新能源汽车研发应用，市场领导地位基本确立。美日德英法等汽车大国在电池、电机、电控等关键技术和整车设计、试验方面已形成一定积累，在技术保障、基础设施（比如燃料加注站、电池充电站等）方面也相继进行了区域性市场化实验。目前，全球正常运行的燃料电池汽车、纯电动汽车、混合动力汽车大部分集中在发达国家。从全球产销分析，新能源乘用车销量从 2012 年的 11.6 万辆增至 2016 年的 75.1 万辆，近五年持续保持 75%的年平均增速。2014 年以前新能源汽车市场以美欧日为主体，而随着 2014 年以后中国政府开始大力推广新能源汽车，中国新能源汽车全球市场份额从 2013 年的 6%迅速增长至 2016 年的 45%。2016 年新能源乘用车销量达到 33.7 辆，远超美国的 15.8 万辆，中国连续维持新能源汽车产销第一。中国新能源汽车市场从 2014 年开始保持高速增长，2014～2015 年年化增速 200%以上，2016 年受骗补和新政持续滞后等因素影响，销量不达预期，但依然保持了 63%的高增速（图 12-6）（孟得志，2018；孙丽玮，2012）。

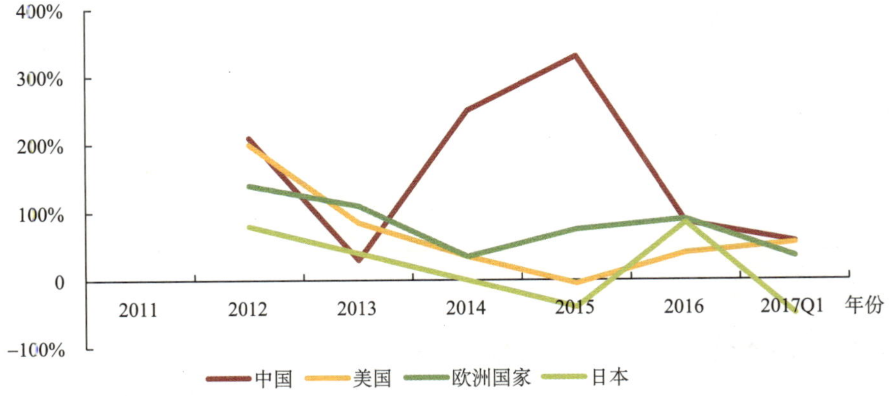

图 12-6　2011～2017 年分国家销量同比增速

注：2017 年为第 1 季度数据。

我国新能源汽车种类众多，可以分为纯电动汽车、混合动力汽车、燃料电池动力汽车、氢发动机车和其他新能源汽车等类型。在这些类型当中，混合动力汽车与燃料电池动力汽车是发展最为完善、技术体系最为成熟的。未来燃料电池汽车最有可能应用于长距离行驶运输，将会成为新能源汽车技术发展的重要补充。

2016 年 12 月 19 日，国务院发布《“十三五”国家战略性新兴产业发展规划》，规划指出，要大幅提升新能源汽车和新能源的应用比例，推动新能源汽车、新能源和节能环保等绿色低碳产业成为支柱产业，到 2020 年，产值规模达到 10 万亿元以上。提升纯电动汽车和插电式混合动力汽车产业化水平，推进燃料电池汽车产业化（表 12-2）。到 2020 年，实现当年产销 200 万辆以上（图 12-7），累计产销超过 500 万辆，整体技术水平保持与国际同步，形成一批具有国际竞争力的新能源汽车整车和关键零部件企业。

表 12-2　不同类型新能源汽车

类型	混合动力电动汽车	纯电动汽车	燃料电池汽车
驱动方式	内燃机驱动+电机驱动	电机驱动	电机驱动
能量系统	蓄电池、内燃机发电单元	蓄电池	燃料电池
使用能源	燃油，电能	电能	氢气、甲醇或汽油等
能源及基础设施	加油站，电网充电设施（可选）	电网充电设施	燃料电池原料的储存与加载设备
主要特点	排放很低，能量转换效率与混合程度、混合方式有关，续驶里程长，汽车功能不受限制，部分依赖原油，结构复杂	零排放，能量转换效率大于 19%，续驶里程短，汽车功能受限制，不依赖原油，结构相对简单	零排放或超低排放，能量转换效率达 60%～80%，续驶里程长，汽车功能不受限制，可以不依赖原油，对工作环境适应差
技术成熟度	最成熟，有销售	已成熟，有销售	研发中
技术发展关键点	多能源管理，优化控制	蓄电池及其管理，充电设施	燃料电池寿命及成本，氢气存储和加氢设施

二、全球汽车整车领先企业发展战略布局

美国《财富》杂志公布“2017 年世界 500 强企业”名单，以企业销售收入作为最主要的依据进行衡量，是全球大型公司最权威、最著名的榜单。在世界 500

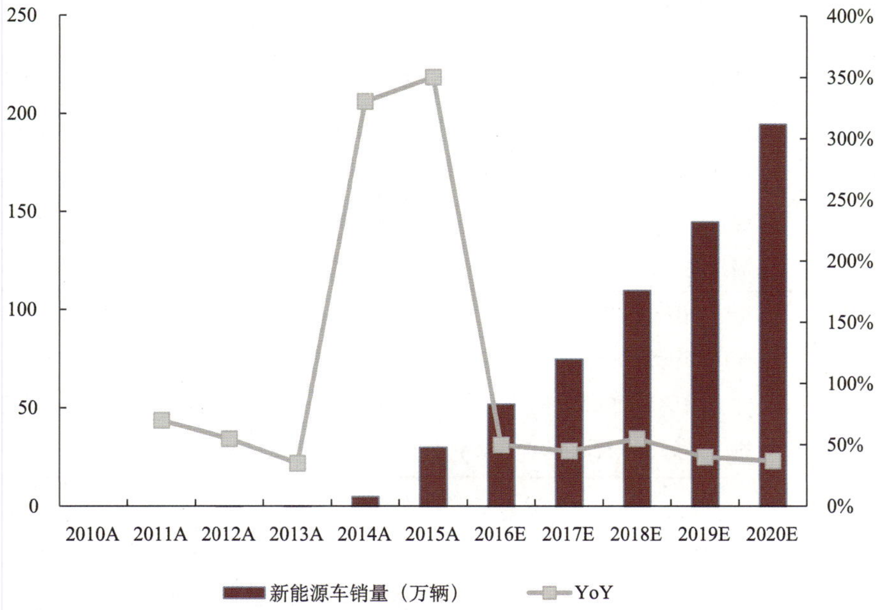

图 12-7　中国新能源汽车预计 2020 年产销 200 万辆

资料来源：中金公司研究所：《锂电池受益于“十三五”规划大幅提升新能源汽车应用比例》。

强车企名单中，大众汽车集团、丰田汽车公司、本田汽车集团、福特汽车公司、通用汽车公司分别为位于德国、日本和美国的领先汽车品牌（表 12-3），2017 年排名分别为 6、5、29、21 和 18。

表 12-3　整车领先企业最新动向

企业	国家	最新动向	主要战略方向
大众	德国	1.大众 Mobileye 签署合作协议发展自动驾驶； 2.大众集团计划出售营收占比 20%的非核心资产； 3.大众 I.D. 家族电动概念 SUV 发布，将亮相法兰克福； 4.大众计划精简旗下零部件业务，以期提升竞争力	电气化； 数字化； 自动驾驶
丰田	日本	1.微软向丰田授权车联网技术专利； 2.丰田、英特尔等公司成立智能网联汽车“大数据”联盟； 3.丰田推出两款 i 系列概念车，未来有望实现人车交流； 4.丰田计划 2020 年在华推出电动汽车	智慧出行社会； 自动驾驶； 智能化； 新能源
本田	日本	1.本田 10 速前轮驱动变速箱亮相； 2.本田创新公司将成立，致力于车联网、物联网等领域的研究； 3.本田 2030 战略发布，将推 Level 4 自动驾驶汽车； 4.软银与本田研发公司合作在日本研发测试 5G 通信技术	车联网； 自动驾驶； 新能源

续表

企业	国家	最新动向	主要战略方向
福特	美国	1.福特中国电气化战略：2025年七成在华销售车型提供电动版； 2.自动驾驶汽车的新构想：福特“可拆卸”方向盘和踏板； 3.福特联合高通、诺基亚等测试车联网技术； 4.福特与阿里巴巴签署合作协议，试水在线售车新模式	低碳化； 移动出行服务； 自动驾驶； 车联网
通用	美国	1.将于2018年在纽约州首次测试4级自动驾驶汽车； 2.通用中国将在上海建电池装配厂，助推在华新能源车； 3.渐退印度及南非市场，中国成未来首要进攻目标； 4.旗下品牌全线增长，通用2017年在华销量首破400万	新能源； 自动驾驶

1. 大众汽车集团

德国大众汽车集团成立于1937年，是德国最大的企业，2010年打败日本丰田和美国GM成为世界最大汽车公司。大众汽车公司是一个在全世界许多国家都有生产厂的跨国汽车集团，名列世界十大汽车公司之首。公司总部曾迁往柏林，现在仍设在沃尔夫斯堡，主要子公司有德国大众公司、德国奥迪汽车公司、捷克斯柯达汽车、保时捷集团、西班牙西亚特公司等。

大众集团2017年基本围绕排放门、新能源和自动驾驶这三大关键词，2018年将联手驾驶辅助系统供应商Mobileye为自动驾驶车辆开发新的导航系统。大众I.D.家族电动概念SUV发布，将亮相法兰克福。概念车的前后脸设计更加突显出未来量产车型的设计走向，而新车的风格更具现代SUV造型，车顶采用黑色设计，内饰空间更像是一个休息室，配置有四把单独座椅。概念车和量产版将采用大众的全新MEB电动汽车平台架构打造，电池将与车底板整合在一起，从而扩大内饰的空间。大众在2017年的上海车展上首次展示了旅行车造型的I.D. Crozz概念车，并表示量产版将于2020年上市。到2023年，大众品牌预计将会发布一系列I.D.品牌的长续航量、快充电动车型。大众计划精简旗下零部件业务，以期提升竞争力。将电动车零部件业务打造成一个单独的部门或将是其组建为一个更大且效能更高的组织计划迈出的第一步。

2. 丰田汽车公司

丰田汽车公司是一家总部设在日本爱知县丰田市和东京都文京区的著名汽车制造公司，隶属于日本三井财阀。2008年起，丰田汽车公司开始逐渐取代美国通用汽车公司而成为全球排名第一的汽车生产厂商，其旗下的品牌主要包括雷克萨斯等系列高中低端车型。丰田财团旗下拥有 5 家世界 500 强企业，分别是丰田汽车、丰田自动织机、丰田通商、爱信精机、日本电装。十几家财团一级企业均是世界知名企业，产业链覆盖汽车产业从上游原料到下游物流的所有环节。不仅如此，丰田还立足于汽车产业的未来，不断在环保和新能源领域投资，成为环保汽车的领军者。

在微软与汽车制造商签订的知识产权协议中，微软表示允许丰田汽车使用其部分车联网专利。丰田、英特尔等公司成立智能网联汽车“大数据”联盟，未来将合作研发智能网联汽车用的大数据生态系统。联盟目标是借助数据在云计算的基础上为智能驾驶、实时地图和驾驶辅助等新兴服务提供支持。丰田推出两款 i 系列概念车，未来有望实现人车交流。丰田计划 2020 年在华推出电动汽车。中国出售电动汽车标志着丰田自 2014 年停止生产 RAV4 车型以来，再次回归电动汽车市场。丰田汽车总裁丰田章男表示，丰田在电动汽车领域起步较晚。中国设定了严格的电动汽车配额制度，汽车制造商必须在 2019 年之前达标。丰田的竞争对手们都已开始竞相进入该领域。该制度还要求电动车必须在华生产。丰田发言人拒绝就其电动汽车及零部件生产地发表评论。

3. 本田汽车集团

本田汽车集团是一个跨国汽车、摩托车生产销售集团，汽车产量和规模也名列世界十大汽车厂家之列。1948 年创立，公司总部在日本东京。除日本之外，本田汽车集团在全世界 29 个国家和地区拥有 120 个以上的生产基地，通过摩托车、汽车和通用产品，每年惠顾的客户达 1 700 万以上。与此同时，本田汽车集团还积极履行作为企业公民的社会义务，积极探索环保和安全的解决方案。该企业品牌在世界品牌实验室编制的 2006 年度《世界品牌 500 强》排行榜中名列第 62 位，在《巴伦周刊》公布的 2006 年度全球 100 家大公司受尊重度排行榜中名列第 9 位，在 2007 年度《财富》全球最大 500 家公司排名中名列第 37 位。

美国汽车工程师协会（SAE）国际年会上展出的重量更轻、设计更为紧凑的变速箱，未来将有助于促进本田车型燃油经济性的提高。本田创新公司将成立，致力于车联网、物联网等领域的研究。作为本田美国研发公司的全球性开放式创新中心——本田硅谷实验室将扩展其研究领域，并以本田研发创新公司的身份对外开展合作。本田 2030 战略发布，将推 Level 4 自动驾驶汽车。本田研发公司合作在日本研发测试 5G 通信技术。软银将与本田研发公司开始磋商一个合作研究项目，旨在加强互联车辆技术，从而实现移动设备产品、车辆及各类应用设备的网络连通，为用户提供新的体验与价值。两家公司将共同合作，在未来采用第五代通信系统标准。

4. 福特汽车公司

福特汽车公司是世界最大的汽车企业之一。1903 年由亨利·福特先生创立，创办于美国底特律市。现在的福特汽车公司是世界上超级跨国公司，总部设在美国密歇根州迪尔伯恩市。福特汽车公司是世界上第四大工业企业和第二大小汽车和卡车生产商，全世界约有 36 万名职工服务于汽车、农业、金融和通信领域。福特公司的多薪化经营范围分别包括电子、玻璃、塑料、汽车零部件、空间技术、卫星通信、国防工程、地基开发、设备租赁和汽车出租。它有三个战略经营单位——汽车集团、多样化产品集团和金融服务（财务公司）。

福特在中国电气化战略为 2025 年七成在华销售车型提供电动版。其在华合资企业长安福特于 2018 年初生产首款混合动力车。自动驾驶汽车的新构想为福特“可拆卸”方向盘和踏板。借此车主既可以手控操作，也可以享受自动驾驶的乐趣。福特联合高通、诺基亚等测试车联网技术。该技术可实现汽车与其他车辆及周边基础设施之间的连接，从而可以完成在恶劣天气及环境复杂的地区导航等功能。福特与阿里巴巴签署合作协议，试水在线售车新模式。目前双方正就关于智联网汽车未来的技术趋势、应用领域、合作模式及发展形态进行深入的沟通，将依托阿里巴巴达摩院对前沿基础科技的研究，整合云计算、人工智能等技术，通过 AliOS 操作系统与汽车的深度结合，提升用户的驾驶体验。

5. 通用汽车公司

通用汽车公司（GM）成立于 1908 年 9 月 16 日，自从威廉·杜兰特创建了美国通用汽车公司以来，通用汽车在全球生产和销售包括雪佛兰、别克、GMC、凯迪拉克、宝骏、霍顿、欧宝、沃克斯豪尔以及五菱等一系列品牌车型并提供服务。2014 年，通用汽车旗下多个品牌全系列车型畅销于全球 120 多个国家和地区，包括电动车、微车、重型全尺寸卡车、紧凑型车及敞篷车。在 2017 年 6 月 7 日发布的 2017 年《财富》美国 500 强排行榜中，排名第 18 位。

通用于 2018 年在纽约州首次测试 4 级自动驾驶汽车。3 级自动驾驶汽车仍需使用方向盘并且在汽车遇到状况的时候，需要司机来操控。然而 4 级自动驾驶汽车在专用通道行驶时，可以实现自动驾驶。5 级自动驾驶汽车无需司机输入任何指令，自主导航，并且没有方向盘和刹车。通用中国将在上海建电池装配厂，助推在华新能源车。通用汽车将加强与中国的战略合作，不断推动产品升级和创新技术的配置。通用汽车中国计划在上海建立一家锂电池装配厂，为其在华新能源车产品生产线提供支持。通用渐退印度及南非市场，中国成未来首要进攻目标。旗下品牌全线增长，通用2017年在华销量首破400万。中国连续6年成为通用最大的零售市场。通用旗下凯迪拉克、别克和宝骏等品牌在中国市场的销量均创下纪录。

三、全球汽车零部件领先企业战略布局

《美国汽车新闻》（Automotive News）每年都会公布年底全球汽车零配件供应商百强排行榜，新鲜出炉的“2017年全球汽车零部件供应商百强榜”显示，德国罗伯特·博世集团仍位列第一，连续第7个年头蝉联，配套收入高达465.00亿美元（表12-4）。博世的汽车零部件配套业务横跨柴油汽油动力系统、电子电气、车载多媒体以及电池技术等，只要汽车行业总体保持增长，博世旗下板块就总有扩张的机遇，实力堪称冠绝群雄。

表12-4　2017年全球汽车零部件配套供应商排名

2016年排名	2017年排名	公司	国别	2016年配套营收（亿美元）	2015年配套营收（亿美元）	同比变化	名次变化
1	1	罗伯特·博世	德国	465.00	448.25	3.74%	0
5	2	采埃孚	德国	384.65	295.18	30.31%	3
3	3	麦格纳国际	加拿大	364.45	321.34	13.42%	0
2	4	电装	日本	361.84	360.30	0.43%	–2
4	5	大陆	德国	326.80	314.80	3.81%	–1
7	6	爱信精机	日本	313.89	259.04	21.17%	1
6	7	现代摩比斯	韩国	272.07	262.62	3.60%	–1
8	8	佛吉亚	法国	207.00	229.67	-9.87%	0
10	9	李尔	美国	185.58	182.11	1.91%	1
11	10	法雷奥	法国	173.84	158.42	9.73%	1

当前全球汽车零部件产业由德国、美国、日本、法国等传统汽车工业强国主导，按照各大零部件供应商总部所在地，上榜企业以日系为最多，总共28家。其

次是美国和德国，分别为22家和16家（表12-5）。除日、美、德三个国家之外，韩国、法国、加拿大2017年分别有6家、4家和5家企业入围，今年榜单当中入围的中国企业数量创下历史新高，共计入围4家，分别是延锋、中信戴卡、德昌电机和敏实集团，排名分别为第14、71、81、93位。

表12-5 2017年全球汽车零部件配套供应商百强榜变化

国家	2017年		2016年		变化情况
	席位数量	平均排名	席位数量	平均排名	席位数量
日本	28	47.55	30	52.47	–2
美国	22	58.73	25	57.20	–3
德国	16	35.63	18	42.50	–2
韩国	6	40.00	5	39.00	1
加拿大	5	65.40	3	39.00	2
中国	4	64.75	2	47.50	2

1. 博世集团

博世集团是世界领先的技术及服务供应商。博世业务划分为四个领域，涵盖汽车与智能交通技术、工业技术、消费品以及能源与建筑技术领域。作为全球领先的物联网企业，博世为智能家居、智慧城市、互联交通和互联工业提供创新的解决方案。博世运用其在传感器技术、软件和服务领域的专知以及自身的云平台，为客户提供整合式跨领域的互联解决方案。集团包括罗伯特博世有限公司及其遍布约60个国家的450家分公司和区域性公司。如果将其销售和服务伙伴计算在内，博世的业务几乎遍及全世界每一个国家和地区。2016财年，博世销售收入731.29亿欧元，净利润达23.74亿欧元。

博世在中国生产与销售汽车零配件和售后市场产品、工业传动和控制技术、包装技术、电动工具、安防和通信系统、热力技术以及家用电器。作为全球领先供应商，博世近年在自动化、互联化、电气化三大新的技术领域不断加大投资力度，而对于发展较快的中国市场，整体投资更是较为密集，据博世（中国）投资有限公司执行副总裁徐大全博士介绍，2017年博世在中国的总投资达30亿人民币。博世集团董事会成员博世亦（Dirk Hoheisel）表示："中国是全球最大的汽车市场，为了满足中国对电气化及自动化驾驶解决方案日益增长的需求，博世致力持续投资，并将我们最新的技术引入中国，我们正不断提升在中国的本土竞争力，从而为中国客户提供定制化的产品和服务。”

2. 采埃孚

采埃孚股份公司总部位于德国，全球500强，是全球汽车行业的合作伙伴和零配件供应商，专业提供传输、转向、底盘系统等汽车零配件。采埃孚集团的汽车动力传动系统和底盘技术具有世界领先地位。作为跨国企业，采埃孚集团在全球25个国家的119家分支机构中拥有57 372名雇员。2017年，为了应对电气化、数字化等新趋势带来的诸多挑战，采埃孚（ZF）在自动驾驶及电气化领域可谓重拳频出，先后与多家企业展开抱团合作。例如牵手北汽为中国市场生产电动汽车部件；与百度达成新的战略合作，双方将在自动驾驶、车联网以及移动出行服务领域展开合作，为中国市场开发完备的自动驾驶解决方案。与海拉集团开启战略性合作，此次合作双方主要围绕摄像头及雷达两大传感技术展开，这也是自动驾驶发展中的基础核心。对于发展迅猛的自动驾驶技术形势，此次与海拉的合作加固了采埃孚作为驾驶辅助及自动驾驶综合供应商的地位。

3. 麦格纳

麦格纳国际，总部位于加拿大安大略省，为全球最大的汽车零部件制造商之一，也堪称全球最多元化的汽车零部件供应商。世界500强企业，公司在全球共设有294 家工厂、87个工程、研发和销售中心，拥有超过11万名员工，服务于北美、南美、墨西哥、欧洲、南非和亚太区等26个国家和地区。麦格纳的产品能力包括内饰系统、座椅系统、闭锁系统、金属车身与底盘系统、镜像系统、外饰系统、车顶系统、电子系统、动力总成系统的设计、工程开发、测试与制造以及整车设计与组装。

近年来，麦格纳一直都在稳步拓展整套的传感器技术，从而实现L3/4/5级自动驾驶能力。2017年，麦格纳对固态激光雷达制造商激光雷达公司（INNOVIZ）进行战略投资，固态激光雷达（LiDAR）是麦格纳技术版图中至关重要的一部分，麦格纳自身定位为技术超前同时可满足客户自动驾驶需求首选的供应商。中国新能源汽车的快速发展，给电驱动系统带来了较大的市场发展空间。同时，中国对于发展混合动力汽车及电动汽车并致力于成为新能源汽车市场领跑者的战略非常清晰。据2017年5月由三部委联合印发的《汽车产业中长期发展规划》显示，2025年我国新能源汽车产量达到700万台，按照每辆车装配一套电驱动计算，所给企业带来的价值将不可小觑。在此背景下，麦格纳与华域汽车强强联手，开启新能源电驱动系统的合资合作，抢占中国电动汽车市场。

4. 电装

株式会社电装是世界屈指可数的汽车零部件及系统的顶级供应商，在日本排名第一。日本株式会社电装是全球顶级汽车零部件及系统供应商，成立于 1949 年，公司在环境保护、发动机管理、车身电子产品、驾驶控制与安全、信息和通信等领域已经成为全球主要整车生产商的合作伙伴。作为全球最大汽车市场的中国和欧洲在推动向电动汽车转型趋势变得越来越清晰，欧洲和中国政府也相继表示要禁止出售汽柴油车来应对环境污染问题。可见中国电动汽车市场的竞争格局将进一步白热化。为了在中国电动汽车市场分一杯羹，2017 年，电装与广汽达成在新能源汽车零部件领域以及智能驾驶领域的全面合作。

5. 大陆集团

大陆集团，德国运输行业制造商，主要产品为轮胎、制动系统、车身稳定控制系统、发动机喷射系统、转速表以及其他汽车和运输行业零部件。大陆集团众多事业部都占据领先的市场地位：制动钳、安全电子设备、车载智能通信系统、汽车仪表和供油系统全球销量第一，电子制动系统和制动助力器全球销量第二。是全球第四大轮胎供应商，同时也是欧洲最大的轿车和轻卡、冬季轮胎和商用轮胎供应商。集团下属的康迪泰克公司是汽车内饰涂布材料、输送带和轨道车辆空气弹簧的全球市场领导者。大陆集团在全球约有 170 000 名员工，遍及 46 个国家和地区。

大陆集团致力于为客运和货运交通提供解决方案及服务。随着中国逐渐成为移动出行服务的一个重要市场，2017 年 4 月 19 日，科技公司大陆集团与中国联通集团旗下全资子公司联通智网科技有限公司（以下简称“智网科技”）于上海车展期间签署了战略合资合同。大陆集团与智网科技双方各持股 50%，致力于成为世界领先的智能交通系统 （ITS） 解决方案供应商，聚焦在汽车应用和数据服务及智能网联汽车软硬件整合解决方案之上。合资公司的成立，将加速联网汽车的发展步伐，进一步推动未来汽车的发展。2017 年 5 月 31 日，百度公司与大陆集团在德国柏林签署战略合作框架协议，双方就自动驾驶为核心代表的人工智能应用领域达成战略合作共识。百度与大陆将在自动驾驶、车联网和智能交通领域就技术发展与商业应用方面展开全方位的战略合作，共同打造面向未来的智能汽车。此外，2017 年大陆集团还收购全球领先的地图与定位服务提供商 HERE 科技公司 5%的间接股权，以期在出行服务和自动化驾驶领域获得进一步的营利性增长。目前大陆集团在辅助和自动化驾驶、互联及电气化领域的创新技术实现强劲增长，再超平均水平。

表 12-6 2017 年全球主要汽车零部件企业战略布局

企业名称	主要战略举措	主要战略方向
罗伯特·博世	1.与英伟达合作研发 AI 自动驾驶系统和 Xavier 超级芯片； 2.与百度、高德合作，打造高精度自动驾驶地图； 3.预发布 HWP 系统，实现 130km/h 高速路段自动驾驶	自动化； 互联化； 电气化
采埃孚	1.携手英伟达为自动驾驶开发人工智能系统； 2.与 Astyx 公司联合开发新一代雷达技术； 3.采埃孚上海工程中心二期投产，电气化和纯电动技术成重点； 4.与海拉两巨头“牵手” 聚焦传感器相关技术合作； 5.与百度达成战略合作	自动驾驶； 电气化
麦格纳国际	1.推出燃料电池增程式电动概念车； 2.麦格纳福特研发碳纤维复合副车架，减重 34%； 3.联手宝马等公司，建立全球电动汽车平台； 4.首次公布 MAX4 自动驾驶平台	自动驾驶； 新能源电驱动系统 轻量化
电装	1.与东芝开展物联网制造、自动驾驶等多领域合作； 2.丰田、马自达和电装组建合资公司，共同研发电动汽车； 3.黑莓联合电装研发汽车人机接口平台，2019 年面世	新能源汽车零部件； 智能驾驶
大陆集团	1.携手联通成立合资公司，致力于智能交通系统发展； 2.收购新加坡智能驾乘服务提供商 Quantum Inventions 公司； 3.收购全球领先的地图与定位服务提供商 HERE 公司 5%股份	汽车应用和数据服务； 智能交通系统； 智能网联汽车； 自动驾驶

第二节 中国汽车零部件产业发展与资源配置引导目录

一、产业技术模块知识产权—附加值引导目录

以产业利润率提升为价值导向，以产业知识产权与产业利润率的匹配程度为

依据，分别以中国2016年汽车零部件产业技术模块专利申请数和毛利率的中位数为标准，将中国汽车零部件产业每个技术模块分为高知识产权和低知识产权、高毛利率和低毛利率；然后，将中国汽车零部件技术模块分为高—高、高—低、低—高、低—低四种类型，得到中国汽车零部件产业技术模块知识产权—毛利率匹配引导目录（表12-7）。

表12-7 中国汽车零部件产业技术模块专利引导目录

技术模块	知识产权—毛利率匹配
车身附件	高—高
传动系统	高—高
制动系统	高—高
安全防护装置	高—高
行驶系统	高—低
蓄电池	高—低
照明装置及信号装置	高—低
曲柄连杆机构	高—低
冷却系统	高—低
配气机构	低—高
发电机	低—高
仪表及报警装置	低—高
供给系统	低—高
润滑系统	低—高
转向系统	低—低
点火系统	低—低
车门	低—低
发动机机体	低—低

二、主要城市知识产权—附加值引导目录

选择中国汽车零部件产业主要城市作为区域层面分析的对象，用专利申请量衡量知识产权产出。选择宁波、北京、天津、广州、上海、武汉、重庆、长春八个城市作为汽车产业主要城市，利用专利信息服务平台对不同城市汽车产业专利

进行检索；根据 2016 年全国八个主要城市汽车零部件产业每个技术模块个人、高校、科研院所以及企业的专利申请量总数对八个主要城市进行排序（1～8），从城市比较视角得到中国主要城市汽车零部件产业不同技术模块知识产权的排名情况（表 12-8）。

表 12-8　主要城市汽车零部件产业技术模块专利申请量比较目录

技术模块	宁波	北京	天津	广州	上海	武汉	重庆	长春
行驶系统	1	2	5	6	3	8	4	7
点火系统	2	3	5	7	1	6	4	8
配气机构	3	6	5	7	4	8	2	1
制动系统	3	1	6	8	4	7	2	5
车身附件	4	1	7	5	2	6	3	8
安全及防护装置	4	1	7	6	2	5	3	8
润滑系统	4	2	5	6	3	8	1	7
发动机机体	4	3	6	7	5	7	1	2
传动系统	5	4	7	6	3	8	1	2
蓄电池	5	1	3	4	2	6	7	8
曲柄连杆机构	5	3	8	6	4	7	1	2
供给系统	6	4	5	8	1	7	3	2
冷却系统	6	2	3	5	1	8	4	7
照明及信号装置	6	1	7	3	2	5	4	8
发电机	6	1	4	7	3	5	2	8
车门	6	1	7	5	3	4	2	8
仪表及报警装置	7	1	4	6	2	5	3	8
转向系统	7	1	8	6	2	4	3	5

然后，以宁波和七个主要城市 2016 年汽车零部件产业每个技术模块专利申请数的中位数为标准，将八个主要城市按每个技术模块区分为高知识产权（排名 1～4）和低知识产权（排名 5～8）；以 2016 年全国汽车零部件产业毛利率的中位数为标准，将汽车零部件产业每个技术模块分为高毛利率和低毛利率；最后，将宁波和七个主要城市汽车零部件技术模块分为高—高、高—低、低—高、低—低四种知识产权—毛利率匹配类型，从城市比较视角得到宁波和七个主要城市汽车零

部件产业总体技术模块知识产权—毛利率匹配引导目录（表 12-9）。

表 12-9 主要城市汽车零部件产业技术模块知识产权—毛利率匹配目录

技术模块	宁波	北京	天津	广州	上海	武汉	重庆	长春
配气机构	高—高	低—高	低—高	低—高	高—高	低—高	高—高	高—高
制动系统	高—高	高—高	低—高	低—高	高—高	低—高	高—高	低—高
安全及防护装置	高—高	高—高	低—高	低—高	高—高	低—高	高—高	低—高
车身附件	高—高	高—高	低—高	低—高	高—高	低—高	高—高	低—高
润滑系统	高—高	高—高	低—高	低—高	高—高	低—高	高—高	低—高
行驶系统	高—低	高—低	低—低	低—低	高—低	低—低	高—低	低—低
点火系统	高—低	高—低	低—低	低—低	高—低	低—低	高—低	低—低
发动机机体	高—低	高—低	低—低	低—低	低—低	低—低	高—低	高—低
传动系统	低—高	高—高	低—高	低—高	高—高	低—高	高—高	高—高
发电机	低—高	高—高	高—高	低—高	高—高	低—高	高—高	低—高
供给系统	低—高	高—高	低—高	低—高	高—高	低—高	高—高	高—高
仪表及报警装置	低—高	高—高	高—高	低—高	高—高	低—高	高—高	低—高
曲柄连杆机构	低—低	高—低	低—低	低—低	高—低	低—低	高—低	高—低
蓄电池	低—低	高—低	高—低	高—低	高—低	低—低	低—低	低—低
车门	低—低	高—低	低—低	低—低	高—低	高—低	高—低	低—低
冷却系统	低—低	高—低	高—低	低—低	高—低	低—低	高—低	低—低
照明及信号装置	低—低	高—低	低—低	高—低	高—低	低—低	高—低	低—低
转向系统	低—低	高—低	低—低	低—低	高—低	高—低	高—低	低—低

三、重点企业研发投入—知识产权—附加值引导目录

收集 2016 年中国汽车零部件产业深沪两市上市公司的研发投入、汽车零部件领域专利申请数以及汽车零部件产品平均毛利率数据，研发投入数据通过 Wind、瑞思金融数据库获得。对研发投入、知识产权（专利申请）以及毛利率数值进行排序。由于研发投入和毛利率部分数据缺失，最终 158 家上市公司仅有 125 家有完整数据。然后，基于中国汽车零部件产业上市公司的研发投入、知识产权（专利申请）以及毛利率数据，分别以中位数为标准，根据企业的研发投入—知识产权匹配结果，从知识创造环节将企业区分为四类：高研发投入—高知识产权（高—

高）、高研发投入—低知识产权（高—低）、低科技投入—高知识产权（低—高）、低科技投入—低知识产权（低—低）；根据企业的知识产权—毛利率匹配结果，从知识运用环节将企业区分为四类：高知识产权—高毛利率（高—高）、高知识产权—低毛利率（高—低）、低知识产权—高毛利率（低—高）、低知识产权—低毛利率（低—低），从而得到中国汽车零部件产业重点企业研发投入—知识产权—毛利率引导目录。这里仅显示2016年中国汽车零部件产业上市公司中的20家企业（表12-10）。

表12-10　中国汽车零部件产业重点企业综合匹配目录

企业名称	知识产权创造（研发投入—专利申请）	知识产权运用（专利申请—毛利率）
上汽集团	高—高	高—低
比亚迪	高—高	高—高
潍柴动力	高—高	高—低
长安汽车	高—高	高—低
长城汽车	高—高	高—高
福田汽车	高—高	高—低
华域汽车	高—低	低—低
广汽集团	高—高	高—低
江淮汽车	高—高	高—低
江铃汽车	高—高	高—低
均胜电子	高—低	低—低
力帆股份	高—低	低—低
福耀玻璃	高—高	高—高
东风汽车	高—高	高—低
中国动力	高—低	低—高
一汽轿车	高—低	低—低
凌云股份	高—高	高—低
华谊集团	高—高	高—低
威孚高科	高—高	高—高
宁波华翔	高—低	低—高

第三节　宁波汽车零部件产业发展与资源配置引导目录

本部分从技术领域、重点区域以及重点企业三个层面给出宁波汽车零部件产业发展的引导目录。引导目录基于以知识产权为核心的资源匹配二维象限分析结果生成，主要体现为科技经费投入—知识产权、知识产权—毛利率的二维象限匹配，从而得到对应的技术领域、区域以及企业的引导目录。

一、技术模块知识产权—附加值引导目录

以专利申请量衡量知识产权产出，根据2016年宁波市汽车零部件产业每个技术模块个人、高校、科研院所以及企业和规上高新企业的专利申请量总数，并对每个技术模块专利数进行排序，得到宁波市汽车零部件产业各技术模块总体专利数排名和规上高新企业专利数排名（表12-11）。

表12-11　宁波市汽车零部件产业技术模块引导目录

技术模块	总专利数（件）	总专利数排名	规上高新企业专利数（件）	规上高新企业专利数排名
行驶系统	610	1	113	2
车身附件	519	2	191	1
传动系统	366	3	57	3
制动系统	244	4	45	4
蓄电池	200	5	2	16
照明及信号装置	179	6	28	7
安全及防护装置	178	7	43	5
配气机构	126	8	32	6
曲柄连杆机构	110	9	5	14
点火系统	96	10	3	15
供给系统	74	11	7	11
冷却系统	72	12	6	12
润滑系统	57	13	12	9
车门	55	14	15	8
转向系统	53	15	6	13
仪表及报警装置	52	16	12	10
发电机	33	17	1	17
发动机机体	12	18	0	18

然后，以宁波市 2016 年汽车零部件产业总体专利申请数的中位数为标准，以宁波市 2016 年汽车零部件产业规上高新企业专利申请数的中位数为标准，将宁波市汽车零部件产业每个技术模块分为高知识产权和低知识产权；以 2016 年全国汽车零部件产业毛利率的中位数为标准，将汽车零部件产业每个技术模块分为高毛利率和低毛利率；将宁波市汽车零部件技术模块分为高—高、高—低、低—高、低—低四种知识产权—毛利率匹配类型，得到宁波市汽车零部件产业技术模块总体和规上高新企业知识产权—毛利率匹配引导目录（表 12-12）。

表 12-12　宁波市汽车零部件产业技术模块专利—毛利率匹配目录

技术模块	专利—毛利率匹配类型	规上高新企业专利—毛利率匹配类型
配气机构	高—高	高—高
供给系统	高—高	低—高
传动系统	高—高	高—高
制动系统	高—高	高—高
车身附件	高—高	高—高
安全及防护装置	高—高	高—高
蓄电池	高—低	低—低
曲柄连杆机构	高—低	低—低
冷却系统	高—低	低—低
点火系统	高—低	低—低
行驶系统	高—低	高—低
照明及信号装置	高—低	高—低
发电机	低—高	低—高
润滑系统	低—高	低—高
仪表及报警装置	低—高	低—高
发动机机体	低—低	低—低
转向系统	低—低	低—低
车门	低—低	高—低

二、重点企业科技投入—知识产权—毛利率引导目录

基于宁波市汽车零部件产业规上高新企业的科技经费内部支出、知识产权（专

利申请、商标注册）以及企业毛利率数据，以中位数为标准，根据企业的科技投入—知识产权匹配结果，从知识创造环节将企业区分为四类：高科技投入—高知识产权、高科技投入—低知识产权、低科技投入—高知识产权、低科技投入—低知识产权；根据企业的知识产权—毛利率匹配结果，从知识运用环节将企业区分为四类：高知识产权—高毛利率、高知识产权—低毛利率、低知识产权—高毛利率、低知识产权—低毛利率，从而得到宁波汽车零部件产业重点企业科技投入—知识产权—毛利率引导目录。这里仅显示 2014～2016 年宁波市汽车零部件规上高新企业 94 家中的 20 家企业匹配引导目录。考虑到为企业保密，隐匿了具体企业名称，仅用代码表示（表 12-13）。

表 12-13 宁波汽车零部件产业重点企业科技投入—知识产权—毛利率匹配目录

企业代码	科技投入—专利申请	科技投入—商标注册	专利申请—毛利率	商标注册—毛利率
A	高—高	高—高	高—高	高—高
B	高—高	高—低	高—低	低—低
C	高—高	高—低	高—高	低—高
D	高—高	高—低	高—低	低—低
E	高—高	高—低	高—高	低—高
F	高—高	高—高	高—低	高—低
G	高—高	高—低	高—低	低—低
H	高—高	高—高	高—高	高—高
I	高—低	高—低	低—低	低—低
J	高—高	高—低	高—低	低—低
K	高—高	高—高	高—低	高—低
L	高—高	高—低	高—高	低—高
M	高—低	高—高	低—高	高—高
N	高—低	高—低	低—低	低—低
O	高—高	高—高	高—低	高—低
P	高—高	高—高	高—低	高—低
Q	高—高	高—高	高—高	高—高
R	高—低	高—低	低—低	低—低
S	高—高	高—高	高—低	高—低

第四节　宁波汽车零部件产业知识产权行动引导目录

本节基于宁波汽车零部件产业发展引导目录，明确宁波汽车零部件产业知识产权行动原则，从技术领域和重点区域两个层面确定宁波汽车零部件产业知识产权行动方向，并阐述宁波汽车零部件产业的知识产权行动路径。

一、产业知识产权行动原则

根据宁波市汽车产业发展现状、引导目录分析结果以及汽车产业发展的一般规律，首先提出宁波市汽车零部件产业技术发展的五条基本原则，用来指导宁波市汽车零部件产业发展知识产权行动路线的制定。具体如下。

1. 整车发展牵动与零部件率先发展带动结合原则

以汽车零部件全产业链协同发展为导向，坚持建立从整车到关键零部件的完整工业体系和自主研发能力，将整车发展牵动与零部件率先发展带动相结合。一方面，依托吉利和上汽大众等整车厂商，致力于整车开发及装配技术、关键零部件（如发动机、变速箱）的开发和生产，进而牵动整个汽车零部件产业发展；另一方面，零部件企业则在专业化生产的基础上，进行技术研发和单一零部件产品突破，在整车的开发和生产过程中深入介入，进而为整车企业配套乃至与整车厂商合作开发产品和服务。

2. 低价值汽车模块向高价值汽车模块转型升级原则

以向产业价值链高端环节迈进为导向，逐步从以汽车零部件产业低价值技术模块出发占领市场，向低价值模块与高价值模块同时发展，最后向高价值技术模块转型。汽车零部件产业要支持优势零部件企业抓住汽车低碳化、信息化、智能化发展机遇，加快实现由传统零部件制造向高端、高附加值零部件制造升级，加快形成模块化、系统化供货能力。

3. 知识产权发展不协调向知识产权高度协调转型原则

以知识产权资源的前向和后向匹配协调为导向，从提高汽车零部件产业科技投入与知识产权创造（专利和商标）的匹配开始，逐步提升汽车零部件产业知识产权的创造和运用能力，进而从商业角度运用知识产权实现产业价值，最终实现知识产权与产品附加值之间的高度匹配协同。

4. 传统汽车零部件向新能源汽车零部件转型原则

以新能源、智能化、轻量化等为导向，逐步由传统汽车零部件产品为主，向传统汽车零部件和新能源汽车零部件相结合，最终向以新能源汽车及其零部件产品转型。重点扶持节能、新能源、智能网联汽车等关键零部件技术的突破，同时进一步提升传统零部件的质量和可靠性，比如在轻量化、新材料技术上有所升级。

5. 新能源领域向以动力电池为主的零部件升级原则

以掌握新能源汽车领域的高附加值核心技术为导向，针对新能源汽车的关键零部件电池、电机、电控以及转向器、制动器等技术。从附加值比较低、知识产权含量相对较低的技术模块布局开始，逐步缩小与日韩欧美的技术差距，向高品质的电池、电机及电控技术转变，最终向占据新能源汽车成本高达 40%～50%的动力电池领域重点升级，占领新能源汽车的技术和知识产权制高点。

二、分技术领域知识产权行动引导目录

1. 宁波市汽车零部件产业分技术领域知识产权行动方向

在以上原则指导下，试图建立可操作的方法对宁波市汽车零部件产业技术模块的类型、优先发展等级以及知识产权行动方向进行识别。

首先，基于表 12-12 呈现的宁波市汽车零部件产业技术模块专利—毛利率匹配目录，可以将宁波市汽车零部件产业技术领域分为四种类型，即：高—高型、高—低型、低—高型以及低—低型。

其次，根据汽车产业的发展趋势，新能源汽车是未来必然的发展方向。由于国家宏观政策导向，新能源汽车具有广阔的市场前景，重点优先发展新能源汽车特有的零部件有助于宁波市抓住新机遇，在新能源汽车发展上取得先机。因此，可以根据传统汽车、新能源汽车以及二者是否共同拥有模块，确定汽车零部件产业各个技术模块的总体行动策略：第一类是新能源汽车零部件，主要包括蓄电池和发电机，这类技术模块需要提前布局，尽早在市场上抢占技术制高点；第二类是传统汽车和新能源汽车共同拥有模块，主要包括底盘、车身中的技术模块，该类技术模块需要在维持传统汽车技术发展的基础上，尽早向新能源汽车零部件技术转型；第三类是传统汽车单独拥有模块，即传统汽车模块无法向新能源汽车转型的模块，主要包括发动机技术模块以及底盘中的传动系统模块，该类技术模块短时间内需要维持在传统汽车领域的技术优势和市场份额，但长远来看将在汽车产业转型升级中逐步被淘汰。

最后，将匹配类型和技术行动策略两个维度相结合，可以识别宁波汽车零部件产业技术模块优先发展等级和知识产权行动方向，具体如表 12-14 所示。根据

表 12-14，宁波市汽车零部件产业技术领域知识产权行动方向分为四类。

表 12-14　宁波汽车零部件产业技术领域知识产权行动方向

二级技术模块	知识产权—附加值匹配类型	技术行动策略	优先发展等级	知识产权行动方向
车身附件	高—高	传统→新能源	A+	提升知识产权价值，发挥优势
安全防护装置	高—高	传统→新能源	A+	
制动系统	高—高	传统→新能源	A+	
配气机构	高—高	传统	A–	
传动系统	高—高	传统	A–	
供给系统	高—高	传统	A–	
蓄电池	高—低	新能源	A+	加强知识产权运用，兑现潜力
照明装置及信号装置	高—低	传统→新能源	B+	
行驶系统	高—低	传统→新能源	B+	
曲柄连杆机构	高—低	传统	B–	
冷却系统	高—低	传统	B–	
点火系统	高—低	传统	B–	
发电机	低—高	新能源	A+	促进知识产权创造，规避风险
仪表及报警装置	低—高	传统→新能源	C+	
润滑系统	低—高	传统	C–	
转向系统	低—低	传统→新能源	D+	补足知识产权劣势，实施追赶
车门	低—低	传统→新能源	D+	
机体	低—低	传统	D–	

第一类是高—高技术领域。该类技术领域代表着较高的盈利能力，同时专利申请保证了这些领域具备强劲的后续发展势头，已经实现了知识产权和附加值的高度匹配，是当前宁波汽车零部件产业的优势领域。该类技术领域发展等级为 A 级，未来知识产权行动方向是继续提升知识产权价值，发挥优势做大做强。其中，车身附件、安全防护装置和制动系统属于传统汽车与新能源汽车共有，发展等级为 A+级。相比而言，配气机构、传动系统和供给系统属于传统的发动机技术模块，虽然短期内为优势技术领域，可以带来持续盈利，但在新能源汽车冲击下未来发展前景相对不佳，发展等级为 A–级。

第二类是高—低技术领域。该类技术领域具有较高的知识产权创造水平，但是暂时无法实现较高的市场盈利，是未来宁波市具有较大发展潜力的技术领域。该类技术领域发展等级整体上次于高—高技术领域，未来知识产权行动方向是加强知识产权运用，围绕市场需求兑现知识产权潜力。其中，蓄电池领域为新能源技术模块，是未来新能源汽车发展中最核心的零部件，需要提前布局优先发展，因此其发展等级定位与高—高技术领域一样为A+级。照明装置及信号装置、行驶系统属于传统汽车与新能源汽车共有，发展等级为B+级；而传统汽车发动机模块曲柄连杆机构、冷却系统、点火系统发展等级为B–级。

第三类是低—高技术领域。该类技术领域知识产权创造水平较低，但目前仍然处于高盈利区间，是未来宁波市面临较大发展风险的技术领域。该类技术领域发展等级整体上次于高—低技术领域，未来知识产权行动方向是增强研发投入，促进知识产权创造，通过自主研发掌握核心技术规避潜在的知识产权风险。其中，发电机领域为新能源技术模块，是未来新能源汽车发展中重要的零部件，需要提前布局优先发展，因此，与高—高技术领域一样，将其发展等级也定位为A+级。仪表及报警装置属于传统汽车与新能源汽车共有，发展等级为C+级，而发动机模块的润滑系统发展等级为C–级。

第四类是低—低技术领域。这类技术领域为宁波市汽车零部件产业的劣势技术领域，发展等级为D级，未来的知识产权行动方向是根据产业发展需要进行弥补知识产权劣势，逐步实施技术和市场追赶。其中，转向系统、车门为传统和新能源汽车共有，发展等级为D+级，而发动机的机体发展等级为D–级。

2. 宁波市汽车零部件产业分技术领域知识产权行动方案

在对宁波汽车零部件产业技术领域优先发展等级和知识产权行动方向识别的基础上，结合汽车零部件各个技术模块的发展趋势，分别讨论不同类型技术领域的知识产权行动方案，归纳如表12-15所示。

表12-15 宁波汽车零部件产业技术领域知识产权行动方案

技术模块	发展等级	知识产权行动方案
车身附件	A+	面向新能源汽车进行核心知识产权转型升级，研发轻量化、低碳化、智能化的车身附件产品
安全防护装置	A+	面向新能源汽车进行核心知识产权转型升级，生产轻量化、智能化、安全系数更高的安全防护产品

续表

技术模块	发展等级	知识产权行动方案
制动系统	A+	加快制动系统电子化步伐，面向新能源汽车推进分布式电液制动系统的核心知识产权转型升级
配气机构	A–	提高配气机构的动力指标，提升知识产权含量
传动系统	A–	围绕核心知识产权，优化传动系统的性能指标，提高动力性能和续航里程
供给系统	A–	在动力电池、移动电机以及控制系统等方面加强核心知识产权的研发投入
蓄电池	A+	加强高精度、高可靠性电池管理技术、高比能、高安全电池总成知识产权面向新能源汽车的商业化
照明装置及信号装置	B+	推进产品向智能化、安全性、环保型核心知识产权转型，加强与新能源汽车的合作实现知识产权运用
行驶系统	B+	面向新能源汽车发展行驶系统中轮毂电机技术，通过与新能源汽车厂商合作研发推进知识产权运用
曲柄连杆机构	B–	与传统汽车厂商合作，加强汽车发动机曲柄连杆机构核心知识产权的运用，提升产品毛利率
冷却系统	B–	与传统汽车厂商合作，加强汽车冷却系统核心知识产权的运用，提升产品毛利率
点火系统	B–	掌握由计算机控制的电子点火系统核心知识产权，与传统汽车厂商合作推进知识产权运用
发电机	A+	面向新能源汽车加强分布式驱动系统的研发，推动轮毂电机技术研发，提升发电机核心知识产权
仪表及报警装置	C+	面向新能源汽车智能化加强仪表及报警装置知识产权创造，提升仪表及报警装置知识产权含量
润滑系统	C–	针对传统汽车发动机引进润滑系统核心知识产权，逐步推动企业向新能源领域零部件转型
转向系统	D+	激发企业对转向系统与各系统之间集成控制的知识产权创造动力
车门	D+	面向新能源汽车需求，研发智能化、轻量化车门核心知识产权
机体	D–	针对传统汽车发动机机体，引进掌握核心知识产权的企业，提高产品毛利率

（1）宁波市汽车零部件产业高—高技术领域行动方案

第一类：“高—高 A+”，包括车身附件、安全防护装置和制动系统。

底盘模块下的制动系统，相关企业应向新能源领域作匹配发展，利用电磁感应效应等。制动系统电子化是未来汽车发展的一个趋势，无论是对于电动车还是传统采用内燃机的汽车，这种制动系统都有着颠覆性的意义。电子制动是指正常工作时在制动踏板和制动器之间没有机械连接，即采用了线控技术，在电子控制系统中设计相应程序，操纵电控元件来控制制动力的大小以及各轴的制动力分配，可完全实现使用传统制动系统所能达到的 ABS 及 ASR 等功能。

其中传统制动系统进行彻底革新的方式是新能源车辆的分布式电液制动系统，是一种湿式分布式制动系统。例如德尔福公司推出 DBC—7 型 ABS，采用主流的电磁阀调压方案，取代了使用电动机+丝杆+活塞调压的 ABS—VI 系统，并开始研究基于电磁阀调压的方案，分布式制动系统方案具有实车应用的潜力，在目前阶段有重要价值，宁波的制动技术模块企业也应该面向这一方向发展。

宁波市政府在制动系统技术领域，应该加大政策投资，支持相关企业向新能源分布式电液制动系统匹配升级发展，支持相关企业尽早进行专利布局，鼓励模块化的技术研发。

第二类："高—高 A–"类型，包括配气系统、传动系统和供给系统。

内燃机配气机构的研究方向就是保持排量固定不变的同时，想办法提升内燃机的工作效率。配气机构在设计时都是从整体出发，提升内燃机的动力指标，达到减少燃料消耗、污染物排放、节约能源的目的。

电动汽车的电机传动系统是电动汽车正常运行的动力保障，其参数与匹配质量会影响电动汽车的整体性能，因此优化传动系统的性能使车辆的综合性能指标得到显著提升，即提高动力性能和续航里程。

供给系统是传统汽车中用于将汽油和空气混合形成一定浓度的可燃混合气体输送到燃烧室，并负责将废气排出的技术零部件，是传统汽车领域发动机中不可或缺的重要部分。显而易见，供给系统在宁波市汽车零部件领域属于有发展前景的模块，市场空间很大，需求较高，且宁波市相关供给系统和制动系统零部件企业进行了紧密的专利布局，用知识产权引导企业相应产品的研发、生产和销售。然而在我国新能源汽车发展的大趋势大背景下，供给系统终有一天会被取代。

就传统供给系统企业来说，应该走向转型升级之路，针对产业短板集中优势资源，优先发展自动变速器、发动机电控系统、轻量化材料等工程化、产业化等瓶颈技术模块。就宁波市政府来说，传统供给系统目前属于宁波的优势零部件技术模块，虽然新能源汽车是汽车行业发展的大趋势，但若想完全实现转型，至少还需要 10 年以上时间，宁波市政府还是应该给予一定的优惠维持其生产优势，并给予相应企业足够的政策优惠支持其进行合理的转型升级，转型与升级方向应该根据宁波市整体新能源相应零部件产业链分布进行缺失性布局。

（2）宁波市汽车零部件产业高—低技术领域行动方案

第一类："高—低 A+"类型，包括照明装置及信号装置、行驶系统。

照明装置及信号装置属于专利申请数较高但毛利率较低的技术领域，虽然毛利率不高，但是鉴于其较高的知识集聚性，未来还是有一定的盈利空间。在 2018 年 CES 国际消费电子展上，全球汽车照明领导者欧司朗展示了一系列汽车技术，通过对可见与不可见光的应用，扩展和改善驾驶者、乘客和其他道路使用者的体验。此次展出的技术包括：实现自动驾驶的 LiDAR 中扮演重要角色的激光技术，能够实现例如车道偏离警告等先进驾驶员辅助系统的红外 LED。欧司朗还在研发能够对道路障碍物作出警示的智能头灯，以及可以探测到驾驶员紧急健康状况的生物监测技术。欧司朗还将展示首次推出的使用 LED 和激光光源技术对前方道路提供照明与标识投射。简言之，欧司朗不断致力于推动汽车照明的未来发展，让车辆更智能、更安全、更时尚，同时更灵敏地响应内外部环境变化。

行驶系统中轮毂在未来驱动技术上会有一个大的突破点。新能源的快速发展推动着新能源汽车驱动技术的发展，据资料显示，新能源汽车驱动技术的未来是轮毂电机技术。轮毂电机技术被认为是新能源驱动技术的未来，拥有广阔的发展前景。轮毂电机技术最大的特点是将动力、传动和制动装置整合到车轮内，大大简化了电动车辆的机械部分。国内车企则是在近几年开始尝试轮毂电机技术，但都停留在测试阶段。伴随新能源汽车持续发展和企业的持续推动，轮毂电机技术产业化时代将很快到来。

第二类："高—低 A−"类型，包括冷却系统、曲柄连杆机构和点火系统。

冷却系统使发动机在所有工况下都保持在适当的温度范围内，既要防止发动机过热，也要防止冬季发动机过冷。随着当今新能源技术的不断发展，发动机发展有限，与之互补运行的冷却系统也随之退出市场。因此，对于冷却系统，宁波市政府应该在国际零部件产业的发展趋势下，鼓励企业进行转型升级。

点火系统是发动机重要的组成部分，当前我国点火系统发展很快，传统点火系统已经基本淘汰，电子点火系统已在微型车及普通型轿车中普及，中高档轿车已开始采用计算机控制，计算机控制的点火系统中高压配电方式是由分电器式向无分电式发展。随着新能源技术的不断发展，发动机未来的发展空间有限，当然，发动机中点火系统的发展也将受到限制。

（3）宁波市汽车零部件产业低—高技术领域行动方案

第一类："低—高 A+"类型，包括汽车零部件中的电机技术模块。

电机属于新能源汽车零部件二级子模块，根据宁波市汽车产业链发展"十三五"规划，在新能源汽车方面，重点发展纯电动汽车、插电式混合动力汽车、燃料电池汽车及符合国家要求的低速纯电动汽车等产品。其中要求驱动电机的标准为乘用车 20s 有效比功率≥3.5kW/kg，商用车 30s 有效比扭矩≥18Nm/kg，而电机控制器的功率密度≥15kW/L，且逆变器性能和可靠性达到国际先进水平。

新能源汽车的兴起带来产业链上游关键零部件的更新浪潮，轮毂电机作为典型的分布式驱动系统，具有广阔市场前景。目前国内绝大多数新能源汽车采用集中式驱动系统，结构与传统汽车相似，可靠性好但传动效率较低。与集中式驱动系统相比，分布式驱动系统具有传动链短、经济性好、车身内部空间利用效率高等特点。而轮毂电机是传动效率最高的分布式驱动系统，通过将驱动电机设计安装在车轮内部，卖出转矩直接传输到车轮，全部或部分舍弃传统的离合器、减速器、传动桥等机械传动部件，使得汽车结构大为简化。

因此，就宁波市汽车零部件电机企业来说，应该逐渐加大对分布式驱动系统尤其是轮毂电机的研发力度，提前进行专利布局，企业自身可以通过人才引进，推进研发人员海外交流，加强与海外企业的合作等手段提高自身在电机领域的技术能力。同时也应该加大对汽车电机零部件的研发投入，推动电机骨干企业和科研院所、高校在产业技术上的联盟，加快培育平台研发、先进制造和信息化支撑能力。

第二类："低—高 C+"类型，包括汽车零部件中的仪表及报警装置。

该模块属于毛利率高但专利申请数低的技术领域，仪表及报警装置属于车载信息系统的一部分，随着电子技术的发展和高科技电子技术在汽车上的应用，未来汽车信息显示功能将大大拓宽。例如，带 ECU 的汽车仪表智能化能指示安全系统运行状态，如轮胎气压、制动装置、安全气囊、电子安全带等，这些信号传输形式将不再是简单的开关接通和断开的直流信号，而是包含了反映这些安全装置工作状态较多信息的调制信号，供 ECU 读取，以便使 ECU 能准确地综合判断这些安全装置的工作状态，并作出故障诊断，给出故障显示，以提醒驾驶员或告知维修人员排除故障。同时，未来的汽车信息显示系统还将防盗系统纳入汽车信息系统 ECU 的控制之下。如车门、后行李箱等处的防盗锁指纹识别开启系统、防撬振动报警装置、防盗点火锁起动装置以及电子地图显示导航系统等均成为汽车信息显示的主要内容，为驾驶员提供全方位的实时信息服务。当前，机械式汽车仪表已经进入衰退期，电子汽车仪表正在成长期。未来汽车仪表主要朝如下三个方向发展：一是高清，主要体现为显示效果；二是集成，随着 TFT 屏尺寸的不断增大，可配置内容的空间越来越大，除了传统的车速、油位、温度、挡位、故障等信息外，整车的运行状态信息、娱乐信息甚至部分原来属于中控的导航信息都可以集成到仪表盘，为厂商提供更大的设计余地；三是智能，主要体现在互联汽车，随着汽车互联技术的发展，一系列主动安全技术会在未来汽车上得到广泛应用，如车道保持、盲区监控等辅助驾驶信息将在仪表盘中显示。

第三类："低—高 C–"类型，包括汽车零部件中的润滑系统技术模块。

润滑系统是向润滑部位供给润滑剂的一系列给油脂、排油脂的装置。显然润滑系统在新能源汽车时代将会被取代，目前宁波市在润滑系统技术领域，政府投资水平较高，市场利润空间较大，但是知识产权布局不足，相关专利较少，没有做到知识产权引导生产。但是在当前新能源汽车终究取代传统汽车的时代，在润滑系统加大研发力度并不是明智之举，宁波市相关企业在保证当前市场份额的前提下，应该尽快实现企业向新能源零部件领域转型，加大新能源领域的技术研发，争取在动力电池、移动电机以及控制系统等方面加强研发和投入。在这些零部件上积极布局，包括传感器、控制芯片、车载终端、操作系统、超级计算平台等零部件领域都要提早加强布局与研发。

（4）宁波市汽车零部件产业低—低技术领域行动方案

第一类："低—高 D+"类型，包括转向系统和车门技术模块。

就底盘中的"转向系统"而言，随着汽车主动安全系统的不断推出，转向系统与各系统之间的集成控制成为未来发展的一个趋势。据资料显示，整个中国汽车门业资金投入不足，生产规模小，实力弱，使我国汽车门业无法与国际跨国零部件企业相抗衡。因此，宁波应该适当加大对这些技术模块的投入，促进模块的技术升级，从而提高利润。

第二类："低—高 D–"类型，包括机体模块。

对于发动机的机体，短期内应该针对传统汽车进行技术升级，掌握核心零部件技术。长期来看，随着新能源汽车市场规模迅速扩大，未来应该战略性放弃。

第五节 宁波汽车零部件产业发展优化资源配置战略组织路线

本节基于宁波市汽车零部件产业发展知识产权路线图，针对高—高、高—低、低—高、低—低等不同发展方向的技术领域，从人才、资金、平台、技术等方面给出宁波市汽车零部件产业发展优化资源配置的战略组织路线图。

一、优化资源配置组织思路与安排

1. 宁波市汽车零部件产业优化资源配置战略组织思路

图 12-8 绘制了宁波市汽车零部件产业发展优化资源配置战略组织实施思路。首先，要考虑技术领域所属的匹配类型和知识产权行动方向，根据高—高、高—低、低—高、低—低技术领域特征制定不同的战略组织实施策略；其次，从人才、资金、平台和技术四个方面制定具体的战略组织安排，得到不同类型领域发展的资源配置方案。

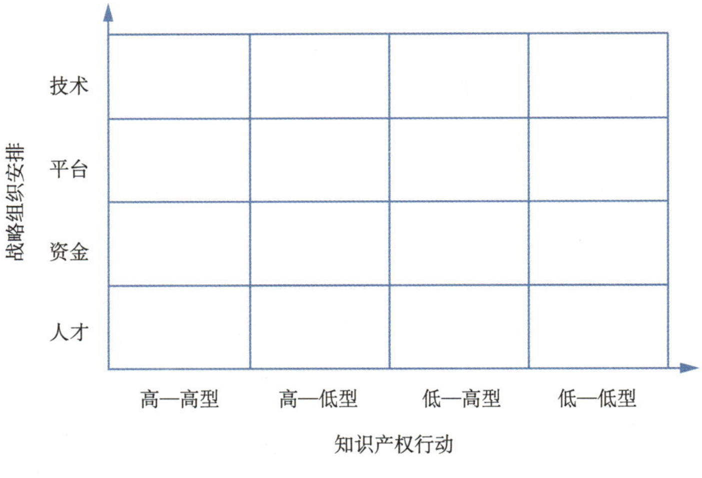

图 12-8 宁波市汽车零部件产业发展战略组织实施思路

对于人才资源而言，分别从科教人才和研发人才两个方面进行组织安排。首先，为了了解汽车产业零部件各领域的专家学者，课题组根据 2017 年公布的全国第四轮大学学科评估结果，对与汽车零部件产业最密切相关的机械工程专业大类里排名为 A+、A 及 A–的高校进行详细筛选，挑选出汽车工程或车辆工程专业里正高级职称的科教领域专家学者，为宁波市本地的汽车零部件企业提供人才资源的支撑以及未来的引进渠道。其次，除了科教人才，研发人才也是促进宁波未来汽车零部件创新发展的动力源泉，因此我们通过检索汽车零部件具体技术模块中宁波本土发明人、国内发明人以及国际发明人，并根据2016年专利申请数排名的前5名进行挑选，得出相关领域的研发专家，从而为宁波汽车零部件产业研发人才资源配置提供依据。

对于资金配置而言，分别从政府支持和民间投资两个方面进行组织安排。首先，根据宁波汽车零部件产业政府规划政策支持的分析，得到宁波汽车零部件产业各个技术模块的政府支持力度，从而从政府支持层面引导汽车零部件产业资金配置；其次，为得到国内风险投资机构和相关平台对各类发展等级的汽车零部件产品的投资意愿和投资能力概况，对中国158家汽车零部件上市企业的主营产品进行分类并对应到具体的技术模块，然后对不同技术模块上市公司中的股东机构名称及投资概况进行分析，最终以投资次数代表投资意愿为基础对股东进行投资意愿能力排名，划分为不同的等级，为宁波市本地不同规模类型的汽车零部件企业获得民间融资提供借鉴。

对于平台资源而言，分别从服务机构和重点平台两个方面进行组织安排。首先，以专利代理机构作为重要的技术发展服务机构，识别出汽车零部件产业中宁波、国内和国际代理专利最多的前五名代理机构作为服务机构资源，为宁波市汽车零部件产业下一步国内外发展提供服务引导；其次，搜集国家和宁波的重点实验室、重点孵化器、技术研发中心，识别其在各个技术模块的实力，为培育或利用平台资源提供支持。

对于技术资源而言，主要通过汽车零部件产业各个技术模块的专利分布来对宁波市的技术资源配置路径提供引导。具体而言，通过检索各个技术模块中宁波、国内以及国外专利申请数最多的前5名机构，对宁波市汽车零部件产业下一步发展进行技术资源配置引导。

2. 宁波市汽车零部件产业优化资源配置战略组织安排

虽然汽车零部件产业涉及众多技术模块，但课题组已经将宁波汽车零部件产业技术发展等级划分为A、B、C、D四个等级，每个等级技术模块的综合匹配类型相似。因此，接下来分别选择高—高、高—低、低—高、低—低中的典型技术模块为例，剖析宁波汽车零部件产业发展的组织实施路线。其中，高—高选择制动系统为例，高—低选择新能源的蓄电池为例，低—高选择新能源的发电机为例，低—低选择转向系统为例。

根据不同类型技术领域优先发展等级和知识产权行动方向，分别确定高—高、高—低、低—高、低—低技术领域发展目标及功能定位（表 12-16）。

表 12-16 不同类型技术领域发展战略组织重点

技术领域类型	高—高	高—低	低—高	低—低
发展目标	抢占核心技术知识产权制高点	加速知识产权产业化	规避产业发展的知识产权风险	提高知识产权创造和运用动力
功能定位	基于核心知识产权引领产业向价值链高端发展	基于核心知识产权挖掘产业发展潜力，向高—高匹配型转型	提高产品知识产权含量，由低—高匹配型向高—高匹配型转型	依托知识产权提升实施产业追赶

二、高—高技术领域发展战略组织路线

1. 高—高技术领域人才组织安排

通过对制动系统领域的科教人才以及研发人才分析可知，宁波本土科教资源较弱，没有强势的专业学科以及知名学者。相反的是，宁波是很好的研发人才集聚地，已经做到了国内领先水平（表 12-17）。所以，关于制动系统，未来的人才储备可以分两大类：首先，科教人才要重视从国内其他高校引进知名的学者，加强本土高校的专业建设；其次，研发人才在防止本地发明人外流、保持本土优势的条件下，加强与国际知名的发明人进行合作与交流。必要的情况下，可以引进国际知名的研发人才，保持宁波市在该领域的持续竞争优势。

表 12-17 高—高技术领域科教人才和研发人才（制动系统）

科教人才	科教人才机构	研发人才	研发人才机构
宗长富	吉林大学	袁可定	宁波华盛联合制动科技有限公司
朱冰		陈江波	
上官文斌	华南理工大学	陈静良	
丁问司		李维彪	
		马航	
		陈军	广州市新域动力技术有限公司

续表

科教人才	科教人才机构	研发人才	研发人才机构
		增田唯 （Masuda Yui）	宁东友留英科有限公司 （Nintoyo Bearingco Ltd.）
		连玉波 （Lian Yubo）	比亚迪汽车公司 （BYD Corporation Ltd.）
		弗兰克·贝尔-米勒 （Frank Baehrle-Miller）	罗伯特·博世有限公司 （Robert Bosch Gmbh Ltd.）
		尼古拉斯·贝林格 （Nicolas Berlinger）	雪铁龙汽车公司 （Peugeot Citroen Automobiles SA）
		全仁旭 （Jeon In Wook）	丰田自动车株式会社 （Toyota Motor Corporation Ltd.）

2. 高—高技术领域资金组织安排

（1）政府投资

调查结果显示，宁波市在制动系统2016年投资额为0.43亿元，在汽车零部件属于低支持技术模块。宁波市政府应该加大政策投入，但是要有方向有目标在重点技术领域进行引导性政策扶持。通过建立发展基金，实施税收优惠，在重点技术改造项目上实行贴息政策，提高引进人才补贴等手段引导相关企业转型。

一方面，宁波市政府应该为宁波市内部技术研发提供资金支持，在制动系统技术领域设立制动系统电子化专项研发资金，引导相应企业向新能源制动系统产业升级，集中人力财力发展制动系统智能化、电子化，朝着完全实现分布式电液系统而努力。另一方面，宁波市政府应该加大对制动系统技术模块的总投资水平，传统的制动系统在未进行产业升级之时，已经是高专利高利润的模块了，但是政府投资却处于低水平层次。在制动系统向新能源产业化升级之际，政府更应该提高对这一技术领域的关注度，提供完善的补贴优惠政策，足够资金支持制动系统模块的发展。

（2）民间资本

为给宁波市本地的制动系统企业提供融资借鉴和指引，现对国内158家汽车零部件上市企业中涉及制动系统主营产品的企业进行汇总，主要包括：富奥股份、亚太股份、隆基机械、南方轴承、万安科技、奥联电子、东风汽车、江淮汽车、拓普集团、腾龙股份。将其合并输入锐思数据库中的股权股东概况子类，得到的主要投资机构及个人共 1 020 个。按照投资次数代表投资意愿的排序方法，本研究取前 100 名投资机构及个人进行制表，并将 1～20 名划分为 A 类投资机构及个人，21～50 名划分为 B 类投资机构及个人，51～100 名划分为 C 类投资机构及个人。A、B、C 类投资机构及个人前 5 名如表 12-18 所示。

表 12-18　高—高技术领域民间资本（制动系统）

A 类	B 类	C 类
安徽江淮汽车集团有限公司	安徽省科技产业投资有限公司	宏源证券股份有限公司
东风汽车有限公司	博时价值增长证券投资基金	马来西亚安卡莎机械有限公司
合肥市国有资产控股有限公司	中央汇金资产管理有限责任公司	五矿国际信托有限公司
隆基集团有限公司	中国农业银行股份有限公司—富国中证国有企业改革指数分级证券投资基金	中国建设银行股份有限公司—易方达新丝路灵活配置混合型证券投资基金
史建伟	宁波金仑股权投资合伙企业（有限合伙）	中国人民财产保险股份有限公司—传统—普通保险产品—008C—CT001 沪

3. 高—高技术领域平台资源安排

表 12-19 列举了分别在宁波、国内及国际范围内制动系统方向发展的前 5 名代理机构。无论是在汽车传统发展过程中还是向新能源转化过程中，汽车制动系统发展始终处于不可忽略的重要地位，制动系统关乎安全问题，因此在汽车发展持续过程中政府需要构建合适的平台以方便制动系统的发展与更新。在技术中心方面，在国家级企业技术中心里，芜湖伯特利汽车安全系统股份有限公司技术中心致力于安全系统研究开发。在国家重点实验室方面，清华大学拥有汽车安全与节能重点实验室，表明国家将更多资金和人才投入到汽车安全当中，但宁波市尚未有有关汽车安全或制动系统的重点实验室，说明宁波市政府需要将更多精力投入到建设制动系统研究平台上。

表 12-19　高—高技术领域专利代理机构 Top5（制动系统）

排名	宁波	国内	国际
1	北京科亿知识产权代理事务所	北京科亿知识产权代理事务所	特许业务法人酒井国际特许事务所（特許業務法人酒井国際特許事務所）
2	宁波市鄞州甬致专利代理事务所	北京集佳知识产权代理有限公司	特许业务法人 Prospex 特许事务所（特許業務法人プロスペック特許事務所）
3	宁波市鄞州盛飞专利代理事务所	北京清亦华知识产权代理事务所	特许业务法人 ITEC 国际特许事务所（特許業務法人アイテック国際特許事務所）
4	上海精晟知识产权代理有限公司	北京维澳专利代理有限公司	特许业务法人深见特许事务所（特許業務法人深見特許事務所）
5	上海智信专利代理有限公司	北京银龙知识产权代理有限公司	特许业务法人矶野特许商标事务所（特許業務法人磯野国際特許商標事務所）

4. 高—高技术领域技术资源安排

作为高—高技术模块，宁波市在制动系统领域的技术储备主要体现在企业中，包括宁波华盛联合制动科技有限公司、宁波华盛汽车部件有限公司、宁波如意股份有限公司、宁波市福路德汽车科技发展有限公司、宁波格陆博科技有限公司。宁波的大学和科研院所在制动系统的技术研发实力较弱，但国内有可利用的资源。因此，作为高—高技术模块，宁波市制动系统技术资源主要配置方向如下：首先，

表 12-20　高—高技术领域专利申请人 Top5（制动系统）

性质	宁波	国内	国际
企业	宁波华盛联合制动科技有限公司	比亚迪股份有限公司	罗伯特·博世有限公司
	宁波华盛汽车部件有限公司	宁波华盛联合制动科技有限公司	丰田自动车株式会社
	宁波如意股份有限公司	北京新能源汽车股份有限公司	福特全球科技有限责任公司（Ford Global Technologies LLC）
	宁波市福路德汽车科技发展有限公司	奇瑞汽车股份有限公司	日立汽车系统有限公司（Hitachi Automotive Systems Ltd.）
	宁波格陆博科技有限公司	安徽江淮汽车集团股份有限公司	现代汽车有限公司（Hyundai Motor Corporation Ltd.）

续表

性质	宁波	国内	国际
大学	浙江万里学院	吉林大学	
		江苏大学	
		安徽工程大学	
		江苏理工学院	
		安徽机电职业技术学院	
科研院所		中国北方车辆研究所	
		中国铁道科学研究院	

坚持把重心放在鼓励和激发本地企业研发动力和技术实力提升上，鼓励企业建立内部研发合作平台，提高专利质量，促进制动系统产业向新能源汽车升级；其次，鼓励宁波本地企业与制动系统研究深入的科研院所开展技术交流，以项目形式展开合作，如吉林大学、江苏大学等，进一步提升技术实力；最后，宁波市政府应该鼓励制动系统企业加大与国内国外先进制动系统企业的研发合作与人才交流，如丰田、福特等，通过与在制动系统探索与实现电子化、智能化的国内外相关企业合作，维持先导技术领域地位。

三、高—低技术领域发展战略组织路线

1. 高—低技术领域人才组织安排

电池与制动系统面临相似的情形，宁波本土的科教资源不足已经成为制约未来发展的显著因素，因此，同样的是，科教人才要重视从国内其他高校引进知名的学者，加强本土高校的专业建设；不同的是，宁波本土发明人才的储备也略显不足，因此引进国际和国内知名研发人才是发挥该领域未来发展潜力的必要措施。

表 12-21 高—低技术领域科教人才和研发人才（蓄电池）

科教人才	科教人才机构	研发人才	研发人才机构
欧阳明高	清华大学	刘兆平	宁波富理电池材料科技有限公司
郑新前		夏永高	
杨林	上海交通大学	方敏华	宁波大学
殷承良		水淼	
王震坡	北京理工大学	舒杰	

续表

科教人才	科教人才机构	研发人才	研发人才机构
许骏	北京航空航天大学	刘金成	广东亿纬赛恩斯新能源系统有限公司
杨世春		吴施荣	深圳市沃特玛电池有限公司
宋传学	吉林大学	黄剑锋	陕西科技大学
许思传	同济大学	任宁	浙江超威创元实业有限公司
林瑞		周鹏	华霆（合肥）动力技术有限公司
魏学哲		高见则雄（Takami Norio）	丰田自动车株式会社
周苏		原田康宏（Harada Yasuhiro）	
章桐		梅山浩哉（Umeyama Hiroya）	
冯凯	湖南大学	辛藤纳切（Hintennach Andreas）	戴姆勒公司（Daimler AG）
兰凤崇	华南理工大学	望月洋明（Mochizuki Hiroaki）	富士胶片公司（Fujifilm Corporation）
简弃非			
胡晓松	重庆大学		
张财志			
张力			

2. 高—低技术领域资金配置安排

（1）政府投资

课题组对近年来汽车及零部件相关产业的政策规划文件进行归纳发现，电池被提及的次数仅次于新能源汽车，说明政府对动力电池产业已经有了相当程度的重视和支持。电池子模块的产业规划匹配类型为：政府实际投资—毛利率（低—低）和政府实际投资—专利数（低—高），说明就宁波市政府而言，对动力电池产业的实际投资不足，还有较大的提升空间，应在今后将动力电池的重视程度和资本注入提升到一个新的水平。

不难看出，政府对动力电池产业的重视程度已经达到了一定的水平，但在相关领域的实际投资力度依然不如传统零部件产业。目前电池产业的实际投资额仅占投资总额的 1%，即使在政策文件中被提及的频率较高，说明存在着实际投资额和政策规划不匹配的现象。目前该领域专利丰富，正在经历从知识研发到市场商用价值转换的关键阶段，因此政府有必要进行规划和投资，为动力电池领域专利的实际转化提供资本和支撑，这样才有利于今后动力电池产业的良性成长以及新能源汽车行业的领军式发展。

（2）民间资本

目前全国 158 家汽车零部件上市企业中主营产品与动力电池有关的企业主要包括：钱江摩托、成飞集成、猛狮科技、云意电气、航天机电、均胜电子和骆驼股份。将其合并输入锐思数据库中的股权股东概况子类，得到的主要投资机构及个人共 916 个。按照投资次数代表投资意愿的排序方法，本研究取前 100 名投资机构及个人进行制表，并将 1～20 名划分为 A 类投资机构及个人，21～50 名划分为 B 类投资机构及个人，51～100 名划分为 C 类投资机构及个人。A、B、C 类投资机构及个人各 5 名如表 12-22 所示。

表 12-22　高—低技术领域民间资本（蓄电池）

	A 类	B 类	C 类
1	温岭钱江投资经营有限公司	芜湖润瑞投资管理有限公司	曾碧双
2	汇洋企业有限公司	中国工商银行股份有限公司—华商新锐产业灵活配置混合型证券投资基金	高仕控股集团有限公司
3	成都凯天电子股份有限公司	全国社保基金一零九组合	李俊
4	宁波均胜投资集团有限公司	全国社会保障基金理事会转持二户	深圳市保腾丰利创业投资企业（有限合伙）
5	辽源市财政局	王双华	苏州兆成展馆经营管理有限公司

3. 高—低技术领域平台资源安排

表 12-23 列举了分别在宁波、国内及国际范围内电池模块方向发展的前 5 名代理机构。蓄电池属于低—高匹配类型。虽然目前政府投入少，毛利率低，但是

蓄电池领域属于新能源发展情景下的典型领域，具有较大的发展空间。在技术中心平台方面，为促进电池领域快速发展，宁波市政府需要培养更多的国家级企业技术中心，为电池领域研究发展指明方向。在已有的宁波市国家级企业技术中心里，宁波圣龙（集团）有限公司技术中心是具有代表性的对蓄电池研究与发展较为先进的企业，圣龙集团在新能源知识产权方面积极布局以应对未来汽车领域发展方向。宁波其他企业可以通过合作或其他业务往来的方式与圣龙集团接洽学习，宁波市政府应致力于建立更多国家级企业技术中心为电池领域服务。在中国汽车领域孵化器方面，江苏省的千人计划常州新能源汽车研究院有限公司属于国家级孵化器企业，致力于新能源研发投入，可见新能源研究在我国受重视程度较大，未来发展前景较大。在汽车领域重点实验室方面，宁波市缺少针对蓄电池的市级重点实验室，需要建立市级重点实验室，跟紧国家对蓄电池研究开发的步伐。

表 12-23　高—低技术领域专利代理机构 Top5（电池）

排名	宁波	国内	国际
1	北京集佳知识产权代理有限公司	北京汇思诚业知识产权代理有限公司	特许业务法人深见特许事务所
2	宁波市鄞州盛飞专利代理事务所	合肥天明专利事务所	特许业务法人 YKI 国际特许事务所（特許業務法人 YKI 国際特許事務所）
3	浙江素豪律师事务所	北京集佳知识产权代理有限公司	特许业务法人晓合同特许事务所（特許業務法人暁合同特許事務所）
4	杭州丰禾专利事务所有限公司	杭州杭诚专利事务所有限公司	特许业务法人宇宙国际特许事务所（特許業務法人コスモス特許事務所）
5	宁波诚源专利事务所有限公司	北京清亦华知识产权代理事务所	特许业务法人酒井国际特许事务所

4. 高—低技术领域技术资源安排

作为高—低技术领域，蓄电池同时是新能源汽车最为核心的零部件，目前面临的最大问题是技术储备尚未转化为市场利润。这种情况既与新能源汽车市场处于发展初期有关，也与宁波市自身核心技术实力有待提升有关。宁波市目前的电池领域中，企业、大学和科研院所均有一定的技术储备，未来应该围绕提升核心技术，嵌入国内外新能源汽车产业链进行技术资源的配置。首先，以新能源汽车整车制造企业的需求为根本立足点，鼓励中银（宁波）电池有限公司、宁波富理电池材料科技有限公司、宁波杉杉新材料科技有限公司，与其通力合作，开发出完全适合整车制造企业需求的高技术含量高性能的动力蓄电池，争取进入特斯拉、比亚迪等新能源电池供应体系；其次，鼓励蓄电池领域关键企业与高校（科研院所）的合作，建立本地合作研发网络等，将宁波大学、中国科学院宁波材料技术与工程研究所的科研成果在本地转化，提升技术与市场的匹配度；最后，针对国内外汽车动力电池的发展趋势，通过与国内外企业、大学合作技术攻关，提前布局电池产业链尚欠缺的核心技术，包括电池材料技术、电池管理技术、高安全性能的总成电池技术等（表 12-24）。

表 12-24　高—低技术领域专利申请人 Top5（蓄电池）

性质	宁波	国内	国外
企业	中银（宁波）电池有限公司	宁德时代新能源科技股份有限公司	LG 化学有限公司（LG Chemical Ltd.）
	宁波富理电池材料科技有限公司	合肥国轩高科动力能源有限公司	丰田自动车株式会社
	宁波维科电池股份有限公司	宁德新能源科技有限公司	三星 SDI 株式会社（Samsung SDI Corporation Ltd.）
	宁波杉杉新材料科技有限公司	深圳市沃特玛电池有限公司	罗伯特·博世有限公司
	宁波中车新能源科技有限公司	比亚迪股份有限公司	现代汽车有限公司
大学	宁波大学	中南大学	汉阳大学校产学协力团（Industry University Cooperation Foundation Hanyang University）
	宁波职业技术学院	陕西科技大学	
		广东工业大学	
		浙江大学	
		华南理工大学	

续表

性质	宁波	国内	国外
研究院所	中国科学院宁波材料技术与工程研究所	上海空间电源研究所	韩国科学技术研究院（Korea Institute of Science and Technology）
		中国电子科技集团公司第十八研究所	首尔大学校产学协力团（Seoul National University R&DB Foundation）
		中国科学院化学研究所	东京理科大学（Tokyo University of Science）
		清华大学深圳研究生院	
		中国科学院青岛生物能源与过程研究所	

四、低—高技术领域发展战略组织路线

1. 低—高技术领域人才组织安排

根据发电机领域发明人排行榜分布发现，宁波工程学院有很多研发人才，说明宁波本土有一定的研发资源，因此宁波需重视对这些本土研发人才的大力支持，促进其成为在发电机领域掌握有先进技术的专家。不难发现，宁波发电机领域科教资源仍储备不足，而区域外的科教资源相对丰富，所以在一定程度上宁波市政府需加强区域外科教人才的引进。宁波发电机领域本土研发人才的稀缺促使宁波需加强本土科教人才与研发人才的紧密合作，进而突破关键技术，在此基础上，还需重视国内外相关技术领域专家的引进（表 12-25）。

表 12-25　低—高技术领域科教人才和研发人才（发电机）

科教人才	科教人才机构	研发人才	研发人才机构
欧阳明高	清华大学	蔡琛辉	宁波工程学院
王大方	哈尔滨工业大学	陈晓平	
杨林	上海交通大学	闫鑫	
孙逢春	北京理工大学	周明路	
张承宁		王朝晖	宁波东电电力设备制造有限公司

续表

<table>
<tr><th>科教人才</th><th>科教人才机构</th><th>研发人才</th><th>研发人才机构</th></tr>
<tr><td>何勇灵</td><td>北京航空航天大学</td><td>于向军</td><td>昆明学院</td></tr>
<tr><td>刘宏伟</td><td rowspan="2">吉林大学</td><td>张学义</td><td>山东理工大学</td></tr>
<tr><td>王伟华</td><td>凌和平</td><td rowspan="3">比亚迪股份有限公司</td></tr>
<tr><td>王哲</td><td rowspan="3">同济大学</td><td>翟震</td></tr>
<tr><td>钟再敏</td><td>徐友彬</td></tr>
<tr><td>章桐</td><td>斯图尔特·索尔特
（Stuart C. Salter）</td><td>福特全球科技有限责任公司</td></tr>
<tr><td>李舜酩</td><td>北京航空航天大学</td><td>菲利普
（Rodont Philip）</td><td>罗宾汉控股有限公司
（Rubicon Global Holdings LLC）</td></tr>
<tr><td>钟志华</td><td>湖南大学</td><td>米勒·肯尼斯·詹姆斯
（Miller Kenneth James）</td><td>福特全球科技有限责任公司</td></tr>
<tr><td>简奔非</td><td>华南理工大学</td><td>金道敏树
（Kindo Toshiki）</td><td rowspan="2">丰田自动车株式会社</td></tr>
<tr><td>胡晓松</td><td>重庆大学</td><td>小川友希
（Ogawa Yuki）</td></tr>
</table>

2. 低—高技术领域资金配置安排

（1）政府投资

课题组对政策研究后发现，电机技术模块政府投资不高，且在电机技术领域，宁波市面临的首要关键问题是知识产权缺失，专利布局不足。宁波市政府应该加强对本土知识产权布局的投资力度，一方面通过加大专项政策投资加强新能源电机技术领域的研发，引导相关企业转型升级，带动边缘企业相关辅助产品的生产；另一方面建立产学研合作平台，建立技术开发中心，将企业的核心研发人员、大学与科研机构的研发人员聚集在一起，进行产品研发与分工合作，通过不同智慧火花的碰撞，提高技术质量。

此外，宁波市政府应该通过政策投资与补贴政策鼓励企业加强国际化步伐，通过出台相关的政策推动宁波市电机企业海外建厂、海外并购等形式，来近距离吸收国外先进技术，推动电机技术领域的发展。

（2）民间资本

同样，在寻求民间投资公司时，我们选取全国汽车零部件上市公司中专业研究生产电机的相关产品的企业作为样本，包括新朋股份、南方轴承、信质电机、云意电气和福达股份，找出其历年来的投资机构，根据投资机构对制动系统技术模块的投资频率进行排序，选取排名前 100 的投资机构，划分成三个类别：前 20 名为 A 类，20～50 名为 B 类，50～100 名为 C 类。表 12-26 对每个级别选取 5 个案例。

表 12-26　低—高技术领域民间资本（发电机）

A 类	B 类	C 类
史建伟	常州华业投资咨询有限公司	安徽润泽投资咨询有限公司
史维	蒋文新	陈浩
徐州德展贸易有限公司	徐州瑞意投资有限公司	陈浩北京神州牧投资基金管理有限公司—红炎神州牧基金
徐州云意科技发展有限公司	桂林福达集团有限公司	陈培毅
广发信德投资管理有限公司	黎海	陈曦

3. 低—高技术领域平台资源安排

表 12-27 列举了分别在宁波、国内及国际范围内电机模块方向发展的前五名代理机构。发电机属于低—高匹配类型，在传统行业向新能源转化过程中具有较大风险，我国在汽车发动机领域的研究相比于其他汽车领域而言处于领先地位。在已有的国家级企业技术中心里，哈尔滨东安汽车发动机制造有限公司建有哈尔滨东安汽车发动机制造有限公司技术中心，宁波圣龙汽车动力系统股份有限公司建有宁波圣龙汽车动力系统股份有限公司技术中心。在宁波市市级工程中心技术名单中，宁波博格华纳涡轮增压系统工程（技术）中心处于发电机领域研究领先地位。虽然汽车领域正从传统行业向新能源行业转型，但是对发动机的研究与发展却不能停滞，目前新能源汽车尚处于发展过程当中，汽车发动机在汽车发展过程中仍处于重要位置。宁波市政府要重视发动机领域技术中心的发展与培养。在我国汽车领域国家重点实验室中，还没有针对汽车发动机领域单独进行研究的国家重点实验室，在发动机领域发展中企业占主要驱动发展地位。

表 12-27 低—高技术领域专利代理机构 Top5（发电机）

排名	宁波	国内	国际
1	宁波市鄞州盛飞专利代理事务所	北京超凡志成知识产权代理事务所	特许业务法人酒井国际特许事务所
2	北京高航知识产权代理有限公司	北京科亿知识产权代理事务所	特许业务法人深见特许事务所
3	北京中恒高博知识产权代理有限公司	北京集佳知识产权代理有限公司	特许业务法人 ITEC 国际特许事务所
4	北京超凡志成知识产权代理事务所	杭州杭诚专利事务所有限公司	特许业务人矶野特许商标事务所
5	宁波市鄞州甬致专利代理事务所	南昌洪达专利事务所	特许业务法人日诚国际特许事务所（特許業務法人日誠国際特許事務所）

4. 低—高技术领域技术资源安排

作为低—高技术领域，电机模块同时是新能源汽车的重要零部件。宁波市在电机模块的技术储备相对欠缺，而该模块目前正处于高市场盈利阶段。因此，宁波市针对该类技术模块的发展重点应是增加科研投入，提高研发效率，进行基础技术的积累。表 12-28 显示，目前宁波在电机领域的主要专利申请人是企业和大学，尚未有科研院所涉及。首先，宁波市应该加强本土知识产权布局，重点培育本地的宁波市奥创动力科技有限公司、宁波东电电力设备制造有限公司等企业在电机模块加大研发投入；其次，建立产学研合作平台，充分利用宁波工程学院、

表 12-28 低—高技术领域专利申请人 Top5（发电机）

性质	宁波	国内	国际
企业	宁波市奥创动力科技有限公司	哈尔滨电机厂有限责任公司	福特全球科技有限责任公司
	宁波东电电力设备制造有限公司	国家电网公司	丰田自动车株式会社
	宁波东浩铸业有限公司	江阴市创佳电器有限公司	现代汽车有限公司
	宁波高新区轨物智能照明有限公司	南昌富亿达电机电器有限公司	罗伯特·博世有限公司
	宁波鸿达电机模具有限公司	隆鑫通用动力股份有限公司	五十铃汽车有限公司（Isuzu Motors Ltd.）

续表

性质	宁波	国内	国际
大学	宁波工程学院	山东理工大学	
	宁波城市职业技术学院	哈尔滨理工大学	
	宁波大学	西南交通大学	
	浙江国际海运职业技术学院	东南大学	
		天津大学	
科研院所		中国大唐集团科学技术研究院有限公司	
		北京汽车研究总院有限公司	
		中国科学院电工研究所	
		华北电力科学研究院有限责任公司	
		江苏金陵永磁产业研究院有限公司	

宁波城市职业技术学院、宁波大学的科研资源，提高大学与企业的协同创新；最后，宁波市政府应该提高区域合作深度，宁波市相应企业应该通过协议合作、战略联盟等形式，提高国内和国际机构合作，吸收国外先进技术，推动电机领域技术发展。

五、低—低技术领域发展战略组织路线

1. 低—低技术领域人才组织安排

转向系统与发电机不同，宁波本土的科教资源薄弱，因此为丰富未来宁波本土的科教资源，不仅需要重视本土科教人才的培育，同时需加强区域外高层次科教人才的引进。宁波转向系统技术发展缓慢，区域间研发人才之间的合作对于宁波转向系统的发展显得至关重要。因此，宁波需重视本土研发人才与区域外研发人才的紧密合作。除此之外，引进国际上相关技术领域的人才对于宁波转向系统的发展也有一定的促进作用（表 12-29）。

表 12-29 低—低技术领域科教人才和研发人才（转向系统）

科教人才	科教人才机构	研发人才	研发人才机构
宗长富	吉林大学	尤伟强	宁海县海迪汽车用品有限公司
陈慧	同济大学	鲍文光	知豆电动汽车有限公司
上官文斌	华南理工大学	闫优胜	
丁问司		樊晓浒	
赵万忠	南京航空航天大学	何志刚	
		付云飞	鄂尔多斯市普渡科技有限公司
		小森宏道	日本精工株式会社
		赵万忠	南京航空航天大学
		宋海兵	江苏罡阳转向系统有限公司
		沈书成	盐城东江汽车部件有限公司
		诺德布鲁赫（Nordbruch Stefan）	罗伯特·博世有限公司
		斯图尔特·索尔特	福特全球科技有限责任公司
		金在亨（김재형）	OWin 有限公司（주식회사오윈）
		大野光之（Ohno Mitsuyoshi）	丰田自动车株式会社
		连玉波	比亚迪股份有限公司

2. 低—低技术领域资金配置安排

（1）政府投资

近年来相关汽车产业领域的政策文件关键词识别结果显示，转向系统子模块被提及的次数非常少。但转向系统却属于政府资助支持较高的技术模块。既然政府已经对转向系统有了较高的重视程度和支持力度，那么接下来就是根据现存问题进行针对性的资助和扶持。

就宁波市政府而言，一是需要在资金支持的同时对相关项目资金进行跟踪和绩效反馈，确保资助落在实处、落在具体的项目；二是应该继续支持转向系统二级模块与底盘系统一级模块中其他系统的集成式研究发展，追加一定的投资额在知识产权质量的提升上和技术知识向实际商用成果的转化上，即产品毛利润的提高上。

（2）民间资本

资料显示，目前全国 158 家汽车零部件上市企业中主营产品与转向系统有关的企业主要包括：富奥股份、南方轴承、东风汽车、江淮汽车和北特科技。将这些公司名称合并输入瑞斯数据库中的股权股东概况子类，得到的主要投资机构及个人共 741 个。按照投资次数代表投资意愿的排序方法，本课题取前 100 名投资机构及个人进行制表，并将 1～20 名划分为 A 类投资机构及个人，21～50 名划分为 B 类投资机构及个人，51～100 名划分为 C 类投资机构及个人。A、B、C 类投资机构及个人各 5 名如表 12-30 所示。

表 12-30　高—低技术领域民间资本（转向系统）

排名	A 类	B 类	C 类
1	安徽江淮汽车集团有限公司	国元证券股份有限公司约定购回式证券交易专用证券账户	蒋旭峰
2	东风汽车有限公司	靳坤	陆叶
3	合肥市国有资产控股有限公司	谢云臣	上海市企业年金发展中心银河平衡
4	史建伟	东风汽车公司	徐微
5	史维	中国建设银行股份有限公司—富国中证新能源汽车指数分级证券投资基金	张涛

3. 低—低技术领域平台资源安排

表 12-31 列举了分别在宁波、国内及国际范围内转向系统方向发展的前五名代理机构。转向系统属于低—低—低匹配类型，属于低科技投入、低利润率和低知识产权类型。对于这一类型的系统模块，政府需要做的有很多。比如政府需要

表 12-31　低—低技术领域专利代理机构 Top5（转向系统）

排名	宁波	国内	国际
1	温州市品创专利商标代理事务所	北京集佳知识产权代理有限公司	特许业务法人贵和特许事务所（特許業務法人貴和特許事務所）
2	杭州杭诚专利事务所有限公司	中国专利代理（香港）有限公司	特许业务法人仁爱特许事务所（特許業務法人あい特許事務所）

续表

排名	宁波	国内	国际
3	宁波市鄞州甬致专利代理事务所	北京清亦华知识产权代理事务所	特许业务法人荣光特许事务所（特許業務法人栄光特許事務所）
4	宁波市鄞州盛飞专利代理事务所	北京科亿知识产权代理事务所	特许业务法人酒井国际特许事务所
5	杭州君度专利代理事务所	北京维澳专利代理有限公司	特许业务法人米诺日特许事务所（特許業務法人みのり特許事務所）

综合重点实验室、孵化器和技术中心三方面资源，加紧培养转向系统的科技研发工作，加强科技投入和产出。目前为止，对转向系统各方面投入在各汽车发展模块中均处于薄弱地位，需要努力追赶其他模块。

4. 低—低技术领域技术资源安排

汽车转向器的结构很多，有蜗杆肖式、蜗杆滚轮式、循环球式、齿条齿轮式等，提及的四种转向器型式已经被广泛使用在汽车上。循环球式转向器和齿轮齿条式转向器，已成为当今世界汽车上主要的两种转向器；蜗杆式转向器和蜗杆肖式转向器，正在逐步被淘汰或保留较小的地位。美国和日本重点发展循环球式转向器，比率都已达到或超过 90%。西欧则重点发展齿轮齿条式转向器，由于齿轮齿条式转向器的种种优点，在小型车上的应用（包括小客车、小型货车或客货两用车）得到突飞猛进的发展，而大型车辆则以循环球式转向器为主要结构。

作为低—低技术领域，宁波市的转向系统目前属于技术实力较低且盈利较低的阶段。宁波汽车零部件产业转向系统未来发展方向应根据产业发展现状进行规划。首先，宁波高校中仅有宁波工程学院进行过转向系统研发工作，宁波当地并没有科研院所进行过汽车转向系统研发工作（表 12-32）。应加大宁波本土科研经费投入，提升宁波各汽车零部件公司及高校科研院所对汽车转向系统发展的重视程度。

其次，宁波市汽车零部件产业转向系统方面的专利申请量处于较低水平，而且在已有专利中大部分为外观设计专利，发明专利较少。在宁波转向系统专利申请量排名前五名的企业中宁波普瑞均胜汽车电子有限公司发明专利和实用新型专利较多，对转向系统研究较为深入，可以进行加大投资。同时，鼓励与国内的大学科研院所合作，如吉林大学、南京航空航天大学、同济大学等。

最后，宁波市政府应鼓励动力电池领域的先进跨国公司到宁波建厂并加强合作。在汽车转向系统方面，国外技术水平较为先进，研究较为深入，跨国公司到宁波建厂可以将先进的技术和国外人才同时带入宁波，带动宁波市转向系统研究与发展。

表 12-32　低—低技术领域专利申请人 Top5（转向系统）

性质	宁波	国内	国际
企业	宁海县海迪汽车用品有限公司	比亚迪股份有限公司	日本精工株式会社（NSK Ltd.）
	宁海尤师傅汽车用品有限公司	青岛盛鑫琴院机电科技有限公司	捷太格特株式会社（Jtekt Corporation）
	宁波汇悦机械有限公司	重庆长安汽车股份有限公司	蒂森克虏伯集团（Thyssenkrupp AG）
	宁波普瑞均胜汽车电子有限公司	北京汽车股份有限公司	万都公司（Mando Corporation）
	宁海春叶汽车用品有限公司	奇瑞汽车股份有限公司	电装株式会社（Denso Corporation）
大学	宁波工程学院	吉林大学	
		南京航空航天大学	
		同济大学	
		江苏大学	
		长安大学	
科研院所		中国北方车辆研究所	

第十三章　国内外汽车动力电池产业发展及知识产权布局

按照中华人民共和国国家发展与改革委员会公告定义，新能源汽车是指采用非常规的车用燃料作为动力来源（或使用常规的车用燃料、采用新型车载动力装置），综合车辆的动力控制和驱动方面的先进技术，形成的技术原理先进、具有新技术、新结构的汽车。就传统汽车而言，“得发动机者得整车”，因为动力系统是汽车的核心命脉；而对于新能源汽车来说，动力电池是整车企业差异化竞争的必然选择，“得动力电池”则意味着赢得了可持续发展和规避同质化竞争的先机条件（赫荣亮，2018；刘艳，2018）。在新能源汽车发展浪潮下，核心动力总成已经不再是发动机、变速箱，而是电池、电机、电控组成的大三电系统，其中技术仍在快速迭代，成本和利润占比最高的电池是重中之重。因此，本章以汽车动力电池产业为例，从产业总体发展态势、国内外重点企业、主要政策支持以及知识产权发展等方面，揭示国内外汽车动力电池产业发展的背景与现状。

第一节　汽车动力电池产业总体发展态势

大力发展电动汽车是国际社会有效应对能源与环境挑战、实现汽车工业可持续发展的重要战略举措。电动汽车发展的终极目标是实现纯电驱动的普及，彻底摆脱对石油资源的依赖。显然，实现这一目标的技术关键是高性能的动力电池。由于电池的比能量决定了车的一次充电续航里程，而续航里程又决定了驾驶的便利性，并最终影响到电动汽车的市场接受度（杨帆、孔方方，2014）。因此，在确保电池高安全性、长寿命、低成本以及良好的高低温性能和倍率性能等技术经济指标的前提下，大幅度提升动力电池的能量密度对于纯电驱动电动汽车的发展和普及十分重要。

车用动力电池的能量密度、安全性、环境适应性、寿命及可靠性提升与成本下降是产业技术发展领域，基于新材料和结构的高性能动力电池技术已经成为各国竞争焦点。在美国、日本、欧盟、德国、韩国等国家和地区的科技规划以及重点企业战略规划中，重点关注高性能电池材料、高性能锂离子动力电池、高性能电池包、电池管理系统、热管理技术、电池标准体系、下一代锂离子动力电池、锂金属电池、电池梯级利用及回收技术、电池生产制造技术及量锰酸锂混合。我国从“十一五”开始，车用动力电池技术取得明显进步，当前能量型锂离子动力电池单体能量密度达到 160～180Wh/kg，功率型新型锂离子电池功率密度达到 3 000W/kg（艾新平、杨汉西，2014）。但动力生产企业总体实力不强，产业链条不完整，需要研究机构、电池生产企业与整车企业共同努力，突破关键技术环节，特别是电极材料、隔膜、电解质、电池自动化生产关键设备方面的核心技术，才能使我国的动力电池产业在 2020 年的技术水平居于国际先进地位，产业规模达到世界的 30%。

一、汽车动力电池材料发展态势

在现有的新能源汽车动力电池中，锂离子电池生产成本相对较低，重复充电利用非常方便，相比其他可携带能源具有更高的成本优势。因此，这类电池成为目前最受欢迎的动力源。目前锂离子电池的主要生产国是日本、韩国和中国。其中，日本和韩国占全球动力电池市场近 70%，主要是因为其专业分工明确，行政壁垒较少，整车厂和系统集成商的系统集成能力远高于中国纯电动汽车生产商。锂离子动力电池主要由正极材料、负极材料、电池隔膜和电解液四部分组成（表 13-1）。

表 13-1　锂离子电池主要材料构成

组成部分	常用材料
正极材料	钴酸锂（$LiCoO_2$）、锰酸锂（LMO）、三元材料（NMC）、磷酸铁锂（LFP）
负极材料	石墨、石墨化碳材料、改性石墨、石墨化中间相碳微珠
隔膜材料	聚乙烯（PE）或聚丙烯（PP）微孔膜
电解液溶剂	碳酸乙烯酯（EC）、碳酸丙烯酯（PC）、碳酸二甲酯（DMC）、碳酸二乙酯（DEC）、二甲氧基乙烷（DME）

1. 正极材料

当前正在使用和开发的锂电池正极材料主要包括钴酸锂、镍钴酸锂、镍锰钴三元材料，尖晶石型的锰酸锂，橄榄石型的磷酸铁锂等。根据正极材料分类，发展锂离子动力电池路线主要有三条：改性锰酸锂、三元材料和磷酸铁锂。目前钴酸锂依然是小型锂电领域正极材料的主力，主要用于传统 3C（Computer，Communication，Consumer Electronic）领域等；三元材料和锰酸锂主要用于电动工具、电动自行车和电动汽车等领域，在日本与韩国其作为动力电池的技术较成熟；磷酸铁锂主要在国内的动力电池领域应用，还用于基站和数据中心储能、家庭储能、风光电储能等领域。

（1）锰酸锂（LMO）

LMO 具有原料成本低、合成工艺简单、热稳定性好、倍率性能和低温性能优越等优点，日本与韩国的主流锂电池企业近年来一直采用 LMO 作为大型动力电池的首选正极材料。日韩在锰系正极应用方面取得的重大进展，以及市场代表性车型日产 Leaf 和通用 Volt 的商业化应用，显示出正尖晶石 LMO 在新能源汽车领域的巨大应用潜力。

容量过高的 LMO 在高温下锰的溶解将十分严重，一般来说，容量高于 100 mA/g 的 LMO，其高温性能无法满足动力需求。动力型 LMO 的容量一般在 95～100 mA/g，这就决定了 LMO 只有在功率型锂离子电池上才能有用武之地。因此，就现阶段而言，电动工具、混合动力电动汽车（HEV）和电动自行车是 LMO 的主要应用领域。从价格看，目前国内高端动力型 LMO 的价格一般在 8 万～10 万/吨，如果考虑到锰（Mn）金属价格太低导致 LMO 基本没有回收再利用的价值，那么 LMO 跟 LFP 一样都是属于“一次性使用”的正极材料。

相比较而言，NMC 可以通过电池回收而弥补 20%～30%的原材料成本。由于 LMO 和 LFP 在很多应用领域是重合的，LMO 必须把价格降到足够低，才能相比 LFP 具有整体上的性价比。考虑到目前国内动力电池市场绝大部分被 LFP 电池占据的现实情况，高端动力型 LMO 材料必须将价格降低到 6 万/吨左右的水平，才会有被市场大规模接纳的可能性，因此国内 LMO 厂家依然任重而道远。

（2）磷酸铁锂（LFP）

作为当前国内锂离子动力电池首选材料，LFP 具备以下优势：第一，动力电池安全性要求高，选用 LFP 安全性能良好，未发生过起火、冒烟等安全问题；第二，从使用寿命角度看，LFP 电池可达到与车辆运营生命周期相当的寿命；第三，在充电速度方面，可兼顾速度、效率和安全。因此，LFP 动力电池仍然是当前最符合国产新能源客车安全需求的动力电池。

鉴于载客数量大的特殊性，与轿车等小型乘用车相比，安全问题在新能源客车行业的重要性要优先于续驶里程等性能问题，因此，动力电池系统管理应该首要考虑安全要素。综合比较当前主流电池技术路线，可以认为，LFP 电池是当前最适合电动客车的技术选择。

从产品技术来看，首先，按功率设计的 LFP 电池也是可以快速充电的。客车行业龙头宇通客车使用宁德时代产品后的数据显示：LFP 电池使用 80%后进行快充，可以安全达到 4 000～5 000 次循环；使用 70%后进行快充，可以保证 7 000～8 000 次循环。其次，在现阶段，LFP 的量产成熟度要比 NMC 和多元复合材料更高；从材料层面讲，LFP 比 NMC、多元复合材料具有更高的安全性。在中国动力电池市场上，LFP 电池占据了 80%左右的份额。随着 NMC 动力电池的不断扩张，LFP 一枝独秀的局面正在改变。但是 LFP 动力电池被引进中国后，从 2010 年上海世博会上的新能源汽车到现在国内市场的几万辆纯电动汽车，LFP 电池仍是新能源汽车用动力电池的主流。随着国内动力电池市场需求的不断增加，日渐成熟的 LFP 动力市场也将呈现一个持续的正增长态势。

（3）三元材料（NMC）

NMC 具有较高的比容量，因此单体电芯的能量密度相对于 LFP 和 LMO 电池而言有较大的提升。近几年来，NMC 动力电池的研究和产业化在日韩已经取得了较大的进展，业内普遍认为 NMC 动力电池将会成为未来电动汽车的主流选择。一般而言，基于安全性和循环性的考虑，NMC 动力电池主要采用 333、442 和 532 这几个镍（Ni）含量相对较低的系列，但是由于 PHEV/EV 对能量密度的要求越来越高，622 在日韩也越来越受到重视。当前 NMC 应用于动力电池存在的主要问题在于以下三方面。① 安全性：NMC 电芯产气较严重，导致安全性问题比较突出；② 循环性：NMC 在反复充放电过程中对结构产生破坏，导致材料循环不佳；③ 能量密度：NMC 是一次颗粒团聚而成的二次球形颗粒，由于二次颗粒在较高压实下会破碎，从而限制了 NMC 电极的压实，也就限制了电芯能量密度的进一步提升。

相对于 LMO、LFP，NMC 更加适用于电动工具和动力电池领域。近几年来，电动汽车对动力电池能量密度的要求有明显的提高趋势，已经有汽车厂商开始在 HEV 和插电式混合动力电动汽车（PHEV）上试验 NMC 电芯。如果仅从能量密度的要求而言，HEV 的能量密度要求较低，LMO、LFP 和 NMC 电芯都可以满足要求；PHEV 的能量密度要求较高，目前只有 NMC/NCA 电芯可以满足 PHEV 的要求，而受到 Tesla 动力电池技术路线的影响，NMC 也必然会在纯电动汽车（EV）上有扩大应用的趋势。日本和韩国已经将动力电池的研发重点从 LMO 电池转移到 NMC 电池，这一趋势非常明显。国家工信部给新能源汽车动力电池企业下达的三个硬指标是：2015 年单体电池比能量达到 180 Wh/kg 以上（模块比能量 150 Wh/kg 以上），循环寿命超过 2 000 次或日历寿命达到 10 年，成本低于 2 元/Wh。目前只有 NMC 电芯可以同时满足这三个指标。因此，NMC 必将在未来成为动力电池的主流正极材料，而 LMO 和 LFP 由于自身缺点的限制将只能屈居配角（丁玲，2015）。

2. 负极材料

高比容量、高充放电效率、高循环性能以及低成本等的负极材料已成为研究开发和产业化的热点（表 13-2）。一般应满足以下条件：良好的电子电导率；锂离子扩散系数大；嵌锂前后变化体积小；嵌锂可逆容量高；反应自由能变化小，嵌锂电位低；高度可逆性；与电解液相容性好等（常鸿雁，2010）。

表 13-2 动力电池用负极材料技术发展现状

产品类别	比容量（mAh/g）	发展领域	优点
天然石墨	≥360	低成本化，改善循环	技术及配套工艺成熟，成本低
人造石墨	≥350	提高容量，低成本化，降低内阻	技术及配套工艺成熟，循环性能好
中间相碳微球	≥340	提高容量，低成本化	技术及配套工艺成熟，循环性能好，倍率性能好
硬碳	≥430	提高首次效率，降低成本	倍率性能好，安全性能好
软碳	≥400	提高首次效率，提高压实密度	具有快速充放电、良好的低温性能和循环性能，成本优势
硅碳	≥800	提高首次效率，提高循环稳定性，抑制体积膨胀	原料丰富，容量高
钛酸锂	≥160	解决钛酸锂与正极、电解液的匹配问题，提高电池能量密度	倍率性能、高低温性能、循环性能及安全性能优异

在市场上主要应用的负极材料是人造石墨、乙炔黑、合金和天然石墨，其中天然石墨和人造石墨的市场占有率最高，两者在 2012 年所占的市场份额分别为 59%和 30%。日本、中国等国家有许多公司从事负极材料方面的研发。

3. 隔膜材料

在隔膜领域，市场化的隔膜主要是以 PE、PP 为主的聚烯烃隔膜。其生产工艺可分为干法和湿法两大类，干法工艺又可以细分为单向拉伸工艺和双向拉伸工艺。随着动力电池对安全性要求的逐步提升，隔膜的各项性能指标要求也相应的需要提升。“十三五”期间，新型隔膜材料如聚酰亚胺（PI）、无纺布材料等将得到产业化的机会，另外隔膜的涂覆技术将更加成熟，涂覆材料的应用将更加广泛。预计到“十三五”末，中国的隔膜将完全取代进口，出货量将达到 10 亿平方米以上，以星源材质、沧州明珠、格瑞恩、金辉高科、武汉惠强等新能源为代表的隔膜企业将迎来更好的发展机遇。

4. 电解液

目前动力电池仍然是以六氟磷酸锂（$LiPF_6$）为电解质盐、EC 和直链碳酸酯组成的混合溶剂为电解液。EC 和 PC 的润湿性较差，而直链碳酸酯 DMC 和 DEC 具有较好的润湿性，含有 DEC 的混合溶剂具有较好的润湿性和离子电导率。综合电化学稳定性、离子电导率、隔膜润湿性、高低温性能等，一般的电解液含有 EC 和 DEC 的基本成分。为提高固体电解质相间界面（SEI）膜的稳定性，常在电解液中添加碳酸亚乙烯酯（VC）、碳酸乙烯亚乙酯（VEC）以及含硫（S）和硼（B）的添加剂等；为防止过充电，常加入联苯等添加剂；为提高安全性，加入磷酸酯类阻燃剂和氟取代溶剂（严红，2015）。

$LiPF_6$ 是最常用的电解质锂盐，是未来锂盐发展的领域。尽管实验室里也有用高氯酸锂（$LiClO_4$）、六氟合砷酸锂（$LiAsF_6$）等作电解质，但因为使用 $LiC1O_4$ 的电池高温性能不好，再加之 $LiClO_4$ 本身受撞击容易爆炸，又是一种强氧化剂，用于电池中安全性不好，不适合锂离子电池的工业化大规模使用。$LiPF_6$ 对负极稳定，放电容量大，电导率高，内阻小，充放电速度快，但对水分和氟化氢（HF）酸极其敏感，易于发生反应，只能在干燥气氛中操作（如环境水分小于 20×10 的手套箱内），且不耐高温，80℃～100℃发生分解反应，生成五氟化磷（PF_5）和氟化锂（LiP），提纯困难，因此配制电解液时应控制 $LiPF_6$ 溶解放热导致的自分解及溶剂的热分解。国内生产的 $LiPF_6$ 百分含量一般能够达标，但是 HF 酸含量太高，无法直接用于配制电解液，须经提纯。过去 $LiPF_6$ 依赖进口，现在国内有一些厂家也能提供质量好的产品，如汕头市金光高科有限公司、天津化工设计研究院、山东肥城市兴泰化工厂等。国外生产的 $LiPF_6$ 质量较好，配制成电解液，水分和 HF 酸含量稳定，电解液不会变黏发红。

近年来，全球锂离子电池电解液产业发展平稳，市场主要集中于日本宇部公司和 ECOPRO（韩国第一毛织城）公司，两家公司大约占全球市场份额的 50%。排在其后的企业依次为：三菱化学、富山化学、三井化学、岸田化学、张家港国泰荣华及其他企业。国产电解液是从 2002 年进入市场并逐步取代进口产品的，通过不断改进和提高，产品质量已达到国际先进水平。目前国内电池生产商电解液配套已基本实现国产化，只有少部分使用进口电解液。国内生产电解液的主要单位有江苏国泰旗下国泰荣华、天津金牛、东莞杉杉、汕头金光、珠海赛纬电子、广州天赐、北京创亚化工公司等 10 余家，年生产能力都在千吨级以上，涉及高、中、低端各个市场，可满足我国锂离子电池生产的需要，并有部分出口。

纯电动汽车已成为我国未来汽车交通的重要领域，这为锂离子动力电池提供了广阔的市场前景，同时为锂离子正负极材料、电解液的发展提供了较好的平台。目前关于锂离子动力电池的成本问题，安全性是制约其应用于动力系统的最大“瓶颈”，进一步降低成本，解决锂离子动力电池在大电流工作状态下由温度升高引起的安全性问题是必须首要解决的问题。因此，研究开发适用于电动车的低成本、安全性更好的动力电池正负极材料和与之相匹配的电解液首当其时，将具有极大的市场前景和技术经济效益。

二、汽车动力电池回收与梯次利用现状

车用动力电池的梯次利用，是指对电动汽车上的废旧动力电池进行拆解、检测、分类、重组，根据电池的使用状况将其分档利用，应用于其他领域，充分发挥其剩余价值（代晓霞，2018；贾晓峰等，2018）。动力电池的梯次利用作为动力电池回收再利用的首选，可以有效降低动力电池的使用成本，对电动汽车市场的发展有着很重要的意义。随着近几年电动汽车销量的突飞猛涨，车用动力电池的保有量也随之增长，随之产生的问题也日益凸显，退役的电池组在拆解、检测、分类、二次成组中的技术和安全问题，锂离子电池的成本问题，整个电池产业链不完善的问题等，都是关系行业发展急待解决的难题（夏重凯，2016）。目前，动力电池梯次利用的未来主要应用领域为储能领域，例如将动力电池作为分布式发电的储能系统，可以有效解决分布式发电随机性的问题，提高供电的稳定

性和降低发电成本。如果能做好动力电池的梯次利用，不仅可以降低动力电池的使用成本并延长使用寿命，还可以有效降低储能成本并对可再生能源的发展起到帮助作用。

1. 国外汽车动力电池梯次利用现状

目前全球范围内都在积极开展有关动力电池梯次利用的研究，德国、美国、日本等国家由于起步较早，如今已经有了很多成功的示范工程和商业项目，大部分是以储能二次利用为主。例如，日本的 4R Energy 将日产 Leaf 汽车的二手电池用于家庭和商业储能，德国博世集团则利用宝马的纯电动汽车退役的动力电池建造 2MW/2MWh 的大型光伏站储能系统，美国公司 FreeWire 面向办公区域开发了一款可移动的电动汽车充电宝，基于退役的废旧动力电池供能。表 13-3 总结了目前国外动力电池梯次利用的典型成功案例。

表 13-3　国外动力电池梯次利用的典型成功案例

国家	应用领域	案例概述	参与主体
日本	家庭、商业储能	由日产汽车和住友集团合资建立的 4R Energy，销售或租赁日产 Leaf 汽车的二手动力电池用于家庭和商业储能	4R Energy 公司
日本	家庭储能	夏普公司开发智能功率调节器，让车载动力电池可以应用于家庭储能	夏普公司
美国/日本	家庭储能	美国 EnerDel 公司和日本伊藤忠商事在部分新建公寓中推广梯次利用电池	美国 EnerDel 公司、日本伊藤忠商事
美国	家庭、商业储能	美国 Tesla Energy 开发了 Powerwall 和 Powellpack，分别面向家庭储能系统和商业储能系统	特斯拉（Tesla Energy）
德国	电网储能	德国博世集团利用宝马 ActiveE 和 i3 纯电动汽车上退役的动力电池建造 2MW/2MWh 的大型光伏站储能系统。该系统建造在德国柏林，由瓦腾福公司负责日常运行和维护	博世、宝马、瓦腾福公司
美国/瑞典	电网储能	美国通用公司与瑞典 ABB 集团联合开展关于车用锂电池的梯次利用的研究，主要面向智能电网，用来储存太阳能、风能等分布式发电系统产生的电力	通用公司、ABB 集团

2. 国内汽车动力电池梯次利用现状

动力电池的梯次利用目前在国内的发展相较于世界范围仍有一定的差距，由于是近几年才开展相关的研究和应用，目前还停留在示范工程阶段，并没有成熟的商业化运作。例如：由中国电科院、国网北京市电力公司与北京交通大学协作完成的 100kWh 梯次利用电池储能系统的工程示范，北京市科技计划“电动汽车锂离子电池系统全生命周期利用技术研究与示范”课题由国网北京市电力公司、北京工业大学与北京普莱德新能源电池科技有限公司共同完成，利用退役的动力电池在低速电动车和电力直变站电路系统上进行改装，实现了动力电池梯次利用效率最大化等工程项目。表 13-4 列举了目前国内典型的动力电池梯次利用示范工程。

表 13-4 国内动力电池梯次利用的典型成功案例

应用领域	案例概述	参与主体
电网储能	由中国电科院、国网北京市电力公司与北京交通大学耗时两年共同完成的 100kWh 梯次利用储能系统的工程示范	中国电科院、国网北京市电力公司、北京交通大学
低速电动车/电网储能	利用退役的动力电池，在电动场地车、电动叉车和电力变电站直流系统上进行改装示范，用作低速电动车动力源和电网储能	国网北京市电力公司、北京工业大学、北京普莱德新能源电池科技有限公司
电网储能	利用 2008 年北京奥运会退役的电动汽车锂电池，完成了 360kWh 梯次利用智能电网储能系统	北京海博思创科技有限公司、国网北京市电力公司
低速电动车	国网浙江电力公司对电动汽车退役的动力电池进行重组，用于 48V 电动自行车的动力电源	国网浙江电力公司
电网储能	国网河南电力公司在郑州市建立了基本退役的动力电池的混合微电网系统，联调成功，在一年时间内累计发电超过 45MWh	国网河南电力公司

三、我国汽车动力电池产业发展主要挑战

我国目前车用动力电池技术路线选择的是与美国相同的磷酸铁锂路线，但锂电池技术整体水平仍落后于美国、日本。例如日本电池平均能量密度高出中国平均水平的 30%～40%，充电次数也能达到中国的几倍。我国锂离子电池产业发展尚需克服以下问题。

1. 知识产权问题

磷酸铁锂的正极材料专利由美国德州大学Goodenough 团队在1996 年获得。加拿大H-Q 和Phostech 则取得其独家专利和商业授权。目前陆续发展出了敷碳、金属氧化物包覆、纳米化等改性和制备技术，借此提高磷酸锂铁粉体的导电性并派生出更多专利。因此，专利问题是国内磷酸铁锂制造企业难以避开的问题。

2. 制造一致性问题

电动汽车所用的锂电池都是串联或并联在一起，如果一致性问题得不到有效解决，所生产的锂电池也就无法大规模应用于电动汽车。

3. 成组后安全性和寿命问题

大功率充放电的大容量锂离子动力电池组，在苛刻的使用条件下更易诱发电池某个部分发生偏差，从而引发安全问题。单体磷酸铁锂电池寿命可超过 2 000次，但由上百块单体电池串并联后，整个电池组的寿命可能只有500 次，必须使用电池管理系统（BMS）对电池组进行合理有效的管理和控制。

4. 高能量和高功率兼容问题

锂离子动力电池虽然具有高能量密度，可使电动汽车匀速行驶更长时间，但却存在起动时功率不够、起动加速较慢的问题。在电化学体系中只有超级电容器才能获得非常高的充放电倍率（1 000 C），但其能量密度只有锂电池的1/20。若不辅以超级电容，尚无理想的高容量高功率动力电池出现。

5. 原材料筛选问题

现在用于锂电池生产的原材料不可能全部进口，主要还是取自国内。但是，国内的原材料要通过国际认证，生产出的锂电池才能被国际认可，所以目前还需要解决在原材料认证环节上所存在的一些问题。在燃料电池方面，要实现其产业化，必须使其产生的电力成本（当前为49 美元/kW）降低或推进新能源汽车从实验室走向市场的创新模式和路径。2009～2013 年的 5 年间，上汽集团在新能源汽车领域研发投入已经有56 亿元，自主品牌研发工程师队伍已经超过3 000 名。上汽集团自主品牌新能源汽车研发及产业化取得显著成果。

第二节　汽车动力电池产业发展重点企业分析

国际、国内及宁波市部分新能源动力电池重点企业概况如表13-5 所示。得益

表 13-5　新能源动力电池重点企业概况

	名称	基本信息	产品信息及地位	未来竞争优势
国际公司	特斯拉	2003，硅谷	纯电动整车及跑车	旗舰车型 Model3 系列
	松下电器	1918，日本	特斯拉动力电池独家供应商	2017 年开始注资中国共同生产研发特斯拉使用的三元锂离子电池和电芯
	东瀛之花	1956，日本	搭载日产聆风系列	同中国金沙江资本合并，生产优质电芯和电极
国内公司	宁德时代	2011，福建	电动汽车及储能系统的锂离子电池，电动汽车电池模组，电动汽车电池系统	注资维美德，为公司扩展积蓄实力，逐渐打开欧洲市场
	比亚迪	1995，深圳	磷酸铁锂动力电池（自用）以及电池、电机、电控等	全产业链战略，闭环发展的技术和运营模式
	国轩高科	2006，合肥	锂离子动力电池、电池四大关键核心技术，即正极、负极、电解液和智能控制技术	筹资建设 10 000 吨高镍三元材料项目，布局高性能动力电池核心路线
	亿纬锂能	2001，惠州	锂原电池、锂离子电池、电源系统	聚焦新能源动力电池主业，投资建设高性能锂锰电池，智能电网、智能交通、新能源汽车及特种行业等实现全覆盖
宁波公司	宁波均胜电子股份有限公司	2004，宁波	电池管理系统（电池管理单元和电芯监控传感单元）	奔驰、宝马主要供货商，丰富的并购经验和难以超越的技术优势
	宁波杉杉股份有限公司	1989，宁波	锂电池材料、电池系统集成、能源管理、充电桩建设	业务领域不断扩展，优先布局创投、融资租赁和商业保理以及新能源产业
	宁波旭升汽车技术股份有限公司	2003，宁波	新能源汽车变速系统、传动系统、电池系统	特斯拉一级供应商

于政府的大力推动，截至 2017 年，中国的新能源汽车产量、销量已占据全球 40% 以上。尤其是新能源汽车的上游供应链，我国更是具有明显的领先规模优势，例如宁德时代（CATL）、比亚迪动力电池的出货量稳居全球前列。同时，随着国内双积分政策的正式实施，各大车企纷纷加大对中国新能源汽车市场的投放力度，

进一步巩固了中国新能源汽车在全球的领先地位（袁博，2017）。可以看到，我国汽车市场正在逐步开放，一方面体现了我们在汽车制造大国、新能源汽车强国方面的自信；另一方面，也给自主汽车品牌企业提出了更高的要求和挑战，具有核心竞争力（研发、产品、渠道、供应链）的行业龙头将充分体现其竞争优势。

一、国际汽车动力电池重点企业

随着新能源汽车产业的全球化加速推进，老牌车企纷纷布局抢占新能源市场。2017 年 9 月，奔驰官方对外宣布在五年内做到本公司燃油车全部停产的计划；沃尔沃也承诺在 2019 年之前将产品线全部改造成电气化；福特旗下的豪华汽车品牌林肯计划于 2022 年实现将所有车型改造成电动或混合动力版本；大众将会在 2020 年全面推出 13 款新能源产品，将电动车及插电式混动车在产品矩阵的占比提高到 65%。此外，各国纷纷出台政策，推动新能源汽车的全球化发展。美国 ZEV 法案、欧洲汽车排放标准以及中国双积分政策纷纷对新能源汽车提出相关要求，各国环境法规成为推动动力电池产业发展的关键因素。

从全球行业整体来看，量变推动质变的效用已经产生，加速转型催生了供给端加速改善的事实。2017 年规划的新车型种类从 2016 年的 55 款增加到至少 162 款，全球新能源动力电池企业都在加速备战。具体到车企层面，全球至少 27 家车企宣布全面转型新能源，尤其产销量规模最大的大众和丰田放弃原有的专一节能技术、混动+燃料电池等单一技术路线（王静宇，2017）。

质变撬动需求，新能源 2.0 时代已经来临。量变必然伴随并加速质变，新能源汽车持续改善的产品品质将进一步撬动市场需求。2017 年全球市场回暖趋势非常明显，新能源汽车上半年累计销售 44 万辆。2.0 时代新能源汽车消费用户呈回暖趋势，更具竞争力的车型也不断进入市场，包括海外的特斯拉 Model 3、丰田 PriusPrime、第二代日产 Leaf 等，以及国内上汽的 E/eRX5、宋 DM 等，月度销量不断冲破以前少见的 5 000 辆水平。国际车企逐渐形成以大众、日产雷诺、特斯拉、通用为一线阵营，福特、宝马、丰田为二线阵营的新能源转型格局。

1. 特斯拉

（1）基本信息

2003 年，来自硅谷的创业团队创建了最初的特斯拉——一家电动车整车及新能源公司。今天，特斯拉不仅制造纯电动汽车，还生产能够无限扩容的清洁能源收集及储存产品。特斯拉的理念是让世界尽早摆脱对化石燃料的依赖，向零排放迈进，从而为全人类创造更美好的未来。

特斯拉于 2008 年推出 Roadster 车型，揭开了先进电池技术和电动动力总成的神秘面纱。全球首款纯电动豪华轿车 Model S，集安全、性能和高效于一身，且其行驶里程完全超越其他电动车，经美国《汽车族》杂志的测试，Model S 的 0～60 英里每小时加速仅 2.28 秒，彻底颠覆了人们对于 21 世纪汽车的期待。

（2）产品信息

特斯拉于 2015 年正式发布 Model X，于 2016 年发布了价格更亲民的量产纯电动汽车 Model 3。特斯拉汽车的整车及绝大多数零部件都由位于美国加州的 Fremont 工厂生产，随着产品线的不断丰富和持续扩容，其生产计划也在 2018 年提升至 500 000 台/年。

此外，特斯拉还设计了由 Powerwall、Powerpack 和 Solar Roof 等组成的独特的能源解决方案，使居民、企业和公共事业单位能够管理可再生能源发电、存储和消耗。Gigafactory 工厂旨在降低新能源动力电池的电芯成本，支持特斯拉汽车和新能源产品的发展。同时，特斯拉 2018 年锂离子电池年产量超过 2013 年全球产量之总和。

（3）竞争优势

新一代旗舰车型特斯拉 Model 3 已于 2017 年 2 月开始量产，近 50 万个订单的事实将特斯拉引领的新能源动力汽车产业市场又一次迅速地拉入人们的视线，同时推动全球车企加速向新能源产业转型。需要注意的是，2016 年全球新能源汽车销量冠军 5 万辆，这种量级的跃迁实现了产业的完全扭转，市场对新能源汽车小众定位的认知也在迅速转变。

2. 松下电器

（1）基本信息

Panasonic 公司（パナソニック株式会社），原名松下电器产业公司（松下电器产业株式会社），为日本的大型电器制造企业，总部设于大阪。众所周知，松下电池是特斯拉动力电池独家供应商。从一定程度上来说，也可以说是松下成就了特斯拉。特斯拉车型具有电池容量大、销量高的特点，松下新能源动力电池产能高达 3 088MWh，稳居榜首且将继续保持世界动力电池头牌地位。

（2）产品信息

从 2009 年新能源电动汽车的大力推广开始，电动汽车如今在华发展已经越来越被重视，进展得如火如荼。在中韩萨德事件之后，三星和 LG 化学在新能源推广目录当中相继失宠，失去了与补贴绑定之后的价格优势，留下大片市场。在一定程度上受萨德事件的影响，韩系电池在华受阻，日系电池抓住机会抢占中国市场，会对电池行业甚至新能源汽车行业产生促进和变革作用。2017年，松下与中国电池工厂合资建厂，生产的电池与特斯拉使用的18650型三元锂离子电池相同。

（3）竞争优势

在业内看来，松下此次在华建厂选择了与本土企业合资的方式，或许更符合中国国情。据悉，本次与松下建立合作的中国企业为捷星新能源科技（苏州）有限公司，中国电池工厂的合作协议也已经签订，在2017年下半年投入生产，2017年电芯年产能约为1亿支。值得注意的是，本次的建厂合作，苏州市政府也出资参与，与松下形成紧密的合作关系。

3. 东瀛之花

（1）基本信息

东瀛之花（Automotive Energy Supply，AESC），一度辉煌的AESC如今因业务亏损等因素被转卖至中国。AESC为日产旗下电池子公司，此前主要生产锰酸锂软包电池，目前已开始转向三元系，能量密度达到233Wh/kg，虽然低于国际一流企业，但依然具备了较强的竞争实力。

（2）产品信息

AESC电池主要搭载在日产聆风上，2016年度全球销量第三。但由于聆风的电池容量不大，因续航里程的缘故而逐渐失去竞争力，在北美的电动车销量有所下滑，没有前几年的统治力。

2017年8月8日，日产公告将旗下的电池企业AESC与部分海外电池工厂出售给金沙江资本。目前尤夫股份、骆驼股份、宁波华翔、海峡石油化工（H股）与大港股份五家上市公司公告将参与日产电池的收购。AESC的20GWh基地将落户镇江。新能源汽车产业链中重要的“双核”机制：锂钴资源端和高端动力电池产能，将会成为未来十年产业链竞争的焦点。本次国内资本出海收购AESC，就是高端电池产能争夺进入白热化阶段的体现。

（3）竞争优势

2017年11月23日，一年一度的全球电池行业盛会——第5届中国（广东•汕头）锂电新能源产业国际高峰论坛（ABEC2017，锂电“达沃斯”）在广东汕头隆重开幕，来自全球锂电新能源产业链的矿产资源、正负极材料、隔膜、电解液、设备、检测、电芯制造及组装（PACK）、电池管理系统（BMS）、新能源汽车、充电桩、储能等700多位重量级贵宾、行业企业家出席。金沙江资本董事局主席、创始人伍伸俊表示，金沙江资本计划在未来3～5年内，在国内新建50GWh的AESC电芯工厂。在并购AESC的同时，将完成并购其上游电极片供应商NECED，并利用NECED先进的电极片技术和生产工艺控制以及集中规模化生产的优势，降低成本，保证电芯的技术参数和生产供应。同时，金沙江资本在国内规划建设电极片工厂，向AESC电芯厂和其他友商供应优质电极片。为实现产业优势，金沙江资本还布局产业链上游，在南美洲、非洲、欧洲等地区并购锂、钴、镍等矿产，优化成本。

全球新能源投资正流向新能源汽车行业，产业投资超1万亿。2017年1月～10月，在新能源汽车行业有超过40个并购案例，涉及并购总资金超1 000亿。金沙江方面表示，不管是国内资本还是国外资本，全球资本正在积极地流向中国，流向中国产业，新能源汽车特别是新能源汽车动力电池，将会是未来10年、20年甚至30年中发展最快的行业。

二、国内汽车动力电池重点企业

国内政策对新能源汽车动力电池的驱动力度不断加大，双积分政策持续助力补贴，以2020年产200万辆新能源乘用车+需要新能源正积分填补大量负油耗积分为纲，直接强制行业向新能源、低油耗转型，各大车企迅速跟进出台应对方案。这也是促进我国乘用车实现油耗型到锂电型推广的重要改革节点。

国内车企中，上汽自主、北汽新能源、吉利、比亚迪具备先发优势，规划详尽、谱系全面，全方位提升路径明确；后发车企如长城、广汽等也在加速布局、投放。先发和后进格局布局全面，合力推动的新能源汽车动力电池货量增长的局势非常明确。

此外，全球化趋势助推国内锂电设备市场空间进一步打开。第一，国际锂电巨头纷纷来华建厂，新能源全产业链有保障。LG化学、三星SDI、松下均在国内设立投产计划并相继落实。日韩巨头的冲击在给国内锂电池企业带来技术和产销压力的同时，也将进一步激活上下游产业链，对国内锂电池乃至新能源汽车市场的发展起到巨大的促进作用。第二，车企+锂电企业的联合办厂模式或成趋势，将深度影响行业格局。车企提供市场，锂电企业提供技术，实现全产业链强强联合的态势。强势企业联合办厂以健全产业链，谋求更大的发展空间；弱势企业增资困难，面临淘汰。联合办厂将深度影响行业格局，加速行业分化进程。第三，新能源汽车全球化趋势利好国内锂电设备行业。新能源汽车全球化趋势下，燃油车逐渐退出市场，新能源车的市场份额逐渐提升，对动力电池需求的大幅增长将带动锂电设备的市场空间持续扩大。因此，全球化趋势带动国内锂电设备产品推陈出新，推动动力电池和锂电设备行业集中度提高，利好国内锂电设备企业中长期发展。

关于未来的锂电池格局，当是强者恒强，弱者淘汰，这是国家战略，国家明确了要扶植几家有发展潜力的动力电池企业。第一步，就是强制锂电池目录，使得没有纳入目录的基本就会被淘汰；第二步，动态调整目录，把不符合规格的锂电池调整出目录，使得锂电池的产销更集中于要扶植的企业（白雪、张祥，2017）。

目前能进入主流车企供应链的动力电池供应商不足十家，未来主要是这几家之间的竞争，而竞争主要集中在技术、客户、服务和资金方面。未来主要是宁德时代、国轩和力神的竞争。力神由于机制问题，很有可能会落到第二梯队。第一梯队是宁德时代和国轩。沃特玛、中航、亿伟锂能等会成为第二梯队。还有其他的第三梯队，如智慧能源、比克、万向等。据年报分析和归纳，再往后的企业可能需要花费很大的财力和精力才能进入主流车企供应链。

1. 宁德时代

（1）基本信息

时代新能源科技有限公司（CATL）成立于 2011 年，公司总部位于福建。公司致力于通过先进的电池技术，为全球绿色能源应用提供高效的能源存储解决方案。公司建立了动力和储能电池领域完整的研发、制造能力，拥有材料、电芯、电池系统、电池回收的全产业链核心技术（郑梅云，2017）。

日前，时代投资 3 000 万欧元（折合 3 138.9 万美元）参股芬兰维美德汽车有限公司，获得该公司 22%股权，并且双方均表示将共同致力于电动汽车领域的技术合作。通过购得维美德 22%的股份，二者在电动汽车解决方案领域建立起战略性合作伙伴关系，并将获取共同的高端汽车客户深入合作渠道。此次双方的合作对于时代至关重要，将增强其整体实力并强化调整其市场定位，使其能够快速进军欧洲电动车市场。

（2）产品信息

宁德时代研发生产电动汽车及储能系统的锂离子电池、电动汽车电池模组、电动汽车电池系统、动力总成、大型电网储能系统、智能电网储能系统、分布式家庭储能系统及电池管理系统（BMS）。在电动汽车领域，公司已与德国、美国等国际顶级汽车厂商及国内众多知名汽车厂商建立了深度合作关系，为全球客户研发、生产纯电动汽车、混合动力汽车的动力电池系统，同时公司还承担了2012年度国家新能源汽车产业技术创新工程项目（蔡东山，2015）。在储能领域，公司承接了部分关键客户的大型储能项目，年项目总量已超过 40MWh，公司还将深化与国内可再生能源发电集中地的省区合作关系。公司已建立起一支涵盖产品研发、工程设计、测试验证、制造等领域强大的研发团队，其中包括1名国家千人计划专家、3 名福建省百人计划专家及众多的博士和海归专家。公司在坚持自主研发的同时，还积极与国际、国内知名公司、高校和科研院所建立科研合作关系，致力于电池行业的先进技术。

（3）竞争优势

宁德时代购得维美德22%的股份之后，维美德汽车的股东持股比例为 Pontos 39%、Tesi 39%及宁德时代22%。维美德汽车公司是全球大型的汽车制造商之一，在芬兰、德国、波兰均有其团队，为当地的欧洲汽车制造商服务了数十年，目前正致力于在电动汽车市场的进一步扩张。2016 年 12 月，维美德位于芬兰新考蓬基的配有 316 个机器人的车身修理厂竣工，机器人数量将逐步增加至 600 个，该工厂将在 2017 年初生产梅赛德斯 GLC SUV。此前，维美德生产了 Karma 混动车。维美德负责人表示，十分欢迎宁德时代新能源作为战略伙伴和投资者注资，为维美德汽车带来新的资源和产能，为公司的扩展积蓄实力，进一步为维美德汽车在芬兰和中欧的产量注入活力。

2. 比亚迪

（1）基本信息

比亚迪创立于1995年，分别在香港联合交易所及深圳证券交易所上市，主要从事以二次充电电池业务，手机、电脑零部件及组装业务为主的IT产业，以及包含传统燃油汽车及新能源汽车在内的汽车产业，并利用自身技术优势积极发展包括太阳能电站、储能电站、LED及电动叉车在内的其他新能源产品。比亚迪现有员工约22万人，总占地面积近1 800万平方米，在全球建立了30个生产基地。

（2）产品信息

目前新能源产业已经成为比亚迪三大支柱产业之一，其旗下的动力电池业务主要分布在惠州和深圳两个基地，主要产品为磷酸铁锂动力电池。目前的有效产能为4.5GWh，其中惠州1GWh、深圳3.5GWh，2015年年底整体产能实现6GWh，2016 年年底实现 10GWh。由于比亚迪的动力电池仅供比亚迪自用的原因，国际上动力电池产销量位于第三，占松下电池的一半，若是适用车型得到丰富和完善，在产销量及技术上追赶松下新能源不是问题。

环境和石油资源已经无法支撑传统汽车的高速发展，汽车工业的未来必然是电动车。作为新能源汽车的领导者，比亚迪目前是世界上唯一同时掌握电池、电机、电控等电动车核心技术以及拥有成熟市场推广经验的企业。从2008年开始，比亚迪先后推出F3DM、K9、e6、秦、唐以及与戴姆勒公司合作研发的豪华电动车腾势等新能源汽车产品，并且率先提出“公交电动化”战略——用电动车替代传统燃油车，同时有针对性地在金融模式方面进行了大胆创新。2012年，比亚迪携手国家开发银行推出“零元购车·零成本·零风险·零排放”的解决方案，加速了交通电动化的进程。目前，比亚迪的K9、e6、秦等电动车足迹已遍及全球。截至2014年12月底，比亚迪率先投入市场运营的纯电动大巴K9的单车最高里程超过22万千米，纯电动车e6单车最高里程超过60万千米，已超过普通私家车19年的行驶里程。

除了在公共交通及私家车领域不断推出满足市场需要的新能源产品外，比亚迪还将在不久之后推出服务于物流运输、公共事业领域各个系列的新能源汽车，实现在新能源领域全产品链、全市场覆盖。

（3）竞争优势

综合来看，比亚迪是国内动力电池的龙头，依托于集团新能源汽车业务的带动，其动力电池业务在规模上遥遥领先于竞争对手。从技术体系上，一直坚持磷酸铁锂技术路线的比亚迪近期在下一代车型中也选择了三元材料电池。在产业链上，比亚迪坚持全产业链的战略，从材料到电池、电机、电控再到整车，比亚迪都选择自己来做，产业链的闭环发展模式非常适用于比亚迪这种大体量的公司进行新能源产业的储备和进军。

3. 国轩高科

（1）基本信息

合肥国轩高科动力能源有限公司成立于2006年5月。公司主要从事铁锂动力电池新材料、电池芯、电池组及电动自行车、风光锂电绿色照明系统、电动汽车等相关产品的研发、生产、销售，并延伸开发电动高尔夫车、锂电光伏电源、锂电备用电源等多领域系列产品。公司为2008年新认定的高新技术企业，是安徽省“861”行动计划重点项目单位和安徽省环境保护创新试点单位，同时被列入国家“火炬计划”，有两项科研项目分别被列入合肥市2007年和2008年科技攻关计划，并于2009年承担了有关新能源汽车的国家“863”计划课题。

（2）产品信息

锂电池是公司的核心产品，也是公司的主导产业，经过长期的市场调查和对国家宏观政策的深入研究，国轩高科的产品符合国家产业发展政策。锂电池是近年来新发明的新型蓄电装置，无污染，不含镉、铅、汞之类的重金属物质，在生产制造、使用和报废后都没有污染，是全球提倡使用的“绿色”环保电源。目前已广泛使用多年的铅酸电池由于铅污染的危害性已被欧美发达国家禁用，虽然锂电池目前价格稍高于铅酸电池，但是由于使用寿命长、体积小、重量轻的特点，加上铅金属价格日涨，锂电材料、设备价格下降，锂电池会慢慢地取代铅酸电池。合肥市是全国重要的科教基地，是我国第一批科技创新城市，拥有众多的高等院校、科研机构，其中不乏正在进行锂电池及关键材料研究的教授和博导。国轩高科与中科大、中山大学和浙江大学等紧密合作，能够助力国轩高科在技术上实现突破和创新。

在锂离子和动力电池的产业化方面，中国正走在世界的前列。目前，国外能生产动力锂电池的企业也为数不多，主要有美国A123、美国VALENCE、日本三洋，在国内也只有近年来才涌现出的苏州星恒、青岛澳柯玛、中信国安盟固利。国轩高科目前拥有动力电池四大关键核心技术，即正极、负极、电解液和智能控制技术，并申报了国家知识产权专利，均处在行业前列。

（3）竞争优势

目前，国轩高科筹资建设10 000吨高镍三元材料项目，未来2～3年会有乘用车持续爆发的趋势，NCM811、NCA电池的需求上涨，新能源乘用车核心路线明确，高性能动力电池需求增速加快。在高端动力电池产业进行紧密布局的国轩高科同哥伦比亚大学、北汽新能源和国轩高科三方携手举办第三届中美新能源经济论坛，已成为中美两国开启能源合作的典范。自论坛举办以来，经各方共同努力，论坛上的很多倡议变为现实，很多成果开始落地，直接推动了新能源应用、气候变化治理、绿色经济等行业发展。中美新能源经济论坛顺应时代潮流，标志着汽车行业迎来全新转折点，人类生态环境也将迎来全面合作治理的大时代。

4. 亿纬锂能

（1）基本信息

亿纬锂能创立于2001年，自2009年在深圳创业板上市至今，已形成锂原电池、锂离子电池、电源系统等核心业务，产品覆盖智能电网、智能交通、智能安防，储能，新能源汽车，特种行业等市场。追求卓越，专注创新，致力于打造一流“智慧互联能源”方案提供商。目前，公司总占地面积约 50 万平方米，在广东惠州、湖北荆门设有四大生产基地，在中国的香港和台湾地区以及美国、欧洲等多地设分公司及办事处。

（2）产品信息

在新能源车产销两旺的背景下，公司大力发展锂离子动力电池业务，产能扩张迅速，支撑公司业绩快速增长。公司已经拥有 4.5GWh 三元和 2.5GWh 铁锂电池产能，预计年内总产能将达 9GWh，在规模上将正式跻身动力电池第一梯队。除产能加速扩张外，亿纬锂能已和众多下游客户签订供货意向协议，有 100 多款配套车型入选《新能源汽车推广应用推荐车型目录》，更是成功进入了龙头客车企业宇通的供应链。

（3）竞争优势

2017 年 10 月，为支持深圳麦克韦尔股份有限公司独立寻求更广阔的资本运作空间，同时结合公司聚焦主业的发展需要考虑，亿纬锂能与麦克韦尔除公司之外的七名发起人股东协商一致，就麦克韦尔实际控制人变更的相关事项，在麦克韦尔公司签署了《关于支持麦克韦尔独立 IPO 的备忘录》。亿纬锂能拟分期转让所持有的部分麦克韦尔股权，转让完成后，亿纬锂能将不再是麦克韦尔的实际控制人。

2017 年 10 月 18 日，亿纬锂能发布公告称子公司荆门亿纬锂电与荆门高新技术产业开发区管理委员会签订了合同，将投资 5 亿在荆门高新区投资建设高性能锂锰电池，从而扩大锂原电池的生产规模以及领先优势。受益于共享经济和物联网的快速发展，锂原电池的业绩保持稳定的增长。同时，今年该业务在海外市场实现了较大的突破，公司在锂原电池的龙头地位稳固。

2017 年 10 月 25 日，亿纬锂能发布 2017 年第三季度报告，2017 年前三季度实现营业总收入 19.87 亿元，同比增长 37.21%；归母净利润为 3.23 亿元，同比增长 103.53%，扣非归母净利润 2.55 亿元，同比增长 66.40%。其中，锂原电池业务、锂离子消费类电池业务、电子雾化器业务持续稳定增长，动力电池和储能电池产能释放提升业绩以及转让部分麦克韦尔股份带来的收益。

三、宁波汽车动力电池重点企业

自 2016 年宁波市人民政府印发《2016～2020 年宁波市新能源汽车推广应用实施方案》以来，宁波市本地的新能源汽车产业及配套的动力电池企业不断发展，已经形成了一定的规模和优势。以吉利集团和大众集团为代表，整车企业不断向新能源产业进军，宁波市新能源汽车布局优化达到了空前的高度。目前，宁波拥有浙江吉利、浙江南车、浙江宝成和宁波波导等新能源汽车生产企业，产品车型覆盖新能源轿车、客车、微型车和专用车。宁波杉杉、宏远炭素、力邦新能源等核心原材料生产企业。

在吉利、大众、比亚迪等大型整车企业的虹吸效应下，法国佛吉亚、美国江森等100多家汽车零部件名企纷至沓来，其中不乏世界500强企业，未来在整车带动零部件行业发展的前提下，会构筑起庞大的新能源汽车产业集群。“新能源汽车特色小镇”“宁波南车产业基地”等都不断加速成型，为新能源汽车发展带来了质的提升。综合来看，宁波市新能源汽车动力电池产业链初具规模，相关板块布局优势明显，为实现新能源汽车动力电池产业链的绿色发展和智能发展提供了良好的平台。

1. 宁波均胜电子股份有限公司

（1）基本信息

宁波均胜电子股份有限公司是一家全球化的汽车零部件顶级供应商，主要致力于智能驾驶系统、汽车安全系统、新能源汽车动力管理系统以及高端汽车功能件总成等的研发与制造。公司总部位处中国宁波，在全球17个国家拥有7个研发中心和20个生产基地，现有员工超过22 000人，2016年实现营收达186亿元人民币。

2011年至今，公司先后收购了汽车电子公司德国普瑞（PREH）、德国机器人公司IMA、德国QUIN、汽车安全系统全球供应商美国KSS以及智能车联领域的德国TS。通过企业创新产品升级和多次国际并购，公司实现了全球化和转型升级的战略目标。凭靠领先的创新设计、生产制造、品质管理及优秀服务，均胜电子成为宝马、奔驰、奥迪、大众、通用和福特等全球汽车制造商的长期合作伙伴，并屡获保时捷、大众、通用等汽车制造商优秀供应商奖。

（2）产品信息

均胜电子现营核心业务有智能汽车电子、智能制造、汽车安全产品和汽车功能件等。多年来公司紧紧抓住汽车行业高速增长的机会，聚焦汽车电子领域，沿更安全、更智能、更环保的汽车电子发展主题进行持续的战略布局资源优化配置，形成了在高端汽车电子领域的核心竞争力，在汽车安全电子、驾驶控制电子和新能源汽车电子领域达到全球领先的水平。

作为新能源汽车的核心技术，电池管理系统（BMS）是新能源车质量的保证，宝马公司选择均胜电子作为BMS的唯一供货商。公司提供的BMS由电池管理单元和电芯监控传感单元两个部分组成。截至2016年，普瑞已累计向宝马提供了超过15万套BMS产品，应用于宝马i3、i8、3/5/7系等EV/PHEV车型。同时，使用普瑞BMS产品的奇瑞汽车、吉利汽车等自主品牌的车型于2016年开如陆续量产。高度自动化的BMS生产线也于2017年在宁波投产。面对汽车碳排放和整车电气系统功率上升的压力，48V电气系统的轻混逐渐成为众多车企的选择。普瑞提供的48V系统BMS解决方案，已成功应用于奔驰旗下全系列48V系统乘用车。普瑞将在BMS等产品组合中嵌入无线电动车充电技术，专注于插电式混合动力PHEV和电动车EV的无线充电系统商业化。普瑞目前开发的无线充电系统，能够为行业领先的乘用车提供高功率的无线充电服务。

（3）竞争优势

访谈中我们也了解到，均胜电子着重强调了并购的重要性，将技术和专利一同买过来，2010年之前主要是国内并购，2010年之后主要进行国际并购。

并购帮助均胜电子进行产品系扩充和新技术掌握，实现专利技术和产品线的整合，跨越式发展使得公司在汽车零部件行业中抓住先机，取得有利地位。技术积累需要较长的时间周期，竞争对手往往难以在短短几年内进行技术追赶，这就为均胜赢得了争取市场份额的最佳时机。并购对象的选择方面，会主要考量产品战略和市场战略，注重把握汽车的轻量化、电子化和智能化趋势。均胜电子方面表示，16亿收购普瑞公司是明智的决定，否则依靠公司自身力量花费30年也很难再造一个普瑞。总的来说，均胜电子的并购发展战略是垂直整合，并且注重时机的把握。

2017年9月14日，第67届法兰克福国际车展在法兰克福展览中心开幕。均胜电子以“智赢未来”为主题，在车展期间展示公司在未来智能驾驶、新能源汽车方面的尖端科技及产品，其中包括2017款新型HMI概念产品、ADAS类产品、智能车联、动力无线充电、48V微混动力车BMS、智能出风口、智能方向盘等。

2017年11月，均胜电子对日本高田公司（简称“高田”）的收购方案披露。公司公告，拟通过在卢森堡设立的子公司均胜安全，收购破产程序中高田除硝酸铵气体发生器业务（简称“PSAN 业务”）以外的主要资产，交易价格不高于15.88亿美元。伴随本次收购完成，均胜电子将改写中国汽车零部件企业在国际市场的地位，公司有望晋升为全球汽车安全市场巨头，市场占有率达到全球第二。公告显示，为便于收购完成后未来业务整合和全球税收的统筹优化，均胜电子在卢森堡设立子公司 Joyson KSS Auto Safety S.A.（简称“均胜安全”），股本为 3 万欧元，作为本次资产购买交易主体，后续公司拟以美国子公司 KSS 股权对其进行增资。11 月 21 日，均胜安全与高田及其各区域子公司完成资产购买系列协议的签署，拟收购高田在北美、日本、欧洲和其他地区（包括中国）除 PSAN 业务以外的主要资产，本次交易对价不高于 15.88 亿美元。

2. 宁波杉杉股份有限公司

（1）基本信息

杉杉企业，1989 年由郑永刚创建于浙江宁波。30 年来，杉杉从单一的服装业务稳健发展成为集科技、时尚、投资等产业于一体的多元化产业集群。自 2002 年起，连年荣登中国企业 500 强。杉杉坚持“实业与投资并驾齐驱，产业和金融双轮驱动，技术和管理持续创新”的发展战略，通过积极创新经营模式强化人才战略，完善管控模式，正在成为产融结合、管理精细、稳健发展的中国旗舰型民营企业。锂电材料是杉杉的支柱产业之一。经过十余年持续投入，杉杉已在上海、宁波、长沙、郴州、东莞、廊坊、宁夏、衢州等地设有多家生产企业和 1 家研究院，并成为锂离子电池正极、负极及电解液等锂电材料综合供应商。

（2）产品信息

近年来杉杉大举进入新能源汽车领域，开展新能源汽车及相关产业链的制造、销售等业务，致力于成为领先的新能源汽车动力电池、动力总成、充电桩、整车等的综合解决方案供应商。目前杉杉新能源大巴已交付使用，充电桩业务在全国布局，动力电池、动力总成研发生产基地已经形成规模。

新能源业务覆盖锂电新能源上下游产业链，主要包括锂电池材料（含正极材料、负极材料和电解液）、电池系统集成（PACK）、能源管理服务（包含储能运营及光伏业务）、充电桩建设及新能源汽车运营（绿色出行服务）。

① 锂电池材料业务。公司从 1999 年开始专注于锂离子电池材料的研究开发与生产经营，产品涵盖锂电池正极材料、负极材料和电解液。锂电池正极材料主要产品有钴酸锂系列产品、多元材料系列产品、锰酸锂系列产品和三元前躯体；锂电池负极材料产品主要是人造石墨、天然石墨、中间相碳微球、复合石墨及硅基负极材料；电解液产品包括各种规格型号锂电池电解液及其生产原料六氟磷酸锂。目前公司在锂电池材料行业龙头地位稳固，综合产销量规模位列全球第一，其中正极材料产能 3.3 万吨/年，全球第一；负极材料产能 3.8 万吨/年，全球前三；电解液产能 1.5 万吨/年，国内前五。公司规模效应日益体现，成本优势明显，现

已在长沙、宁乡、宁夏、宁波、上海、湖州、郴州、宁德、东莞、衢州等地设有多家生产企业，并成功进入苹果、三星、宝马等知名企业的供应链。正极公司已于 2016 年完成新三板挂牌（股票代码：835930）。

② 电池系统集成。公司电池系统集成业务包括：锂离子动力电池 PACK，建立了高度自动化的动力圆柱电池 PACK 生产线，具备新能源专用车、客车、乘用车动力系统的开发能力；锂离子电容 PACK：建设了国内首条锂离子电容模组生产线，应用领域涉及智能装备、轨道交通、起停系统、移动医疗等。

③ 能源管理服务。杉杉能源管理服务业务主要以储能技术与产品应用为核心，为客户提供综合能源开发与服务的整体解决方案。通过高效的智慧能源管理服务平台的搭建，最终实现能源管理“智能化、网络化、平台化”的目标。当前能源管理服务主要的应用在于供给侧的储能应用与光储一体化。

④ 充电桩建设及新能源汽车运营。充电桩建设及新能源汽车运营业务，具体涉及新能源汽车运营、充电桩运营，以及基于充电桩和新能源汽车运营业务的智能管理及大数据服务。城市智能充电站包括新能源公交充电站、城市快速充电站、停车位充电改造、立体充电库、装配式充电站等；新能源汽车运营涉及分时租赁、网约车、通勤车租赁等方面。目前，已经初步完成了网、桩、车、融的生态布局，并且取得了诸多行业领先的创新成果，“车网协同、智能互联、专业运维”，致力于成为“三网一位”绿色出行解决方案供应商。

（3）竞争优势

公司董事会第五次会议审议通过《关于公司控股子公司投资建设负极一体化基地项目的议案》。议案提出，下属控股子公司宁波杉杉新材料科技有限公司拟在包头投资建设负极一体化基地项目，打造从原材料到成品的一体化基地，投资总额 380 679 万元。根据公司季报，杉杉股份 2017 年前三个季度实现营业收入 66.43 亿元，同比增长 71.83%，归母净利润为 4.68 亿元，同比增长 58.47%，扣非后归母净利润 3.74 亿元，同比增长 46.75%。

公司自 1996 年股票上市以来，一直保持了管理层基本稳定、主营业务稳定发展、经营业绩持续增长，通过自身积累和资本市场持续融资，股本规模不断扩大，业务领域不断拓展，品牌形象和市场销量不断提高，成为服装行业中较为突出的中国民族品牌。1999 年以前瞻性战略眼光进军锂离子电池负极材料产业，并在几年时间内先后进入锂离子电池正极材料和电解液领域。2007 年开始从产融结合的角度分别布局了创投、融资租赁和商业保理等类金融产业。2015 年开始分别布局了电池系统集成、能源管理服务、新能源汽车运营等业务，全面进军新能源产业，将新能源产业作为公司未来的发展重点。

3. 宁波旭升汽车技术股份有限公司

（1）基本信息

宁波旭升汽车技术股份有限公司主要从事压铸成型的精密铝合金汽车零部件和工业铝合金零件的研发、生产、销售，产品主要应用于新能源汽车行业及其他机械制造行业。

旭升公司通过以精密铝制零部件应用来实现节能减排，提高新能源汽车的整体性能。公司拥有先进的轻量化新能源汽车零部件的设计、研发能力，已成为新能源汽车国际领军企业特斯拉的一级供应商和杰出合作伙伴（Excellent Partner），并与多家新能源汽车企业开展合作。

（2）产品信息

公司主要致力于新能源汽车和汽车轻量化领域，主导产品是新能源汽车变速系统、传动系统、电池系统等核心系统的精密机械加工零部件。

公司设备技术先进，核心生产设备从国外进口，包括布勒、富莱、东芝、宇部等全自动压铸机，日本森精机、马扎克、牧野、德玛吉等加工设备；检测中心配有德国蔡司三坐标测量仪、光谱仪等先进检测仪器，均具有国际先进水平。

（3）竞争优势

受特斯拉最近确定在华建厂消息影响，相关概念股表现优异，旭升股份等均取得较高涨幅。受汽车行业销量增速放缓、行业竞争加剧与原材料持续位于高位影响，多家乘用车企业绩表现不佳，仅拥有众多强有力新品企业和处在细分行业景气度向上的公司业绩表现较好，如广汽集团、小康股份与重卡产业链威孚高科、中国重汽等。2017 年 10 月 26 日，商务部表示目前美国电动汽车厂商特斯拉公司正在与上海市政府有关部门进行沟通，特斯拉有关国产的进度得到证实。特斯拉此前宣称年底前确定国内建厂事宜，本次国产化落地可能性较高，利好特斯拉产业链相关股票，旭升股份因此晋升为特斯拉跑车的国内一级供应商。

第三节　汽车动力电池产业知识产权现状

蓄电池是纯电动汽车的唯一能源，随着新能源汽车项目的推动和发展，世界各国均将电动汽车电池视为研发重点，给予大力的政策以及财政支持。自 1970 年 Propulsion Batteries Limited 申请第一件纯电动汽车用蓄电池专利申请 US3928080 以来，几乎每年都有新专利申请被提交，尤其在 1991 年后，有关纯电动汽车用蓄电池的专利申请相较于之前成倍增长。

世界范围内，作为世界上最大的汽车生产和消费国，美国较早开展了电动汽车技术研究和开发。目前，美国纯电动汽车关于蓄电池的研究主要集中在锂电池，美国在动力电池基础研究水平方面处于世界前列，在动力电池产业化方面较弱；而从世界范围内的专利申请的总量来看，日本拥有的纯电动汽车用蓄电池及其管理系统相关专利申请数量最多，无论是从世界专利申请的拥有量角度，还是从日本专利申请中日本申请人所占的份额角度，日本在纯电动汽车用蓄电池及其管理系统领域都是实力最强者，掌控着绝大部分专利技术；汽车生产大国德国的纯电动汽车用蓄电池的研究主要集中在锂电池，从世界范围内的专利申请总量来看，截至 2010 年 6 月，德国的纯电动汽车用蓄电池及其管理系统相关专利申请数量居世界第六位；当前韩国汽车产量和出口量分别名列全球第五位和第四位，韩国纯电动汽车用蓄电池的研究主要集中在锂电池，其专利申请量远远高于镍氢电池、铅酸电池和钠电池，关于锂电池的研究成果十分突出。

在电动汽车的竞争格局中，中国也取得了比较显著的成就。我国围绕提高单体电池的电性能、安全性能和寿命等综合技术指标进行了大量的研究攻关，目前高功率镍氢电池、锂离子电池性能有了较大提高。从世界范围内专利申请的总量来看，中国在纯电动汽车用蓄电池及其管理系统领域的专利申请数量仅次于日本和美国，排名第三。从中国国内的专利申请量来看，日本在我国拥有的专利申请数量最多，松下、丰田、三洋等知名日本企业在中国拥有数量较多的高质量的专利。我国国内企业中，比亚迪汽车在电动汽车电池技术领域的研发实力较为突出，主要以锂离子电池和聚合物锂离子电池为研究重点，对电池结构及制造方法十分重视。比亚迪汽车早在 2003 年就申请了第一件纯电动汽车用蓄电池及其管理系统的中国专利。

中国锂离子动力电池的研制起步较晚。但自 2000 年以来，随着我国政府投入 10 多亿元资金用于支持发展电动车和相关电池技术，以及“863”计划电动汽车重大专项的实施，有实力的国营、民营企业及科研高校都对锂离子动力电池进行了开发研究，生产的锂离子电池性能与国外产品相当，某些方面甚至优于国外产品，对外出口量不断上升。2010 年来，我国新能源汽车产量日益递增，动力电池技术随着新能源汽车技术的发展崛起并且日益成熟，2016 年全球动力电池企业销量排名前十名中有七家企业来自中国，市场空间巨大，技术研发也取得了一定的成果。但是与此同时，中国在蓄电池的关键技术领域与其他几个国家仍有一定差距，因此有必要通过专利分析掌握目前中国蓄电池的技术现状与技术发展趋势。

汽车零部件产业是宁波市的第一大产业，但是宁波的动力电池企业数量却极其有限，蓄电池产量远远无法满足长三角地区的市场需求。在新能源汽车即将全面爆发的时代，这无疑是宁波的一大挑战。新能源汽车动力电池无疑是当今时代的一块大蛋糕，宁波市又该如何为自身的发展提前战略布局呢？因此，有必要立足于专利分析宁波蓄电池的技术研发现状以及其与国内其他汽车大省甚至国外先进技术的差距，协助宁波市政府了解自身缺口与未来重点资助研发领域。

一、汽车动力电池产业知识产权分析思路

我国加入 WTO 以后，动力电池面临的世界竞争环境越来越复杂，很多国家和企业便选择利用知识产权的方法来保护本国的动力电池技术。而专利作为知识产权的重要组成部分，囊括全球 90%以上的技术情报信息，具有集多种技术、法律信息于一体、数量巨大、技术面广、发布快速、内容新颖以及内容详尽完整等优点。因此，专利分析被广泛应用在各技术领域的研究中。通过对某一技术领域的专利情况进行分析，可以洞察该技术领域的发展趋势，掌握竞争对手的技术发展情况，找出专利产出量较多的专利发明人及其所供职的企业以及发掘新技术等信息，从而为企业制定研发战略提供依据。

通过国内国外动力电池技术领域的专利分析，可以更加充分了解主要竞争对手的研发布局情况，对掌握最新技术情报信息、促进技术创新起到很大的作用。专利是一项发明首度对外公开披露，而且大约 90%的专利信息是从来没有在其他地方披露或者出版的。因此想要跟上技术发展的脚步，甚至在产业关键技术领域中居于领先地位，追踪专利信息当是不二法门。

主要是对新能源汽车里蓄电池（动力电池）进行分析，所以要进行专利检索的研究主题是蓄电池。在对蓄电池的专利布局及现状进行分析时，主要采用了大为 Innojoy 专利搜索引擎。专利信息检索是专利分析的基础，为保证专利检索和分析的质量，就要围绕所分析的研究主题认真选取检索词并制定相应的检索策略，同时不断对检索结果进行筛选，直到符合要求为止。

主要从三个方面对动力电池技术专利进行了统计分析：首先，面向国外动力

电池技术分析专利权人、专利发明人、专利代理人以及专利合作等指标进行统计分析，以各种图表形式展现出来，可以了解目前全球动力电池发展的动态格局，了解国外竞争对手的专利研发情况；其次，从专利技术面对动力电池的主要技术类别分析我国整体现状，分析我国动力电池的专利发展格局、发展态势和主要研究的技术领域；最后，分析宁波专利申请的现状，掌握宁波市在动力电池领域现在有什么，缺什么，学习什么，向谁学习，与谁合作。

二、国外汽车动力电池知识产权现状分析

1. 国外汽车动力电池专利权人检索分析

通过对 2016 年国外动力电池专利的分析（表 13-6），课题组筛选出全球前 20 名专利权人的动力电池专利情况。按照专利数的大小排列，位于全球第一、第三名的专利权人都来自韩国，可见韩国目前在动力电池领域势头正盛。专利数位于前 10 名的除了 4 家韩企，还有 3 家日本企业、2 家德国企业和 1 家美国企业，可见目前在全球动力电池领域，日韩技术先进，专利众多，已经逐渐超越基础良好但是传统的美国和德国企业。

表 13-6　国外专利权人汽车动力电池领域专利数量排行榜（件）

排序	申请人	合计	排序	申请人	合计
1	LG 化学株式会社	2 112	11	GS 汤浅公司（GS Yuasa International Ltd.）	270
2	丰田自动车株式会社	1 264	12	奥迪股份公司（Audi AG）	144
3	三星 SDI 株式会社	586	13	戴姆勒公司	141
4	罗伯特·博世有限公司	330	14	住友电气工业株式会社（Sumitomo Electric Industries, Ltd.）	129
5	现代汽车有限公司	249	15	索尼公司（Sony Corporation）	129
6	三星电子有限公司（Samsung Electronics Corporation Ltd.）	246	16	日立化学有限公司（Hitachi Chemical Corporation Ltd.）	119
7	福特全球科技有限责任公司	230	17	住友化学公司（Sumitomo Chemical Corporation）	107

续表

排序	申请人	合计	排序	申请人	合计
8	松下电器产业株式会社（Panasonic Corporation Ltd.）	180	18	本田汽车有限公司（Honda Motor Corporation Ltd.）	105
9	宝马公司（Bayerische Motoren Werke AG）	178	19	住友电讯系统（Sumitomo Wiring Systems）	101
10	丰田工业公司（Toyota Industries Corporation）	279	20	东芝公司（Kabushiki Kaisha Toshiba）	100

在了解国外动力电池领域技术先进领先的企业外，意图了解在动力电池领域研发合作情况。课题组识别了全球前十名的合作厂商。其中，2016 年专利申请数量全球第六的三星电子在研发合作中最为活跃，合作产生了 50 件专利，占据了其 2016 年专利申请总数的 1/3 以上。其中，合作最广泛且密切的是隶属于同一集团的，也是 2016 年年申请专利数全球第三名的三星 SDI 株式会社，两家子公司合作产生的专利达 39 件，是 2016 年研发中合作数量最多的企业—企业合作。研发合作上排名第二的是奥通特工科技有限公司（Autonetworks Technologies Ltd.），与住友电工集团（Sumitomo Electric Industries）合作专利数量为 26 件，同样与住友电装株式会社（Sumitomo Wiring Systems）合作专利数量亦为 26 件。但就其合作总量来说，甚至超越了三星电子的合作总专利数，达到了 54 件。排名第三位的是韩国汽车企业现代汽车有限公司，年专利合作总数为 30 件，其中与起亚汽车集团合作最为密切，达到 21 件，起亚汽车集团是韩国最早的汽车制造商，1998 年现代汽车收购起亚汽车，起亚成为现代集团旗下的一个品牌。通过研发合作的排行榜可以看出，集团子公司之间内部合作更为密切。产学研合作也逐渐成为主流趋势，比如日企丰田自动车股份有限公司（Toyota Jidosha Kabushiki Kaisha），其研发合作最为广泛的对象就是京都大学（Kyoto University），合作专利 4 件。

2. 国外汽车动力电池专利发明人检索分析

根据 2016 年动力电池发明人排行榜（表 13-7）发现，专利申请量最多的是高见则雄，年申请量高达 129 件。原田康宏紧随其后，为 105 件。接着是郑王谟，为 86 件。此外，还发现，日韩发明人比重较多。

表 13-7　国外发明人汽车动力电池领域专利数量排行榜（件）

排序	发明人	合计	排序	发明人	合计
1	高见则雄	129	11	高塚皓正（Takatsuka Hiromasa）	53
2	原田康宏（Harada Yasuhiro）	105	12	朴商敏（Park Sang Min）	52
3	郑王谟（Jung Wang Mo）	86	13	望月洋明（Mochizuki Hiroaki）	51
4	杨多勇（Yang Doo Kyung）	82	14	牧野雅臣（Makino Masaomi）	49
5	杨俊雄（Seong Jun Yeob）	70	15	广濑贵一（Hirose Takakazu）	49
6	金银卿（Kim Eun Kyung）	67	16	朴炳天（Park Byung Chun）	49
7	辛特伯格·迈克尔（Hinterberger Michael）	64	17	桥本达也（Hashimoto Tatsuya）	47
8	海伦塔尔·伯特霍尔德（Hellenthal Berthold）	64	18	文祯晤（Mun Jeong O）	47
9	梅山浩哉（Umeyama Hiroya）	54	19	洼田忠彦（Kubota Tadahiko）	45
10	笠井一希（Kasai Kazuki）	53	20	崔相勋（Choy Sang Hoon）	43

3. 国外汽车动力电池代理机构检索分析

通过 2016 年国外专利申请的代理机构排行榜可知（表 13-8），代理专利最多的是特许业务法人深见特许事务所，代理数量为 203 件，其次是代理数量为 163 的特许业务法人 YKI 国际特许事务所，而特许业务法人晓合同特许事务所以 50 件专利代理量排名第三。通过代理人排行榜可以看出，日企代理机构占据了绝大部分。

表 13-8 国外代理机构代理汽车动力电池领域专利数量排行榜（件）

排序	专利代理机构	合计
1	特许业务法人深见特许事务所	211
2	特许业务法人 YKI 国际特许事务所	177
3	特许业务法人晓合同特许事务所	51
4	特许业务法人宇宙国际特许事务所	51
5	特许业务法人酒井国际特许事务所	46
6	特许业务法人 ITEC 国际特许事务所	45
7	特许业务法人法人圣未来国际特许事务所 （特許業務法人サンネクスト国際特許事務所）	43
8	特许业务法人明成国际特许事务所 （特許業務法人明成国際特許事務所）	38
9	特许业务法人航荣特许事务所 （特許業務法人航栄特許事務所）	32
10	特许业务法人筒井国际特许事务所 （特許業務法人筒井国際特許事務所）	26
11	特许业务法人志贺国际特许事务所 （特許業務法人志賀国際特許事務所）	26
12	特许业务法人大和特许事务所 （特許業務法人グランダム特許事務所）	23
13	特许业务法人三枝国际特许事务所 （特許業務法人三枝国際特許事務所）	22
14	特许业务法虎之门财产事务所 （特許業務法人虎ノ門知的財産事務所）	21
15	特许业务法人快友国际特许事务所 （特許業務法人快友国際特許事務所）	19
16	特许业务法人前田特许事务所 （特許業務法人前田特許事務所）	19
17	特许业务法人平木国际特许事务所 (特許業務法人平木国際特許事務所	18

续表

排序	专利代理机构	合计
18	特许业务法人太阳国际特许事务所 （特許業務法人太陽国際特許事務所）	17
19	特许业务法人翼国际特许事务所 （特許業務法人つばさ国際特許事務所）	17
20	特许业务法人荣光特许	17

三、国内汽车动力电池知识产权现状分析

1. 国内汽车动力电池专利权人检索分析

通过对 2016 年国内动力电池专利的分析（表 13-9），筛选出我国前 50 名专利权人的动力电池专利情况，其中，合肥国轩高科动力能源有限公司是专利数申请量最多的公司，一年达到 246 件，但是与国际动力电池专利水平还是有一定差距的，仅占 LG 集团专利数的一半左右。其次是深圳市沃特玛电池有限公司，2016 年专利申请量为 245 件。第三名是福建省的宁德时代新能源科技股份有限公司，2016 年申请量 243 件。年专利数超越 100 件的企业还有宁德新能源科技有限公司、丰田自动车株式会社和北京新能源汽车股份有限公司。可见，我国专利申请量前三名的企业专利申请数量相差无几，我国虽然与全球前三在专利数上有一定差距，但是整体专利数量很是可观，可见在动力电池领域我国正在奋力追赶，并且小有成就。

表 13-9　国内专利权人汽车动力电池领域专利数量排行榜（件）

排名	申请人	合计	排名	申请人	合计
1	合肥国轩高科动力能源有限公司	246	26	松下知识产权经营株式会社	42
2	深圳市沃特玛电池有限公司	245	27	荆门市格林美新材料有限公司	41
3	宁德时代新能源科技股份有限公司	243	28	中航锂电（洛阳）有限公司	40
4	宁德新能源科技有限公司	149	29	华南师范大学	38
5	丰田自动车株式会社	137	30	桂林理工大学	36
6	北京新能源汽车股份有限公司	100	31	北京长城华冠汽车科技股份有限公司	36
7	超威电源有限公司	98	32	北京理工大学	36
8	中南大学	85	33	复旦大学	35

续表

排名	申请人	合计	排名	申请人	合计
9	陕西科技大学	85	34	华中科技大学	35
10	三星 SDI 株式会社	84	35	山东精工电子科技有限公司	35
11	天津力神电池股份有限公司	78	36	天津大学	34
12	广东工业大学	73	37	惠州亿纬锂能股份有限公司	32
13	比亚迪股份有限公司	72	38	国家电网公司	32
14	双登集团股份有限公司	67	39	天津市捷威动力工业有限公司	31
15	浙江超威创元实业有限公司	67	40	上海交通大学	31
16	华霆（合肥）动力技术有限公司	64	41	珠海格力电器股份有限公司	31
17	东莞阿李自动化股份有限公司	61	42	清华大学	30
18	福特全球技术公司	55	43	武汉理工大学	30
19	东莞新能源科技有限公司	53	44	上海空间电源研究所	30
20	惠州金源精密自动化设备有限公司	47	45	广东欧珀移动通信有限公司	30
21	惠州市蓝微新源技术有限公司	45	46	LG 化学有限公司	29
22	浙江大学	45	47	大英德创精工设备有限公司	29
23	华南理工大学	44	48	成都新柯力化工科技有限公司	28
24	罗伯特・博世有限公司	44	49	安徽安凯汽车股份有限公司	28
25	无锡先导智能装备股份有限公司	43	50	住友化学株式会社	28

在 2016 年国内专利申请数量前 50 名中，外资企业有 3 家，分别是位居第五名的丰田自动车株式会社、第十名的三星 SDI 株式会社和第十八名的福特全球技术公司。此外，有 15 家是院校，专利量前五名的分别是中南大学、陕西科技大学、广东工业大学、浙江大学和华南理工大学。

国内专利权人合作中，惠州 TCL 金能电池有限公司与惠州泰科立集团股份有限公司合作的专利数最多，高达 27 件；其次是重庆长安汽车股份有限公司和重庆长安新能源汽车有限公司间合作专利数为 17 件；接着是系统电子科技（镇江）有限公司与个体发明人史云福之间的合作专利数，达 15 件。

从专利权人合作中前十名可见，在我国，专利权人的合作更倾向于地域内之间的合作，合作成本更少，研发人员交流更为密切深入。在我国排名前 50 名的专利权人合作中，有 19 家产学研合作项目，这体现产学研合作现在逐渐成为我国先进技术突破的趋势，并且逐渐产业化。

与此同时，还发现本土企业与在华外资企业合作较少，本土企业可加强与外资企业的合作，学习国外的先进技术，将“引进来”与“走出去”付诸于行动。

2. 国内汽车动力电池发明人检索分析

通过表 13-10 可知，发明人刘金成于 2016 年申请了 90 件专利。刘金成是惠州亿纬锂能股份有限公司董事长，先后在电子科技大学、武汉大学、华南理工大学获得工学学士（化学）、理学硕士（电化学）、工学博士（材料物理与化学）学位，其近年来在动力电池领域研发深入，成果颇多。排行榜上位居第二位的是深圳市沃特玛电池有限公司电池成组技术研究所所长。位居第三位的黄剑锋，年申

表 13-10　国内发明人汽车动力电池领域专利前 20 名排行榜（件）

排名	发明人	合计
1	刘金成	90
2	吴施荣	82
3	黄剑锋	76
4	任宁	67
5	周鹏	67
6	李新宏	66
7	李斌	65
8	曹丽云	60
9	李嘉胤	56
10	孙延先	52
11	王可飞	51
12	王世峰	50
13	李军	49
14	劳力	47
15	王鹏	47
16	胡国柱	45
17	许浩	44
18	邓银桥	43
19	许开华	42
20	张云河	41

请量达到76件。我国2016年蓄电池年申请量超过50件的发明人有12位，可以看出我国研发人员专利申请量巨大，“科教兴国”政策落到实处，政府鼓励创新，鼓励知识产权申请与保护，促进了我国的科技创新活动。

发明人团队是发明者智慧的聚集和信息的分享，不同知识背景、实践经验的发明人通过合作会产生更多的创新想法的产生，彼此间异质化的信息资源通过碰撞结合更有利于提升发明的质量，进而产生具备新颖性和独特性的高质量专利。东莞阿李自动化股份有限公司的李新宏位居发明人合作排行榜的第一名，惠州市蓝微新能源技术有限公司的徐文赋排名第二，许开华排名第三。

3. 国内汽车动力电池代理机构检索分析

表13-11列举了国内代理机构排行榜的前20名，其中北京汇思诚业知识产权代理有限公司在2016年代理的专利高达309件，其次是合肥天明专利事务所，

表13-11 国内代理机构代理汽车动力电池领域专利前20名排行榜（件）

排名	专利代理机构	合计	排名	专利代理机构	合计
1	北京汇思诚业知识产权代理有限公司	425	11	郑州睿信知识产权代理有限公司	191
2	合肥天明专利事务所	422	12	北京品源专利代理有限公司	187
3	北京集佳知识产权代理有限公司	388	13	中科专利商标代理有限责任公司	186
4	杭州杭诚专利事务所有限公司	347	14	北京五洲洋和知识产权代理事务所	185
5	北京清亦华知识产权代理事务所	286	15	北京超凡志成知识产权代理事务所	172
6	北京科亿知识产权代理事务所	271	16	广州华进联合专利商标代理有限公司	163
7	广州市华学知识产权代理有限公司	263	17	天津市北洋有限责任专利代理事务所	162
8	中国专利代理（香港）有限公司	256	18	长沙市融智专利事务所	161
9	北京市中咨律师事务所	244	19	广州嘉权专利商标事务所有限公司	158
10	中原信达知识产权代理有限责任公司	229	20	中国国际贸易促进委员会专利商标事务所	147

共代理 295 件，接着是北京集佳知识产权代理有限公司，共代理 253 件。代理数目超过 100 件的共有 18 家企业，其中位于北京市的有 8 家企业，可见专利代理机构在我国还未开枝散叶，地方政府可以采取相关政策推动成立、发展本地专利代理机构。

四、宁波汽车动力电池知识产权现状分析

1. 宁波市汽车动力电池专利权人检索分析

通过对 2016 年宁波市动力电池专利的分析（表 13-12），筛选出宁波市前 20 名专利权人的动力电池专利情况。其中，中国科学院宁波材料技术与工程研究所是专利申请量最多的单位，达 25 件。这与国际、国内整体动力电池专利水平还是有一定差距，仅占国际动力电池专利数最多的 LG 集团的 1/20 左右。其次是中银（宁波）电池有限公司，2016 年专利申请量为 15 件。第三名是宁波大学，申请量为 12 件。前三名中有两家是非企业类型机构，说明宁波市动力电池的先进技术和研发的主要力量还集中在科研院所及大学，宁波市政府应该尽快建立动力电池领域的产学研合作平台，加快动力电池领域的技术转移，将技术产业化。

表 13-12　宁波市专利权人汽车动力电池领域专利数量排行榜（件）

排名	申请人机构	合计	排名	申请人机构	合计
1	中国科学院宁波材料技术与工程研究所	25	11	宁波良能新材料有限公司	4
2	中银（宁波）电池有限公司	15	12	宁波金橙新能源有限公司	4
3	宁波大学	12	13	宁波市北仑海伯精密机械制造有限公司	4
4	宁波富理电池材料科技有限公司	7	14	TCL 通讯（宁波）有限公司	3
5	孟玲	6	15	宁波中科孚奇能源科技有限公司	3
6	宁波维科电池股份有限公司	6	16	宁波利维能储能系统有限公司	3
7	宁波杉杉新材料科技有限公司	6	17	宁波职业技术学院	3
8	宁波中车新能源科技有限公司	5	18	宁波科伊特电动力科技开发有限公司	3
9	宁波金和锂电材料有限公司	5	19	宁波震裕科技股份有限公司	3
10	TCL 移动通信科技（宁波）有限公司	4	20	宁波超霸能源有限公司	3

2. 宁波市汽车动力电池发明人检索分析

通过表 13-13 可知，发明人刘兆平于 2016 年申请了 20 件专利。刘兆平是中国科学院宁波材料技术与工程研究所的研究员，博士生导师，入选中科院百人计划、科技部创新人才推进计划中青年科技创新领军人才，研究方向是石墨烯和动力锂离子电池及其材料技术。随后刘兆平团队与吉利汽车共同创立了宁波富理电池材料科技有限公司，其近年来在动力电池领域研发深入，成果颇多，是宁波市动力电池领域数一数二的专业人才。排行榜上位居第二位的是中国科学院宁波材料技术与工程研究所的研究员夏永高，致力于动力电池中锂电池材料研究。位居第三位的宁波大学的方敏团队，包括水淼、舒杰、任元龙、陈超、李月和李弯弯，年申请量达到了 9 件。可见宁波市动力电池领域主要的发明人集中分布在中国科学院宁波材料技术与工程研究所和宁波大学，企业的研究工作人员占比较小，这更从侧面说明了宁波市动力电池领域产业化程度弱，相关企业数量少，且没有加大研发程度，缺乏专利布局。然而宁波市并非在动力电池领域没有布局，如何加强科研机构与企业的合作，将动力电池零部件产业化应该是当前宁波市政府首要解决的任务。

表 13-13 宁波市发明人汽车动力电池领域专利数量排行榜（件）

排名	发明人	合计	排名	发明人	合计
1	刘兆平	20	11	王宏辉	6
2	夏永高	17	12	丁晓阳	6
3	方敏华	9	13	宗铭	6
4	水淼	9	14	尹嘉伦	6
5	舒杰	9	15	徐竖锋	6
6	任元龙	9	16	王建新	5
7	陈超	9	17	阮殿波	5
8	李月	9	18	许晓雄	5
9	李弯弯	9	19	方时科	4
10	卜松松	6	20	吴科明	4

3. 宁波市汽车动力电池代理机构检索分析

表 13-14 列举了宁波市专利代理机构排行榜前 10 名，主要集中在北京、杭州、

上海等地区。宁波市本土仅宁波市鄞州盛飞专利代理事务所代理数略多，年代理动力电池专利数 20 件。可见宁波代理机构的数量较少，可相应培育本地专业的知识产权代理机构，减少相关费用。

表 13-14 宁波市代理机构代理汽车动力电池领域专利数量排行榜（件）

排名	代理机构	合计
1	北京集佳知识产权代理有限公司	24
2	宁波市鄞州盛飞专利代理事务所	20
3	浙江素豪律师事务所	11
4	杭州丰禾专利事务所有限公司	9
5	宁波诚源专利事务所有限公司	9
6	杭州杭诚专利事务所有限公司	9
7	杭州君度专利代理事务所	8
8	深圳市君胜知识产权代理事务所	7
9	上海宣宜专利代理事务所	6
10	余姚德盛专利代理事务所	5

第四节 汽车动力电池产业发展主要扶持政策

收集和整理我国汽车动力电池产业发展相关政策，并对政策要点进行梳理，结果如表 13-15 所示。

表 13-15 我国汽车动力电池相关政策

政策名称	发布时间
《“十三五”国家战略性新兴产业发展规划》	2016 年 12 月 19 日
《关于调整新能源汽车推广应用财政补贴政策的通知》	2016 年 12 月 30 日
《新能源汽车推广应用推荐车型目录》	2017 年 1 月 8 日
《国务院关于发布政府核准的投资项目的通知》	2016 年 12 月
《汽车动力电池行业规范条件（2017 年）》	2016 年 11 月
《促进汽车动力电池产业发展行动方案》	2017 年 2 月 20 日

续表

政策名称	发布时间
《关于发布国家重点研发计划新能源汽车等重点专项2018年度项目申报指南的通知》	2017年10月10日
《电动汽车动力蓄电池回收利用技术政策（2015年版）》	2016年1月29日
《新能源汽车废旧动力蓄电池综合利用行业规范公告管理暂行管理办法》	2016年2月4日

一、汽车动力电池产业政府补贴相关政策

1. 《“十三五”国家战略性新兴产业发展规划》

2016年12月19日，国务院发布《“十三五”国家战略性新兴产业发展规划》，明确了新能源汽车、新能源和节能环保等绿色低碳产业的战略地位，要求大幅提升新能源汽车和新能源的应用比例，推动新能源汽车、新能源和节能环保等绿色低碳产业成为支柱产业。在新能源汽车行业日新月异的今天，我国动力电池技术也在蓬勃发展。

2. 《关于调整新能源汽车推广应用财政补贴政策的通知》

2016年12月30日，四部委发布《关于调整新能源汽车推广应用财政补贴政策的通知》，通知规定2017年新能源汽车补贴额度比2016年降低20%。地方补贴不得超过中央补贴的50%。个人购纯电动车最高补贴，已从早期的12万元，降到2017年的6.6万元，直至2020年补贴完全取消。

3. 《新能源汽车推广应用推荐车型目录》

2017年1月8日，中机车辆技术服务中心发布关于调整《新能源汽车推广应用推荐车型目录》申报工作的通知，车型目录重审导致北京新能源汽车停售了一个多月。在降补和目录重审的双重作用下，中国新能源汽车2017年1月的产销量比去年同期分别下降69.1%和74.4%。

4. 补贴政策总体分析

上述政策的陆续出台，意味着新能源汽车及其上游的电池行业将进入注重技术水平与产品质量的实质性提升阶段。但是，动力电池在迎来发展机遇的同时面临着急需消化过剩产能、提升制造工艺、加强产品研发、加大产业链协作等问题。过去，中国新能源汽车的发展过分依赖补贴，市场出现了参差不齐的企业，搅乱

了市场秩序。现在补贴减少、补贴退出，其实就是要倒逼企业自身造血，让有能力的企业脱颖而出，给消费者提供更多更好的选择。

预计到 2020 年，新能源汽车市场将会重新开始洗牌，一个企业要想获得发展，最终是要靠自主创新，不是靠补贴求发展。未来政策的趋势是不断提高享受补贴的技术门槛，鼓励以技术进步作为新能源汽车行业发展的动力；加速产业集中，培养有核心竞争力的企业，以“扶优扶强”逐步替代产业发展初期广撒网式的经济补贴；未来的政策将随产业发展不断调整。新常态不代表不再鼓励新能源汽车的推广，而是促进掌握电池、电机和电源控制系统等关键技术的优质企业发展，摆脱之前只要把车造出来就能享受政策红利的状态（马少超，2017）。这种状态已经带来了骗补等现象的出现，没有技术升级，一味贴合补贴政策的生产，实际上是在浪费宝贵的产业资源，透支市场信心。

目前，新能源汽车的电池成本仍然是主要“瓶颈”，在这样的高新技术产业，要降低电池成本不能只依靠规模化和精益化生产，而更应该通过技术升级来驱动。产业政策新常态已经到来，主动、尽快适应新常态，致力于企业创新和技术研发是新能源汽车企业谋求长远发展的必经之路。

二、汽车动力电池产业行业规范相关政策

1. 《国务院关于发布政府核准的投资项目的通知》

2016 年 2 月，国务院常务会议上提出从五大方面加速新能源汽车发展步伐，包括加快实现动力电池革命性突破、加快充电基础设施建设，完善财政补贴等扶持政策、提升新能源汽车整车品质，扩大城市公交、出租车、环卫、物流等领域新能源汽车应用比例等。2016 年 12 月，《国务院关于发布政府核准的投资项目的通知》正式发出，明确提出严格控制新增传统燃油汽车产能，原则上不再核准新建传统燃油汽车生产企业。而新建新能源汽车生产企业须具有动力系统等关键技术和整车研发能力，符合《新建纯电动乘用车企业管理规定》等相关要求。

2. 《汽车动力电池行业规范条件（2017 年）》

2016 年有多项动力电池行业的管理政策或其征求意见稿出台，包括元旦起正式实施的《锂离子电池行业规范公告管理暂行办法》，年初发布的《新能源汽车废旧动力蓄电池综合利用行业规范条件》，以及引起不少争议的《汽车动力电池行业规范条件（2017 年）》（征求意见稿，以下简称意见稿），这对新能源汽车行业，尤其是对上游的动力电池企业来说是一枚重磅炸弹。新版规范条件相较于 2015

年 3 月发布的《动力蓄电池行业规范条件》而言，要求更为严格，无论从企业基础、生产条件、技术能力、产品、质量保证能力，还是售后服务能力等方面均提出了要求，整体提高了动力电池行业的门槛。特别是锂离子动力电池单体企业年产能从“不低于 2 亿瓦时”调整为“不低于 80 亿瓦时”，幅度达 40 倍，鼓励企业规模化生产。

3. 《促进汽车动力电池产业发展行动方案》

2017 年 2 月 20 日，工业和信息化部、发展改革委、科技部、财政部联合印发《促进汽车动力电池产业发展行动方案》（以下简称《行动方案》），明确指出要大幅提升动力电池的产品性能。到 2020 年，新型锂离子动力电池单体比能量超过 300 Wh/kg；系统比能量力争达到 260 Wh/kg，成本降至 1 元/Wh 以下，使用环境达–30℃～55℃，可具备 3C 充电能力。到 2025 年，新体系动力电池技术取得突破性进展，单体比能量达 500 Wh/kg。

4. 《关于发布国家重点研发计划新能源汽车等重点专项 2018 年度项目申报指南的通知》

2017 年 10 月 10 日，科技部公布《关于发布国家重点研发计划新能源汽车等重点专项 2018 年度项目申报指南的通知》，公布了包括新能源汽车在内的 11 个重点专项 2018 年度项目申报指南。其中，《新能源汽车重点专项 2018 年度项目申报指南》中指出，2018 年在 6 个技术领域启动 24 个研究任务，拟支持 24～48 个项目，拟安排国拨经费总概算 9 亿元。重点专项按照动力电池与电池管理系统、电机驱动与电力电子、电动汽车智能化、燃料电池动力系统、插电/增程式混合动力系统和纯电动力系统 6 个创新链（技术领域），共部署 38 个重点研究任务。专项实施周期为 5 年（2016～2020 年）。2018 年新能源汽车申报指南发布，重点部署动力电池、电机驱动。

5. 行业规范相关政策总体分析

首先，上述政策的制定和发布，科学规划了汽车动力电池行业发展目标、进一步明确了任务和措施，有利于加快提高动力电池产品性能和质量水平，提高我国产业发展核心竞争力，推动新能源汽车产业健康可持续发展。其次，对未来汽车动力电池的行业发展进行了清晰规划，每个阶段电池的比能量都设定了要达到的目标，行业企业按照目标将电池制造朝着高品质、高效、高稳定性领域发展，其发展前景是值得期待的。与此同时，工信部将推动大中小企业、高校、科研院所等搭建协同攻关、开放共享的动力电池创新平台，引导支持优势资源组建市场化运作的创新中心。有了上述多方合作并协同开发，动力电池关键材料、单体电池、电池系统等重大关键共性技术、基础技术和前瞻技术研究就有了保障，提升动力电池产品性能的目标会按期达成。最后，政策支持为车用动力电池创造了较为宽松的发展环境：《行动方案》指出，将加大政策支持力度，推动动力电池的发展。其中，鼓励利用社会资本及通过国家科技计划等统筹支持核心技术研发；利用工业转型升级、技术改造、高技术产业发展专项、智能制造专项、先进制造产业投资基金等资金渠道，重点扶持领跑者企业。对于动力电池产品符合条件的，按规定免征消费税，享受税收优惠政策。上述种种资金支持及税收等方面的优惠政策，都为车用动力电池业发展创造了较为宽松的发展环境（韩慧媛、孙秀洁，2017）。除此之外，促进汽车动力电池业的发展符合我国新能源汽车产业发展规划要求。

国务院发布的《节能与新能源汽车产业国家规划（2012～2020）》中就明确提出，重点支持动力电池的产业化和电池模块的标准化。《行动方案》的出台，会促进动力电池业的发展，从而对新能源汽车尤其是电动汽车的发展起到推动作用。从此，汽车动力电池产业发展有了行动纲领，新能源汽车上游的动力电池及相关材料企业也将迎来重大发展机遇，国家对动力电池行业的引导将推动未来行业集中度大幅提升，龙头的竞争优势将更加凸显。

总体来说，2016 年年初国务院确定的进一步支持新能源汽车产业的措施领域为当年乃至今后几年的产业政策走向定了基调，在年底明确不再核准新建传统燃油汽车生产企业，从另一个侧面指明整个汽车产业未来走向，积极引导、扶持新能源汽车产业健康有序发展。国家出台的政策文件已从单一的推广补贴转向了扶持和规范，政策的力度也在不断加大，倒逼着行业快速蜕变，加速行业规范、整合与发展（赵新江，2017）。例如，骆驼股份公司 10 亿瓦时电池项目已经投产，按照规划，公司将继续建成总计 40 亿瓦时的动力电池产能。事实上，骆驼股份提速动力电池产能布局的举动，已成为动力电池行业扩产的缩影，包括国轩高科、宁德时代等动力电池供应商龙头企业都已经积极扩产。

三、汽车动力电池产业回收利用相关政策

1.《电动汽车动力蓄电池回收利用技术政策（2015 年版）》

重视新能源车动力电池的回收利用，为防止环境污染，促进资源循环利用，根据《节能与新能源汽车产业发展规划（2012～2020）》《国务院办公厅关于加快

新能源汽车推广应用的指导意见》（国办发〔2014〕35 号）的要求，国家发展改革委、工业和信息化部、环境保护部、商务部、质检总局组织制定了《电动汽车动力蓄电池回收利用技术政策（2015 年版）》（以下简称《技术政策》），并于 2016 年 1 月 29 日发布。

2. 《新能源汽车废旧动力蓄电池综合利用行业规范公告管理暂行管理办法》

为贯彻落实《国务院关于印发节能与新能源汽车产业发展规划（2012～2020 年）的通知》和《国务院办公厅关于加快新能源汽车推广应用的指导意见》，加强新能源汽车废旧动力蓄电池综合利用行业管理，规范行业发展，推动废旧动力蓄电池资源化、规模化、高值化利用，提高资源综合利用水平，工业和信息化部公告于 2016 年 2 月 4 日制定了《新能源汽车废旧动力蓄电池综合利用行业规范条件》和《新能源汽车废旧动力蓄电池综合利用行业规范公告管理暂行办法》。

3. 回收利用相关政策总体分析

《技术政策》是具有远见性的决策。随着新能源汽车销量的暴涨，随之带来的动力电池报废量猛增的问题也越来越突出。动力锂电池的使用寿命大约为 20 年，一旦用于汽车，经过 3～5 年的使用时间就必须报废。据业界专家预测，今年，国家动力电池的报废量累积为 2 万～4 万吨，到 2020 年前后，我国仅纯电动乘用车和混合动力乘用车的电池累计报废量，将突破 15 万吨，达到 17 万吨左右的规模。这些电池如果不及时地进行回收和处理，将会对地球造成二次污染，环境问题将变得更加严重。《技术政策》的发布可以有效抑制废旧汽车动力电池可能对环境造成的污染，防患于未然还是比先乱后治效果要好。《技术政策》推动废旧动力蓄电池的梯级利用：动力锂电池中含钴 5%～15%、锂 2%～7%、镍 0.5%～2%，回收再利用价值较高。我国的锂储量仅占世界储量的 10%，当全球金属锂供给捉襟见肘时，我国的锂资源危机也将更加突出，因此动力电池回收再利用对我国发展新能源汽车具有重要意义（张海波、孙秀洁，2016）。《技术政策》指出，废旧动力蓄电池的利用应遵循先梯级利用后再生利用的原则，提高资源利用率。科技部万钢表示，动力电池尤其是锂离子动力电池，回收之后不一定马上进行报废处理，可以进行梯级利用。同时加快建立电池回收体系，构建动力电池回收体系产业链。由于梯度利用的电池成本更低，容量有所下降的电池所创造的效益更高，这更有利于动力电池在储能领域的推广。

第十四章　宁波汽车动力电池产业发展技术行动路线图

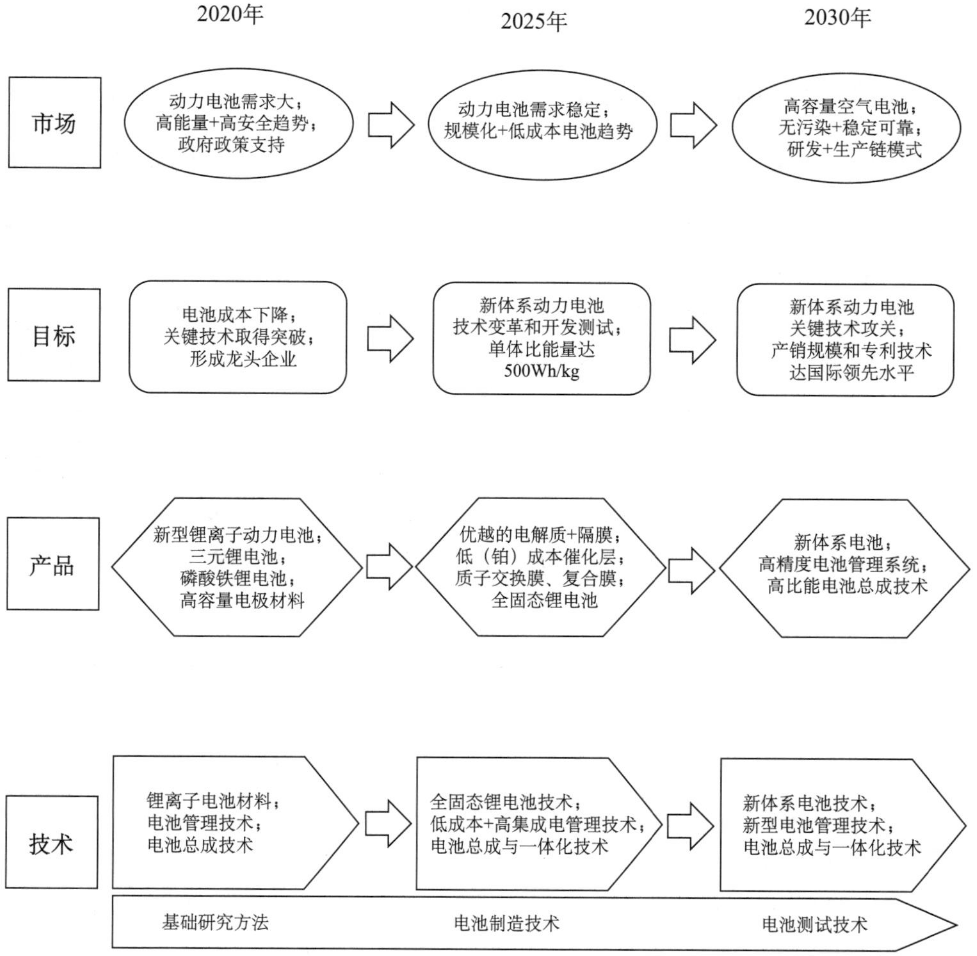

图 14-1　动力电池技术路线图

动力电池是电动汽车的心脏，是新能源汽车产业发展的关键。经过十多年的发展，我国动力电池产业取得长足进步，但是目前动力电池产品性能、质量和成本仍然难以满足新能源汽车推广普及需求。为加快提升汽车动力电池产业发展能力和水平，提前布局新能源汽车产业关键核心技术，参考国家制造强国建设战略咨询委员会（2016）、节能与新能源汽车技术路线图战略咨询委员会等（2017）、曾路等（2007）、兰凤崇等（2013）的观点，制定汽车动力电池产业发展技术路线图（图 14-1）。

第一节 汽车动力电池产业市场需求分析

一、2020 年动力电池产业市场需求分析

在国家大力推动新能源汽车发展的时代背景下，新能源车有望受益于政策驱动，产销规模继续快速增长。国务院发布《“十三五”国家战略性新兴产业发展规划》指出，要大幅提升新能源汽车和新能源的应用比例，推动新能源汽车、新能源和节能环保等绿色低碳产业成为支柱产业，到 2020 年，产值规模达到 10 万亿元以上。提升纯电动汽车和插电式混合动力汽车产业化水平，推进燃料电池汽车产业化。到 2020 年，实现当年产销 200 万辆以上，累计产销超过 500 万辆，整体技术水平保持与国际同步，形成一批具有国际竞争力的新能源汽车整车和关键零部件企业。动力电池是电动汽车的心脏，是新能源汽车产业发展的关键，作为整车核心零部件，其能量密度、安全性等相关技术指标要求将逐渐提升。短期市场对高能量密度和高安全性动力电池需求量大。

根据真锂研究的统计数据，预计 2020 年全球锂电池市场规模将超过 200GWh，2010～2020 年平均复合增长率将达 25%。锂电池主要应用领域包括：3C 数码、储能以及电动车。受益于新能源汽车爆发式发展，动力电池需求增长速度远超过 3C 数码类和储能类电池，未来市场空间巨大。预计到 2020 年，中国锂电池的总需求可达 143GWh，3 年 CAGR 为 27%，其中动力电池有望达 94.5GWh（图 14-2），占比 66%。动力电池高能量密度和高安全性趋势将推动高镍三元电池的发展，进而提升软包锂电池在动力电池的渗透率，预计到 2020 年，其渗透率有望升至 38%，叠加消费类和储能类需求，软包电池总需求量有望达到 67GWh，3 年 CAGR

达35%，预计市场规模将超过500 亿。到2020 年，软包电池需求有望达到67GWh，市场规模超 500 亿（甄文媛，2018）。

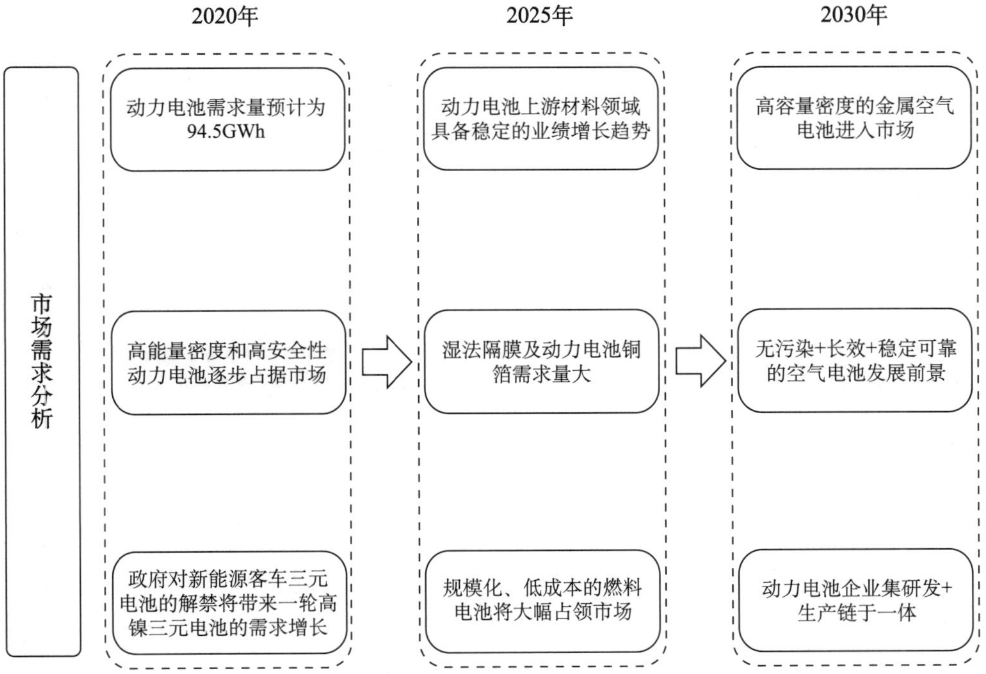

图 14-2　市场需求技术路线图

二、2025 年动力电池产业市场需求分析

规模化、低成本燃料电池将大幅度占领市场份额。燃料电池成本下降是必然趋势，预计 2025 年动力电池产业在以下方面降低燃料成本：一是优化材料和创新制造工艺；二是利用规模化效应降低量产成本；三是建立标准化平台化的体系。主要措施包括：优化膜电极制备工艺；降低 Pt 用量；开发低成本催化剂；创新成膜工艺；扩散层国产化；优化双极板材料；降低加工成本。

动力电池上游材料领域具备稳定的业绩增长趋势。湿法隔膜及动力电池铜箔领域需求量大（武德俊，2015）。根据统计数据，全球锂离子电池隔膜产量由 2010 年的 5.0 亿平方米增至 2015 年的 14.2 亿平方米，增长了近三倍。其中湿法隔膜的产销量增速明显，国产替代进程加快。随着国内电池厂对进口湿法隔膜的依赖度逐年下降，湿法隔膜的进口替代之路已经开启。就锂电池隔膜产品市场来看，湿法隔膜增速远超干法隔膜，动力源主要是动力电池和高端数码领域。2016 年中国锂电池隔膜厂商产量为 9.29 亿平方米，同比增长 33.03%。其中，湿法隔膜厂商进一步放量，多数湿法扩张企业及从干法隔膜转向湿法隔膜企业开始逐步放量，2016 年中国锂电湿法隔膜产量达到 3.9 亿平方米，占比 42%，超越干法单拉隔膜，成为隔膜市场主要供应类型。

随着动力锂电池市场的快速发展，2018 年，中国湿法隔膜产量达到 8 亿平方米，占据隔膜一半以上市场份额。

2016 年全球前四大锂电隔膜企业日本旭化成、日本东丽、美国 Celgard 和韩国 SKI 四家公司分别占据全球 20.8%、15.1% 、10.8%和 9.6%的市场份额，前四家隔膜企业占据近 50%份额。前四名企业有三家是以湿法隔膜为技术路线，唯一一家干法隔膜企业美国 Celgard，由于经营不善被日本旭化成收购，湿法隔膜技术路线代表了世界主流。隔膜市场增长主要受动力市场、高端数码市场、进口替代及出口带动。未来随着动力电池大规模采用湿法隔膜，中国锂电池隔膜格局将产生重大变化。

未来，苏州捷力、湖南中锂、上海恩捷等湿法隔膜企业的增长速度和潜力要比干法高。由于新能源汽车市场的爆发式发展，且三元材料的需求带动湿法隔膜的需求快速提升，目前国内厂商纷纷扩大湿法隔膜产能，但是由于生产技术上的高壁垒、生产线建设周期长且达产时间和实际产能的不确定性，高端湿法隔膜市场仍将供不应求。预计 2025 年，为了应对动力锂电池的快速增长，国内外锂电池湿法隔膜行业均加大了产能投资，多数企业加大力度实现产能的早日投产。

三、2030 年动力电池产业市场需求分析

预计高容量密度的金属空气电池大量涌入市场。金属—空气电池是以电极电位较负的金属如镁、铝、锌、汞、铁等作负极，以空气中的氧或纯氧作正极的活性物质。锌—空气电池在金属—空气电池系列中是研究最多且已广泛应用的一种电池，近 20 年来围绕二次锌—空气电池科学家做了大量的研究（赵少宁、李艾华，2014）。日本三洋公司已制出大容量的二次锌—空气电池，采用空气和电液受力循环的办法，研制出电压为 125V 容量为 560Ah 的牵引车用的锌—空气电池。据报道已在车辆上应用，其放电电流密度可达 80mA/cm^2，最高可达 130mA/cm^2。法国及日本的一些公司采用循环锌浆的办法制成锌—空气二次电流，活性物质的恢复在电池外部进行，其实际比能量达 115Wh/kg。

金属—空气电池存在以下特点。一是比能量高。由于空气电极所用活性物质

是空气中的氧，它是用之不竭的，理论上正极的容量是无限的，加之活性物质在电池之外，使空气电池的理论比能量比一般金属氧化物电极大得多，金属空气电池的理论比能量一般都在 1 000Wh/kg 以上，实际比能量在 100Wh/kg 以上，属于高能化学电源。二是价格便宜。锌—空气电池不采用昂贵的贵金属作电极，构成电池材料均为常见的材料，所以价格便宜。三是性能稳定。特别是锌—空气电池采用粉状多孔锌电极和碱性电液后，可以在很高的电流密度下工作，如果采用纯氧代替空气，放电性能还可以大幅度提高。根据理论计算，可使电流密度提高约 20 倍。在对环境可持续发展的目标导向下，无污染、长效、稳定可靠的空气电池市场发展前景广阔。

第二节　汽车动力电池产业发展目标分析

一、2020 年动力电池产业发展目标分析

1. 电池成本降低，产品性能大幅提升

新能源汽车动力电池价格下降是趋势所在，随着今年补贴政策的退出及产业规模的提升，电池价格下降明确。四部委关于印发《促进汽车动力电池产业发展行动方案》的通知也指出，到 2020 年，新型锂离子动力电池单体比能量超过 300 Wh/kg；系统比能量力争达到 260 Wh/kg、成本降至 1 元/Wh 以下（图 14-3），使用环境达–30℃～55℃，可具备 3C 充电能力。电池成本降低的同时产品性能得到大幅提升。

2. 关键材料及零部件取得重大突破

到 2020 年，正负极、隔膜、电解液等关键材料及零部件达到国际一流水平，上游产业链实现均衡协调发展。鼓励动力电池龙头企业协同上下游优势资源，集中力量突破材料及零部件、电池单体和系统关键技术，未来行业集中度将不断提升，龙头企业有望率先取得技术突破，进一步加强核心竞争力。

3. 产业规模合理有序发展

四部委关于印发《促进汽车动力电池产业发展行动方案》的通知提出，到 2020 年，动力电池行业总产能超过 1 000 GWh，形成产销规模在 400 GWh 以上、具有国际竞争力的龙头企业。形成 400 GWh 产销规模具备较高门槛，大部分二三线电池企业很难达到，政策有望扶持重点龙头企业，电池市场集中度的提升。

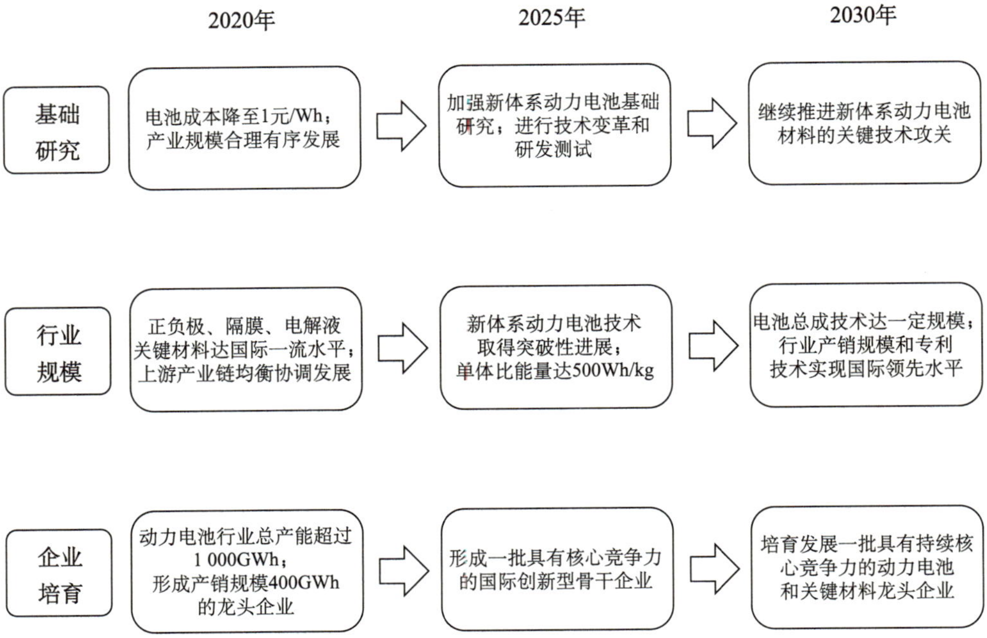

图 14-3　发展目标技术路线图

4. 高端装备支撑产业发展

到 2020 年，动力电池研发制造、测试验证、回收利用等装备实现自动化、智能化发展，生产效率和质量控制水平显著提高，制造成本大幅降低。

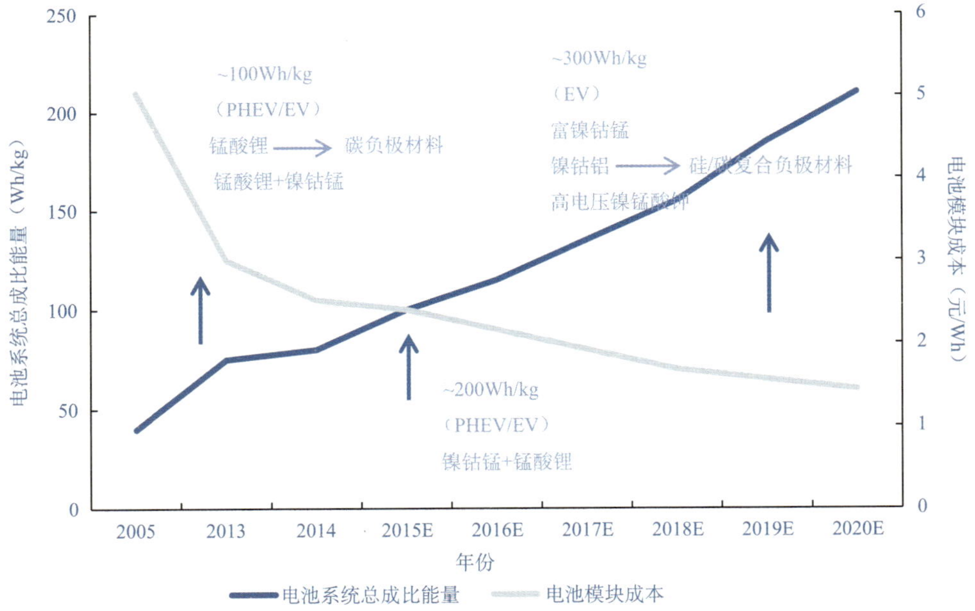

图 14-4　2020 年中国动力电池发展目标

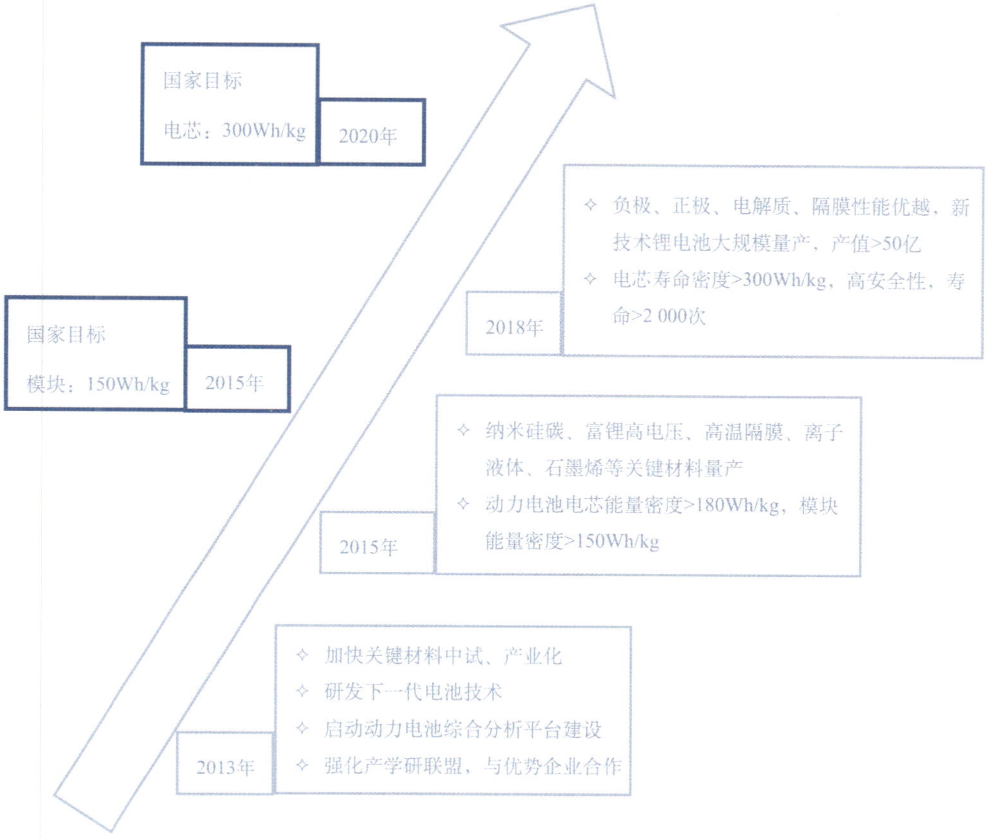

图 14-5　中国动力电池技术升级路径

二、2025 年动力电池产业发展目标分析

1. 加大政策扶持力度，加快突破动力电池核心技术

四部委关于印发《促进汽车动力电池产业发展行动方案》的通知提出，国家科技计划（专项、基金）等统筹支持动力电池研发动力电池产品符合条件的，按规定免征消费税；动力电池企业符合条件的，按规定享受高新技术企业、技术转让、技术开发等税收优惠政策，突破关键核心技术，加快形成具有国际竞争力的动力电池产业体系。我国动力电池产品在核心技术、制造工艺等方面与国际先进水平仍有较大差距，在政府政策支持下有望加快动力电池关键核心技术突破。

2. 新体系动力电池核心技术得到突破，产品性能进一步提升

着力加强新体系动力电池基础研究，实现技术变革和开发测试；到 2025 年，新体系动力电池技术取得突破性进展，单体比能量达 500 Wh/kg。

3. 新型材料得到广泛应用，产品安全性满足大规模使用需求

新型材料得到广泛应用，智能化生产制造和一致性控制水平显著提高，产品设计和系统集成满足功能安全要求，实现全生命周期的安全生产和使用。

三、2030年动力电池产业发展目标分析

继续推进动力电池技术研发，推动新体系电池材料关键技术的攻关，培育发展一批具有持续创新能力的动力电池企业和关键材料龙头企业；电池能量密度、安全性等得到进一步提升，电池总成技术发展到一定规模，动力电池行业的产销规模和专利技术实现国际领先水平，实现与整车产业的同步发展。

第三节　汽车动力电池产业发展产品定位

一、2020年主要产品和材料

锂离子动力电池是20世纪开发成功并于70年代进入实用化的新型高能电池，负极是金属锂，正极是 MnO_2，$SOCL_2$，$(CFx)_n$ 等材料。锂离子动力电池具有能量高、电池电压高、工作温度范围宽、贮存寿命长等优点，随着新技术的不断突破和发展，锂离子电池无疑将成为21世纪新能源汽车的主要动力之一。此外，锂离子动力电池已经在人造卫星、航空航天和储能方面等得到广泛应用。

三元聚合物锂电池简称“三元电池”，是指正极材料使用锂镍钴锰三元正极材料的锂电池，锂离子电池的正极材料有很多种，主要有钴酸锂、锰酸锂、镍酸锂、三元材料、磷酸铁锂等。目前，随着技术的不断改进和完善，三元电池的标称电压已达到3.7V，在容量上已经达到或超过钴酸锂电池水平；但三元电池的缺点是高温下结构不稳定，导致高温安全性差，且 pH 值过高易使单体胀气，进而引发危险，目前造价依然较高。

磷酸铁锂电池是指用磷酸铁锂作为正极材料的锂离子电池。其特色是不含钴等贵重元素，原料价格低且磷、铁存在于地球的资源含量丰富，不会有供料问题。具有工作电压适中（3.2V）、单位重量下电容量大（170mAh/g）、高放电功率、可快速充电且循环寿命长等优点；但存在一些性能上的缺陷，如振实密度与压实密度很低导致的锂离子电池的能量密度较低，材料制备成本与电池制造成本较高，

电池成品率低，一致性差等。

三元电池和磷酸铁锂电池作为新型锂离子动力电池的主要品类，将逐渐成为新能源汽车市场中的重要动力构成。三元电池在乘用车和专用车的使用占比较高，成为动力电池的主要增长领域，磷酸铁锂电池主要占据客车市场，在短期内其主导地位仍难以撼动。据工信部 2017 年前九批新能源汽车推广目录统计数据，各车型主要使用电池类型为：乘用车—三元电池（74%）、客车—磷酸铁锂（93%）、专用车—三元电池（66%）磷酸铁锂（27%）。这在一定程度上印证了三元电池和磷酸铁锂电池的市场主导地位，也是我国短期阶段需要进行大力研发投入进而提升产品性能的主要模块。

高容量正负极材料、高安全性隔膜和功能性电解液是助力锂电池产业转向高安全性、长寿命和高能量密度发展的核心原料产业。为匹配新型锂离子动力电池的高增长，努力实现 2020 年新型锂离子动力电池单体比能量超过 300 Wh/kg、系统比能量力争达到 260 Wh/kg、成本降至 1 元/Wh 以下的目标，正负极、隔膜和电解液等关键材料及零部件需要达到国际一流水平，上游产业链实现均衡协调发展。

二、2025 年主要产品和材料

电堆是燃料电池中最为关键的部分，成本占比高达 62%。燃料电池电堆由端板、绝缘板、集流板以及多个单电池组成，其中催化剂和双极板的成本占比较高，分别达到 36%以及 23%。单电池主要由双极板和膜电极组成，其中膜电极 MEA 由五层材料构成，分别是最外层的两层气体扩散层、两层催化层以及一层质子交换膜。单电池需要由堆栈的方式构成电池电堆，电堆的两侧需要端板、绝缘板以及集流板等结构装配，起固定、绝缘以及收集电流的作用。

关于催化层，铂催化剂兼备较高的利用率和催化活性，同时催化性能稳定。低铂用量是趋势，高昂的铂成本是燃料电池汽车降本的关键，低铂用量是趋势，催化剂主要来源于日本、德国等的公司，如日本的田中贵金属等。关于扩散层，现阶段的主要供应商是日本东丽、德国 SGL 等公司，若国产化后，有望降低生产成本。

质子交换膜是电堆核心组件，主要以全氟磺酸膜为主，以聚合物膜作为电解质，其性能直接影响燃料电池的性能。质子交换膜主要作用：一方面为电解质提供氢离子通道；另一方面作为隔膜隔离两级反应气体，此外还需要对催化剂层起到支撑作用。目前产品主要来源于美国、日本以及加拿大等国家的企业，未来复合膜将是质子交换膜的主要发展趋势。

全固态锂电池是一种使用固体电极和固体电解液的电池，由于其功率重量比较高，所以是电动汽车的理想电池。固态锂电池的原理与液态锂电池的原理相同，但其电解质为固态，可以让更多带电离子聚集在一端，传导更大的电流，进而提升电池容量。因此，同样的电量，固态电池体积将变得更小。不仅如此，固态电池中由于没有电解液，封存将会变得更加容易，在汽车等大型设备上使用时，也不需要再额外增加冷却管、电子控件等，节约成本的同时还能有效减轻重量。全固态锂电池发展的制约因素是其居高不下的生产成本，因此，全面开展固态锂电池的性能研究和工程开发是非常有必要的。

三、2030 年主要产品和材料

锂硫电池、金属空气电池和超级电池等新体系电池将会是下一轮新能源电动汽车的主要动力供给，最终哪种电池会成为新型锂离子电池的动力供给替代者现在还不好说。这些新体系电池在理论上都具有较大的发展空间，哪种电池的技术路线发展更快、在商业化的规模和成本方面达到更完美的平衡点，最终才会得到长足发展与大规模应用。因此，寻找新体系电池的使用材料将成为重点，这些原材料必须是成本较低且易获得的，这样才能够在后期实现大规模应用。

《促进汽车动力电池产业发展行动方案》提出，将按照《中国制造 2025》总体部署，落实新能源汽车发展战略目标，加大政策扶持力度。《方案》将我国动力电池发展划分为 2018 年提升现有产品性价比、2020 年技改后新型锂离子动力电池大规模应用、2025 年新体系电池实现技术变革和开发三个发展阶段，从产品性能、安全性、生产规模、关键材料零部件、高端制造装备支撑五个方面提出具体发展目标。此外，工信部、财政部、商务部、海关总署、质检总局五部门于 9 月 28 日联合发布《乘用车企业平均燃料消耗量与新能源汽车积分并行管理办法》，11 月 1 日，工信部发布第十批《新能源汽车推广应用推荐车型目录》。

结合以上相关文件和《汽车产业中长期发展规划》，电池管理技术、系统集成技术和共性技术是需要进行长期发展和统筹的技术规划体系。尤其到了 2030 年，新型锂离子电池大规模应用、各类新体系电池不断进入研发推广阶段的情境下，高精度的电池管理系统和高比能的电池总成技术更应该逐步完善。

相关的电池制造技术：数字化智能化制造装备技术、材料基本数据库、工程数据库和产品数据库、产品质量控制等技术，以及电池测试技术：产品功能、耐久性、环境适应性、安全性等产品设计验证测试及分析方法都应进入一个崭新的研发与应用阶段。

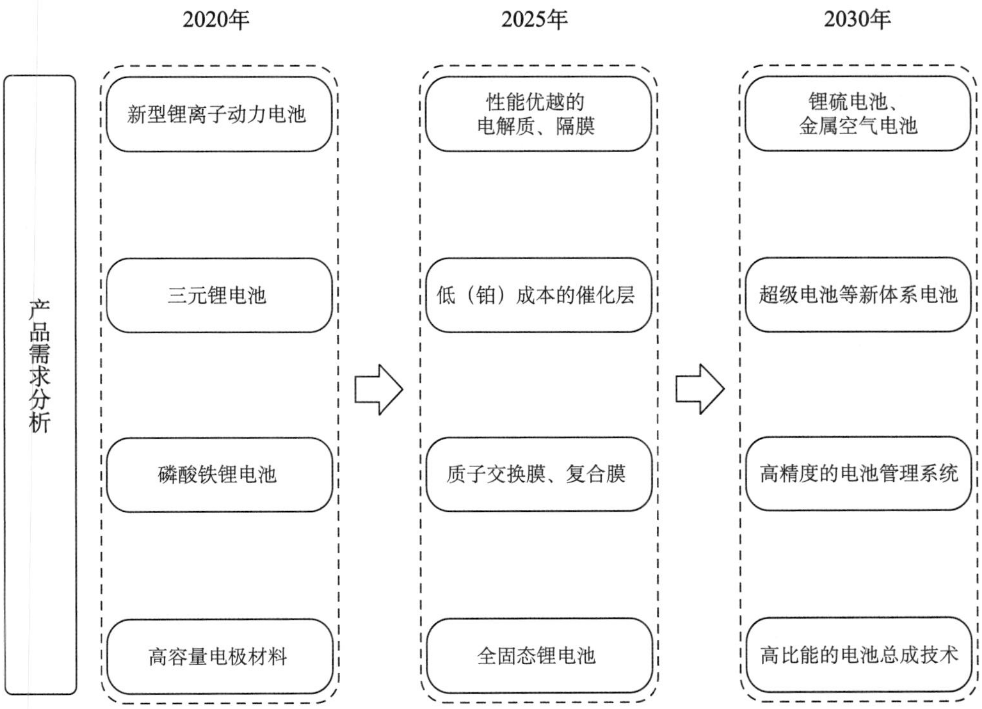

图 14-6　产品发展技术路线图

第四节　汽车动力电池产业发展技术研发重点

一、2020 年动力电池产业发展技术需求分析

1. 聚焦高容量锂离子电池材料技术的发展

2020 年锂电池的发展目标为实现高安全性、长寿命、高能量密度，因此高容量正负极材料成为发展锂离子电池的基石以及实现上述目标的先决条件。电池材料作为电池的核心组成部分，其能量密度、安全性等相关技术指标要求将逐渐提升，短期内着重发展镍钴锰层状正极、石墨类负极等高容量锂离子电池材料技术。

培育发展一批具有持续创新能力的动力电池企业和关键材料龙头企业。

2. 优化电池管理技术

电池管理技术是电池向高安全性产品发展的保障。高精度、高可靠性是短期重点发展的电池管理技术目标。

3. 牢抓电池总成技术不放手

《节能与新能源汽车技术路线图》对电池材料技术、电池管理技术、系统集成、共性技术的规划短期提出大力推进动力电池技术研发，尤其是电池总成技术，是短期发展提升动力电池性能需要攻克的关键技术“瓶颈”。

4. 大量投入共性技术的研发

电池内部极化分布、性能衰减机制、多尺度/多维度电化学模型和原位分析法、表面分析法等基础研究，数字化智能化制造装备技术，材料基本数据库、工程数据库和产品数据库，产品质量控制等电池制造技术，以及验证产品功能、耐久性、环境适应性、安全性等电池测试技术是贯穿电池产业链的共性技术，电池的研发、生产、制造、回收和梯级利用，以及电池目标性能的实现离不开共性技术的保障和支持。

二、2025 年动力电池产业发展技术需求分析

为实现 2025 年新体系动力电池单体比能量达 500 Wh/kg 的目标，进入技术变革和开发测试的决胜性阶段，相应的电池技术需要得到配套发展才能更好地服务于动力电池市场需求的满足以及产品类别的扩充和更新。《中国制造 2025》对我国制造业转型升级和跨越发展作出了整体部署。作为《中国制造 2025》中的最后决胜阶段，2025 年要实现怎样的产业规划和技术升级至关重要，也是切实检验我国是否实现经济创新驱动和转型升级的关键时间节点。

高容量、高电压的电极材料是保证新型锂离子动力电池及其他新体系电池不断提高单体比能量，进而实现突破性发展的关键技术。现有电极材料存在充放电次数有限、高温或低温性能受阻以及原材料不易获取等局限性，为真正实现成本降低和效益提高，易获取且高安全的电极材料将成为技术要求的重点。

全固态锂电池与现有液态锂离子电池的工作原理相同，但具有电容量较高、体积较小、成本降低和重量减轻的等多种优点。尤其能量密度近乎液态电池两倍的优越性能更将助力全固态锂电池成为新能源动力产业的新标杆。为促进其研发

和推广，相关的全固态锂电池研发及其二次技术都需要在2025年全面展开并取得一定规模的成果。

低成本、高集成化的电池管理技术以及电池总成与车身、底盘结构一体化技术都是在新型锂离子电池和新体系动力电池存在一定研发基础的条件下逐渐开展的，这些共性技术的发展和累积需要长时间的统筹规划。作为本技术路线图的中期阶段，2025年可以作为衔接前期动力电池产品发展和后期共性技术及总成技术发展的过渡阶段。这些共性技术和一体化技术需要长期的发展，因此，2025年开始作为以上技术的开局阶段，具有重要的时间基础和现实意义。

三、2030年动力电池产业发展技术需求分析

锂硫电池是锂电池的一种，目前尚处于科研阶段。锂硫电池是以硫元素作为电池正极，金属锂作为负极的一种锂电池。单质硫在地球中储量丰富，具有价格低廉、环境友好等特点。利用硫作为正极材料的锂硫电池，其材料理论比容量和

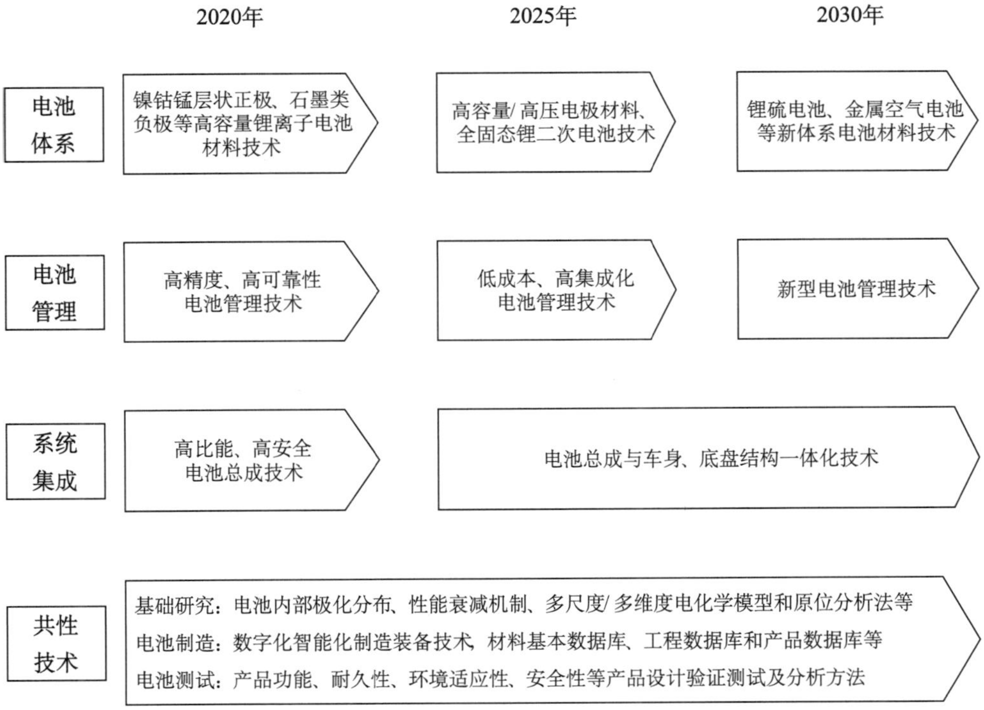

图14-7　技术需求路线图

电池理论比能量较高，分别达到 1 675mAh/g 和 2 600Wh/kg，远远高于商业上广泛应用的钴酸锂电池的容量。硫是一种对环境友好的元素，对环境基本没有污染，是一种非常有前景的锂电池。预计 2030 年锂硫电池技术应用发展成熟，应用于动力电池产业发展前景广阔。金属空气电池同时具有比能量高，价格便宜，性能稳定等特点，金属空气电池应用对环境可持续发展也可以做出贡献。预计 2030 年新体系材料电池技术广泛应用。

参 考 文 献

[1] Baldwin C. Y. and Clark K. B. Managing in an age of modularity[J]. Harvard Business Review, 1997, 75(5): 84-93.

[2] Gereffi, G. International trade and industrial upgrading in the apparel commodity chains[J]. Journal of International Economics, 1999, 48.

[3] Porter, M. Competitive advantage: Creating and sustaining superior performance[M]. New York: The Free Press, 1985.

[4] 爱建证券. 新能源行业锂电池及材料 2017 年第四季度投资策略: “双积分”政策落地, 新能源汽车放量带动电池需求增长[OL]. 2017-10-13.

[5] 艾新平, 杨汉西. 浅析动力电池的技术发展[J]. 中国科学: 化学, 2014, 44(7): 1150-1158.

[6] 白雪, 张祥. 新能源汽车“十三五”开局回顾及未来展望[J]. 北京理工大学学报(社会科学版), 2017, 19(2): 39-44.

[7] 蔡东山. 比亚迪股份有限公司多用途乘用车发展战略研究[D]. 宁波大学, 2015.

[8] 蔡少伟. 锂离子电池正极三元材料的研究进展及应用[J]. 电源技术, 2013, 37(6): 1065-1068.

[9] 曹颖. 区域产业布局优化及理论依据分析[J]. 地理与地理信息科学, 2005(5): 72-74.

[10] 常鸿雁. 锂离子动力电池碳负极材料研究进展[J]. 上海化工, 2010, 35(3): 5-10.

[11] 陈劲, 高建. 创新与创业管理. 第11辑, 科技管理与科技创业[M]. 北京: 清华大学出版社, 2018.

[12] 程叶青, 王哲野, 马靖. 中国区域创新的时空动态分析[J]. 地理学报, 2014, 69(12): 1779-1789.

[13] 池能电子科技有限公司. 磷酸铁锂电池的七大优势及五大缺点详解[OL]. 2016. http: //www. 18650. com. cn/news/15373641. html.

[14] 川财证券. 新能源行业他山之石 • 产业研究系列第 15 期: 新能源汽车产销升温, 动力电池需求因势而动[OL]. 2017-8-25.

[15] 代晓霞. 我国动力电池梯次利用规模化发展的问题与对策[N]. 中国计算机报, 2018-10-29(014).

[16] 丁玲. 锂离子动力电池正极材料发展综述[J]. 电源技术, 2015, 39(8): 1780-1782+1800.

[17] 东方证券. 龙头动力电池有望强者恒强——新能源汽车产业链系列跟踪报告之十[OL].

2017. 3. 2.
[18] 东方证券. 汽车与零部件行业新能源汽车产业链系列跟踪报告之十：龙头动力电池有望强者恒强[OL]. 2017-3-2.
[19] 东方证券. 汽车与零部件行业新能源汽车产业链系列报告之八(燃料电池电堆)：多角度寻找燃料电池电堆产业链机会[OL]. 2016-12-30.
[20] 方创琳，马海涛，王振波，等. 中国创新型城市建设的综合评估与空间格局分异[J]. 地理学报, 2014, 69 (4): 459-473.
[21] 冯江华，王峰. 主导产业、优势产业和支柱产业辨析[J]. 生产力研究, 2000(3): 72-74.
[22] 冯锋，汪良兵. 协同创新视角下的区域科技政策绩效提升研究——基于泛长三角区域的实证分析[J]. 科学学与科学技术管理, 2011, 32(12): 109-115.
[23] 高勇. 宁波市汽车零部件产业升级途径研究[J]. 汽车工业研究, 2014(6): 42-45.
[24] 国家制造强国建设战略咨询委员会. 《中国制造 2025》重点领域技术创新绿皮书[M]. 北京：电子工业出版社, 2016.
[25] 韩慧媛，孙秀洁. 相关政策保驾护航 新能源汽车行业依然火爆[J]. 汽车与配件，2017(21): 46-48.
[26] 赫荣亮. 加快我国高性能汽车动力电池研发及产业化[N]. 中国计算机报, 2018-10-29(016).
[27] 何玺. 无人驾驶将进入量产时代[J]. 现代企业文化(上旬), 2018(10): 18-19.
[28] 何郁冰. 产学研协同创新的理论模式[J]. 科学学研究, 2012, 30(2): 165-174.
[29] 胡登峰，王丽萍. 论我国新能源汽车产业创新体系建设[J]. 软科学, 2010, 24(2): 14-18.
[30] 贾晓峰，冯乾隆，陶志军，等. 动力电池梯次利用场景与回收技术经济性研究[J]. 汽车工程师, 2018(6): 14-19.
[31] 焦敬娟，王姣娥，程珂. 中国区域创新能力空间演化及其空间溢出效应[J]. 经济地理, 2017, 37(9): 11-18.
[32] 焦敬娟，王姣娥. 东北地区创新资源与产业协同发展研究[J]. 地理科学，2016，36(9): 1338-1348.
[33] 节能与新能源汽车技术路线图战略咨询委员会，中国汽车工程学会. 节能与新能源汽车技术路线图[M]. 北京：机械工业出版社, 2017: 332-369.
[34] 兰凤崇，等. 汽车关键零部件产业技术路线图[M]. 广州：华南理工大学出版社, 2013.
[35] 雷德智. 我国自主品牌汽车厂商模块化运作实现路径研究[D]. 北京交通大学, 2015.
[36] 李伟，夏向阳. 专利促进政策对区域专利增长的影响分析——以宁波为例[J]. 科学学研究, 2011, 29(8): 1176-1183.
[37] 李友才. 车用质子交换膜燃料电池电堆保温仿真研究[J]. 电源技术, 2016, 40(3): 580-582.
[38] 李国平，王春杨. 我国省域创新产出的空间特征和时空演化——基于探索性空间数据分析的实证[J]. 地理研究, 2012, 31(1): 95-106.
[39] 李君华，彭玉兰. 产业布局与集聚理论述评[J]. 经济评论, 2007(2): 146-152.
[40] 刘凤朝，徐茜，韩姝颖，等. 全球创新资源的分布特征与空间差异——基于 OECD 数据的分析[J]. 研究与发展管理, 2011, 23(1), 11-16+30.
[41] 刘乃全，贾彦利. 中国区域政策的重心演变及整体效应研究[J]. 经济体制改革，2005 (1): 10-15.
[42] 刘思明，侯鹏，赵彦云. 知识产权保护与中国工业创新能力——来自省级大中型工业企业

面板数据的实证研究[J]. 数量经济技术经济研究, 2015, 32(3): 40-57.
[43] 刘艳. 车企入局"超级电池" 意欲"弯道超车"[J]. 中国商界, 2018(9): 40-41.
[44] 陆大道, 刘毅, 樊杰. 我国区域政策实施效果与区域发展的基本态势[J]. 地理学报, 1999, 54(6): 496-508.
[45] 陆雪玉. 模块化条件下汽车企业合作研发的研究[D]. 华南理工大学, 2012.
[46] 吕拉昌, 李勇. 基于城市创新职能的中国创新城市空间体系[J]. 地理学报, 2010, 65(2): 177-190.
[47] 吕拉昌, 梁政骥, 黄茹. 中国主要城市间的创新联系研究[J]. 地理科学, 2015, 35(1): 30-37.
[48] 马少超. 新能源汽车产业要适应新常态[N]. 中国石油报, 2017, 3(30): 4.
[49] 孟得志. 试论"后补贴时代"新能源汽车的发展策略[J]. 山东工业技术, 2018(23): 238.
[50] 宁波市经济和信息化委员会课题组. 宁波市新能源汽车产业链发展浅析[J]. 汽车工业研究, 2015(2): 29-32.
[51] 牛方曲, 刘卫东. 中国区域科技创新资源分布及其与经济发展水平协同测度[J]. 地理科学进展, 2012, 31(2): 149-155.
[52] 牛方曲, 刘卫东, 刘志高, 等. 中国区域公立科技创新资源与经济发展水平相关性分析[J]. 经济地理, 2011, 31(4): 541-547.
[53] 彭深. 新能源汽车产业共性技术创新体系研究[J]. 科技展望, 2016, 26(25): 280+328.
[54] 平安证券. 《新能源汽车动力蓄电池回收利用管理暂行办法》(征求意见稿)发布, 动力电池迎来"汽车后市场"[OL]. 2016-12-02.
[55] 青木昌彦, 安藤晴彦. 模块化时代: 新产业结构的本质[M] . 上海: 上海远东出版社, 2003.
[56] 任晓波. 基于中美专利比较的我国电动汽车产业技术发展研究[D]. 南京理工大学, 2016.
[57] 沈慧芬. 基于模块化的中国汽车产业转型战略研究[D]. 浙江工商大学, 2012.
[58] 石宜蕾. 新能源汽车的锂离子电池应用状况探讨[J]. 科技资讯, 2014(29): 53.
[59] 宋周莺, 车姝晕, 王姣娥. 东北地区的创新能力演化及其经济带动作用分析[J]. 地理科学, 2016, 36(9): 1388-1396.
[60] 孙丽玮. 中国新能源汽车发展现状与对策研究[J]. 中国科技信息, 2012(7): 135+141.
[61] 孙玮, 陈燕, 孙全亮. 东北城市群专利资源布局的空间关联性——基于 MoranI 指数的解释[J]. 科技和产业, 2015, 15(12): 32-37.
[62] 王法辉. 基于 GIS 的数量方法与应用[M]. 北京: 商务印书馆, 2009.
[63] 王缉慈等. 创新的空间——企业集群与区域发展[M]. 北京: 北京大学出版社, 2001.
[64] 王劲峰, 廖一兰, 刘鑫, 等. 空间数据分析教程[M]. 北京: 科学出版社, 2010.
[65] 王静宇. 中国新能源汽车产业联盟技术创新研究[D]. 北京交通大学, 2017.
[66] 王圣媛. 低碳化、信息化、智能化成为汽车绿色发展的重点——访中国工程院院士, 一汽集团公司副总工程师、技术中心主任李骏[J]. 中国战略新兴产业, 2017(21): 20-23.
[67] 魏后凯, 邬晓霞. "十二五"时期中国区域政策的基本框架[J]. 经济与管理研究, 2010 (12): 30-48.
[68] 武德俊. 电动汽车前景看好 锂离子电池隔膜行业发展迅速[J]. 节能与环保, 2015(8): 46.
[69] 吴敏明. 汽车技术发展趋势: 低碳化、信息化、智能化[J]. 中国集成电路, 2016, 25(12): 84-86.
[70] 夏重凯. 动力电池梯次利用现状及政策分析[J]. 汽车与配件, 2016(38): 42-45.

[71] 熊彼特. 经济发展理论[M]. 北京：商务印书馆, 1991: 13-25, 73-74.
[72] 严红，吕豪杰，袁园. 锂离子动力电池功能电解液研究进展[J]. 电源技术，2015，39(8): 1773-1776.
[73] 闫金定. 锂离子电池发展现状及其前景分析[J]. 航空学报, 2014, 35(10): 2767-2775.
[74] 杨帆，孔方方. 国内外新能源汽车动力电池发展及供求现状[J]. 上海汽车, 2014 (9): 3-8.
[75] 杨龙. 中国区域政策研究的切入点[J]. 南开学报：哲学社会科学版, 2014 (2): 88-102.
[76] 宇宁. 三元锂电池的优点和缺点[OL]. 中国客车网，2016. http://www.chinabuses.com/buses/2016/0107/article_68310. html.
[77] 袁博. 中国新能源汽车产业发展战略及路径研究[J]. 区域经济评论, 2017(6): 126-133.
[78] 岳爱强. 我国汽车材料的应用及未来发展趋势[J]. 信息记录材料, 2018(11): 224-225.
[79] 曾路等. 产业技术路线图原理与制定[M]. 广东：华南理工大学出版社, 2007.
[80] 詹课，路欢欢. 车联网系统的应用与实现[J]. 中小企业管理与科技(上旬刊)，2018(10): 181-182.
[81] 张长令. 推进氢能与燃料电池汽车产业发展的四大建议[J]. 中国发展观察, 2017.
[82] 张纯洪，吴迪. 模块化生产对汽车产业的影响及其后发优势分析[J]. 科学学研究，2008，26(4): 754-758.
[83] 张海波，孙秀洁. 2016 年上半年新能源汽车重点政策解读及发展前景分析[J]. 汽车与配件，2016(33): 52-56.
[84] 张浩，杨代军，李冰，等. 国产质子交换膜燃料电池电堆研究[J]. 太阳能学报，2012，33(7): 1248-1252.
[85] 张练达. 纯电动汽车电池模块技术研究[D]. 湖南大学, 2015.
[86] 张玉明，聂艳华，李凯. 知识溢出对区域创新产出影响的实证分析：以高技术产业为例[J]. 中国软科学, 2009, 23(7): 99-102.
[87] 赵福全，刘宗巍. 中国汽车产业技术转化价值链的基本规律与构建战略[J]. 科学学与科学技术管理, 2016, 37(7): 87-95.
[88] 赵宏志，马荣康，刘凤朝. 东北地区知识产权与产业发展关联性的实证研究[J]. 大连理工大学学报(社会科学版), 2015, 36(3): 80-85.
[89] 招商证券. 汽车行业《促进汽车动力电池产业发展行动方案》点评：三元受益，上游投资价值凸显[OL]. 2017. 3. 2.
[90] 赵少宁，李艾华. 铝空气电池的研究现状和应用前景[J]. 电源技术，2014，38(10): 1969-1971.
[91] 赵新江. 政策力挺！新能源动力电池后劲十足[N]. 理财, 2017, 2(1).
[92] 赵昱. 创新资源国际流动格局、过程及对中国自主创新的影响[D]. 华东师范大学, 2014.
[93] 甄文媛. 2016 新能源汽车产业盘点[政策篇][J]. 汽车纵横, 2017(1): 36-39.
[94] 甄文媛. 重新梳理动力电池技术路线与前景[J]. 汽车纵横, 2018(0): 58-61.
[95] 郑梅云. 宁德时代冲刺 IPO 估值超千亿 动力电池市场风云再起[N]. 通信信息报(争锋)，2017-11-22.
[96] 中国储能网. 全方位解析全固态锂离子电池[OL]. 2017. http: //www. escn. com.

cn/news/show-390802. html.
[97] 中金公司. 锂电池受益于“十三五规划”大幅提升新能源汽车应用比例[OL]. 2016-12-20.
[98] 周尚意, 吕国玮, 戴俊骋. 北京 DRC 空间约束下的企业网络特征与创新能力关系分析[J]. 经济地理, 2011, 31(11): 1845-1850.
[99] 朱敏慧. 小型化、轻量化的需求[J]. 汽车与配件, 2013(9): 4.